Noções Fundamentais de Direito Administrativo

Noções Fundamentais de Direito Administrativo

2018 • 5ª Edição • Reimpressão

Fernanda Paula Oliveira
Faculdade de Direito da Universidade de Coimbra
José Eduardo Figueiredo Dias
Faculdade de Direito da Universidade de Coimbra

ALMEDINA

NOÇÕES FUNDAMENTAIS
DE DIREITO ADMINISTRATIVO
AUTORES
Fernanda Paula Oliveira
José Eduardo Figueiredo Dias
1ª Edição: Novembro, 2005
EDITOR
EDIÇÕES ALMEDINA, S.A.
Rua Fernandes Tomás, nºs 76-80
3000-167 Coimbra
Tel.: 239 851 904 · Fax: 239 851 901
www.almedina.net · editora@almedina.net
DESIGN DE CAPA
FBA.
PRÉ-IMPRESSÃO
EDIÇÕES ALMEDINA, SA
IMPRESSÃO E ACABAMENTO
Artipol
Setembro, 2019
DEPÓSITO LEGAL
431447/17

ALMEDINA | GRUPOALMEDINA

BIBLIOTECA NACIONAL DE PORTUGAL – CATALOGAÇÃO NA PUBLICAÇÃO
OLIVEIRA, Fernanda Paula, e outro

Noções fundamentais de direito administrativo / Fernanda Paula Oliveira, José Figueiredo Dias. – 5ª ed. – (Manuais universitários)
ISBN 978-972-40-7114-5

I – DIAS, José Figueiredo

CDU 342

NOTA PRÉVIA À PRIMEIRA EDIÇÃO

O presente livro encontra o seu antecessor mais remoto nuns apontamentos elaborados pelos autores tendo por base objetivos exclusivamente pedagógicos – com o propósito de servir de "Guião" para aqueles que se estejam a iniciar no estudo do direito administrativo.

Desde o início que os seus objetivos são assumidamente bem modestos: na sua primeira versão não pretendíamos sequer fornecer o esboço de uma obra original, na medida em que nos limitámos a seguir alguma da doutrina do direito administrativo proposta entre nós pelos seus mais destacados cultores – em especial de dois dos nossos Mestres, os Doutores Rogério Soares e Vieira de Andrade, a quem devemos grande parte dos nossos conhecimentos neste domínio. Isso continua a ser claro ao longo da obra, nomeadamente por utilizarmos a sistemática atualmente adotada nas aulas teóricas da disciplina de Direito Administrativo lecionadas pelo Doutor Vieira de Andrade ao 2º ano da licenciatura em Direito da Faculdade de Direito da Universidade de Coimbra.

Por esta razão apresentamos, no final, uma lista das principais obras consultadas, sendo as fontes citadas no início dos capítulos ou dos pontos onde a proximidade é mais vincada.

A comercialização original da obra em livro – promovida pelo Centro de Estudos e Formação Autárquica (CEFA) – suplantou o interesse que tínhamos imaginado, designadamente por parte dos estudantes de alguns cursos de Direito ministrados no nosso país e, mais recentemente, também da licenciatura em Administração Pública da Faculdade de Direito da Universidade de Coimbra.

Por essa razão, entendemos atualizar o texto, tomando em conta especialmente as novidades trazidas pela recente reforma do contencioso administrativo a alguns aspetos do direito administrativo "substantivo".

Apesar dos seus objetivos e pretensões modestas, temos a expetativa de que este trabalho continue a facilitar a tarefa dos alunos que se iniciam nos meandros do direito administrativo.

Coimbra, outubro de 2005

PREFÁCIO À 2ª EDIÇÃO

Sucessivamente esgotadas as diversas reimpressões da 1ª edição destas nossas *Noções Fundamentais de Direito Administrativo* optámos pela elaboração de uma nova edição, com a qual atualizamos aspetos dispersos do texto e, além disso, aditamos algumas partes novas que considerámos poderiam enriquecer este trabalho.

Como principais novidades em relação à 1ª edição, em termos sistemáticos e de conteúdo, conta-se o aditamento de uma Parte IV, com referências sumárias às garantias dos administrados perante a Administração Pública, onde são tocadas as garantias administrativas e outras garantias não jurisdicionais; e a inclusão de uma Parte V, mais desenvolvida, dedicada aos meios da atividade administrativa, a qual inclui dois capítulos, um deles sobre os bens da Administração e os diferentes regimes a que podem estar sujeitos, bem como sobre a aquisição ou utilização dos bens particulares pela Administração; o outro capítulo tem por objeto o pessoal da Administração Pública e a relação jurídica de emprego público, marcando a diferença entre o regime anterior e o posterior ao ano de 2009.

Também o Capítulo sobre o contrato administrativo foi profundamente reformulado, para se levar a cabo a sua adequação ao novo regime instituído pelo Código dos Contratos Públicos. Para o efeito, contámos com a colaboração preciosa da Mestre Micaela Giestas, nossa antiga aluna tanto do primeiro como do segundo ciclo de Estudos em Direito na Faculdade de Direito de Coimbra que assumiu grande parte da responsabilidade da elaboração do novo Capítulo, merecendo aqui o facto agradecimento público.

Para além da revisão e atualização de todo o texto, merecem ainda referência os seguintes aditamentos ou reformulações mais profundas de determinados aspetos parcelares: em relação ao direito administrativo atual desenvolvemos algumas notas caraterísticas da "nova ciência do direito administrativo" alemã; no que se refere à organização administrativa passam a ser tratados os temas das entidades públicas empresariais e da administração estadual indireta privada, para além da reformulação da parte reportada às relações funcionais interorgânicas e intersubjetivas; no princípio da legalidade da Administração passam a ser objeto de tratamento os diversos princípios jurídicos que concretizam o princípio da juridicidade; quanto ao ato administrativo, é reformulada a matéria da evolução do conceito, nomeadamente no que toca aos seus contornos mais recentes; e no procedimento administrativo passam a merecer tratamento próprio os tipos de procedimentos, bem como as novas tendências procedimentais.

Com estas atualizações e aditamentos pretendemos que estas *Noções Fundamentais* continuem a constituir uma boa base de trabalho ou, pelo menos, um roteiro para aqueles que dão os primeiros passos no estudo do Direito Administrativo, seja enquanto alunos dos Cursos de Direito, Administração Pública, Gestão ou outro, seja na sua vida profissional.

Coimbra, agosto de 2010

José Eduardo Figueiredo Dias
Fernanda Paula Oliveira

PREFÁCIO À 3ª EDIÇÃO

Depois de esgotada a 2ª reimpressão da 2ª edição das nossas *Noções Fundamentais de Direito Administrativo* optámos pela elaboração de uma nova edição, com vista à atualização de vários pontos do texto, sem todavia proceder a alterações sistemáticas ou de conteúdo, como tinha acontecido com a 2ª edição – na qual havíamos procedido ao aditamento de duas novas Partes, sobre garantias dos administrados e os meios da atividade administrativa.

Nesta nova edição, a alteração mais significativa verifica-se na Parte I, sobre a Organização Administrativa, pois sentimos a necessidade de a adaptar às profundas e extensas alterações legislativas que se têm vindo a verificar neste domínio (muitas delas ainda em curso). Efetivamente, os mais recentes problemas de ordem económico-financeira que o País atravessa têm levado a uma reflexão profunda sobre a extensão da organização administrativa portuguesa, em especial em certos setores da Administração Pública, e à redução do número de entidades (públicas ou privadas), com o intuito de reduzir custos e de promover uma maior eficiência operacional e eficácia da ação administrativa. Não podíamos, por isso, deixar de dar nota deste novo caminho.

Para além desta alteração, procedemos à revisão e atualização de todo o texto, destacando-se os aditamentos ou reformulações mais profundas nos temas da discricionariedade administrativa.

No que concerne à bibliografia de referência, é de saudar a publicação em livro daquela que é, desde o início, a fonte mais direta destas *Noções*: os Sumários das *Lições de Direito Administrativo I* do Doutor José Carlos Vieira de Andrade passaram à forma de livro, consubstanciados nas *Lições de Direito Administrativo*, da Imprensa da Universidade de Coimbra, que conhecem já a 2ª edição, datada de 2011. Esta publicação determinou uma atualização significativa das referências bibliográficas que continuam a fazer parte da presente obra, no seu final.

Esperamos que a atualização da presente obra permita que ela continue a constituir um roteiro útil para todos os que pretendem estudar as bases do Direito Administrativo – em especial nos Cursos de Direito, Administração Pública, Gestão e Solicitadoria – não tendo sido despiciendo o apoio e incentivo de diversos colegas que consideram que as *Noções Fundamentais de Direito Administrativo* cuja 3ª edição se dá agora à estampa, constitui um trabalho útil e importante para o ensino básico desta disciplina jurídica.

A terminar, fica o agradecimento à Mestre Ana Cristina Martins Roso, doutoranda da Faculdade de Direito de Coimbra, que nos auxiliou na revisão do texto referente ao *Pessoal da Administração Pública e a Relação Jurídica de Emprego Público* e à Licenciada Joana Duarte Costa, mestranda da mesma Faculdade, que colaborou na reformulação das notas sobre a discricionariedade administrativa.

Coimbra, dezembro de 2012

FERNANDA PAULA OLIVEIRA
JOSÉ EDUARDO FIGUEIREDO DIAS

PREFÁCIO À 4ª EDIÇÃO

A presente edição das nossas *Noções Fundamentais de Direito Administrativo* visa, no seu essencial, proceder a uma atualização do texto em virtude das alterações legislativas que foram entretanto levadas a cabo, com especial relevo para aquelas com incidência na parte da organização administrativa e do pessoal da Administração Pública.
Foi, porém, a publicação do novo Código do Procedimento Administrativo, operada pelo Decreto-Lei nº 4/2015 de 7 de janeiro, que mais justificou a presente atualização, tendo em consideração o relevo deste diploma no que toca às matérias tratadas nesta publicação.

Na presente edição agradecemos a colaboração da Mestre Ana Cláudia Guedes, da Mestre Ana Cristina Martins Roso, doutoranda da Faculdade de Direito de Coimbra, que mais uma vez nos auxiliou na revisão do texto referente ao *Pessoal da Administração Pública e a Relação Jurídica de Emprego Público*, e da Mestre Carla Machado, também doutoranda da Faculdade de Direito, que nos ajudou na revisão do texto referente ao Contrato Administrativo.

Coimbra, janeiro de 2015

FERNANDA PAULA OLIVEIRA
JOSÉ EDUARDO FIGUEIREDO DIAS

PREFÁCIO À 5ª EDIÇÃO

A presente edição das nossas *Noções Fundamentais de Direito Administrativo* visa, no seu essencial, proceder a uma atualização do texto, sempre necessária, fruto de alterações legislativas que vão ocorrendo ou da necessidade de concretizar ou desenvolver um ou outro ponto menos claro da edição anterior.

Na presente edição continuamos a contar com a colaboração da Mestre Ana Cristina Martins Roso, doutoranda da Faculdade de Direito de Coimbra, que mais uma vez nos auxiliou na revisão do texto referente ao *Pessoal da Administração Pública e a Relação Jurídica de Emprego Público*, e do Mestre Luís Verde de Sousa, assistente e doutorando na mesma Faculdade, que nos ajudou na revisão do texto referente ao *Contrato Administrativo.*

Coimbra, julho de 2017

FERNANDA PAULA OLIVEIRA
JOSÉ EDUARDO FIGUEIREDO DIAS

Introdução

1. Noções Gerais

1.1. Noção de Administração Pública. Características típicas.

O direito administrativo é o ramo do Direito que, de um modo específico, se refere à Administração Pública. Importa, por isso, averiguar em que é que esta consiste.

Em primeiro lugar, *administrar* significa gerir um conjunto de bens para a realização de um conjunto de fins heterónomos. A administração é, pois, uma *tarefa* ou uma *atividade* que consiste na prossecução desses fins. Mas, para se prosseguir esta tarefa, é necessária uma *organização*, ou seja, um quadro institucional a quem compete prossegui-la. Deste modo, a Administração é uma organização específica a quem incumbe uma tarefa de prossecução de finalidades ou interesses.

No entanto, a administração que aqui nos interessa é a *Administração Pública*. A ideia de publicidade está ligada a um complexo de interesses que pertencem ou se referem a uma generalidade de pessoas indistintas, a um público. Dos interesses gerais ou comuns a um grupo amplo de pessoas há alguns que assumem uma importância tal que da sua satisfação resulta o equilíbrio da própria comunidade. Por isso se justifica que a comunidade politicamente organizada atribua o encargo de velar pela satisfação desses interesses a órgãos dessa comunidade. Estes interesses designam-se, agora, como *interesses públicos*, na medida em que certos órgãos da comunidade politicamente estabelecida vão avaliar a importância relativa das *necessidades comuns* e eleger algumas de entre elas para confiar a sua satisfação a serviços próprios do aparelho que dirige a vida da comunidade.

Daqui resulta que a Administração Pública existe para realizar *interesses públicos*, no sentido acabado de apontar. Pelo contrário, a administração privada tem em vista interesses pessoais ou particulares: se bem que não sejam necessariamente fins egoísticos, são interesses que se referem a pessoas (ou grupos de pessoas) determinadas.

É comum, no entanto, distinguir-se entre *interesse público primário* e *interesses públicos secundários* ou *instrumentais*. O primeiro corresponde aos valores básicos que orientam uma comunidade politicamente organizada, relacionando-se com as condições indispensáveis à sua manutenção e desenvolvimento: o *bem comum* ou a *salus pública* (Paz, Justiça, Bem-estar). A satisfação deste interesse é reservada aos órgãos políticos dessa comunidade. Por exemplo, a maior parte da função legislativa dirige-se à satisfação deste interesse público.

A satisfação deste interesse vai exigir a individualização de pretensões secundárias do aparelho de direção da comunidade que se traduzem na atribuição aos seus órgãos do encargo de prover à realização ou satisfação de certos interesses experimentados pela generalidade das pessoas. Estes interesses vão ser prosseguidos por órgãos da máquina estadual ou de outras equivalentes, tornando-se interesses desses mesmos órgãos. Estes interesses designam-se por *interesses públicos secundários* ou *instrumentais*, não por terem uma menor importância, mas porque eles se consideram um instrumento necessário à realização do bem comum, ou seja, à afirmação do interesse público primário. São interesses públicos secundários a justiça, a saúde, a educação, os transportes, etc. Só o são, no entanto, aqueles que, de uma maneira específica, são confiados à cura de um órgão público.

O leque maior ou menor de interesses reservados a estes órgãos depende das opções fundamentais da comunidade. O ensino e os transportes, por exemplo, constituem interesses da generalidade das pessoas que integram a comunidade. A sua satisfação pode caber ao Estado ou a outros entes públicos, mas pode também ser deixada à iniciativa privada. Por outro lado, se um determinado interesse for qualificado de público e atribuído a um órgão de um ente público, isso não significa a instauração de um monopólio, uma vez que pode aceitar-se a manutenção de meios privados concorrentes ou, então, pode deixar-se aos serviços públicos uma função subsidiária, intervindo apenas onde os particulares claudiquem[1].

Em face do afirmado, podemos desde já identificar duas caraterísticas importantes da Administração Pública. Em primeiro lugar, o *fim público*, ou seja a satisfação de necessidades coletivas qualificadas como interesses públicos (secundários) em referência ao interesse público primário da comunidade (Paz, Justiça e Bem Estar). A prossecução desses interesses públicos é realizada por órgãos de entidades públicas. Em segundo lugar, a *subordinação política*, na

[1] Sobre as tarefas públicas que cabem em exclusivo ao Estado e aquelas que podem ser confiadas a privados (em complementação pelo setor social, ou em concessão ou delegação) *vide* Vieira de Andrade, *Lições de Direito Administrativo*, Imprensa da Universidade de Coimbra, 4ª Ed., 2015, p. 10.

medida em que não são estes órgãos que definem ou escolhem os interesses que vão prosseguir. Tais interesses são definidos num plano superior, político-legislativo[2]. Pode assim afirmar-se que a administração pública se apresenta como uma atividade pública que, por um lado, está sujeita a previsão normativa (por isso se designa esta função de executiva) e, por outro lado, é politicamente subordinada (ou seja, é de natureza heterónoma).

Outra nota distintiva entre a administração pública e a administração privada prende-se com os *meios* que cada uma utiliza: ao passo que na administração privada se usam meios ou instrumentos jurídicos que refletem a *igualdade* entre as partes (caso paradigmático do contrato), na administração pública recorre-se prioritária ou tipicamente a *meios de autoridade*, em particular a comandos unilaterais, que se impõem autoritariamente aos seus destinatários.

1.2. Sentidos da expressão "Administração Pública"

1.2.1. *Administração Pública em sentido organizatório*[3]

Como vimos, a individualização de um setor de atividade da Administração Pública supõe a existência de uma organização dentro do aparelho público a que se comete essa tarefa.

Neste sentido, a Administração é o *sistema de órgãos, serviços e agentes do Estado, bem como das demais pessoas coletivas públicas, que asseguram, em nome da coletividade, a satisfação regular e contínua dos interesses públicos secundários.*

Em sentido organizatório, a Administração Pública aparece-nos como uma "máquina" complexa, uma aparelhagem especializada para a realização daquele encargo, da qual fazem parte, designadamente, os órgãos (centrais e locais) do Estado. Mas a administração pública não é uma atividade exclusiva do Estado. Ao lado do Estado há muitas outras entidades que com ele se não confundem uma vez que possuem personalidade própria, constituindo, por isso, entidades política, jurídica e sociologicamente distintas. É o caso dos municípios, das freguesias, das regiões autónomas, das universidades, das entidades públicas empresariais, das associações públicas e das pessoas coletivas de utilidade pública, entre outras.

De referir, porém, que os limites do conceito de Administração Pública em sentido organizatório tendem, atualmente, a ser mais fluidos, atentas as novas

[2] Plano em que, no âmbito nacional ou europeu, se definem as "políticas públicas", entre nós em regra mediadas, concretizadas ou determinadas por via legislativa governamental (decreto-lei). Cfr. Vieira de Andrade, *Lições de Direito Administrativo, cit.*, p. 11.

[3] A Administração pública em sentido organizatório visa responder à pergunta de saber *quem* prossegue esta específica função de prossecussão de interesses públicos.

realidades organizatórias neste domínio, já que ao lado das tradicionais pessoas coletivas de direito público, existem, cada vez mais, entidades privadas sujeitas a regimes especiais de direito administrativo, designadamente entidades administrativas privadas de criação pública ou mista, que realizam finalidades públicas (e muitas vezes dotadas de poderes de autoridade) e sociedades concessionárias e outras entidades privadas dotadas de poderes públicos específicos delegados pela Administração.

Sobre a Administração Pública em sentido organizatório, ou seja, sobre a organização administrativa, trataremos mais desenvolvidamente na Parte I.

1.2.2. *Administração pública em sentido funcional*

A administração pública em sentido funcional refere-se ao conjunto das atividades que aquele esquema organizatório prossegue, correspondendo ao desenvolvimento e realização da sua tarefa global, independentemente de se curar de saber qual é o seu conteúdo.

A criação de um aparelho especializado resulta da suposição de que é possível individualizar um tipo de tarefas que sejam tarefas materialmente administrativas. No entanto, frequentemente, por razões muito variadas, essa aparelhagem tem de preocupar-se com a produção de atos que exorbitam dum âmbito material de administração. Ora, a administração pública em sentido funcional pretende referir-se à *atividade* dos órgãos da Administração, quer ela se traduza, como é normal, em atos de administração materiais, quer em outros comportamentos que não dizem respeito às suas tarefas *específicas,* mas antes a atividades relacionadas com outros setores organizativos dos entes públicos ou mesmo com o domínio do direito privado.

1.2.3. *Administração pública em sentido material*

Como resulta do que foi anteriormente afirmado, é possível individualizar, de entre as várias atividades que são levadas a cabo pela Administração enquanto aparelho organizatório, um conjunto de atos que correspondem materialmente à ideia de administrar. Administração pública em sentido material corresponde, assim, à atividade de administrar. Neste sentido, a expressão administração pública aparece-nos com o significado de tarefa ou função do Estado.[4]

Através deste sentido identifica-se a *atividade administrativa típica,* que se distingue de toda a atividade exercida pela administração, designadamente quando recorre a meios e instrumentos de direito privado e também de todas

[4] A Administração pública em sentido material visa responder à pergunta de saber *o que é* ou *em que consiste* esta específica tarefa pública que designamos de administração e o que a distingue das restantes funções públicas do Estado.

as atividades estaduais que se insiram em outras funções, diferentes da administrativa.

Como veremos quando estudarmos o princípio da separação dos poderes em sentido funcional ou material, ao lado da função administrativa existem também as funções *legislativa, jurisdicional* e *política*. Cada uma destas funções tem um conteúdo típico, que permite a sua distinção relativamente às outras[5].

1.2.4. *Administração pública em sentido formal*

Com o sentido formal do conceito de administração pública pretende fazer-se referência às formas típicas de atuação da Administração, ou seja, aos atos levados a cabo pela Administração e que assumem determinadas caraterísticas externas típicas e um valor formal próprio dos atos do complexo administrativo.[6]

Por este aspeto formal a atividade administrativa distingue-se das restantes atividades públicas: enquanto a legislação se manifesta em atos que têm valor de lei (que se traduz na sua insindicabilidade relativa, uma vez que apenas está sujeita a controlo constitucional) e força de lei (ou seja, capacidade de alterar o direito objetivo); e a jurisdição se desenvolve através de atos típicos com valor de sentença (com a caraterística da sua imodificabilidade, a não ser em termos limitados) e força de caso julgado (estatuição definitiva sobre um conflito); a administração, por sua vez, carateriza-se pela prática de atos que têm um valor formal traduzido numa consistência relativa, uma vez que só estão sujeitos, em determinados termos, à sua anulação ou revogação, e têm uma força jurídica que se carateriza pela sua autoridade.

Claro que os atos administrativos a que nos referimos não são atualmente a única forma de ação da Administração, que lança mão de outros instrumentos de atuação: regulamentos e contratos, mas não só, utilizando, cada vez mais, formas específicas ou complexas de atuação – o caso dos planos, enquanto forma de racionalização da sua atividade, é um exemplo relevante destas novas

[5] Integra atualmente o conceito de administração pública em sentido material a atividade desenvolvida por entidades privadas sempre que implique o exercício de *poderes públicos* ou seja regulada por princípios ou disposições normativas específicas de *direito administrativo*, e exclui-se dela, em princípio, a atividade desenvolvida pelos entes públicos administrativos no *puro exercício da sua capacidade de direito privado*, por exemplo, no âmbito da celebração de negócios auxiliares, da administração do património, da administração de estabelecimentos económicos em concorrência ou da gestão de participações públicas em empresas – embora tal não signifique, pelo contrário, que aquelas entidades, nesta atividade, estejam eximidas de cumprir, por exemplo, os princípios gerais da atividade administrativa (cfr. nº 5 do artigo 2º do Código do Procedimento Administrativo). Cfr. Vieira de Andrade, *Lições de Direito Administrativo, cit.*, pp. 13-14.

[6] A Administraçao pública em sentido formal visa responder à pergunta de saber de que forma aquela tarefa específica é prosseguida.

formas, mas também a sua atividade material (de exercício ou de execução) e, com cada vez maior relevo, algumas atuações informais.

Podemos, no entanto, afirmar que as formas típicas de ação da Administração, correspondem à sua atuação de autoridade – o ato, o regulamento e o contrato administrativos –, sendo sobre eles que nos debruçaremos com particular atenção mais adiante.

A conclusão que podemos tirar dos vários sentidos apontados ao termo administração pública é a de que ela corresponde *ao conjunto de tarefas* (administração em sentido funcional-material), *atribuídas a um sistema de serviços organizados de acordo com princípios específicos* (Administração em sentido orgânico), *que normalmente se manifestam por atos com um valor e força jurídica próprios* (administração em sentido formal).

1.3. Noção de Direito Administrativo

É dirigido a esta realidade que vamos encontrar um ramo de direito que é o direito administrativo.

No seu núcleo essencial, este ramo de direito é constituído pelas normas que regulam a *atividade materialmente administrativa* das *entidades públicas*: identifica os *fins* (interesses públicos) que cada pessoa coletiva deve prosseguir, a *organização* e *competências* dos respetivos órgãos, o regime da sua atividade e as condições e meios de *controlo*.

O direito administrativo pode ser definido como *o ramo do direito público constituído pelo sistema de normas jurídicas que regulam a organização e o funcionamento da Administração Pública, bem como as relações por ela estabelecidas com outros sujeitos de direito no exercício da atividade administrativa de gestão pública.*

Desta noção resultam alguns traços caraterísticos:

- o direito administrativo é um *ramo de direito público*;
- o direito administrativo é constituído por um sistema de normas jurídicas de três tipos diferentes, conforme regulem a *organização* da Administração, o seu *funcionamento*, ou as *relações* estabelecidas entre ela e outros sujeitos de direito[7];

[7] No que diz respeito às normas de direito administrativo que regulam as relações estabelecidas entre a Administração e outros sujeitos de direito, designadas de *normas relacionais*, elas abrangem não apenas aquelas que regulam as relações da Administração *com os particulares* mas, mais amplamente, todas as que disciplinam as relações da Administração *com outros sujeitos de direito*. Há, de facto, três tipos de relações jurídicas reguladas pelo direito administrativo: (1) as relações entre a Administração e os particulares; (2) as relações entre duas ou mais pessoas coletivas públicas (Estado e autarquia local, autarquia local e autarquia local, Estado e instituto público, etc.); (3) e as relações entre dois ou mais particulares (concessionário e utente).

– no seu núcleo essencial, o direito administrativo regula o exercício de poderes públicos de *autoridade*, quer das entidades administrativas públicas – o seu núcleo tradicional –, quer de pessoas coletivas privadas – entidades administrativas sob forma privada ou entidades privadas em sentido estrito – quando atuem no exercício de prerrogativas de autoridade pública.

Fora do seu núcleo de regulamentação está a *atividade administrativa* das entidades públicas no mero uso de capacidade privada ou aquela em que, no exercício próprio da função administrativa, aquelas entidades utilizam formas organizativas e regimes substantivos de *direito privado*. Nestes casos o direito administrativo surge misturado, em doses variáveis, com o direito privado.

2. Evolução Histórica da Administração Pública e do Direito Administrativo

Sendo o direito administrativo um conjunto de normas que se destina a regular a organização e a atividade da Administração Pública, é importante conhecer a evolução desta última que tem implicações importantes na própria evolução do direito administrativo.

Note-se que o conceito de Administração Pública nem sempre existiu e, desde que se afirmou, com os Estados Modernos, até aos nossos dias, tem conhecido uma evolução significativa, tanto no seu aspeto organizatório, como no funcional e no material. Analisemos então os principais momentos de tal evolução.

2.1. A Época Medieval

2.1.1. *Caraterização geral*

A Época Medieval que, grosso modo, corresponde ao período que vai do século V ao século XV, está fortemente ligada ao feudalismo ou regime senhorial, modo de produção da vida social e económica contemporânea dessa época e que explica grande parte das caraterísticas que vamos ver de seguida.

Uma nota decisiva desta época é a *ausência de racionalização e de institucionalização da sociedade política*: devido ao regime feudal há uma enorme "pulverização" dos centros de poder e não existem órgãos incumbidos de servir um

As normas que regulam as relações da Administração com outros sujeitos de direito podem, por sua vez, ser de três espécies: (1) normas que conferem poderes de autoridade à Administração Pública; (2) normas que submetem a Administração a deveres, sujeições ou limitações especiais, impostas por motivos de interesse público; (3) normas que atribuem direitos subjetivos ou reconhecem interesses legítimos dos particulares face à Administração.

qualquer interesse "geral", razão pela qual se sente a forte descentralização política da comunidade. O poder central é muito fraco e o povoamento disperso, com algum relevo das fórmulas de governo local.

Não há qualquer sistema de serviços encarregado de promover a satisfação de interesses gerais, desempenhando a Igreja um papel de grande protagonismo; toda a organização social é ainda baseada nos laços de subordinação pessoal.

Em termos políticos vive-se numa ordem política espontânea, precisamente pela falta de racionalização e de institucionalização que começámos por referir.

A grande conclusão a tirar é a de que, nesta época, *não tem sentido falar-se em administração pública*: não há qualquer unidade que sirva de referência ao interesse público primário, nem um aparelho organizado destinado a servir a sua realização; nenhuma figura abstrata (como, mais tarde, a Nação ou o Estado) ou concreta (Rei ou Imperador) tem o encargo de representar os interesses comuns; quando se fala em administração é sempre com referência à administração direta dos interesses de pequenos grupos.

Por todas estas razões se reforça a ideia de que às formas jurídico-políticas da Idade Média são completamente estranhos os elementos de que se vai compor o mundo das preocupações da administração pública atual. Por maioria de razão, se não faz sentido falar em Administração Pública, muito menos sentido faz falar em direito administrativo, uma vez que se tratará de um ramo do Direito destinado a disciplinar especialmente aquela administração.

O que não invalida, de qualquer forma, que haja algumas exceções: foi um pouco o que se passou em Portugal, onde a gigantesca operação dos Descobrimentos (iniciada ainda na época medieval) é de iniciativa pública.

2.1.2. *A sub-época do "Estado de Justiça"*

Alguns autores, como Rogério Soares, referem uma sub-época da Época Medieval: a época do "Estado de Justiça", caraterizada por uma grande intensidade e relativa eficácia da defesa dos direitos adquiridos dos cidadãos nos tribunais.

No entanto, o que está aqui em causa ainda não é nada que tenha a ver com direito administrativo: o direito que se conhece e se faz valer em tribunal é apenas direito privado.

Mas esta defesa dos direitos em tribunal não influi no facto de não existir ainda Administração Pública. Não existindo Administração Pública, naturalmente que não existe nada que tenha a ver com direito público: vigora o princípio de que o Rei não pode ser responsabilizado pelos seus atos ("King can't do no wrong").

2.1.3. *Os embriões da Administração Pública*

É comum referir-se a existência, na época medieval, de "embriões" da Administração Pública: não com o sentido de formas que viriam a evoluir para o que no futuro será essa administração, mas pretendendo mostrar que já havia nesta época algumas formas de organização que terão funcionado como "modelos" do que viria a ser mais tarde a Administração Pública.

Costumam a este propósito ser referidos três tipos de organizações onde já havia uma certa estruturação e racionalização de serviços:

- a *administração municipal*, ou seja, a administração autónoma das cidades, dentro das quais já existiam formas incipientes de racionalização de tarefas administrativas (nomeadamente as relativas à manutenção da ordem interna);
- a *administração da Igreja*, fortemente hierarquizada, e que assumiu grande importância ao longo de toda a Época Medieval;
- a *administração militar*, na medida em que existiam exércitos profissionais que se traduziam em organizações sistemáticas de soldados.

2.2. A transição para a Época Moderna

Entre o final da Idade Média e a criação dos Estados Modernos vão-se afirmar crescentemente duas correntes fundamentais para a modificação do *status quo*:

- uma *linha racionalizadora*, em que a razão se assume como valor fundamental o que, entre outras consequências, se vai refletir numa melhor organização;
- uma linha *centralizadora*, com a concentração crescente de poderes no rei.

Como causas para a afirmação destas novas tendências e para a concentração de poderes no rei costumam ser assinalados três tipos de motivos fundamentais:

- *motivos religiosos*: com a Reforma Protestante dá-se a autonomização do poder político em face do religioso, o que produz a importantíssima consequência da desvinculação do primeiro face ao papado. A noção de *soberania*, ligada ao pensamento e à obra de Jean Bodin, pretende precisamente refletir esta independência do poder político em face do religioso;
- *motivos militares*: o ciclo de guerras, principalmente religiosas, implica a criação de exércitos regulares e o estabelecimento de administrações especiais de guerra;
- *motivos económicos*: a abertura do comércio vai aproximar as cidades, as populações e os grupos anteriormente confinados aos feudos, reforçando a coesão dos reinos e o desenvolvimento do sentimento de união entre todos os indivíduos que viviam nesses mesmos reinos.

Como consequência última de todo este movimento e dos processos de concentração do poder político, de territorialização do poder e de institucionalização e autonomização do político perante a religião vai emergir a figura do *Estado Moderno*, com a sua própria Administração.

2.3. O Estado de Polícia

Como momento extremo da evolução acabada de referir e sensivelmente entre meados do século XVII e finais do século XVIII vai surgir uma forma de Estado que ficou conhecida por "Estado-de-Polícia".

A sua principal caraterística, sem dúvida, é a do *absolutismo* da nova figura entretanto criada (o Estado), com uma centralização completa dos poderes no seu representante máximo – o monarca.

Esta forma de Estado tem como suporte filosófico e ideológico o *Iluminismo*: vivia-se a "época das Luzes" e o soberano ou "déspota iluminado" ou "esclarecido" era considerado o intérprete mais fiel da razão, aquele que estava em contacto com as "Luzes", tendo por isso o poder de decidir arbitrariamente o que convinha ao bem público do Estado.

No entanto, o seu interesse não era o de servir as necessidades coletivas dos seus súbditos, mas o de proceder ao desenvolvimento e engrandecimento do país, numa lógica de competição com o "clube" das "nações cultas e polidas". Vive-se uma época de grandes realizações e obras públicas, que passam pela criação de universidades e construção de templos, pelo patrocínio de academias, desenvolvimento de técnicas industriais e agrícolas, etc.

Assiste-se, por tudo isto, a um grande desenvolvimento da Administração Pública estadual, com a criação de órgãos e de um corpo crescente de funcionários na dependência do monarca, que desempenham uma atividade intensa aos mais variados níveis, nomeadamente no setor económico.

O poder discricionário da administração, que correspondia a uma verdadeira liberdade, conhecia uma extensão máxima: o Estado tinha uma importante atuação mas que não se suportava no Direito, intervindo na sociedade e na economia mas sem qualquer subordinação ao direito público. Apesar de já se poder falar, com rigor, em Administração Pública, não existe ainda direito administrativo, uma vez que ainda não há regras próprias para disciplinarem a organização e atuação da administração. Em resumo, estamos perante uma Administração Pública forte, mas que não se suporta no Direito, dependendo apenas da vontade do soberano.

Fala-se, ainda neste período, numa "dupla fisionomia" do Estado, na medida em que, ao lado desta sua atuação sem qualquer subordinação ao Direito, existia o chamado "Fisco" que não era mais que o mesmo Estado enquanto sujeito de direito privado. Na prática, o "Fisco" era uma espécie de caixa ou cofre

– no fundo, o património da coroa –, que permitia aos súbditos obter indemnizações pela violação dos seus direitos privados pelo Estado, sendo ressarcidos pecuniariamente por tais violações.

2.4. A transição para a Época Liberal

Naturalmente que o despotismo e absolutismo vigentes durante o Estado-de-Polícia geraram um sentimento de mal-estar e de opressão generalizado que constituiu uma das causas diretas das revoluções liberais. Formou-se e desenvolveu-se o conceito de "Nação", que pretendia significar o conjunto uniforme dos súbditos, que pouco valiam em face do poder do déspota iluminado, e que foi uma construção revolucionária.

A reação que se vai dar relativamente ao Estado de Polícia pretende a afirmação da liberdade, quer numa perspetiva individual (contra o arbítrio e a opressão a que os cidadãos estavam sujeitos), quer social (como forma de reagir à poderosa intervenção do Estado na sociedade e economia), bem como a consagração de ideais democráticos que rebatessem a legitimidade monárquica.

Um outro fator determinante da eclosão das revoluções liberais foi o desenvolvimento da burguesia, classe social que pretendia maior liberdade e menos condicionamentos por parte do Estado. Esta classe vai aliar-se, ainda que apenas do ponto de vista estratégico, ao povo, desencadeando as revoluções liberais, de entre as quais se destaca a Revolução Francesa de 1789.

2.5. A Época Liberal (Estado de Direito Liberal)

A implantação da época histórica que ficou conhecida como "Época Liberal" passou antes de mais pela afirmação de dois princípios, que se mostraram absolutamente decisivos para o nascimento do direito administrativo:

- o *princípio da separação dos poderes*, entendido no seu sentido organizatório, nos termos do qual o poder do Estado tinha de estar separado por diversos centros organizatórios, mas que evoluiu rapidamente para a afirmação da preponderância do Parlamento sobre os outros poderes estaduais, convertendo-se este órgão no centro do Estado;
- o *princípio da legalidade da administração*, que traduz a ideia-chave da subordinação da Administração à Lei, com o que nasce o Estado de Direito e o direito administrativo, ramo do Direito especificamente dirigido à Administração Pública, com o objetivo prioritário (praticamente único, nesta fase) de defender e proteger os direitos dos cidadãos (antes de mais, a sua liberdade, segurança e propriedade) perante as autoridades administrativas.

Com a afirmação deste último princípio e com o reconhecimento e consagração de direitos do Homem que o Estado tinha obrigatoriamente de respeitar, os cidadãos passam a ser titulares de direitos subjetivos *públicos*, invocáveis perante o próprio Estado.

Também como consequência da afirmação do princípio da legalidade e da supremacia do Parlamento, aliada ao sentimento de grande inimizade em face do poder executivo (sobrevivência do Estado-de-Polícia), a tarefa administrativa, na zona da legalidade, torna-se numa tarefa meramente executiva, desenvolvida em estrita obediência à lei.

O que não invalida que, fora desta zona – e, em geral, fora das matérias reservadas à lei – a Administração continuasse a gozar de um poder discricionário de grande amplitude, ainda para mais por se considerar que, estando fora da lei estava fora do Direito, sendo um poder originário que a Administração desenvolvia livremente.

Existia um fosso claro entre as preocupações do Estado e da sociedade: são dois mundos diferentes e separados, o que explica também a política do "laissez faire, laissez passer" e a configuração do Estado como "guarda noturno", com uma significativa redução do seu papel e do seu intervencionismo, configurando-se praticamente apenas como esquadra de polícia (com a finalidade de manter a ordem e a segurança) e repartição de finanças.

O paradigma clássico da separação Estado-sociedade supunha o monopólio estadual do poder público e da administração pública e a exclusão das forças sociais das tarefas administrativas. O Estado era o espaço de autoridade e do império do interesse geral; a sociedade era o espaço de liberdade, de diversidade, de luta pelos interesses particulares. Entre estes dois mundos não poderia haver mistura. No fundo, defendia-se um *Estado mínimo* e uma sociedade civil máxima.[8]

2.6. Época pós liberal

2.6.1. *A transição para o século XX e o Estado de Direito Social*

Para além das contradições internas do modelo liberal, nomeadamente a clara falência do princípio da igualdade (uma vez que rapidamente se concluiu que, por detrás da igualdade formal, havia uma desigualdade substancial, com o

[8] A subordinação da Administração à lei que nasce neste momento histórico traduz a nascença do direito administrativo, que tem como marcas essenciais: (i) uma separação entre o Estado e a Sociedade (interesses distintos); (ii) uma Administração de autoridade (segurança, polícia e finanças), fundamentalmente agressiva, com intervenção mínima possível na economia e na vida social (iii) a lei (parlamentar) como definição e garantia dos direitos e liberdades dos cidadãos perante os atos da Administração pública; (iv) a soberania do Parlamento e a supremacia da lei parlamentar perante a Administração e perante o juiz. Cfr. Vieira de Andrade, *Lições de Direito Administrativo, cit.*, pp. 21-22.

constante agravamento das condições de vida do povo), alguns acontecimentos que tiveram lugar na primeira metade do século XX vieram precipitar a mudança: referimo-nos às duas Guerras Mundiais de 1914-18 e 1939-45, com as "economias de guerra" que exigiram, e à Grande Depressão americana de 1929-32.

As mudanças são reclamadas pelas populações e exigidas pelos novos tempos, sendo também consequência da crescente afirmação dos valores democráticos e determinando um movimento profundo de recíproca interpenetração entre o Estado e a sociedade.

Por um lado, assiste-se à "invasão" do Estado pela sociedade, com a criação dos modernos partidos políticos, o desenvolvimento do sufrágio universal, o aparecimento dos sindicatos e, em geral, de grupos de pressão com influência crescente no exercício do poder; por outro, a intervenção estadual na sociedade e na economia vai crescer exponencialmente, através de uma administração prestadora de bens e serviços, de apoio aos mais necessitados e, em geral, conformadora da vida social. Ao lado da tradicional administração de autoridade, desenvolve-se e ganha força a chamada "administração de prestação".

A separação Estado/sociedade é agora posta de lado: para além de ser *prestadora* e *conformadora*, a Administração é também *participada* e *concertada* (dois movimentos que refletem a maior importância dos indivíduos e dos grupos sociais na sua atividade), dando-se um crescimento e uma complexificação crescente da Administração Pública.

Surgem novas entidades administrativas (caso das empresas públicas) e outras figuras institucionais que refletem a importância dos particulares no desempenho de funções administrativas.

O modelo de repartição da esfera de ação do Estado e da sociedade deixa de ser um modelo dicotómico e passa a ser um modelo tricotómico, em que, entre a esfera do Estado e a esfera própria da sociedade se intercala uma área maior ou menor de caráter híbrido. Trata-se de uma área conjunta do Estado e da sociedade, através da qual a sociedade participa no poder público e o Estado descarrega funções administrativas em entidades particulares.

Fala-se muitas vezes num "Estado-providência" para traduzir a importância da ação social e assistencial (e, ainda, cultural) do Estado, que procura assegurar o direito ao trabalho, à saúde, à segurança social, à proteção no desemprego, à proteção do ambiente, etc.

Em resumo, pode dizer-se que no Estado de Direito Social a Administração Pública se carateriza por um aumento das *tarefas públicas*, com o necessário *alargamento* e *pulverização da Administração Pública*, pela *participação* dos particulares nas tarefas daquela e ainda pelo fenómeno da *privatização* da Administração.

Como veremos mais pormenorizadamente aquando do estudo do princípio da legalidade da administração, há modificações diversas quanto à conceção de lei e às relações entre esta e a Administração, o que mostra a evolução do direito administrativo por força da evolução da própria Administração Pública. Assim:

- o Parlamento perde o monopólio da criação da lei, por um lado com a assunção de competência legislativa normal por parte do Governo e, por outro lado, com a primazia e a "força irradiante" das normas e princípios da Constituição, diretamente aplicáveis à atividade administrativa, a partir da construção jurídica do "Estado de Direito Democrático" como "Estado de Direito Constitucional";
- a lei deixa de ser apenas um limite para a Administração, passando a estar "ao seu lado", uma vez que não se confina a defender os direitos dos cidadãos, definindo e permitindo a prossecução do interesse público.

O poder judicial passa igualmente a ter um papel mais ativo, fiscalizando a juridicidade da atuação administrativa e não apenas a (mera) legalidade, exercendo um controlo autónomo e não sendo somente a "boca da lei".

Nesta linha, é pacífica a ideia de que, se por um lado se exige uma esfera relativamente "livre" da administração (traduzida essencialmente no seu poder discricionário), por outro reclama-se juridicidade, transparência e participação. Ou seja: a afirmação da autoridade administrativa – nalguns casos reforçada pela emergência de critérios de *eficiência* e *eficácia* da atuação da máquina administrativa – não é posta de lado, mas exige-se *sempre* o respeito pelas garantias individuais dos cidadãos-administrados.

O direito administrativo passa a movimentar-se, claramente, no âmbito de uma relação tripolar Lei-Administração-Juiz, em que à primeira incumbe (no mínimo) a definição dos fins ou interesses públicos a prosseguir e das competências dos órgãos administrativos, à segunda a prossecução em concreto do interesse público e ao terceiro o controlo da juridicidade da atuação administrativa.

Mais, ao lado dos direitos, liberdades e garantias pessoais, aparece e desenvolve-se a categoria dos direitos económicos, sociais e culturais, tudo confluindo para o trânsito de um Estado de Direito Liberal para um *Estado de Direito Social*: é de Direito na medida em que continua subordinado a este, de uma forma até muito mais alargada; é social porque tem como seus objetivos centrais o desenvolvimento económico, o bem-estar e a justiça social.[9]

[9] Em suma, verifica-se, no âmbito do direito administrativo que marca esta época, uma sua *nova razão de ser* – visa agora o *equilíbrio* entre a *prossecução necessária dos interesses da comunidade* (autori-

2.6.2. *O Estado regulador e garantidor e a evolução do direito administrativo: rumo a um novo direito administrativo?*[10]

Sensivelmente desde meados da década de oitenta do século passado que se vive em todo o mundo ocidental um processo de acentuada transformação da realidade político-ideológica – principalmente sob o impulso das políticas neo-liberais de Ronald Reagan, nos EUA, e de Margaret Thatcher, no Reino Unido – o qual teve consequências profundas também ao nível jurídico-administrativo.

Os fenómenos da *liberalização*, da *privatização*, da *desregulação*, da *maior confiança no mercado*, da *procura de maior racionalização, eficiência* e *eficácia* da ação administrativa, o desenvolvimento de *análises de custos-benefícios das medidas administrativas*, entre muitos outros, passaram a fazer parte do discurso do dia a dia das administrações públicas e, por inerência, do direito que as regula.

Especialmente na Alemanha, a análise destas transformações tem conduzido uma parte muito representativa da doutrina a aludir à emergência de um *novo direito administrativo* para cujo estudo se reclama uma *nova ciência do direito administrativo*, tudo isto em face do profundo processo de transformação sofrido pelo direito público[11]. Se bem que não pretendamos aderir a esta perspetiva, por não acreditarmos que as profundas alterações no funcionamento, organização e atuação da Administração e no direito que regula tais matérias legitimem que se

dade, discricionariedade, eficiência) e a *proteção dos direitos e interesses legítimos dos particulares* (participação, transparência, garantias individuais) – e um *novo contexto institucional do poder* – em vez da relação exclusiva com a lei, instaura-se uma relação tripolar Lei/Administração/Juiz, caraterizada pelos princípios da *precedência de lei*, da *discricionariedade* e da *justiciabilidade* administrativa. Cfr. Vieira de Andrade, *Lições de Direito Administrativo, cit.*, pp. 24.

[10] Paulo Otero qualifica este momento da evolução da Administração Pública de Administração neo-liberal. Sobre os traços característicos desta Administração, parcialmente coincidentes com os que aqui apresentamos, cfr. Paulo Otero, *Manual de Direito Administrativo*, Volume I, Coimbra, Almedina, 2013 (reimpressão), pp. 287-292.

[11] Em particular Schmidt-Aßmann, por intermédio da sua incontornável obra *Das Allgemeine Verwaltungsrecht als Ordnungs Idee*, Heidelberg, Springer Verlag, 1998. A este nome juntam-se os de Hoffmann-Riem, Andreas Voßkuhle, Gunnar Folke Schuppert, Rainer Wahl, Fritz Ossenbühl e Wolfgang Kahl, entre muitos outros. Para além do livro citado, cfr. a coleção de obras organizadas por Schmidt-Aßmann e Hoffmann-Riem, contando já com 10 volumes, publicados entre 1993 e 2004 sob o título *Schriften zur Reform des Verwaltungsrechts*, Nomos Verlagsgesellschaft, Baden-Baden; e, mais recentemente, cfr. Hoffmann-Riem/Schmidt-Aßmann/ /Andreas Voßkuhle (Organizadores), *Grundlagen des Verwaltungsrechts – Band I – Methoden, Maßtäbe, Aufgaben, Organisation*, Verlag C. H. Beck, München, 2006.
Para uma análise crítica dos desenvolvimentos da doutrina do novo direito administrativo, cfr. Wolfgang Kahl, "Über einige Pfade und Tendenzen in Verwaltungsrecht und Verwaltungsrechtswissenschaft – ein Zwischenbericht", *Die Verwaltung*, 42. Band, Heft 4, 2009, p. 463-500.
Em língua portuguesa, cfr. Suzana Tavares da Silva, *Um Novo Direito Administrativo?*, Imprensa da Universidade de Coimbra, Coimbra, 2010.

fale numa alteração de paradigma em termos tais que justificariam a referência a um *novo* direito administrativo, pensamos que a análise dogmática desta doutrina se revela de grande profundidade e acuidade como quadro explicativo das mudanças, sendo uma excelente base para ilustrar o que há de novo no direito administrativo dos últimos anos do século XX e dos primórdios do novo século[12].

A perspetiva que defendemos mostra-se especialmente pertinente quanto à principal forma de atuação da Administração, que continua a ser o *ato administrativo*, embora ele deva ser hoje entendido de forma diferente, como uma forma jurídica mais flexível, menos petrificada ou estabilizada, reclamando-se a necessidade da sua adaptação às flutuações do interesse público, não mais entendido como uma realidade estática e pacificada no momento da prática daquele ato. Tendo o ato administrativo demonstrado flexibilidade e capacidade de adaptação suficientes para continuar a constituir a principal forma jurídica de atuação da Administração, tanto em termos práticos como dogmáticos.

Desta forma, sem aderirmos à proposta doutrinal básica da "nova" ciência do direito administrativo alemão, recorreremos no fundamental a ela para mostrar, de forma tópica, algumas das principais alterações e inovações que se têm feito sentir na Administração Pública e no direito administrativo nos últimos 30 anos.

A explicação da nova realidade assenta numa série de conceitos chave que pretendem resumir as principais notas de alteração. É neste contexto que se fala na *privatização* da Administração Pública, na sua *europeização* e *internacionalização*, na *digitalização* da atividade administrativa[13], na *economização* da administração e do direito administrativo, na *informalização* da atividade administrativa, entre outros conceitos fundamentais. Esta doutrina, não obstante interessar-se de sobremaneira por uma perspetiva sistemática geral da qual procura extrair uma ideia ordenadora do direito administrativo geral, dá um particular ênfase a alguns ramos do direito administrativo especial, com indiscutível destaque para o direito do ambiente, ao qual se junta o direito social, o direito económico, o direito da informação, o direito da ciência, o direito farmacêutico e ainda os direitos dos seguros e da estatística.

[12] A nossa perspetiva estará, assim, mais próxima da de alguns autores que, em outras ordens jurídicas, reconhecem a força e a profundidade das alterações, sem todavia reclamarem essa alteração de paradigma a que aludimos em texto. É esse em especial o caso de SABINO CASSESE, que tem desenvolvido em particular os temas da *internacionalização* e da *globalização* do direito administrativo: uma compilação de vários estudos do Autor sobre estes temas pode ser vista em SABINO CASSESE, *La Globalización Jurídica*, Instituto Nacional de Administración Pública, Marcial Pons, Madrid/Barcelona, 2006.

[13] Sintomático desta realidade é a introdução de uma norma sobre princípios aplicáveis à Administração eletrónica (artigo 14º) e da regulamentação da utilização de meios eletrónicos (artigos 61º e 62º) no Código do Procedimento Administrativo de 2015.

Procederemos de seguida a uma análise sumária e meramente tópica de alguns dos aspetos que para a respetiva doutrina alemã constituem as notas caraterísticas do novo direito administrativo e que nós utilizamos como elementos que permitem demonstrar as *inovações* e *novidades* que têm sido trazidas à dogmática deste direito e à organização e funcionamento das administrações públicas nos últimos anos.

2.6.2.1. *Privatização*

Uma das tendências mais fortes dos últimos anos, relacionada com o ambiente geral de liberalismo, afirmação do protagonismo do mercado e diminuição do peso e do alcance da intervenção pública na economia e na sociedade é, sem dúvida, a da privatização. No que à vida da Administração e aos regimes do direito administrativo concerne, a privatização passa sobretudo pela retração do papel do Estado e das suas responsabilidades operativas ou de execução e por uma confiança muito maior nas forças da própria sociedade e da economia – também devido às exigências do direito europeu nesta sede.

Na verdade, a privatização está diretamente ligada à liberalização dos grandes serviços públicos, ao acentuar dos méritos e da importância do princípio da livre concorrência, atribuindo a realização de muitas tarefas tradicionalmente consideradas públicas a atores privados e colocando-as na dependência das "forças" de mercado. O conceito de *privatização material* passa precisamente pela transferência da realização de tarefas do setor público para o privado, tudo conduzindo a diminuir a intervenção do Estado, em geral, e das administrações públicas, em particular, na vida económica e social. Deve em todo o caso assinalar-se que as consequências jurídico-administrativas da privatização não se reduzem à privatização de tarefas, falando-se também da privatização da organização (com consequências marcadas ao nível do setor empresarial do Estado e municipal), da privatização do património (transferência de bens públicos para os particulares), bem como da privatização financeira, funcional e procedimental. Esta última é muito relevante ao nível dos institutos clássicos do direito administrativo, responsabilizando os requerentes por partes ou setores do procedimento ou consubstanciando-se mesmo na gestão privada do procedimento.

A diversidade e complexidade do movimento da privatização traduz-se também na emergência de novos fenómenos cujo exato enquadramento jurídico ainda não é pacífico, como acontece com as parcerias público-privadas.

Uma vez que o Estado tem, no mínimo, de gerir as consequências da privatização através da regulação e supervisão das atividades públicas privatizadas[14],

[14] Sobre este fenómeno cfr. Pedro Gonçalves *Entidades Privadas com Poderes Públicos*, Almedina, Coimbra, 2005, p. 151 e segs., especialmente p. 160.

verifica-se aqui o envolvimento, a colaboração, a cooperação e a partilha de responsabilidades entre a Administração Pública e os privados a que a privatização acaba por conduzir[15].

2.6.2.2. *A importância da regulação*

A atividade administrativa de regulação emerge no direito administrativo dos nossos dias como uma das suas principais áreas ou domínios, traduzindo uma abordagem muito mais flexível e "suave" do que a levada a cabo por intermédio dos tradicionais meios impositivos utilizados pela Administração Pública.

A regulação traduz desde logo o facto de ao lado do Estado se afirmarem agora entidades responsáveis pelo desenvolvimento de atividades administrativas que assentam num novo modelo, menos autoritário e muito mais próximo dos administrados, como acontece, entre nós, por exemplo, com as autoridades administrativas independentes. Para além disso, as formas de ação administrativa diversificaram-se e modernizaram-se, com o recurso a meios mais suaves e flexíveis de exteriorização do direito, numa perspetiva de maior colaboração e proximidade com os regulados.

As raízes mais longínquas da regulação encontram-se no direito norte-americano, onde a criação da primeira agência reguladora – *The Interstate Commerce Commission*, em 1887 – é assinalada como o seu primeiro marco. Já no último quartel do século XX começou a fazer-se sentir nos Estados europeus ocidentais a criação de novas entidades administrativas mais ou menos independentes em face dos governos, numa linha de diminuição da presença do Estado e da Administração Pública na economia e na sociedade. É neste contexto que se afirma a *regulação administrativa*, principalmente no setor económico, para fazer face às falhas e às ineficiências do mercado, mas também no campo social, pretendendo referir a ordenação ou disciplina das atividades privadas suscetíveis de pôr em causa o funcionamento da economia, da sociedade e de alguns interesses públicos fundamentais. Assim, para além dos domínios da banca, dos seguros, do mercado de ações, a regulação alastra-se hoje ao domínio ambiental, sanitário, da assistência social, etc. A sua responsabilidade é, em grande medida, atribuída não diretamente ao Estado ou aos entes e serviços na sua dependência, mas antes a agências ou autoridades reguladoras mais ou menos independentes do Governo.

Segundo Vital Moreira a noção de regulação, no seu sentido intermédio – aquele mais seguido pela doutrina – corresponde ao conceito de *intervenção*, em sentido estrito, a qual é definida como a "intervenção estadual na econo-

[15] Ainda sobre este fenómeno *vide* infra, Parte II, 1. A Administração e o direito privado; e Paulo Otero, *Manual de Direito Administrativo, cit.*, pp. 464 a 483.

mia por outras formas que não a participação direta na atividade económica", equivalendo "ao condicionamento, coordenação e disciplina da atividade económica privada"[16]. Intervenção esta mais suave e mais leve do que a dos meios clássicos do direito de intervenção, apontando também para formas mais participadas, negociadas, procedimentalizadas e eficientes de criação do direito.

2.6.2.3. *A desregulação*

Outra das realidades que mais se tem feito sentir é a da desregulação, entendida como um recuo das tarefas ordenadoras e disciplinadoras do Estado e das entidades públicas, em benefício de uma maior crença nas possibilidades e na efetividade de estruturas regulatórias que incentivam e se apoiam nos interesses próprios dos regulados – enquadrando-se perfeitamente na lógica privatizadora, liberalizadora e desestatizadora e na maior confiança no mercado e nas forças sociais para a sua auto-disciplina.

A ideia básica é a da maior libertação do Estado das atividades reguladoras, o que assenta tanto nos clamores da sociedade e dos agentes económicos privados nesse sentido como na própria conceção política e pública destas matérias. No fundo, recuo do Estado e atribuição de mais e maiores responsabilidades à sociedade e às forças económicas privadas.

Todavia, importa assinalar aqui que a desregulação tem convivido com um fenómeno de sentido contrário, que passa pela utilização de novas formas de regulação que se traduzem num movimento de *neo-regulação,* baseado numa ordenação diferente, é certo, mas que não deixa de compreender formas jurídicas que devem ser englobadas neste direito administrativo modernizado. É aqui nomeadamente de destacar o caso da *auto-regulação privada* (publicamente) regulada, onde assumem papel de grande relevo as associações ou entidades privadas responsáveis por atividades de normalização, estandardização, acreditação, certificação, monitorização, registo, etc.

2.6.2.4. *A economicidade da atuação administrativa*

Outras das fortes tendências políticas e ideológicas que, nos últimos anos do século XX, se repercutiu com profundidade na atividade das administrações públicas e, por seu intermédio, nas análises dogmáticas e práticas do direito administrativo foi a relacionada com uma muito maior atenção aos aspetos económicos de tal atividade, em nome de uma análise muito mais cuidada dos seus custos e da sua ponderação em face dos respetivos benefícios e, nestes termos, pela eficiência e efetividade da atuação administrativa.

[16] Cfr. *Autorregulação profissional e administração pública*, Coimbra, Almedina, 1997, p. 34-37.

Esta maior atenção aos aspetos económicos da atividade administrativa relaciona-se de perto, como é fácil de ver, com as tendências de liberalização e privatização do setor público, de afirmação do protagonismo crescente do mercado e com a tentativa de aliviar um Estado assoberbado não apenas com as atividades que estava diretamente incumbido de prosseguir mas também, ou talvez sobretudo, pela limitação dos recursos disponíveis e pelos constrangimentos económico-financeiros que aquela prossecução exigia.

Estas exigências traduziram-se, sobretudo, na ponderação entre os custos e os benefícios das políticas e das medidas administrativas e também na exigência de racionalização, otimização, aceleração e simplificação da atividade – em especial do procedimento – administrativa, em vista da maior eficiência e eficácia possíveis no exercício dos poderes administrativos.

A esta tendência não é estranho o facto de o direito administrativo económico se assumir hoje em dia como um dos principais setores de referência do direito administrativo especial, na análise germânica levada a cabo pela "nova" ciência do direito administrativo.

Em especial na Administração Pública norte-americana a análise custos-benefícios passou a ser um aspeto chave do controlo das decisões administrativas, antes da sua aplicação prática ou execução[17].

Em muitos outros países, designadamente europeus, nota-se sobretudo, a este nível, a afirmação – nalguns casos, a expressa consagração constitucional ou legal – do *princípio da eficiência* como princípio geral da atividade administrativa. Em Portugal salienta-se uma referência implícita ao princípio na al. *c)* do art. 81º da CRP, a qual inclui entre as incumbências prioritárias do Estado no campo económico e social a de "assegurar a plena utilização das forças produtivas, designadamente zelando pela *eficiência do setor público*" (itálico nosso). E saliente-se, ainda, a introdução no novo CPA do principío da boa administração segundo o qual a Administração deve pautar-se por critérios de eficiência (artigo 5º). A eficiência tem precisamente a ver com a relação entre os custos de uma determinada ação (os meios ou recursos utilizados) e o fim perseguido (o benefício esperado com a ação), procurando alcançar-se o máximo benefício com a menor quantidade possível de meios empregues. Produzindo os seus efeitos ao nível da organização, do procedimento, do pessoal e da informação utilizados. Nestes termos, deve entender-se que o princípio da eficiência faz hoje parte do "bloco da legalidade" que constitui o *princípio da juridicidade*, que

[17] Desde a conhecida Executive Order do Presidente Reagan nº 12.291, de 17 de fevereiro de 1981 (cfr. 46 FR 13193, 3 CFR, 1981 Comp., p. 127), a qual determinava que "na extensão permitida pela lei, a ação regulatória não deve ser levada a cabo a não ser que os seus benefícios potenciais para a sociedade sejam superiores aos seus custos potenciais".

exprime de uma forma mais geral a submissão da Administração à lei e ao Direito, não podendo o direito administrativo renunciar ao critério da eficiência.

A economicidade produz ainda efeitos muito relevantes em termos organizatórios, contribuindo para a atribuição de um caráter cada vez mais empresarial às administrações públicas, concebendo os administrados como clientes, tudo numa ótica muito mais liberal do que outrora.

2.6.2.5. ***Os novos papéis do Estado***

Uma vez que as alterações que estamos a apreciar, como começámos por dizer, resultam em grande parte de modificações político-ideológicas verificadas sobretudo desde a década de oitenta do século XX, é natural que elas se traduzam também numa profunda modificação do papel do Estado e na assunção de novas e diferentes formas de responsabilidade para com a realização do interesse público, ainda hoje a meta última da atividade administrativa, considerada globalmente.

Neste âmbito, para além da passagem de um Estado interventor e prestador para um *Estado regulador*, há hoje uma série de conceitos que procuram explicar esse novo papel e essas novas funções que o Estado, entendido aqui no seu sentido jurídico-administrativo, isto é, enquanto pessoa coletiva que, sob a direção do Governo, procura criar as condições concretas de realização de interesses públicos referidos a toda a comunidade nacional, passou a desempenhar.

Logo à cabeça, salienta-se neste contexto o facto de o Estado procurar ser cada vez mais um Estado "magro", "elegante", "mínimo" ou "limitado", por contraposição ao peso e robustez excessivos que ele havia ganho ao longo do século XX – objetivo que se tornou numa verdadeira necessidade em face da falta de capacidade financeira dos entes públicos para manterem as intervenções e as prestações estaduais nos patamares que alcançaram na segunda metade do século XX. Assim, o Estado deixa de ser o Estado Providência (o Estado Social de Serviço Público), e passa a ser, em especial nas áreas económicas e sociais, um *Estado de Garantia* (ou "Estado Garantidor").

Para além do "emagrecimento" do Estado, há uma série de conceitos que merecem aqui referência. Desde logo o facto de o Estado ser uma entidade que atua "em rede" com outros Estados e outros centros de poder e de decisão, o que tende a relativizar ou perspetivar de maneira diferente a soberania e o poder estadual[18], tendência reforçada pelo novo protagonismo do conceito de

[18] O fenómeno da *rede* pretende, antes de mais, explicar as diferentes formas de colaboração entre os diversos entes com protagonismo na nossa sociedade global as quais não se consubstanciam numa realidade unitária, mas antes numa colaboração assimétrica ou paritária, em virtude da dependência recíproca entre todos eles.

governança ou *governância*, entendido como uma forma de administração em que o "governo" central perde protagonismo, sendo apenas uma organização entre outros centros que partilham o poder e o exercem de forma muito mais suave, dúctil, partilhada e de forma cooperativa[19].

Diga-se que esta forma de organização "em rede" se faz notar, de forma bem vincada, ao nível global, sendo por isso uma das marcas mais caraterísticas do novo direito administrativo global, a que aludiremos *infra*.

Para além destas dimensões, sobretudo a doutrina alemã tem posto em evidência a assunção de novas formas de responsabilidade do Estado: o recuo ou diminuição da importância da tradicional responsabilidade operativa ou de execução por serviços e prestações públicas diretamente assumidos pelo Estado fizeram emergir formas diferentes de responsabilidade, em particular a *responsabilidade de garantia* em que o Estado assume a obrigação de disciplinar e enquadrar legalmente as estruturas de mercado, não se responsabilizando pelo fornecimento de prestações à sociedade mas assegurando a sua realização por particulares. O modelo do Estado de garantia tem grande flexibilidade, sendo também mais um aspeto em que se mostra como o ente público assume as consequências da privatização.

Naturalmente que por detrás desta nova realidade tem de estar a confiança nas forças privadas para a realização destes serviços e atividades de interesse público, pressupondo a ativação dos cidadãos e das forças sociais nesse sentido, o que traz à colação outra dimensão do Estado atual: a do *Estado ativador*, que *regula*, *orienta* e *incentiva* as atividades privadas, designadamente e com especial intensidade, aquelas que prosseguem interesses gerais ou coletivos[20] e que estabelece com os particulares relações de cooperação e de colaboração, no sentido de uma satisfação dinâmica, eficaz e eficiente do interesse público.

Também na Alemanha se refere, neste mesmo contexto, o facto de o Estado assumir por vezes uma *responsabilidade de reserva*, a qual se torna efetiva nos casos de mau desempenho dos privados responsáveis pela prestação de serviços

[19] O conceito de governança é particularmente válido para explicar o funcionamento das estruturas de regulação em rede, uma vez que mostra a desadequação em falar-se num único sujeito condutor ou orientador ou de destinatários de tal orientação; pelo contrário, ele reflete a dispersão do poder, a partilha da responsabilidade e a interdependência entre diversos centros, tanto ao nível nacional como no plano transnacional, sem esquecer o papel-chave dos cidadãos e das organizações e associações privadas.

[20] O Estado é, efetivamente, em cada vez menos setores, o Estado tradicional *de autoridade* já que: (i) concessiona e delega as tarefas públicas, incluindo a prestação de serviços públicos e o exercício de poderes públicos, em *entidades privadas;* (ii) assegura, regula, orienta, incentiva e controla sistemicamente atuações privadas de interesse geral; (iii) contrata, subsidia e coopera habitualmente, utilizando formas mistas de direito público e privado (Administração *cooperativa* ou *de parceria*). Cfr. Vieira de Andrade, *Lições de Direito Administrativo, cit.*, p. 26.

sociais e/ou económicos com ressonância pública, garantindo nesses casos de fracasso dos prestadores privados a realização do interesse público.

2.6.2.6. ***A europeização do direito administrativo***

Outra tendência inovadora que se tem feito sentir de forma muito vincada na vida das administrações e nos direitos administrativos dos Estados europeus é a que resulta do movimento geral da europeização da vida política e pública dos Estados que fazem parte da União Europeia.

O termo "europeização" é pluri-significativo, sendo usado em contextos muito diferentes. Recorrendo às palavras de Sabino Cassese diremos que se trata de "um fenómeno complexo, que se desenvolve de formas distintas: com a integração das Administrações nacionais entre elas e com a supranacional; através do condicionamento comunitário da independência das autoridades de regulamentação; mediante a rutura do nexo tradicional entre nacionalidade e função pública; com a regulação comunitária de algumas das principais matérias administrativas, como os contratos; mediante a afirmação dos princípios comunitários, como o da não discriminação e transparência; e com a difusão comunitária de princípios de direitos administrativos nacionais, como o da proporcionalidade"[21].

Ao nível jurídico, está sobretudo em causa a influência que o direito europeu foi exercendo sobre os seus congéneres nacionais, ao longo do processo de construção de uma integração europeia mais sólida, mas também uma série de processos que passam pela própria administração comunitária e pela afirmação de regras próprias para a disciplinar.

Nestes termos, o *direito administrativo europeu* abrange o direito administrativo comunitário, o direito administrativo próprio da administração comunitária e o conjunto de normas que regulam a cooperação administrativa entre a União e os Estados. A sua importância foi crescendo à medida que a Comunidade passou a assumir a tomada de decisões "constitucionais" básicas que se impõem em todo o espaço jurídico europeu, inclusive ao nível dos direitos e liberdades fundamentais dos cidadãos europeus. Em todo o caso, não deixa de estar inerente a toda esta matéria o protagonismo dos direitos administrativos nacionais (dos Estados membros), reconhecendo-se que este é o único estrato dos diferentes níveis do direito administrativo europeu que está desenvolvido de forma completa.

É todavia incontornável a influência das regras europeias sobre os direitos administrativos nacionais, nomeadamente por intermédio da obrigação de

[21] Cfr. Sabino Cassese, "Le trasformazioni del diritto amministrativo dal XIX al XXI secolo", *Rivista trimestrale di diritto publico*, 2002, nº 1, p. 27-40 (p. 34).

transposição das diretivas, as quais constituem o impulso fundamental para o desenvolvimento de alguns direitos administrativos especiais, como acontece de forma absolutamente evidente no direito administrativo do ambiente. Assim, o direito administrativo europeu afigura-se-nos, antes de mais, como um direito que pretende a harmonização de normas e a adoção das medidas necessárias para a execução das metas e objetivos fixados nas fontes normativas europeias. O direito administrativo europeu é mais um fortíssimo impulso no sentido da renovação e modernização da Administração Pública e do direito administrativo, podendo entre outros aspetos mencionar-se o contributo para o reforço do princípio da cooperação administrativa – e para a estrutura "em rede" das administrações públicas e do direito que as regula –, bem como para a afirmação mais enfática da procedimentalização do direito administrativo, os reptos e desafios que lança à renovação dos conceitos, institutos e formas de ação e de organização administrativas e, ainda, para sublinhar a importância da partilha do poder e do conceito de governança na realidade atual das administrações públicas.

2.6.2.7. *A internacionalização e globalização do direito administrativo ou a sua "transnacionalização"*

Para além do contexto geral da europeização, vivemos hoje integrados num mundo de relações globais, onde se faz sentir o esbatimento das fronteiras – e, em geral, dos limites – dos Estados nacionais e onde o mundo político, económico, financeiro, social, académico e jurídico é, cada vez mais, um mundo internacionalizado e globalizado.

Também a vida, organização e funcionamento das administrações públicas e do direito que as regula não poderia ficar, de forma alguma, imune a esta nova realidade, emergindo aqui um verdadeiro *direito administrativo global*.

Uma das principais notas de rutura com o *status quo* tradicional, que constitui uma marca que já temos vindo a explorar ao longo destas linhas em que tratamos as inovações e alterações que se fazem sentir no direito administrativo das últimas três décadas, e que está muito ligada à internacionalização e globalização, é a perda de protagonismo dos Estados nacionais e, por consequência, de um direito administrativo centralizado, baseado na supremacia e autoridade dos órgãos responsáveis pelo desenvolvimento das atividades públicas, em particular da estadual[22]. Isto na medida em que num mundo global o Estado tem de partilhar a sua autoridade com outros entes, pretendendo a noção do direito administrativo global refletir a existência de uma pluralidade de ordenamentos

[22] Para mais desenvolvimentos sobre estes fenómenos de "desterritorialização" da Administração pública cfr. PAULO OTERO, *Manual de Direito Administrativo*, *cit.*, pp. 499 e segs.

jurídicos em que o direito surge num ambiente de cooperação internacional, onde a informação, os estudos, os institutos, as organizações, os procedimentos e os instrumentos jurídicos assumem cariz internacional.

O direito administrativo global aponta também para formas menos impositivas e mais suaves, partilhadas, abertas e flexíveis de ditar o direito, ocupando um lugar de destaque no seu seio a regulação privada e o desenvolvimento de atividades com contornos ou reflexos jurídico-administrativos por parte de associações e organizações privadas, as quais são incluídas nas redes administrativas internacionais. A partilha da informação e os sistemas de comunicação que se estabelecem entre os diversos atores que desenvolvem a sua ação no campo transnacional afigura-se como um meio fundamental para fazer funcionar o sistema, sendo no seio de uma organização em rede que esses agentes (os Estados, as organizações internacionais de poderes públicos, as empresas multinacionais, as associações privadas de nível internacional e os próprios cidadãos) estabelecem relações recíprocas, sem qualquer autoridade superior a servir de centro de referência – o que explica também a pertinência da utilização do conceito da *governança global*. Daí serem marcas caraterísticas desta sociedade mundial a complexidade normativa e o pluralismo jurídico, mas também a afirmação de princípios jurídicos comuns e o protagonismo da defesa dos direitos fundamentais dos cidadãos.

Ao nível das formas de atuação administrativa há especificidades relevantes a notar, em particular as levantadas pela figura do *ato administrativo transnacional*, isto é, a decisão administrativa ditada por um Estado mas cujos efeitos se produzem ou fazem sentir em ordenamentos jurídicos diferentes daquele onde ocorreu a sua prática – embora o ato administrativo transnacional o possa ser não apenas quanto aos seus efeitos, mas também em relação aos seus destinatários (quando estes se encontrem em diferentes Estados) ou às próprias autoridades administrativas (quando as autoridades nacionais podem praticar atos administrativos no estrangeiro, o que se afigura muito relevante no domínio policial, em relação à perseguição e identificação de pessoas acusadas de ter cometido crimes).

Saliente-se, ainda, a introdução no CPA do princípio da cooperação leal com a União Europeia que impõe um quadro de cooperação entre a Administração Pública nacional e a Administração Pública de outros Estados-membros (artigo 19º).[23]

[23] Sobre a insuficiência do mesmo, nomeadamente sobre a ausência de densificação do regime aplicável, sobre o seu âmbito de aplicação (se a "situações puramente internas ou se também a "situações transnacionais"), sobre o problema da "fixação da competência transnacional" e sobre o silêncio em matéria de "reconhecimento transnacional", vide *O Nascimento da Administração Eletronica num Espaço Transnacional*, in www.icjp.pt.

2.6.2.8. *Outras alterações*

A análise feita procurou apenas centrar-se nalguns dos aspetos onde mais se tem feito sentir a pressão das alterações e que melhor evidenciam o que se tem alterado na vida das administrações públicas hodiernas e do direito que as regula.

Entre os aspetos por tratar, salienta-se desde logo a profunda renovação das *formas de ação administrativa*, a qual será em parte recuperada quando estudarmos, na Parte III deste livro, o regulamento administrativo, o ato administrativo e o contrato administrativo.

Outra das tendências marcantes das últimas décadas é a que passa pela *informatização* ou *digitalização* da atividade administrativa, que legitima mesmo que se fale hoje em dia, com frequência, na implementação de um *e-government* ou governo eletrónico, surgindo neste contexto realidades próprias, com protagonismo para o *ato administrativo informático*[24]. Na verdade, a utilização de meios eletrónicos, o reforço das técnicas de informação e comunicação com base na *Internet* e uma série de realidades próximas modificaram e melhoraram de forma muito notória os serviços prestados pela Administração e o seu relacionamento com os cidadãos.

A este propósito é também incontornável uma referência à preponderância que hoje assume o *direito administrativo da informação*, peça fundamental no funcionamento "em rede" das administrações públicas do século XXI. A revelação, partilha e o trabalho sistemático sobre a informação é hoje uma peça fundamental, num modelo de abertura das administrações públicas e de colaboração efetiva com os cidadãos e as forças sociais em geral. Apesar do papel fundamental, em termos de revelação e partilha da informação, das estruturas de autorregulação, não deixa de ser necessário um quadro ou estrutura garantido pela Administração Pública, que assegura a real e efetiva auto-determinação informativa dos cidadãos.

Saliente-se, neste âmbito, a introdução no CPA do princípio da Administração eletrónica (artigo 14º), com corolários importantes para a concretização do princípio da continuidade dos serviços públicos, independente da abertura ao público dos serviços, dentro ou fora do horário de expediente, e com dispo-

[24] O qual é definido por PEDRO GONÇALVES [cfr. "O acto administrativo informático (o direito administrativo português face à aplicação da informática na decisão administrativa)", *Scientia Iuridica*, nº 267, 1997, p. 47-95, p. 70] como "uma *decisão proposta ou projetada por um equipamento informático, assumida oficialmente, através de uma manifestação tácita do órgão competente, como um ato administrativo*".
Sobre a informatização como fenómeno que mudou radicalmente o funcionamento da Administração Pública e sobre a Administração eletrónica, cfr. PAULO OTERO, *Manual de Direito Administrativo, cit.*, pp. 137-139 e 484-496.

nibilização de sítios eletrónicos institucionais e de meios de comunicação à distância (de onde decorre que qualquer procedimento pode ser praticado por telefax ou por correio eletrónico, em qualquer dia ou horário, mesmo que os serviços não se encontrem abertos ao público nos termos do artigo 104º, nº 2).[25]

Refira-se, ainda, a este propósito, a institucionalização do Balcão Único Eletrónico como instrumentos de simplificação e de centralização procedimental (artigo 62º do CPA).[26]

2.6.2.9. *Avaliação*

Como assinalámos, não é nosso entendimento que as alterações que se têm produzido na organização, no funcionamento e na atuação das administrações públicas, bem como nas regras, institutos e instrumentos jurídicos que os regulam legitimem que se possa falar de uma alteração de paradigma e, dessa forma, num "novo" direito administrativo.

Recorremos à análise da nova ciência do direito administrativo alemão porque ela fornece um quadro refletido, aprofundado e sistemático de algumas das principais mudanças operadas na vida da Administração Pública e na conformação e estruturação do direito administrativo nas últimas três décadas. E ainda que tenhamos deixado muitos aspetos na penumbra, julgamos que o breve e lacunoso roteiro que efetuámos por alguns dos aspetos que a referida doutrina salienta permite uma compreensão global das transformações e, simultaneamente, dos principais desafios que se colocam ao direito administrativo nos primórdios do século XXI.

3. O Princípio da Separação de Poderes

O princípio da separação ou da divisão dos poderes é um princípio absolutamente fundamental no estudo do direito administrativo, constituindo a sua afirmação na Revolução Francesa de 1789 um dos fatores decisivos para o nascimento deste ramo do direito.

Este princípio ficou plasmado no artigo 16º da Declaração dos Direitos do Homem e do Cidadão, e o principal objetivo da sua afirmação foi o de o erigir como uma das formas de reação ao absolutismo real vigente na época do Estado-de-Polícia, que antecedeu a Revolução.

[25] Sobre esta questão cfr. *O Nascimento da Administração Eletrónica num Espaço Transnacional*, in www.icjp.pt.

[26] A este propósito, registe-se o "balcão do empreendedor", que continua a ser o ponto único de acesso aos serviços relacionados com a atividade empresarial e onde o cidadão pode tratar de diversos assuntos de forma totalmente eletrónica, tais como criar uma empresa, registar uma marca, obter certidões ou fazer o licenciamento das suas atividades. Introduzindo o novo CPA um conjunto de inovações neste domínio, tem, porém, sempre, como contraponto, o estabelecimento de regras relativas à proteção da informação e dos dados pessoais.

Não obstante, o princípio da separação dos poderes é muito mais antigo do que a Revolução Francesa de 1789, estando já presente no pensamento e na obra de Aristóteles e tendo como seus grandes teorizadores, em tempos mais modernos, o britânico John Locke e o francês Montesquieu.

Ainda em geral, pode-se afirmar que o princípio da separação de poderes é um rasgo caraterístico da forma de Estado "democracia", nomeadamente pela filosofia anti-absolutista que contém: a ideia de delimitar o poder como forma de evitar a tentação para o seu exercício de forma hegemónica.

Ele desempenha funções fundamentais na estruturação da comunidade política, como as de moderação do exercício do poder e de diversificação dos centros do poder. De qualquer modo, não se pode pôr de lado a necessária interdependência que tem de existir na atividade dos diferentes poderes do Estado, nomeadamente em face de princípios essenciais como os da constitucionalidade, da legalidade e da jurisdicionalidade.

Nos tempos atuais, o princípio da separação de poderes aparece também ligado ao *princípio da competência*, nos termos do qual cada órgão público só tem as competências que lhe sejam expressamente atribuídas por lei, não podendo "invadir" as esferas de competência de outros órgãos.

Por detrás desta aparente simplicidade e uniformidade de pontos de vista esconde-se, no entanto, uma grande complexidade do princípio, que pode ser entendido em três sentidos fundamentais, que passamos a analisar.

3.1. O sentido político

O sentido político ou o problema político da separação dos poderes tem a ver com a questão da titularidade ou da soberania do poder: discute-se aqui onde reside a soberania, quem é ou quem são os titulares do poder.

Naturalmente que em sistemas monistas, nos quais se aceita uma única forma de legitimação para o poder, não existe separação dos poderes: seja ele um regime de monarquia, de aristocracia ou até de governo popular, se o poder reside apenas num titular (ainda que correspondente a toda a comunidade, como no caso do povo) não há divisão de poderes.

Pelo contrário, em sistemas dualistas ou mistos (como no chamado "Estado misto" da Idade Média), aceitam-se as pretensões de vários "candidatos" e forma-se uma comunidade com diversos centros de poder, existindo assim separação de poderes em sentido político. Isto é: se, por exemplo, ao lado da legitimidade monárquica há também uma legitimidade democrática, com o povo a exercer importantes funções, *v. g.* a de eleger os seus representantes num Parlamento, estaremos perante um sistema político com separação de poderes.

3.2. O sentido organizatório

Quando se discute a questão da separação organizatória dos poderes, está em causa um problema substancialmente diferente do da legitimação do poder político: trata-se apenas da divisão dos serviços dentro de uma certa organização política previamente definida.

Daí que a separação organizatória dos poderes tanto possa existir num sistema dualista ou pluralista, como num sistema monista: pode defender-se que a legitimidade do poder é una (por exemplo, por residir apenas no povo) e, não obstante, haver complexos organizatórios independentes entre si, que desempenham diversas atividades estaduais.

Agora, está em causa a existência de vários sistemas organizatórios autónomos uns em relação aos outros: a separação dos poderes é aqui apenas o arranjo técnico que permite uma mais adequada realização das tarefas do Estado.

Foi essencialmente com este sentido que o princípio da separação dos poderes foi entendido pelos revolucionários liberais em 1789, desvirtuando em parte o pensamento de Montesquieu, no qual supostamente se baseavam.

3.3. O sentido funcional ou material

Por exclusão de partes, não está aqui em causa a separação dos poderes em termos de soberania nem em termos de organização do Estado, mas em função das principais tarefas do Estado: procura determinar-se quais são as atividades, tarefas ou funções do Estado e como é que elas materialmente se caracterizam.

Na sequência da Revolução Francesa de 1789 – e da obra de John Locke –, assinalavam-se como tarefas fundamentais do Estado as de *legislar, administrar* e *julgar*. Tínhamos assim, no esquema original, as três funções do Estado: a *legislativa*, a *administrativa* ou *executiva* (na medida em que se considerava que a Administração deveria ter uma tarefa de mera execução da lei) e a *jurisdicional*. Este modelo teórico original era um modelo simplificado, em que se fazia corresponder aos três poderes (legislativo, administrativo e jurisdicional) três funções distintas. A função administrativa era vista como uma atividade meramente executiva destinada a concretizar as exigências da lei na atuação concreta dos fins do Estado. Correspondia, no entanto, a uma função residual, no sentido de que as suas tarefas eram nebulosamente concebidas como tudo aquilo que não fosse legislar ou julgar.

Com a evolução dos tempos e particularmente com a afirmação do Estado de Direito Social, concluiu-se que as três formas típicas de tarefas do Estado já não eram suficientes para compreender o Estado do século XX, vindo a afirmar-se uma quarta função do Estado, ao lado das tradicionais: a função política. Isto porque se passou a considerar que havia atos praticados pelos órgãos supremos do Estado mas que não se subsumiam em nenhuma das outras funções: apesar da sua maior proximidade, porventura, com a função administrativa (nomeadamente devido ao seu caráter concreto) a verdade é que tais atos eram praticados não apenas por órgãos administrativos (pelo Governo) mas também por outros órgãos supremos. Para além de que se lhes assinalava a nota comum da sua *primariedade*, por serem praticados em execução direta da Constituição.

Apesar de todas as dificuldades, considera-se possível, conveniente e relevante – sem negligenciar as dificuldades de tal tarefa – tentar levar a cabo a caraterização material das funções do Estado, tomando por base o sentido material ou funcional da separação dos poderes.

4. A Separação Material das Funções do Estado

Numa disciplina de direito administrativo, naturalmente que um dos objetivos centrais é o de descobrir o local e o papel próprio da função administrativa, em comparação com as outras funções estaduais.

Desde logo, pode dizer-se que ela corresponde à *cura de interesses não auto-escolhidos*. Mas para que se compreenda completamente em que é que consiste esta função que designamos por função administrativa é necessário fazermos o confronto substancial entre ela e as restantes funções públicas: legislativa, política e jurisdicional.

Deve no entanto chamar-se a atenção para a circunstância de a distinção só ser atualmente possível com base na caraterização típica de cada um dos poderes, ou seja, com base num conjunto mais ou menos genérico das caraterísticas que *normalmente* se verificam mas que podem estar ausentes em alguma(s) das formas de manifestação do poder em questão.

a) Tradicionalmente a *função legislativa* distinguia-se facilmente da função administrativa (executiva): a função legislativa era da responsabilidade do Parlamento (ao contrário da administrativa, que pertencia ao Governo) e correspondia à emissão de normas jurídicas gerais e abstratas (enquanto a função administrativa consistia na prática de atos individuais e concretos).

A dificuldade atual da distinção destas duas funções deve-se a vários fatores.

Em primeiro lugar, o Governo (órgão máximo da Administração Pública) também exerce atualmente a função legislativa, através da elaboração e aprovação de decretos-lei. Por seu turno, o Parlamento (e também o Governo, no exercício do poder legislativo) aprova leis-individuais e leis-medida com caráter concreto, que estão a meio caminho entre a norma legal (geral e abstrata) e o ato administrativo (individual e concreto). Por fim, a Administração emite normas jurídicas gerais e abstratas (à semelhança das normas legais): os *regula-*

mentos, que muitas vezes assumem uma grande autonomia em face da lei (regulamentos independentes).

Para enfrentar estas dificuldades, a distinção entre estas duas funções estaduais deve ser feita tendo em conta as suas caraterísticas típicas: a função legislativa é tendencialmente geral e abstrata e a administrativa individual e concreta. Onde esta caraterística não permite a distinção, como é o caso da atividade regulamentar da Administração, que apesar de se enquadrar na atividade administrativa é também, tal como a lei, geral e abstrata, deve lançar-se mão das ideias de *primariedade, essencialidade* ou *novidade* da lei, cabendo, em regra, aos regulamentos a tarefa de executar ou pormenorizar a disciplina legal.

Isto significa que a função legislativa é uma função de primeiro grau, que corresponde ao desenvolvimento e aplicação direta da Constituição, falando-se a este propósito na "liberdade constitutiva do legislador" (desde que respeite o quadro constitucional). Por seu turno, a função administrativa é uma função de segundo grau, isto é, subordinada à lei.

b) A distinção entre a *função política* e a *função administrativa* apresenta-se ainda mais difícil dado que se trata, em ambos os casos, de funções com caráter normalmente concreto.

Tradicionalmente a função política carateriza-se por ser uma atividade desenvolvida pelos órgãos supremos do Estado, ou seja, por órgãos criados diretamente pela Constituição (Presidente da República, Assembleia da República, Governo, etc.) e cuja missão e competência, nos seus traços essenciais, também ela define[27]. Trata-se de uma atividade de conteúdo globalmente similar ao da atividade administrativa mas à qual, por razões de interesse público geral, deve atribuir-se valor jurídico superior àquele que corresponde à atividade administrativa normal. Tal valor implica, nomeadamente, a subtração dos atos jurídicos em que ela se analisa ao controlo dos tribunais.[28]

[27] Como atos políticos mais típicos podem referir-se os *atos auxiliares de direito constitucional* (promulgação e referenda das leis, veto legislativo, marcação das eleições, nomeação e exoneração do Governo, declaração do estado de sítio e de emergência), os *atos diplomáticos* (negociação de convenções internacionais, nomeação e exoneração de agentes para postos diplomáticos), os *atos de defesa nacional* (requisições militares, operações de guerra) e os *atos de graça* (indultos e amnistias).

[28] A jurisprudência do Supremo Tribunal Administrativo adotou um entendimento estrito do que é a função política, em razão da *importância primacial do conteúdo*: "a função política corresponde à prática de atos que exprimem *opções fundamentais sobre a definição e prossecução dos interesses ou fins essenciais da colectividade*", ou "*uma actividade de ordem superior, que tem por conteúdo a direcção suprema e geral do Estado, tendo por objectivos a definição dos fins últimos da comunidade e a coordenação das outras funções, à luz desses fins*". Cfr. Vieira de Andrade, *Lições de Direito Administrativo, cit.*, p. 30-31

Tendo em conta esta caraterização, a distinção tradicional assentava no caráter *primário da função política,* dado se desenvolver em aplicação direta da Constituição (onde está fixada a competência e os respetivos limites) sem interposição da lei ordinária e tendo em vista a realização direta *de interesses fundamentais da comunidade política.*

Uma dimensão mais recente da função política do Governo é a definição de políticas públicas, isto é, de programação e de orientação *político-estratégica* da atividade administrativa exercida frequentemente através de decretos-leis (muitas vezes decretos-lei-medida) submetidos a legislação-quadro genérica (nacional ou europeia). Trata-se de uma atividade concreta que não é meramente executiva (dimensões de "liberdade de conformação" mais amplas que a discricionariedade administrativa com a qual se não deve confundir) e, simultaneamente, de uma atividade normativa que também não é legislativa, porque não totalmente inovadora.[29]

c) A distinção entre a *função administrativa* e a *função jurisdicional* também não é fácil. Apesar de inicialmente se poder afirmar que a função jurisdicional era mais vinculada à lei do que a função administrativa, a verdade é que também hoje a lei passou a ser considerada como pressuposto e fundamento da atividade administrativa, que surge cada vez mais vinculada ao Direito e por vezes sujeita a procedimentos complexos e formalizados. Por sua vez, reconhecem-se hoje ao poder jurisdicional espaços de criação na aplicação da lei e do Direito. Por fim, ambas as funções atuam, tipicamente, através de decisões concretas, momentâneas e individuais.

A diferenciação essencial entre estas duas funções situa-se no facto de a função jurisdicional ter como conteúdo e fim exclusivo a resolução de uma "questão de direito"[30], normalmente (sempre, em última instância) a cargo de um órgão "indiferente" (imparcial) e inoficioso (um tribunal) quando dirime um conflito de interesses, ao passo que a função administrativa procura criar as condições concretas para a realização do interesse público.

Da distinção que vimos de fazer da função administrativa em relação às restantes funções estaduais resulta que, nas palavras de Vieira de Andrade, aquela "abrange a atividade pública (de conteúdo abstrato ou concreto), desenvolvida, em regra, pelo Governo e pelos órgãos dos entes administrativos, *subordinada*

[29] Cfr. Vieira de Andrade, *Lições de Direito Administrativo,* p. 32.

[30] Segundo Afonso Queiró "questão de direito" é um conflito de pretensões entre duas ou mais pessoas ou uma controvérsia sobre a verificação ou não em concreto de uma ofensa ou violação à ordem jurídica: cfr. Afonso Queiró, "A função administrativa", *Revista de Direito e Estudos Sociais,* ano XIV, p. 1 e ss.

à lei, que, não se destinando a título principal à resolução de "questões de direito", se caracteriza por uma "*intenção tecnológico-social*" (procura estratégica dos "efeitos", da "finalidade", do "útil" - Castanheira Neves), visando a *criação de condições concretas de realização do Ideal de Segurança, Justiça e Bem-estar* ("promoção do desenvolvimento económico-social e satisfação das necessidades coletivas" - artigo 199º, g) da CRP), em termos *pré-definidos* (pelo menos quanto aos fins específicos e às competências) pelos órgãos com competência político-legislativa".[31]

Refira-se, a terminar, que a distinção entre as funções do Estado, para além de permitir percecionar melhor a caraterização da função administrativa – que é o que aqui importa – tem também importantes implicações práticas.

Assim, o relevo na distinção entre a função administrativa e a função legislativa prende-se com a necessidade de fornecer ao Tribunal Constitucional um critério que lhe permita detetar quer *invasões do poder legislativo pelo poder administrativo* (o caso de regulamentos municipais que criam tributos unilaterais, isto é, impostos, mascarados de "taxas"); quer invasões do poder *administrativo pelo poder legislativo* (sobretudo quando o Governo é minoritário), podendo defender-se a existência de um princípio de "reserva da decisão no caso concreto" para a Administração (por exemplo a criação de vagas adicionais no ensino superior público ou a alteração de um contrato de concessão de autoestrada).

Já o relevo da distinção entre a função administrativa e a função judicial decorre de dela resultar, por um lado, uma diretriz para o legislador na *atribuição de competências* à Administração [o legislador deve, nesta sua tarefa, respeitar o princípio da *reserva da função jurisdicional* para o juiz (que, contudo, pode bastar-se com a reserva da *autoria da decisão final* como sucede com a aplicação de sanções administrativas que, sendo decididas, em primeira instância, por órgãos administrativos, são objeto de "revisão" em segunda instância pelos tribunais)] e, por outro lado, uma orientação constitucional de limitação e de auto contenção do juiz perante o perigo de invasão da esfera de avaliação e de decisão própria da administração (relevo no âmbito do contencioso administrativo no que refere a ações de condenação e de controlo do poder discricionário).

Por fim, o relevo da distinção entre a função administrativa e a função política está na necessidade de se encontrar um critério que permita determinar a impugnabilidade judicial (ou não) dos atos públicos (por exemplo, Resoluções do Conselho de Ministros, em matéria de política de saúde, de habitação, de energia, de transportes, de educação, de cultura, etc.), na medida em que os

[31] Cfr. Vieira de Andrade, *Lições de Direito Administrativo*, cit., p. 37.

"atos políticos", ao contrário dos "atos administrativos", não são impugnáveis perante os tribunais.[32]

Refira-se, a terminar, que da noção de administração em sentido material não resulta apenas a sua distinção das restantes funções públicas, mas também a exclusão, do seu âmbito, da atividade desenvolvida pela Administração no exercício da sua capacidade de direito privado.

5. Os Sistemas de Administração

A ideia de uma Administração Pública subordinada a um ramo especial de Direito que lhe atribui poderes de autoridade e lhe estabelece deveres especiais não é comum a todos os ordenamentos jurídicos.

Com efeito, tal como sucede com os sistemas políticos e com os sistemas judiciais, a estruturação da Administração Pública varia em função do espaço, tendo seguido caminhos diferentes, designadamente em Inglaterra e em França.

É comum, a este respeito, distinguir-se dois tipos tradicionais de sistemas de administração: o sistema administrativo de tipo britânico ou de *administração judiciária* e o sistema de administração francês (continental) ou de *administração executiva*.

Os sistemas de administração, na sua forma tradicional ou "pura", podem ser caraterizados nos termos que veremos já de seguida.

5.1. Sistema de administração executiva

Do ponto de vista da estrutura administrativa, verifica-se que o aparelho administrativo é fortemente centralizado, com um modelo hierárquico de relações de supra-infra ordenação, ou seja, os órgãos são tipicamente estruturados em forma de pirâmide, com poderes de hierarquia dos superiores sobre os inferiores, sobre quem recaem deveres de obediência. Os poderes hierárquicos mais elevados estão localizados no Governo e nos Ministérios e/ou Secretarias que os constituem.

A Administração encontra-se subordinada a um *ramo de direito especial* (o direito administrativo, que desde as revoluções liberais se autonomizou no âmbito do direito público), ou seja, submetida a um conjunto de regras próprias. Estas regras aplicam-se nos casos em que a Administração atua no uso dos seus poderes especiais reveladores da supremacia ou prioridade da Administração em relação aos particulares, uma vez que está proposta à satisfação do interesse público.

[32] Sobre a importância da distinção da função administrativa em relação às restantes funções estaduais cfr. VIEIRA DE ANDRADE, *Lições de Direito Administrativo*, *cit.*, p. 37-40.

Essas regras próprias têm por função, por um lado, atribuir à administração *poderes "exorbitantes"* sobre os cidadãos, o que se compreende face à necessidade de se garantir o exercício das suas funções de interesse público. Com efeito, tais funções só poderão ser convenientemente prosseguidas se a Administração dispuser de poderes de autoridade que, designadamente, permitam impor as suas decisões aos particulares. Mas se isto é assim, então é também necessário, em contrapartida, que se crie um acervo de regras próprias que submetam a Administração a um conjunto de *deveres e restrições especiais* que não vigoram entre os particulares. Tudo isto é tarefa do direito administrativo.

Por a Administração se encontrar subordinada a um ramo especial de direito sentiu-se igualmente a necessidade de se criar uma *jurisdição própria*: os tribunais administrativos. Quando a Administração atua ao abrigo de normas de direito administrativo ela está sujeita aos tribunais administrativos e não aos tribunais judiciais ou comuns. Os tribunais administrativos formam, em regra, uma ordem jurisdicional própria e autónoma em relação à dos tribunais judiciais ou comuns (em Portugal há mesmo garantias de autogoverno destes tribunais, através do Conselho Superior dos Tribunais Administrativos e Fiscais, órgão de governo próprio destes tribunais previsto no nº 2 do artigo 217º da da CRP)[33].

Outra caraterística típica deste sistema traduz-se na faculdade que a Administração tem de executar as suas decisões por autoridade própria, independentemente de qualquer pronúncia judicial (o tradicionalmente designado "privilégio de execução prévia"). Este é, aliás, mais um dos poderes exorbitantes reconhecidos à Administração pelo direito administrativo. Assim, quando um órgão da Administração toma uma decisão desfavorável em relação a um administrado esta impõe-se ao seu destinatário, independentemente de qualquer outra pronúncia, e se este não acatar voluntariamente tal decisão, esse órgão poderá mesmo, em determinados casos, empregar meios coativos para impor o respeito pela sua decisão.

Do ponto de vista da atuação dos tribunais administrativos, estes, em homenagem ao princípio da separação de poderes, não gozam, pelo menos tradicionalmente, de plena jurisdição face à Administração, o que tem repercussões no sistema de garantias dos particulares perante aquela: em muitos casos, estando em causa uma decisão unilateral tomada no exercício de poderes de autoridade, o tribunal administrativo só pode *anular* esse ato se ele for ilegal; não pode declarar as consequências dessa anulação, nem obrigar a Administração a

[33] No tocante aos órgãos judiciais do Estado refira-se a Lei nº 62/2103, de 26 de agosto, diploma que define a Organização do Sistema Judiciário, bem como o Decreto-Lei nº 49/2014, de 27 de março, que aprova o Regime aplicável à Organização e Funcionamento dos Tribunais Judiciais.

proceder de maneira determinada, nem condená-la a tomar certa decisão ou a adotar certo comportamento. Se os tribunais são independentes perante a Administração, esta também é independente perante aqueles.

Por fim, o Estado, bem como os restantes entes públicos, são responsáveis pelos atos dos seus funcionários ("garantia administrativa"): quando tais atos impliquem violação dos direitos de outrem e façam nascer o direito de indemnização, o Estado e os demais entes públicos assumem a obrigação de ressarcir as vítimas[34].

Finalmente, deve referir-se a existência de *órgãos especiais*, dentro da própria Administração, responsáveis pelo seu *controlo*: para além do exercício de funções de controlo pelos órgãos hierarquicamente superiores em relação aos inferiores (que têm, em regra, o poder de anulação, revogação e modificação dos atos destes), existem por vezes órgãos administrativos especificamente incumbidos de exercer funções de controlo em relação às atuações dos órgãos da Administração ativa.

5.2. Sistema de administração judiciária

A Administração Pública é caraterizada por uma forte descentralização administrativa, existindo desde cedo uma distinção entre a Administração central (central government) e a Administração local (local government). Por outro lado, reconhece-se a existência de autarquias locais (counties, boroughs, districts) que são encaradas como entidades independentes, verdadeiros governos locais, não sujeitos à hierarquia dos órgãos centrais (daí a designação de local governments).

O Parlamento é o órgão central da vida política, desconhecendo-se a noção de Estado como ente centralizador.

Existe uma subordinação da Administração ao direito comum: em consequência da *rule of law* a Administração é regulada pelo mesmo direito que rege os cidadãos anónimos (*the common law of the land*). Todos os órgãos e agentes da Administração Pública estão, pois, sujeitos ao direito comum, o que significa que, via de regra, não dispõem de privilégios ou de prerrogativas de autoridade. E se alguns poderes de decisão unilateral lhes são concedidos por lei

[34] Por isso é que a nossa Constituição continua a estabelecer, no seu artigo 22º, que "O Estado e as demais entidades públicas são civilmente responsáveis, em forma solidária com os titulares dos seus órgãos, funcionários ou agentes, por ações ou omissões praticadas no exercício das suas funções e por causa desse exercício, de que resulte violação dos direitos, liberdades e garantias ou prejuízo para outrem". No que se refere à legislação ordinária, a "Responsabilidade Civil Extracontratual do Estado e Pessoas Coletivas de Direito Público" é disciplinada pela Lei nº 67/2007, de 31 de dezembro.

especial, tais poderes são encarados como exceções ao princípio geral da *rule of law* e não como peças do sistema de direito administrativo.

Uma vez que a Administração se encontra subordinada ao mesmo direito que rege os particulares, não se justifica a existência de tribunais próprios para o julgamento dos litígios entre as entidades administrativas e os particulares. Desta forma, existe um único tipo de tribunais (os tribunais comuns) e o julgamento daqueles conflitos entra na jurisdição normal desses tribunais, onde são apreciados de forma idêntica à dos conflitos entre os particulares.

Uma caraterística típica deste sistema é a da execução judicial das decisões administrativas, o que significa que a Administração não pode executar as suas decisões por autoridade própria: os órgãos administrativos não dispõem, em regra, de privilégios ou prerrogativas de autoridade sobre os cidadãos. Assim, se um órgão da Administração toma uma decisão desfavorável a um particular (por exemplo, uma ordem de expulsão ou de demolição) e se o particular não a acata voluntariamente, esse órgão não poderá, por si só, empregar meios coativos para impor o respeito pela sua decisão: terá de ir a tribunal (a um tribunal comum) obter deste uma sentença que torne imperativa essa decisão. Isto significa que as decisões unilaterais da Administração não têm, em princípio, força executória própria, não podendo, por isso, ser impostas pela coação sem a prévia intervenção do poder judicial.

Os particulares dispõem de um sistema de garantias contra ilegalidades e abusos da Administração Pública. É que neste sistema os tribunais gozam de *jurisdição plena* face à Administração: tal como em relação a qualquer cidadão ou empresa privada, o juiz pode não apenas *anular* as decisões ilegais, mas também *ordenar* às autoridades administrativas que cumpram a lei, fazendo o que ela impõe ou abstendo-se de a violar. Tais mandados, ordens ou injunções são normalmente acatados pela Administração e, em caso de desobediência, dão lugar à prisão do titular do órgão recalcitrante. Esta maior intervenção judicial, bem como a maior importância do procedimento "compensam" a ausência de um direito especial (direito administrativo) a que a Administração se subordine.

Existe, em regra, uma responsabilidade pessoal dos titulares dos cargos públicos.

Por último, deve destacar-se a grande importância que o *procedimento administrativo* sempre assumiu neste sistema, marcando a necessidade de os órgãos administrativos exercerem a sua atuação jurídica no âmbito de um processo de formação das suas decisões juridicamente regulado.

5.3. Evolução e aproximação dos sistemas de administração executiva e judiciária

A descrição dos dois sistemas de administração a que procedemos parte das suas caraterísticas originárias. Acontece, porém, que tais sistemas não pararam no tempo. A evolução ocorrida ao longo do século XX veio determinar uma aproximação relativa dos dois sistemas em alguns aspetos. Aproximação essa que determina que hoje as diferenças sejam muito menos marcantes, devido à influência recíproca que exerceram um sobre o outro.

Tal aproximação verificou-se aos vários níveis:

– Em termos de *organização administrativa*, a Administração britânica tornou-se mais centralizada do que era no final do século XIX, dado o grande crescimento da burocracia central, a criação de vários serviços locais do Estado e a transferência de tarefas e serviços antes executados a nível municipal para órgãos de nível regional, mais sujeitos do que aqueles à tutela e superintendência do Estado. As guerras e as crises reforçaram as necessidades de centralização; surgiram e desenvolveram-se os *ministérios* (que passaram a exercer controlo indireto sobre as autarquias), dos quais dependem os serviços civis: corpos de funcionários profissionais sujeitos a uma hierarquia.

Por seu lado, a Administração continental conheceu sucessivas reformas descentralizadoras, que transferiram numerosas e importantes funções do Estado para níveis locais.

– No tocante ao *direito regulador da Administração* deu-se uma aproximação entre os dois sistemas. Por um lado, em Inglaterra, a transição para o Estado de Direito Social aumentou consideravelmente o intervencionismo económico, fazendo avolumar a função de prestação de serviços culturais, educativos, sanitários e assistenciais da Administração, dando lugar ao aparecimento de inúmeras leis administrativas.

Por outro lado, no sistema continental passou a ser frequente a utilização do direito privado pela Administração, tendo conduzido àquilo que hoje se designa por privatização da administração. Com efeito, a moderna Administração passou a socorrer-se crescentemente de formas jurídico-privadas de *organização* e de *atuação*.

– No que concerne à *execução das decisões administrativas* a aproximação deu-se essencialmente por parte do sistema continental, sendo cada vez mais comum a defesa de que a Administração não pode executar coativamente as suas decisões, a menos que a lei preveja expressamente essa possibilidade. Como veremos, os atos administrativos, apesar de gozarem de força executiva, podendo basear de imediato uma execução, não têm, em regra, força executória – o que implica que a utilização de meios coativos esteja dependente, como regra, da intervenção do tribunal.

– No que diz respeito às *garantias jurídicas dos particulares* face à Administração, a aproximação deu-se também por parte do sistema continental, onde o contencioso administrativo não é hoje, apenas, um contencioso de anulação dos atos administrativos, ocorrendo um alargamento do controlo da juridicidade (onde há discricionariedade) e dos poderes dos juízes (de intimação e de condenação)[35].

Em Inglaterra surgiram os "*administrative tribunals*", órgãos administrativos independentes que fazem preceder a decisão administrativa de um "due process of law", sendo as suas decisões imediatamente obrigatórias para os particulares (não carecem de homologação judicial prévia).

Do lado continental desenvolveu-se o direito procedimental, que levou à publicação de diversos códigos do procedimento administrativo nas últimas décadas do século XX (o primeiro Código do Procedimento Administrativo português data de 15 de novembro de 1991 tendo sido revogado apenas em 2015 e substituído por um novo Código, aprovado pelo Decreto-Lei nº 4/2015, de 7 de janeiro).

Verifica-se, por fim, uma influência aproximadora da União Europeia[36].

[35] Em Portugal o reforço dos poderes dos tribunais administrativos é particularmente saliente desde a Reforma do contencioso administrativo de 2002/2003 – traduzida na aprovação de diversos diplomas legais sobre a matéria que levaram, muito em especial, à entrada em vigor do Código de Processo nos Tribunais Administrativos (CPTA) e do novo Estatuto dos Tribunais Administrativos e Fiscais (ETAF). Em relação ao primeiro, cfr. a Lei nº 15/2002, de 22 de fevereiro; no que respeita ao segundo, cfr. a Lei nº 13/2002, de 19 de fevereiro (ambos alterados pela última vez pelo Decreto-Lei nº 214-G/2015, de 2 de outubro).

[36] Sobre a manutenção, não obstante a aproximação dos sistemas, das caraterísticas do sistema do ato administrativo nos modelos continentais e a caraterização atual do sistema de administração executiva, cfr. Vieira de Andrade, *Lições de Direito Administrativo, cit.*, p. 43-45.

Parte I
Organização Administrativa

A – Estrutura Orgânica da Administração Pública

A organização administrativa, isto é, o aparelho ou o conjunto estruturado de unidades organizatórias que desempenham, a título principal, a função administrativa, tem como elementos básicos as pessoas coletivas de direito público que se manifestam através de órgãos administrativos e os serviços públicos, que pertencem a cada ente público e que atuam na dependência dos respetivos órgãos.

Na medida em que nos interessa aqui abordar, em especial, a organização que releva para efeitos da atividade jurídica externa da Administração, não daremos particular relevo aos serviços públicos[37], incidindo a nossa atenção sobre os *entes públicos*, a quem é atribuído o encargo da satisfação de determinados interesses públicos, e os seus *órgãos*, que constituem as figuras capazes de emitir manifestações de vontade imputáveis aos primeiros.

Porém, por força de um crescente fenómeno de privatização, a função administrativa, embora continue a ser exercida essencialmente por pessoas coletivas de direito público, é também, com cada vez maior relevo, levada a cabo por pessoas coletivas de direito privado que se encontram sujeitas a regimes especiais de direito público, colocando necessariamente a questão de saber onde se encontram os limites do aparelho administrativo.

Com efeito, como reconhece a doutrina, a organização administrativa tem vindo a sofrer um processo de descaraterização: ao contrário do que sucedia tradicionalmente em que a Administração Pública era constituída apenas por pessoas coletivas públicas integralmente submetidas a um regime de direito administrativo, atualmente o exercício da função administrativa encontra-se

[37] Isto porque os serviços públicos constituem unidades funcionais internas que atuam sob a direção dos órgãos administrativos, limitando-se, por isso, a levar a cabo atividades materiais ou tarefas auxiliares na preparação e execução de decisões dos órgãos das pessoas coletivas públicas. Sobre os serviços públicos cfr. Isabel Fonseca, *Direito da Organização Administrativa. Roteiro Prático*, Coimbra, Almedina, 2011, p. 63 e ss.

também atribuído a pessoas coletivas, que embora de criação e/ou controlo públicos, se revestem de *forma jurídico-privada* (sociedades anónimas) e, mesmo, a *pessoas coletivas puramente privadas* (associações e fundações), umas e outras disciplinadas, no seu essencial, pelo direito privado e sujeitas a controlos públicos substancialmente distintos dos aplicáveis às entidades públicas.

Este fenómeno (de exercício da função materialmente administrativa por privados) não pode deixar de se traduzir num alargamento da Administração Pública em sentido orgânico[38], muito embora a tendência mais recente comece a ser no sentido de limitar a criação destas entidades privadas.[39]

No entanto, e apesar disto, continua a ser possível identificar um núcleo essencial da organização administrativa constituída por pessoas coletivas de direito público (e pelos seus órgãos). É sobre este núcleo essencial que a nossa atenção, para já, incidirá.

1. As Pessoas Coletivas Públicas

1.1. O critério da personalidade coletiva pública. Noção de pessoa coletiva pública[40]

1.1.1. *O interesse da distinção entre pessoas coletivas públicas e pessoas coletivas privadas*

A Administração Pública é representada nas suas relações com os particulares por *pessoas coletivas públicas*: nas relações jurídico-administrativas, pelo menos um dos sujeitos é, em regra, uma pessoa coletiva pública.

Inicialmente as pessoas coletivas públicas eram o Estado e as demais coletividades públicas territoriais. Nos países da Europa continental esses entes eram distintos das entidades privadas porque estavam submetidos a um regime típico caraterizado por um conjunto de fatores de entre os quais avultavam a criação por lei ou ato público, as prerrogativas de autoridade, a impossibilidade de auto dissolução e a sujeição ao contencioso administrativo, entre outras.

[38] Cfr. Marcelo Rebelo de Sousa e André Salgado Matos, *Direito Administrativo Geral, Tomo I, Introdução e Princípios Fundamentais*, Lisboa, D. Quixote, 2004, pp. 38-39.

[39] Veja-se, a titulo de exemplo, o disposto no artigo 57º da Lei nº 24/2012, de 9 de julho (com a alteração introduzida pela Lei nº 150/2015, de 10 de setembro), segundo o qual "*O Estado, as Regiões Autónomas, as autarquias locais, as outras pessoas coletivas da administração autónoma e as demais pessoas coletivas públicas estão impedidas de criar ou participar em novas fundações públicas de direito privado*".

[40] Sobre a personalidade jurídica pública cfr. Paulo Otero, *Manual de Direito Administrativo*, cit., p. 409 e segs.

A partir de determinada altura as entidades públicas territoriais começaram a criar entes que só parcialmente detinham os referidos predicados e, do mesmo modo, a lei começou a submeter a um regime mais ou menos publicístico entes formados por entidades privadas sem que resultasse da lei se se tratava de entidades públicas ou de entidades privadas. Tornou-se, por isso, necessário estabelecer um *critério de qualificação* de tais entidades que permitisse determinar a personalidade pública.

O interesse inicial da distinção encontrava-se no respetivo regime jurídico: as pessoas coletivas públicas atuariam sempre e apenas sob a égide do direito público, detendo capacidade jurídica pública (poderes e deveres públicos) e as pessoas coletivas privadas atuariam sob a égide do direito privado, possuindo unicamente capacidade jurídica privada (poderes e deveres privados).

Porém, a partir de certa altura, à *qualificação* como pública ou privada de uma determinada entidade passou a não corresponder, necessariamente, um regime jurídico correspetivo (público ou privado, conforme os casos). Com efeito, as pessoas coletivas públicas passaram a poder atuar, também, segundo o direito privado, e algumas instituições particulares de interesse público passaram a funcionar, muitas vezes, em termos de direito público. Daqui resulta que as entidades públicas tanto dispõem de capacidade jurídica pública como de capacidade jurídica privada, o mesmo podendo afirmar-se, de um modo geral, acerca de certas pessoas coletivas privadas.

Isto não retirou, no entanto, interesse à distinção, na medida em que, designadamente, algumas normas do ordenamento jurídico se aplicam "automaticamente" às pessoas coletivas públicas, enquanto entidades públicas.

Naturalmente que o problema do critério da publicidade não se coloca em relação às pessoas coletivas públicas *territoriais* e de *fins múltiplos*: o Estado, as regiões autónomas e as autarquias locais. Essas são entidades públicas (de direito público) *por natureza*. O problema da caraterização e da identificação da personalidade pública só se coloca para as pessoas coletivas *derivadas*, isto é, criadas e reconhecidas por uma daquelas entidades públicas primárias.

1.1.2. *O critério da personalidade pública. Noção de pessoa coletiva pública*

Como referimos, uma das grandes questões da doutrina administrativa continua a ser a distinção entre pessoas coletivas públicas e pessoas coletivas privadas. A procura de um critério de distinção não deve ser vista, porém, como a procura de um critério para a definição da pessoa coletiva pública, mas de um critério para a sua identificação: o que se pretende não é propriamente saber o que é um ente público, mas reconhecê-lo, ou seja, saber quais são os sinais ou marcas decisivos para a sua identificação.

Muitos têm sido os critérios apontados para o efeito, desde o critério da *iniciativa para a sua criação* (são públicas as pessoas coletivas criadas por ato do Estado), da sua *finalidade* (são públicas as pessoas coletivas que têm por finalidade satisfazer interesses públicos), dos *poderes exorbitantes* (são públicas as pessoas coletivas dotadas de poderes de autoridade), etc.

A doutrina tem considerado, porém, que cada um dos critérios singularmente considerado é insuficiente, optando-se, hoje em dia, cada vez mais, por critérios mistos (isto é, que combinam dois ou mais critérios).

É nesta perspetiva que Freitas do Amaral parte de um critério que combina a *criação*, o *fim* e a *capacidade jurídica* da entidade em causa. Assim, pessoas coletivas públicas são as *pessoas coletivas criadas por iniciativa* pública[41], *para assegurar a prossecução necessária de interesses públicos e, por isso, dotadas, em nome próprio, de poderes ou deveres públicos.*[42]

Na mesma linha de utilização de um critério misto, Vital Moreira combina os critérios da *iniciativa de criação* e dos *poderes públicos.* Assim, são pessoas coletivas públicas aquelas que *tenham sido criadas pelo Estado ou por outro ente público primário (ou seja, uma coletividade territorial) e que detenham o predicado fundamental das entidades públicas que é a posse de prerrogativas de direito público, isto é, exorbitantes do direito privado*[43].

Criação de iniciativa pública; finalidade exclusiva e necessária de prossecução de interesses qualificados como públicos; e poderes e deveres públicos são, assim, os critérios normalmente apontados de publicização das entidades públicas[44].

Os critérios referidos só valem, obviamente, na falta de qualificação legal, uma vez que devem ser consideradas como pessoas coletivas públicas aquelas que sejam, como tal, expressamente qualificadas por lei.

Da aplicação destes critérios resulta serem pessoas coletivas públicas o *Estado* e demais *entidades coletivas territoriais* – regiões autónomas e autarquias locais – (entidades públicas primárias ou por natureza), as *entidades como tal qualificadas pela lei* (entidades públicas por força da lei) e as entidades criadas

[41] Nesta perspetiva as pessoas coletivas públicas são sempre criadas por uma decisão pública, tomada pelo Estado, ou por comunidades regionais ou locais autónomas ou provenientes de uma ou mais pessoas coletivas públicas já existentes.

[42] Cfr. Freitas do Amaral, *Curso de Direito Administrativo*, Vol. I, 4ª Edição, 2015 (com a colaboração de Luís Fábrica, Jorge Pereira Coutinho e Tiago Macieirinha), Combra, Almedina, pp. 618-619.

[43] Cfr. Vital Moreira, *Direito Administrativo*, texto policopiado do apoio às aulas teóricas do 2º ano da licenciatura em Direito da Faculdade de Direito de Coimbra, Cap. 3, p. 5.

[44] A distinção destas em relação às "entidades administrativas privadas", a que nos referiremos mais adiante, é feita não por estes critérios, mas através da forma que estas últimas assumem (forma privada).

pelo Estado ou por outras pessoas coletivas públicas territoriais, desde que não sejam qualificadas pela lei como privadas e desde que compartilhem dos predicados da personalidade pública (prerrogativas de direito público, nomeadamente poderes de autoridade).

1.2. Espécies de pessoas coletivas públicas

Interessa aqui identificar os vários tipos de pessoas coletivas públicas e agrupá-las, tendo em conta as suas caraterísticas típicas.

Se utilizarmos o critério da *dependência* (decrescente) relativamente ao Estado (por intermédio do Governo), são pessoas coletivas públicas:

a) o Estado;
b) os institutos públicos;
c) as entidades públicas empresariais;
d) as associações públicas;
e) as autarquias locais;
f) as regiões autónomas;
g) as entidades administrativas independentes.

• Uma forma possível de as arrumar, é distinguindo dois grandes grupos: por um lado, o *Estado*, por outro lado, os *entes públicos menores*.

O Estado é o principal ente público, tendo como órgão superior o Governo. Por sua vez, os entes públicos menores são entes exclusivamente administrativos uma vez que, ao contrário do Estado, não desempenham nenhuma das outras funções estaduais e, por outro lado, as suas atribuições administrativas têm um escopo mais restrito que as do Estado, quer do ponto de vista da matéria abrangida, quer do âmbito territorial ou pessoal. Por fim, estas entidades dependem em regra, embora em grau diverso, do principal órgão do Estado: o Governo (superintendência e tutela administrativa, como melhor se verá mais adiante).

• Outra classificação das pessoas coletivas públicas é a que distingue as *entidades públicas territoriais* (ou de população e território) das *entidades funcionais*.

São *entidades territoriais* o Estado, as regiões autónomas e as autarquias locais, uma vez que têm um substrato populacional e base territorial, tendo ainda caráter originário e necessário, generalidade de atribuições, tipificação constitucional e o poder para criar outros entes públicos e exercer controlo sobre eles.

Por sua vez, os *entes funcionais* (os institutos públicos, que não personificam coletividades e as corporações públicas, que personificam coletividades funcionalmente definidas) caraterizam-se por o território não entrar na sua definição, por terem atribuições ou finalidades especiais e por deterem um caráter atípico.

- Uma última classificação, que vale apenas para os entes públicos infra-estaduais, é a que os distingue entre *entes públicos dependentes* e *entes públicos independentes*.

As caraterísticas típicas dos entes públicos independentes são as seguintes: gozam de autonomia em relação a outros, têm capacidade de definir por si mesmos a sua própria orientação podendo mesmo divergir da orientação do Estado, há uma substancial independência dos seus órgãos face ao Estado (quanto ao modo de nomeação, exoneração e ação), não estando sujeitos à sua orientação. É o caso das regiões autónomas, das autarquias locais e das corporações públicas, mas também das entidades administrativas independentes.

Por sua vez, os entes públicos dependentes são entes criados por outros entes públicos autónomos por razões de agilidade e conveniência administrativa, não têm capacidade para prosseguir outros fins que não os do ente que o criou, os seus dirigentes são nomeados pelo "ente-mãe" e estão sujeitos a orientação e controlo de mérito do ente-matriz. É o caso dos institutos públicos[45].

1.3. Regime jurídico

O regime jurídico a que se encontram subordinadas, em regra, as pessoas coletivas de direito público é um regime diferenciado e não uniforme[46]. Contudo, é possível avançar algumas ideias gerais[47]:

- A sua criação e extinção é de iniciativa pública;
- Têm capacidade de direito privado e património privado, podendo prosseguir atividades de gestão privada;
- Têm capacidade de direito público detendo poderes (de autoridade) e deveres públicos;
- Detêm capacidade administrativa e financeira;
- Estão sujeitas ao regime da contratação pública e dos contratos administrativos;
- O seu pessoal está sujeito a um regime especial de emprego público;

[45] Uma "arrumação" diferente das pessoas coletivas públicas é proposta por Vieira de Andrade, que as distingue entre *entes públicos de população e território* (Estado, Regiões Autónomas e autarquias locais), *entes institucionais* (institutos; empresas), *entes corporativos ou associativos* (corporações territoriais, "consórcios públicos", associações públicas) e *entes híbridos* (corporações para-institucionais e institutos para-corporativos). Cfr. Vieira de Andrade, *Lições de Direito Administrativo*, cit., p. 93.

[46] O seu estatuto de direito público é fixado ora nas leis gerais (por exemplo, para os institutos públicos e para as autarquias locais), ora nas leis individuais que procedem à sua criação, podendo, em caso de autonomia, ser desenvolvido em diplomas estatutários próprios, aprovados pelos respetivos órgãos representativos (universidades). Cfr. Vieira de Andrade, *Lições de Direito Administrativo, cit.*, p. 93.

[47] Neste sentido cfr. Freitas do Amaral, *Curso de Direito Administrativo*, Vol. I, cit., pp. 621-623.

- Estão subordinadas ao regime administrativo de responsabilidade civil;
- Estão sujeitas a controlo por parte do Tribunal de Contas e à jurisdição dos tribunais administrativos.

2. Órgãos, Titulares e Trabalhadores da Administração Pública

2.1. Noções básicas

2.1.1. *Órgão*

As pessoas coletivas são dirigidas por órgãos. A estes cabe tomar as decisões em nome da pessoa coletiva ou manifestar a vontade imputável àquela.

Os órgãos podem ser concebidos como centros institucionalizados de poderes funcionais (a que chamamos competências) ou, como determina o nº 1 do artigo 20º do CPA, "centros institucionalizados titulares de poderes e deveres para efeitos da prática de atos jurídicos imputáveis à pessoa coletiva"[48]. Dito de outro modo, trata-se de figuras organizatórias dotadas de poderes que lhes permitem preparar, expressar ou controlar as manifestações de vontade da pessoa coletiva pública.

2.1.2. *Investidura, titular ou membro e trabalhadores da Administração Pública*

Considerando os órgãos como centros institucionalizados de poderes funcionais, então temos que isolar o seu titular ou membro (qualidade que exprime a ligação de um individuo, singularmente ou em colégio, a um órgão). Contudo, para que um indivíduo ou indivíduos se transformem em titulares do órgão, é necessário um ato formal que os ligue a ele: a *investidura*.

Contrariamente ao titular do órgão ou membro, os trabalhadores da Administração Pública (com especial relevo para o pessoal dirigente e para os funcionários nomeados) são indivíduos com uma relação especial de serviço com os entes administrativos e que desenvolvem, sob a direção dos titulares dos órgãos, a atividade dos serviços (desempenham *tarefas* materiais de exercício ou contribuem para a preparação, conhecimento e execução dos atos jurídicos). Não têm, pois, poderes decisórios, limitando-se a preparar e a executar decisões dos órgãos.

[48] No novo CPA a Parte II deixou de intitular-se "Dos Sujeitos", para passar a designar-se "Dos órgãos da Administração Pública", centrando-se agora na composição dos órgãos, nas regras internas do seu funcionamento, na origem e desconcentração dos seus poderes e nos conflitos sobre a respetiva repartição.

2.2. Tipos de órgãos

São várias as classificações que se pode fazer dos órgãos das pessoas coletivas públicas. Limitamo-nos a destacar as mais importantes:

a) *órgãos singulares e colegiais*, conforme tenham um só titular ou sejam compostos por três ou mais titulares. Os órgãos colegiais têm regras especiais de funcionamento definidas nos artigos 21º a 35º do CPA;

b) *órgãos centrais e locais*, consoante tenham competência sobre todo o território nacional ou esta seja limitada a uma circunscrição administrativa;

c) *órgãos primários, secundários e vicários* consoante disponham de uma competência própria para decidir as matérias que lhes estão confiadas, de uma competência delegada ou exerçam uma competência por substituição de outros órgãos;

d) *órgãos representativos e órgãos não representativos*, dependendo de serem livremente designados por eleição ou não;

e) *órgãos ativos, consultivos e de controlo* a quem cabe, no primeiro caso, *tomar decisões* ou *executá-las*; no segundo caso, emitir pareceres e esclarecer os órgãos ativos antes de estes tomarem decisões; e, no terceiro caso, fiscalizar a regularidade do funcionamento de outros órgãos.

f) órgãos *permanentes* e *órgãos temporários*, consoante a sua existência seja constante/duradoura ou não. Nestes últimos integram-se os órgãos *ad hoc*, isto é, órgãos criados para exercer uma tarefa específica, finda a qual se extinguem. Exemplo dos primeiros é a câmara municipal e dos segundos os júris de um concurso.

3. As Atribuições, as Competências e a Legitimação

3.1. Noções

As pessoas coletivas existem para prosseguir determinados *fins*. Aos fins das pessoas coletivas públicas chamamos *atribuições*.

Atribuições são, assim, os *fins ou interesses que a lei incumbe as pessoas coletivas públicas de prosseguir ou realizar*[49].

Para o fazerem, as pessoas coletivas necessitam de poderes – são os chamados poderes funcionais. Ao conjunto de poderes funcionais chamamos *competências*.

[49] De referir que há pessoas coletivas com múltiplas atribuições (ou de fins múltiplos) – o caso das pessoas coletivas de base territorial – e pessoas coletivas com atribuições especializadas (como as de base institucional).

Competência é, assim, o *conjunto de poderes funcionais que a lei confere para a prossecução das atribuições das pessoas coletivas públicas.*

Em princípio e na maior parte dos casos, as atribuições referem-se às pessoas coletivas públicas em si, enquanto a competência se reporta aos órgãos. A lei especificará, portanto, *as atribuições de cada pessoa coletiva* e, noutro plano, *a competência de cada órgão.* Daqui resulta que qualquer órgão da Administração, ao agir, conhece e encontra pela frente uma dupla limitação: por um lado, está limitado pela sua própria competência – não podendo, designadamente, invadir a esfera de competências dos outros órgãos da mesma pessoa coletiva; por outro lado, está também limitado pelas atribuições da pessoa coletiva em cujo nome atua – não podendo, nomeadamente, praticar quaisquer atos sobre a matéria estranha às atribuições da pessoa coletiva a que pertence. Atribuições e competências limitam-se reciprocamente. Nenhum órgão administrativo pode prosseguir as atribuições da pessoa coletiva a que pertence por meio de competências que não sejam as suas, mas também não pode exercer a sua competência fora das atribuições da pessoa coletiva em que se integra.

Tudo isto é assim, em geral, nas pessoas coletivas públicas. No entanto, no caso do Estado, a questão é mais complexa. Com efeito, no Estado o que separa juridicamente os Ministérios (que são órgãos) uns dos outros são as atribuições.

Enquanto, em geral, nas restantes pessoas coletivas públicas, os órgãos têm *competências diferentes* para prosseguir as *mesmas atribuições* (da pessoa coletiva pública a que pertencem)[50], no Estado os vários Ministros têm *competências idênticas* para prosseguirem *atribuições diferentes.* Aqui, são as próprias atribuições que se encontram repartidas pelos vários ministérios, pelo que cada Ministro possui atribuições específicas (finanças, saúde, educação), embora usando para isso poderes jurídicos idênticos aos seus colegas de Governo (autorizar, nomear, contratar, punir, etc.).

A distinção entre as atribuições e as competências tem importância não só para se compreender a diferença entre os *fins* que se prosseguem e os *meios jurídicos* que se usam para os prosseguir, mas também porque a lei estabelece, como veremos mais à frente, uma consequência diferente no caso de os órgãos da Administração praticarem atos estranhos às atribuições das pessoas coletivas públicas em que se integram ou fora da competência confiada a cada órgão: enquanto os atos praticados fora das atribuições são *nulos,* os atos praticados fora da competência do órgão que o pratica são, em regra, *anuláveis.*

[50] É o que se passa, designadamente, no caso dos municípios, uma vez que o que distingue a câmara municipal, a assembleia municipal e o presidente da câmara municipal é o facto de estes possuírem diferentes competências para prosseguirem as atribuições do município.

Como o que distingue os vários Ministérios entre si são, não as competências, mas sim as atribuições, tal significa que se, por exemplo, o Ministro da Defesa praticar um ato sobre matéria incluída nas atribuições do Ministério das Finanças, esse ato é *nulo* por falta de atribuições.

Mas não basta que o órgão atue dentro do domínio das atribuições da pessoa coletiva a que pertence e no âmbito das suas competências. É necessário, ainda, que o órgão tenha legitimação. A *legitimação* é a *qualificação específica do órgão para exercer a sua competência numa situação concreta.*

Existem, assim, fatores de legitimação.[51] São, designadamente, fatores de legitimação:

a) A *investidura do titular do órgão.* O órgão existe enquanto conjunto institucionalizado de poderes funcionais. Existindo o órgão, existe a competência. No entanto, o exercício dessa competência só pode ser feito por uma pessoa física ou membro que tenha uma ligação formal ao órgão, ou seja, que tenha sido investida (fator positivo de legitimação).

b) Os *casos de impedimento.* Trata-se de casos em que a lei impede que os titulares de um órgão pratiquem atos ou participem em atos e respetivos procedimentos que toquem os seus interesses particulares (ou de quem lhes é próximo). As cláusulas de impedimento constituem uma forma de legitimação negativa, uma vez que a verificação das causas de impedimento priva de legitimação o órgão se o seu titular (ou um seu funcionário ou agente) que esteja impedido intervier no ato (artigo 69º do CPA).

c) As situações de *falta de quórum* nos órgãos colegiais (cfr. artigo 29º do CPA). O quórum é a fração (percentagem) mínima do número legal de membros do órgão colegial cuja presença é necessária na reunião para que possam ser votadas as deliberações. O quórum regra corresponde à maioria, ou seja, pelo menos, a uma fração superior à metade do número legal de membros do colégio. Quando numa reunião do órgão colegial não está constituído o quórum, não pode dizer-se, em regra, que não existe o órgão e a respetiva competência. A falta de quórum corresponde, sim, à falta de legitimação do órgão para decidir na situação concreta. Deste modo o quórum é um fator positivo de legitimação.

d) Também o *decurso de um determinado lapso de tempo pode ser considerado fator de legitimação.* Com efeito, por vezes, a Administração não pode praticar atos antes de decorrido um determinado período de tempo, por exemplo, não pode declarar a caducidade de uma licença de construção enquanto não tiver decor-

[51] Em determinadas situações, enquanto tais fatores não se verificam, o órgão não pode exercer a competência (fatores positivos de legitimação); noutras, a competência não pode ser exercida se esses fatores se verificarem (fatores negativos de legitimação).

rido o prazo que o interessado tem para executar a obra (fator positivo de legitimação). Pode também acontecer que se tenha extinguido o tempo dentro do qual a Administração está autorizada a agir, por exemplo, passou o prazo de um ano dentro do qual se pode, nos termos do nº 2 do artigo 168º do CPA, proceder à anulação administrativa de um ato administrativo constitutivo de direitos (fator negativo de legitimação).

e) A *autorização para agir*. Acontece, por vezes, que um determinado órgão, não obstante ser competente para a prática de um certo ato, só pode exercer aquela sua competência depois de ter obtido, de um outro órgão, uma *autorização* que visa fazer um controlo preventivo sobre a legalidade ou o mérito do ato que vai ser praticado. Sem tal autorização o órgão em causa está privado de legitimação (fator positivo de legitimação).

3.2. Da competência em especial

O primeiro princípio que cumpre sublinhar no que se refere à competência é o de que ela só pode ser conferida, delimitada ou retirada por lei. Isto corresponde ao princípio da *legalidade da competência*, também expresso pela ideia de que a *competência é de ordem pública*.

Deste princípio decorrem os seguintes corolários, estabelecidos no artigo 36º do CPA:

a) *A competência não se presume*: com isto quer significar-se que só há competência quando a lei inequivocamente a confere a um dado órgão, isto sem prejuízo de se admitirem, a par de competências explícitas (definidas de forma expressa na lei), *competências implícitas* (quando elas se deduzem de outras determinadas legalmente ou de certos princípios de direito público[52]).

b) *A competência é imodificável*: nem a Administração nem os particulares podem alterar o conteúdo ou a repartição da competência estabelecida por lei.

c) *A competência é irrenunciável e inalienável*: os órgãos administrativos não podem, em caso algum, renunciar aos seus poderes ou transmiti-los para outros órgãos da Administração ou para entidades privadas.

É, ainda, comum distinguir-se, atento o critério da titularidade, as *competências próprias* (conferidas diretamente pela lei ao órgão em causa) das competências delegadas (que resultam de delegação de poderes a qual permite, sempre que a lei o preveja, que o órgão exerça competências de outro órgão)[53].

[52] Por exemplo, o princípio de que quando a lei impõe a prossecução obrigatória de um fim permite o exercício dos poderes minimamente necessários para atingir esse objetivo.

[53] Para mais desenvolvimentos sobre espécie de competências, cfr. Isabel Fonseca. *ob. cit.*, p. 68 a 70.

Por sua vez as competências próprias podem ser competências separadas (concorrentes) – quando apenas um órgão pode praticar o ato, mas este não é *definitivo* por o superior poder apreciá-lo em via de recurso hierárquico necessário – ou *exclusivas* – quando o subalterno se pode pronunciar, de forma definitiva, sobre a matéria, pelo que o recurso para o superior hierárquico é meramente facultativo.

A par das competencias próprias, as competencias também podem ser conjuntas se dois ou mais órgãos forem competentes para a prática de um ato administrativo. Neste caso a competência tanto pode ser conjunta (pode ser praticada por acordo entre vários órgãos competentes, v.g. despachos conjuntos de dois ministros) como *simultânea* (quando qualquer dos órgãos competentes pode praticar o ato).[54]

3.3. Critérios de repartição das competências

A repartição das competências pelos vários órgãos de uma pessoa coletiva pode obedecer aos seguintes critérios:

a) *Em razão da matéria*: a distribuição de competências entre os vários órgãos da pessoa coletiva tem em vista fazer corresponder um especial interesse ou grupo de interesses a um órgão particularmente adequado a realizá-lo pela sua estrutura ou qualidade.

[54] O CPA contém um conjunto de regras relativas à competência nos seus artigos 36º a 43º, a saber, regras quanto ao momento da fixação da competência, quanto a conflitos de competência territorial, quanto ao controlo de competência e quanto à suplência (o preenchimento do vazio criado pela ausência, falta ou impedimento do titular do órgão ou do agente, que se faz pela chamada do suplente) e à substituição (quando um órgão sucede temporária ou pontualmente no exercício da competência que cabe a outro órgão). Particularmente diferente do regime anterior é o que consta do artigo 41º quanto ao modo de proceder da Administração perante requerimento, petição ou reclamação dirigidos a órgão incompetente, estabelecendo-se um dever de *remessa oficiosa* sem necessidade de formulação de um qualquer juízo quanto à desculpabilidade ou indesculpabilidade do erro do particular e independentemente de a situação configurar uma incompetência absoluta ou relativa. Para além das críticas que podem ser apontadas a este normativo (desde logo a que parece reconhecer ao interessado a possibilidade de errar sempre, conferindo-lhe um prémio pela sua conduta negligente) pode defender-se, tendo em conta que o quadro normativo de determinada competência pode revelar-se particularmente complexo, que este dever de remessa oficiosa deve sujeitar-se a uma *reserva fáctica* assente no próprio conhecimento que o órgão incompetente disponha quanto à determinação do órgão competente para tratar certa matéria, o que significa que, sem prejuízo do disposto no nº 2 deste artigo 41º (isto é, de se considerar o pedido feito no prazo), não deve ser excluída a hipótese de o órgão incompetente se limitar a devolver o requerimento ao particular, com a indicação de que não é competente e que desconhece qual o órgão competente. Neste sentido cfr. Alexandre Sousa Pinheiro, Tiago Serrão, Marco Caldeira e José Duarte Coimbra, *Questões Fundamentais para Aplicação do CPA*, Coimbra, Almedina, 2016, pp. 108-109.

b) *Em razão do território*: a distribuição é feita atribuindo a cada órgão uma determinada circunscrição ou área territorial sobre a qual atuar. É o caso da repartição de poderes por órgãos locais diferentes[55].

B – Os Setores da Organização Administrativa Portuguesa

Sendo complexa, diferenciada e multifacetada, a Administração Pública costuma, por razões de sistematização, ser dividida em setores, dos quais se destacam os dois mais importantes: o das Administrações estaduais e o das Administrações autónomas.

1. Administrações Estaduais

Estamos, neste âmbito, no domínio das entidades públicas que *visam prosseguir a satisfação de interesses públicos de caráter nacional.*

Dentro deste setor, é possível distinguir a Administração estadual direta da Administração estadual indireta. Vejamos em que é que consiste cada uma delas.

1.1. Administração direta do Estado

Enquadra-se na Administração direta do Estado toda a atividade administrativa levada a cabo *diretamente* pelos *próprios serviços administrativos do Estado,* sob *direção do Governo* (órgão complexo formado pelo primeiro-ministro, pelos ministros e pelos secretários de estado), que é o órgão superior da Administração Pública estadual (artigo 182º CRP), embora repartida por tantos departamentos quantos os Ministérios.

Os *serviços são organizados em forma de pirâmide,* o que significa, como veremos, que a relação que se estabelece entre as várias estruturas da administração direta é uma relação hierárquica.

Dentro da Administração (direta) do Estado vamos encontrar *órgãos centrais,* cuja competência se estende a todo o território nacional (ministérios, direções gerais, inspeções gerais, etc.) e *órgãos locais ou periféricos*[56], que são órgãos

[55] Tradicionalmente são ainda apontados os critérios de repartição da competência em função da hierarquia e em razão do tempo. A primeira não passa, porém, de uma forma especial de repartição em razão da matéria e a segunda não é critério de repartição da competência mas fator de legitimação, como dissemos *supra.*

[56] É comum designar-se por administração estadual periférica os órgãos locais do Estado. Esta corresponde à designada administração periférica interna. Para além dela, também é possível identificar uma administração periférica externa, composta pelos organismos existentes fora do território nacional, como é o caso das embaixadas, das representações permanentes ou dos postos consulares.

da pessoa coletiva Estado que, na dependência direta ou *hierárquica* do Governo, exercem uma *competência limitada a uma certa circunscrição administrativa* (diretores regionais, comissões de coordenação e desenvolvimento regional[57], serviços de finanças, etc.)[58].

Para efeitos da delimitação da área de competência dos órgãos locais do Estado procede-se à divisão do território em circunscrições administrativas. Existe uma *divisão administrativa geral*, em distritos e concelhos, e *divisões administrativas especiais*. Estas assumem uma grande variedade, uma vez que são definidas por setores ou ramos de administração (v.g. para efeitos de administração da saúde, para efeitos de administração florestal, etc.). Uma vez que as várias circunscrições administrativas especiais não coincidem entre si, o sistema das divisões administrativas do território, no nosso país, torna-se extremamente complexo, confuso e excessivo.

Atualmente a Administração direta do Estado é regulada pela Lei nº 4/2004, de 15 de janeiro[59] – que estabelece os princípios e normas a que esta deve obedecer –, para além dos diplomas específicos relativos à organização e funcionamento de cada Ministério[60-61].

[57] Sobre a configuração atual das comissões de coordenação e desenvolvimento territorial (CCDRs) cfr. Freitas do Amaral, *Curso de Direito Administrativo,* Vol. I, *cit.*, p. 295-296. No momento em que escrevemos estas páginas encontra-se em curso um debate sobre a reconfiguração das CCDRs como institutos públicos territoriais integrado num chamado "pacote de descentralização" em curso no XXI Governo.

[58] O órgão mais caraterístico da administração periférica ou local do Estado era o governador civil. No entanto, a Resolução do Conselho de Ministros nº 13/2011, de 27 de junho, publicada no *Diário da República*, 2ª série, nº 124, de 30 de junho de 2011, procedeu à exoneração de todos os governadores civis existentes, tendo sido publicado, na sequência deste facto, o Decreto-Lei nº 114/2012, de 30 de novembro, que procedeu à transferência de competências dos governos civis para outras entidades da Administração Pública.

[59] Este diploma foi alterado sucessivamente pela Lei nº 51/2005, de 30 de agosto, pelos Decretos-Lei nºs 200/2006, de 25 de outubro e 105/2007, de 3 de abril, pelas Leis nºs 64-A/2008, de 31 de dezembro e 57/2011, de 28 de novembro, pelo Decreto-Lei nº 116/2011, de 5 de dezembro e pela Lei nº 64/2011, de 22 de dezembro.

[60] Os serviços que integram a administração direta do Estado podem ser organizados segundo estruturas hierarquizadas ou estruturas matriciais. As primeiras correspondem à forma clássica de organização dos serviços públicos, constituídas por unidades orgânicas nucleares (direções de serviços) e flexíveis (divisões). As segundas são adotadas sempre que as áreas operativas do serviço possam desenvolver-se essencialmente por projetos, devendo agrupar-se por centros de competências ou de produto bem identificados, visando assegurar a constituição de equipas multidisciplinares com base na mobilidade funcional.

Em suma, as estruturas hierarquizadas são estruturas verticais em que a análise do processo, desde a sua entrada até à decisão, é realizada parcelarmente por cada uma das unidades orgânicas dos serviços, que realizam autonomamente os procedimentos que competem a cada uma delas, sem que tenham competência para acompanhar o processo nas suas várias fases procedimentais. Pelo

1.2. Administração indireta do Estado

A Administração indireta do Estado é aquela que é realizada *por conta do Estado* mas por *outros entes* que não o Estado pelos seus próprios serviços. É a prossecução de atribuições de uma entidade administrativa por intermédio de outra entidade administrativa.

A Administração indireta do Estado é, assim, *o conjunto das entidades públicas, com personalidade jurídica própria e autonomia administrativa e financeira, que desenvolvem uma atividade administrativa destinada à realização de fins do Estado.*

O surgimento de uma Administração estadual indireta deveu-se ao constante alargamento e complexificação da vida administrativa, o que acabou por reclamar a constituição de pessoas coletivas públicas diferentes do Estado, com vista à prossecução, em nome próprio, de certos fins deste (designadamente de caráter técnico, económico, cultural e social), na convicção de que serão melhor realizados num clima de (certa) autonomia em relação ao governo.

O que carateriza os entes públicos que se encontram agrupados na Administração indireta do Estado é o facto de eles não prosseguirem interesses próprios mas interesses da entidade mãe (o Estado), e não definirem, na sua atuação, a sua própria orientação. Deste modo, a administração indireta ainda é administração estadual na medida em que as suas tarefas são tarefas do Estado, sendo estas entidades criadas, extintas e orientadas por ele.[62] Não obstante isto, estas entidades atuam através de órgãos próprios e, apesar de ser no interesse do Estado, fazem-no em nome próprio e não em nome do Estado. Têm, ainda, personalidade jurídica própria, património próprio, pessoal próprio e praticam atos próprios.

No direito português há várias espécies de entidades que pertencem à referida Administração estadual indireta, de entre as quais se destacam os *institutos públicos* e as *entidades públicas empresariais.*

Todavia, e como já foi referido antes, mercê de fenómenos crescentes de privatização e complexificação da administração, para além de uma *adminis-*

contrário, uma estrutura de serviços matricial é uma estrutura horizontal em que são os serviços que se deslocam para o processo, criando para o efeito equipas multidisciplinares, acompanhando-o e seguindo-o ao longo de todo o seu *iter* procedimental.
Mesmo os serviços que optem pela constituição de estruturas hierarquizadas podem criar, com vista a aumentar a flexibilidade e eficácia na gestão, equipas de projeto temporárias e com objetivos especificados.

[61] Para mais desenvolvimentos sobre a Administração direta do Estado cfr., por todos, Freitas do Amaral, *Curso de Direito Administrativo*, Vol I, *cit.*, pp. 193-296.

[62] Justifica-se, por isso, que estas entidades sejam financiadas, no todo ou em parte, pelo Estado. Elas têm, no entanto, autonomia administrativa e financeira na medida em que tomam as suas próprias decisões, gerem, como entendem, a sua organização, cobram as suas receitas, realizam as suas próprias despesas e organizam as suas contas.

tração indireta pública do Estado (constituída por pessoas coletivas públicas), é possível identificar-se, ainda, uma *administração indireta privada* (constituída por pessoas coletivas administrativas privadas).[63]

1.2.1. *Administração Estadual indireta pública*

1.2.1.1. *Institutos públicos*

Os institutos públicos são pessoas coletivas públicas, de tipo institucional ou fundacional (assentam sobre uma organização de caráter material e não de pessoas), criadas para assegurar o desempenho de determinadas funções administrativas (fins únicos e não múltiplos) de caráter não empresarial, pertencentes ao Estado ou a outra pessoa coletiva pública.

Os institutos públicos podem ser agrupados em três categorias:

Em primeiro lugar, os *serviços personalizados*, que são serviços públicos de caráter administrativo a que a lei atribui personalidade jurídica e autonomia administrativa e financeira. São, no fundo, verdadeiros departamentos do tipo direções gerais aos quais a lei dá personalidade jurídica e autonomia administrativa e financeira para que possam desempenhar melhor as suas funções. Exemplos típicos de serviços personalizados são os organismos de cooperação económica, como o Instituto da Vinha e do Vinho; o Instituto do Registo e Notariado; o Instituto da Conservação da Natureza e das Florestas, etc.

Em segundo lugar, as *fundações públicas*, ou seja, patrimónios afetados à prossecução de fins públicos especiais, como é o caso da Fundação para a Ciência e a Tecnologia.

Por fim, os *estabelecimentos públicos*: institutos públicos de caráter cultural ou social, organizados como serviços abertos ao público e destinados a efetuar

[63] Uma parte da doutrina integra ainda na Administração estadual indireta, não obstante a sua especificidade, as autoridades administrativas *reguladoras (ou autoridades de supervisão e regulação económica)*, que se caraterizam por serem *administrações indiretas com autonomia acrescida* (v.g. a Autoridade da Concorrência, a ERSE – Entidade Reguladora dos Serviços Energéticos – e a CMVM – Comissão de Mercado de Valores Mobiliários) e *institutos públicos com funções reguladoras* (v.g. INTF, I.P. – Instituto Nacional do Transporte Ferroviário; ERSAR, I.P. – Entidade Reguladora dos Serviços de Águas e Resíduos). Estas entidades estão sujeitas a um regime específico, estabelecido nos decretos-lei da respetiva criação. Sobre a integração destas entidades numa subespécie da Administração estadual indireta, a par da Administração indireta pública e privada, cfr. Vieira de Andrade, *Lições de Direito Administrativo, cit.*, p. 116-177.
Refira-se que em 2013 foi aprovada, pela Lei nº 67/2013, de 28 de agosto (alterada pela Lei nº 12/2017, de 2 de maio), a Lei-Quadro para as entidades administrativas independentes com funções de regulação económica dos setores privado, público e cooperativo, as quais passam, assim, a ficar abrangidas por um enquadramento legal que vem uniformizar algumas das suas características.

prestações individuais à generalidade dos cidadãos que delas careçam. É o caso de alguns hospitais públicos, das bibliotecas e museus públicos (quando dotados de personalidade jurídica) e de algumas universidades públicas, embora estas, enquanto estabelecimentos públicos, possuam hoje um regime especial que lhes confere, além da autonomia administrativa e financeira, também uma autonomia estatutária, científica e pedagógica (cfr. artigo 76º, nº 2 da CRP)[64].

De modo a superar a ausência de uma regulamentação uniforme dos institutos públicos, que determinou durante muito tempo uma multiplicidade dos respetivos regimes, foi publicada a Lei nº 3/2004, de 15 de janeiro[65], que estabelece os princípios e regras pelos quais os mesmos se regem, embora alguns estejam sujeitos a regimes especiais (cfr. artigo 48º desta Lei e Resoluções do Conselho de Ministros nºs 34/2012, de 15 de março e 71/2012, de 29 de agosto). Foi entretanto aprovada a Lei-Quadro das Fundações (Lei nº 24/2012, de 9 de julho[66]) - aplicável, nos termos do seu artigo 4º a fundações privadas, fundações públicas de direito público e fundações públicas de direito privado - cujo título III (artigo 48º e ss.) contém um conjunto de regras também aplicáveis às fundações públicas anteriormente referidas.[67]

1.2.1.2. *Entidades públicas empresariais*

As *entidades públicas empresariais* (EPEs) são pessoas coletivas de direito público, com natureza empresarial, criadas pelo Estado.

As entidades públicas empresariais integram, nos termos do Decreto-Lei nº 133/2013, de 3 de outubro[68], a noção ampla de empresa pública, que engloba,

[64] A duplicidade de regime das universidades públicas em especial e das instituições de ensino superior público em geral, leva a que alguns qualifiquem estas entidades como *Administração estadual indireta autónoma*, já que, ao mesmo tempo que prosseguem interesses nacionais a cargo do Estado, estão dotadas de autoadministração e de órgãos representativos. Cfr. Pedro Gonçalves, *O Novo Regime da Tutela Administrativa sobre Autarquias Locais*, CEFA, Coimbra, 1997, p. 8.
Note-se que a Lei nº 62/2007, de 10 de setembro, que aprovou o regime jurídico das instituições de ensino superior, criou, no âmbito do ensino superior público, um novo tipo de instituições, as fundações públicas com regime de direito privado. Por isso referimos no texto que apenas certas universidades públicas têm a natureza de institutos públicos, na configuração de estabelecimentos públicos.

[65] Alterada pela Lei nº 51/2005, de 30 de agosto, pelos Decretos-Lei nºs 200/2006, de 25 de outubro e 105/2007, de 3 de abril, pela Lei nº 64-A/2008, de 31 de dezembro, pelo Decreto-Lei nº 40/2011, de 22 de março, pela Resolução da Assembleia da República nº 86/2011, de 11 de abril, pelo Decreto-Lei nº 5/2012, de 17 de janeiro e pelo Decreto-Lei nº 96/2015, de 29 de maio.

[66] Alterada pela Lei nº 150/2015, de 10 de setembro.

[67] Para mais desenvolvimentos sobre os institutos públicos cfr., por todos, Freitas do Amaral, *Curso de Direito Administrativo*, Vol I, *cit.*, pp. 309-326.

[68] Alterada pela Lei Lei nº 75-A/2014, de 30 de setembro e pela Lei nº 42/2016, de 28 de dezembro.

para além delas, as sociedades de responsabilidade limitada constituídas nos termos da lei comercial nas quais o Estado exerça ou possa exercer, de forma direta ou indireta, influência dominante sobre a sua atividade (a qual ocorre sempre que se verifique uma das situações previstas no artigo 9º deste diploma legal). Estas últimas já não se integram, porém, no conceito de administração indireta pública do Estado, mas na sua administração indireta privada (infra, ponto 1.2.2.)[69].

As *entidades públicas empresariais*, embora sejam *pessoas coletivas de direito público*, estão, de um modo geral, sujeitas ao *direito privado* (não porque este se lhes aplique automaticamente, mas porque o direito administrativo o manda aplicar). Isto é assim na medida em que, dada a sua finalidade (o lucro), necessitam de grande liberdade de ação, mobilidade e flexibilidade no seu modo de funcionamento, que são facilitados pela utilização do direito privado.

No entanto, sempre que necessário, podem lançar mão do direito público, porque têm a seu cargo altos interesses públicos cuja salvaguarda pode exigir a utilização de *ius imperii*. Como a regra é, contudo, o direito privado, a gestão pública só pode ser estabelecida pelos estatutos dessas empresas para determinados aspetos do seu funcionamento.

As *entidades públicas empresariais* são reguladas por diplomas específicos, bem como pelo Capítulo VI do Decreto-lei nº 133/2013, de 3 de outubro.

Exemplo destas entidades são alguns hospitais, centros hospitalares e unidades locais de saúde.

1.2.2. *Administração Estadual indireta privada*

Integram este setor da Administração estadual indireta, desde logo, a generalidade das *empresas públicas* – isto é, as sociedades instituídas para finalidades

[69] Assim, em Portugal, como de resto noutros países, vigora uma noção ampla de *empresa pública* que abrange dois tipos jurídicos distintos: os *entes públicos empresariais* cujo capital é constituído por um fundo público e que são pessoas coletivas de direito público e as *empresas de natureza societária* (sociedades de capitais públicos), cujo capital se encontra representado em partes sociais (designadamente, ações) e que são pessoas coletivas de direito privado, regidas pela lei comercial. Ao lado destas aparecem ainda as *sociedades de capitais mistos*, em que o capital é partilhado por entidades públicas e por entidades privadas.
A criação de empresas públicas deve-se a vários fatores: à necessidade que por vezes o Estado tem *de intervir na economia* assumindo posições chave, isto é, estrategicamente fundamentais; à maior *eficiência da administração* ao transformar velhos serviços organizados segundo moldes burocráticos em empresas públicas modernas, geridas sob a forma comercial e industrial; à execução de um *programa ideológico*, quando se considera necessário, por razões políticas, alargar a intervenção do Estado a determinados setores que, até aí, estavam nas mãos de particulares; à necessidade de criação de um *monopólio*, etc.

públicas sob a forma de *sociedades comerciais* (v.g. as Infraestruturas de Portugal, S.A.), as quais podem, excecionalmente ser detentoras de poderes públicos de autoridade (o caso das Administrações Portuárias).

O setor empresarial do Estado é regulado, como referimos supra, pelo Decreto-lei nº 133/2013, de 3 de outubro.

Na Administração estadual indireta privada integram-se ainda as *fundações públicas de direito privado* de *criação estadual* (v.g. Fundações universitárias – U. Porto, U. Aveiro, ISCTE)[70], e as *associações públicas de direito privado,* as quais devem ser autorizadas por diploma legal (artigo 3º, nº 4 da Lei nº 3/2004, de 15 de janeiro).

A Administração estadual pode, assim, de modo esquemático ser representada da seguinte forma:

2. Administrações Autónomas

2.1. Noção de administração autónoma

Enquanto a administração do Estado prossegue os interesses gerais e indiferenciados de caráter nacional, a administração autónoma, como *autoadminis-*

[70] A Lei nº 24/2012, de 9 de julho (alterada pela Lei nº 150/2015, de 10 de setembro) veio limitar a criação de fundações públicas de direito privado e fixar um regime aplicável às que já se encontram criadas ou reconhecidas à data da sua entrada em vigor. Por sua vez a Lei nº 1/2012, de 3 de janeiro determinou a realização de um censo e a aplicação de medidas preventivas a todas as fundações com vista a proceder a uma avaliação do respetivo custo/benefício e viabilidade financeira e decidir a sua manutenção ou extinção. Em consequência foi aprovada a Resolução do Conselho de Ministros nº 79-A/2012, de 25 de setembro, que aprovou as propostas de decisão relativas ao processo de censo às fundações e estabeleceu os procedimentos e as diligências necessários à concretização das respetivas decisões de extinção, de redução ou cessação de apoios financeiros públicos.

tração de formações sociais infraestaduais, organizadas segundo princípios *eletivos e representativos*, cuida de *interesses específicos da respetiva comunidade.*

São, assim, caraterísticas das entidades que pertencem à Administração autónoma, a *prossecução de interesses próprios*, a *representatividade dos órgãos* e a *autoadministração* (auto definição da sua orientação político-administrativa sem dependência de qualquer instrução ou orientação heterogénea).

Como afirma Vital Moreira, numa definição abrangente da Administração autónoma, esta consiste na administração de interesses públicos próprios de certas coletividades ou agrupamentos infraestaduais (de natureza territorial, profissional ou outra), por meio de corporações de direito público ou de outras formas de organização representativa, dotadas de poderes administrativos que exercem sob responsabilidade própria, sem sujeição a um poder de direção ou de superintendência do Estado (através do Governo) nem a formas de tutela de mérito[71].

Desta definição decorrem os principais elementos constitutivos do conceito de administração autónoma, que são *vários* e *cumulativos*:

– Em primeiro lugar, uma *coletividade territorial ou outra dotada de especificidade dentro da coletividade nacional global.* Isto significa que a Administração autónoma é a administração dos assuntos de certa coletividade por ela mesma. Ela pressupõe um *agrupamento ou coletividade infraestadual* (territorial, profissional, etc.), investido, através de um arranjo institucional, em funções administrativas em relação aos seus membros. A ideia de agrupamento pressupõe uma comunidade de interesses, ou seja, uma certa homogeneidade entre os seus membros, o que significa ser necessário que eles partilhem de uma caraterística comum relevante sob o ponto de vista das tarefas administrativas em causa (residência, profissão, etc.) que, em todo o caso, não tem de preexistir à institucionalização do agrupamento para efeitos de administração autónoma.

Deste ponto de vista, a administração autónoma significa o reconhecimento de que nas sociedades políticas contemporâneas existem coletividades ou agrupamentos sociais estruturados, dotados de interesses próprios, politicamente relevantes, que podem não encontrar satisfação adequada no quadro da administração geral do Estado e que reclamam o reconhecimento de uma esfera de ação própria.

– Em segundo lugar, *a prossecução de interesses específicos dessa coletividade infraestadual.* Está aqui implícita a ideia de uma distinção material entre as tarefas

[71] Cfr. Vital Moreira, *Administração Autónoma e Associações Públicas*, Coimbra, Coimbra Editora, 2003, p. 78-79.

administrativas do Estado – correspondentes aos interesses gerais da coletividade nacional – e as tarefas específicas de um determinado grupo, consideradas como *interesses próprios desse grupo social.*

Tarefas próprias são aquelas que têm especificamente a ver com os interesses da coletividade em causa e que podem ser destacadas e geridas autonomamente em relação às tarefas públicas gerais que estão confiadas à administração do Estado.

– Em terceiro lugar, administração autónoma quer dizer administração *pelos próprios administrados*, seja diretamente, seja por intermédio de representantes seus. A isto podemos designar de *autogoverno* mediante órgãos próprios emanados dessa coletividade.

– Em quarto lugar, essencial ao conceito de administração autónoma é a ideia de que os respetivos órgãos gozam de *autonomia de ação face ao Estado*, estabelecem a sua própria orientação na sua esfera de ação, livres de instruções estaduais e à margem de controlo de mérito, em suma, sob responsabilidade própria.

Na esfera da sua liberdade de ação os órgãos da administração autónoma são naturalmente responsáveis perante a respetiva coletividade, não perante o Governo e através deste perante o Parlamento como expressão da coletividade nacional. Sob pena de deixar de ser administração autónoma, ela tem de supor uma certa medida de autodeterminação e uma contenção do controlo estadual. A isto haveremos de voltar mais adiante.

2.2. Modalidades de administração autónoma

A administração autónoma reparte-se por dois domínios distintos: o da *administração autónoma territorial* e o da *administração autónoma não territorial.*

A principal distinção está, precisamente, no fator territorial. A Administração autónoma territorial é aquela em que o território faz parte da definição do substrato das respetivas instâncias (autarquias locais e regiões autónomas). Por sua vez, a Administração não territorial (também designada por funcional) é aquela em que o território não tem relevo específico na definição do substrato das pessoas coletivas que a integram. Isto não significa que o território seja indiferente ou irrelevante, na medida em que é possível que determinadas entidades pertencentes à administração autónoma não territorial tenham um âmbito territorialmente limitado (v.g. a Casa do Douro). O que sucede é que o território não é o único critério de delimitação do substrato pessoal da administração autónoma, nem o principal.

No quadro seguinte apresentam-se as principais diferenças entre a Administração autónoma territorial e a Administração autónoma não territorial:

Administração autónoma territorial	*Administração autónoma não territorial*
Congrega todos os membros da comunidade local respetiva (residentes)	Congrega somente as pessoas integrantes de agrupamentos sociais que partilhem determinada qualidade (profissão, propriedade rural...)
É de fins múltiplos	Tem atribuições específicas – fim especial
É constitucionalmente necessária	É constitucionalmente facultativa, dependendo de decisão do legislador
Tem uma forma organizatória idêntica à do Estado (órgãos representativos, por exemplo)	Tem uma variedade de formas organizatórias
É fortemente regulada pela Constituição. A lei não pode criar outros tipos para além dos ali previstos	Atribui-se um amplo espaço de manobra ao legislador para reconhecer e erigir as estruturas que a integram
A Constituição menciona explicitamente as suas principais dimensões: autonomia regulamentar, autonomia financeira, etc.	Os seus poderes dependem do legislador

Outra forma possível de classificação da Administração autónoma é a que a distingue entre administração autónoma territorial e administração autónoma corporativa, reconduzindo a esta as *associações públicas*, as *corporações territoriais – que são associações de entidades territoriais*, como é o o caso das *associações de municípios*, incluindo as áreas metropolitanas, as associações de freguesias e as regiões de turismo – e os *consórcios públicos*[72].

A autonomia que carateriza a Administração autónoma pode assumir várias dimensões, não sendo todas elas obrigatórias e podendo, inclusive, algumas delas ser comuns à Administração indireta do Estado.

São elas:

– *Autonomia (personalidade) jurídica*: possibilidade de cada entidade administrativa se estabelecer como um centro de imputação de relações jurídicas, de direitos e deveres, detendo património, pessoal e órgãos próprios. Pode haver administração autónoma sem personalidade jurídica (é, no entanto, uma situação excecional);

– *Autonomia administrativa*: possibilidade de praticar atos administrativos, só suscetíveis de impugnação direta em via contenciosa.

[72] Sobre esta classificação cfr. VIEIRA DE ANDRADE, *Lições de Direito Administrativo, cit.*, p. 120-122.

– *Autonomia financeira*: garantia de receitas próprias e capacidade de as afetar segundo um orçamento próprio a despesas decididas e aprovadas autonomamente. Decompõe-se em *autonomia patrimonial* (património próprio e/ou poder de tomar decisões relativas a ele); *autonomia orçamental* (orçamento próprio gerindo as respetivas receitas e despesas); *autonomia de tesouraria* (poder de gerir autonomamente os recursos monetários próprios, em execução ou não do orçamento); *autonomia creditícia* (poder de contrair dívidas, assumindo as respetivas responsabilidades, pelo recurso a operações financeiras de crédito); e *poderes tributários autárquicos* – artigo 238º, nº 4 CRP;

– *Autonomia normativa*: possibilidade de emissão de regulamentos autónomos com eficácia externa – artigo 241º da CRP;

– *Autonomia disciplinar interna*: possibilidade de aplicação definitiva de sanções disciplinares ao seu pessoal;

– *Autonomia sancionatória*: capacidade de aplicação de sanções administrativas;

– *Autonomia de orientação*: capacidade de definir a sua própria orientação (autodeterminação), sem submissão a instruções e orientações de outrem dentro do quadro das atribuições legalmente definido;

– *Autonomia organizatória*: definição dos seus órgãos e organização dos seus serviços;

– *Autonomia estatutária*: capacidade de definição do seu estatuto. Não é essencial à administração autónoma. Via de regra os seus estatutos são hetero estatutos (fixados por lei). A Constituição só garante autonomia estatutária às universidades;

– *Auto governo*: governo mediante órgãos próprios, representativos, escolhidos mediante eleição e não nomeados por entidades exteriores – aplicação do princípio democrático. Pode ser acomodado com a participação de representantes do Governo ou membros "leigos" em representação de setores económicos ou sociais que tenham interesse na esfera administrativa em causa ou entidades oficiais ou personalizadas independentes estranhas aos interesses em questão. Se esta participação alcançar um peso considerável deixamos de ter administração autónoma e passamos a ter processos de codecisão.

2.3. Administração autónoma territorial

2.3.1. *Administração autárquica (autarquias locais)*[73]

a) Uma parte significativa da Administração autónoma territorial é constituída pela Administração local autárquica, ou seja, pelo conjunto das autarquias locais.

As autarquias locais são pessoas coletivas públicas, de base territorial (assentam numa fração do território), que asseguram a prossecução de interesses próprios do respetivo agregado populacional através de órgãos próprios, por este eleitos. Por isso se diz que são pessoas coletivas públicas de *população* (visam a satisfação de interesses próprios das pessoas aí residentes) e de *território.*

A existência das autarquias locais resulta diretamente da Constituição – artigo 235º, nº 1. Podemos dizer que são elementos essenciais da noção de autarquia local: (1) o território (uma porção do território nacional); (2) o agregado populacional (os residentes); (3) os interesses comuns diferentes dos interesses gerais (nacionais); e (4) os órgãos representativos da população.

Segundo a Constituição da República Portuguesa, e atento o princípio da tipicidade das autarquias locais[74], estas correspondem, no continente, às *freguesias*[75], aos *municípios* e às *regiões administrativas* [inexistentes estas, na prática] e, nas regiões autónomas, às freguesias e aos municípios.

[73] Para mais desenvolvimentos cfr. José Melo Alexandrino, "Direito das Autarquias Locais", *in Tratado de Direito Administrativo Especial*, vol. IV, coord. Paulo Otero e Pedro Gonçalves, Coimbra, Almedina, 2010, e *Direito Municipal, Conteúdos e Métodos de Ensino*, Lisboa, AAFDL, 2014.

[74] O relevo deste princípio foi já afirmado pelo Tribunal Constitucional no seu Acórdão nº 296/2013 (processo nº 354/13), publicado no *Diário da República*, 1ª Série, nº 116, de 19 de junho de 2013, que censurou a tentativa do legislador de criar uma nova autarquia local: a comunidade intermunicipal. Neste sentido, cfr. Paulo Otero, *Direito Constitucional Português*, vol. II, *Organização do Poder Político*, Coimbra, Almedina, 2010, p. 621, para quem o "Estado não pode criar outras categorias ou tipos de autarquias locais, encontrando-se vinculado a respeitar um princípio da tipicidade quanto às categorias de tais entidades públicas".

[75] Refira-se que as freguesias foram objeto de uma reforma por força da Lei nº 22/2012, de 30 de maio, que consagrou a obrigatoriedade da reorganização administrativa do território destas com vista à respetiva redução por via de agregação. Este diploma regula também, mas já não de forma obrigatória, apenas a incentivando, a reorganização administrativa do território dos municípios. Na sequência desta lei, foi aprovada pela Assembleia da República a Lei nº 11-A/2013, 28 de janeiro (reorganização administrativa do território das freguesias). Existe um regime especial para Lisboa, aprovado pela Lei nº 56/2012, de 8 de novembro. Atente-se ainda, no Despacho nº 11540/2013, de 5 de setembro que aprova a tabela de designação simplificada das Freguesias de Portugal Continental, Açores e Madeira.
Sobre a reforma das freguesias cfr. António Cândido de Oliveira, Fernanda Paula Oliveira e Carlos Batalhão, *As Freguesias em Portugal. Que futuro?*, AEDRL – Associação de Estudos de Direito Regional e Local, Braga, 2017, pp. 57 e ss.

Cada uma das autarquias locais tem órgãos respetivos: na freguesia, a *junta de freguesia* e a *assembleia de freguesia*; no município, a *câmara municipal*, a *assembleia municipal* e o *presidente da câmara municipal*.

Não há hierarquia entre as autarquias locais. Trata-se de estruturas territorialmente sobrepostas independentes. Isto não significa que não exista uma certa articulação entre elas, decorrente, designadamente, da composição dos seus órgãos. Com efeito, os presidentes das juntas de freguesia integram as assembleias municipais respetivas (artigo 251º da CRP) e o artigo 260º da CRP prevê que membros das assembleias municipais integrem as assembleias regionais. Por sua vez, estabelece-se, na Constituição, uma hierarquia entre os regulamentos emanados pelas várias autarquias locais (artigo 241º da CRP[76]).[77]

b) Uma vez que as autarquias locais são pessoas coletivas de fins múltiplos, podem, a par da sua administração direta (constituída pelos órgãos e serviços dependentes da câmara municipal), deter uma sua administração indireta, formada por entes públicos (Administração indireta pública) ou por entes privados (Administração indireta privada). Assim, as autarquias locais podem criar entes públicos *indiretos* de caráter institucional, *empresas locais* e *fundações públicas municipais*; bem como criar (ou ter uma participação dominante) em *sociedades, associações* ou *fundações de direito privado*.

Esta possibilidade, que começou por ser ampla, tem vindo sucessivamente a ser limitada. Assim, e em primeiro lugar, a Lei nº 24/2012 veio impedir que as autarquias locais criem ou participem em novas fundações públicas de direito privado (artigo 57º, nº 1). Por sua vez, foi aprovada uma nova Lei da atividade empresarial local e das participações locais – Lei nº 50/2012, de 31 de agosto[78], que revogou as Leis nº 53-F/2006 de 29 de dezembro e 55/2011, de 15 de novembro[79] – que, por um lado, tornou mais exigente a constituição de empresas locais (exigindo, designadamente, a realização de estudos de viabili-

[76] Como veremos mais adiante, quando estudarmos os regulamentos administrativos, esta hierarquia deve ser entendida com as devidas cautelas.

[77] O regime das autarquias locais encontra-se atualmente consagrado no Título II do anexo I à Lei nº 75/2013, de 12 de setembro.

[78] Alterada pelas Lei nºs 53/2014, de 25 de agosto, 69/2015, de 16 de julho, 7-A/2016, de 30 de março e 42/2016, de 28 de dezembro.

[79] Nos termos desta lei, a atividade empresarial local dos municípios é desenvolvida através dos *serviços municipalizados* e das *empresas locais*. Estas últimas, por sua vez, integram as sociedades constituídas ou participadas pelos municípios nos termos da lei comercial (tendo sempre natureza de pessoas coletivas de direito privado – cfr. nº 4 do artigo 19º) nas quais o município exerça, de forma direta ou indireta, uma influência dominante em razão: i) da detenção da maioria do capital social ou dos direitos de voto; ii) do direito de designar ou destituir a maioria dos membros do órgão de gestão, de administração ou de fiscalização; ou iii) de qualquer outra forma de controlo de gestão

dade económico-financeira e de racionalidade económica para a sua criação) e, por outro, veio determinar a extinção de empresas locais que não se mostrem economicamente viáveis.[80-81]

2.3.2. *Regiões Autónomas*

Também a administração das regiões autónomas dos Açores e da Madeira configura um caso de administração autónoma territorial.

As regiões autónomas não têm autonomia apenas do ponto de vista administrativo, mas também no que respeita ao exercício da função legislativa (através de decretos legislativos regionais) e da função política.

No entanto, não é por terem mais poderes, para além dos administrativos, que deixam de ser pessoas coletivas de direito público. E, enquanto tais, elas naturalmente que são administrações autónomas (trata-se de pessoas coletivas públicas diferentes do Estado, que prosseguem com autonomia os interesses próprios das populações respetivas) territoriais (na medida em que o território faz parte da definição do substrato respetivo). Aqui, o território é não apenas determinado com base em critérios político-administrativos mas também com base em elementos naturais, uma vez que se trata de ilhas.

Também a nível da Administração regional é possível distinguir a sua Administração direta (serviços hierarquicamente dependentes do Governo Regional) e a sua Administração indireta (quer institutos públicos regionais quer entidades públicas empresariais). Quanto a esta última, na ausência de um regime especial, aplica-se subsidiariamente a legislação relativa à Administração indireta do Estado anteriormente referida.[82]

(cfr. nº 1 do artigo 19º). Estas empresas destinam-se exclusivamente à *gestão de serviços de interesse geral* ou à *promoção do desenvolvimento local e regional.*

[80] As situações que obrigam à dissolução das empresas locais são as referidas no nº 1 do artigo 62º da Lei nº 50/2012.

Refira-se que se aplica supletivamente às empresas locais o regime instituído pelo Decreto-Lei nº 133/2013, de 3 de outubro, que aprovou os princípios e as regras aplicáveis ao setor público empresarial, com exceção da aplicação imperativa do disposto no capítulo I deste diploma.

[81] Para mais desenvolvimentos sobre as autarquias locais cfr., por todos, FREITAS DO AMARAL, *Curso de Direito Administrativo*, Vol I, *cit.*, pp. 407-429. Na mesma obra cfr., sobre a a freguesia, pp. 430-448 e sobre o municipio pp. 449 e ss.

[82] Para mais desenvolvimentos sobre as regiões autónomas cfr., por todos, FREITAS DO AMARAL, *Curso de Direito Administrativo*, Vol I, *cit.*, pp. 551-581.

2.4. A Administração autónoma coorporativa

2.4.1. *As associações públicas*

As *associações públicas* são pessoas coletivas públicas, de natureza associativa, criadas como tal por ato do poder público, que desempenham tarefas administrativas próprias, relacionadas com os interesses dos seus membros e que em princípio se governam a si mesmas mediante órgãos próprios que emanam da coletividade dos seus membros, sem dependência de ordens ou orientações governamentais, embora normalmente sujeitas a tutela administrativa estadual.

Os elementos constitutivos da noção de associação pública são: (1) coletividade de membros; (2) criação ou reconhecimento por ato público (lei ou ato administrativo estabelecido por lei); (3) estrutura associativa (estrutura organizatória assente na coletividade dos membros); (4) autogoverno (governada por órgãos representativos dos seus membros); (5) desempenho de tarefas públicas confiadas aos próprios interessados – coabitação entre interesse público e interesse do grupo; (6) autodeterminação (esfera de decisão e responsabilidade própria).

Com as associações públicas, a lei entrega a uma associação de sujeitos privados a prossecução de um interesse público destacado de uma pessoa coletiva de fins múltiplos, o qual coincide com os interesses particulares daqueles sujeitos privados.

As associações públicas podem ser de várias espécies: associações públicas profissionais, associações públicas económicas, associações públicas culturais (especialmente academias oficiais), associações públicas de assistência e segurança social, associações públicas desportivas, associações públicas religiosas, etc.

Um dos exemplos mais típicos de associações públicas são as de caráter profissional (associações e ordens profissionais), que são associações públicas formadas por membros de certas profissões de interesse público com o fim de, por devolução de poderes do Estado, regular e disciplinar o exercício da respetiva atividade profissional. O seu regime encontra-se atualmente consagrado na Lei nº 2/2013, de 10 de janeiro, diploma que procedeu a uma revisão aprofundada do regime aplicável à generalidade das associações públicas profissionais, aplicando-se, por isso, também, a todas aquelas que já se encontrem constituídas, fixando o regime basilar para o exercício das respetivas atividades profissionais.

Por seu lado, as associações públicas estão sujeitas a um especial estatuto constitucional. Tal regime consiste nos seguintes traços caraterísticos: (1) a legislação que lhes respeita é reserva relativa da Assembleia da República [artigo 165º, nº 1, al. s)]; (2) só podem ser constituídas para a satisfação de necessidades específicas (artigo 267º, nº 4); (3) não podem exercer funções próprias das associações sindicais (artigo 267º, nº 4); (4) a sua organização interna deve basear-se no respeito dos direitos dos seus membros e na formação democrática dos seus órgãos (artigo 267º, nº 4).

No que concerne aos poderes que lhe são atribuídos por lei, as associações públicas gozam do *privilégio da unicidade*, que significa só poder haver uma associação pública para cada interesse a prosseguir por essa forma no país ou na circunscrição; beneficiam do princípio da *obrigatoriedade de inscrição*; podem impor *quotização obrigatória*; no caso das ordens profissionais, *controlam o acesso à profissão* do ponto de vista legal e deontológico; exercem sobre os seus membros *poderes disciplinares* que podem ir até à interdição do exercício da profissão; e todas gozam de *autonomia regulamentar, administrativa, financeira* e *disciplinar*, mas nenhuma dispõe de autonomia estatutária.

Quanto aos seus deveres e sujeições, as associações públicas têm de colaborar com o Estado em tudo o que lhes seja solicitado no âmbito das suas funções e com salvaguarda da sua independência; têm de respeitar na sua atuação os princípios gerais de direito administrativo; as decisões unilaterais que elas tomam são consideradas atos administrativos contenciosamente impugnáveis perante os tribunais administrativos; e a responsabilidade a que estão sujeitas é de direito administrativo.[83]

2.4.2. *As corporações territoriais*

Integram-se nesta categoria da Administração autónoma as corporações de base legal (como é o caso das Áreas Metropolitanas de Lisboa e do Porto e as regiões de turismo) e as entidades de base associativa: comunidades intermunicipais (associações de municípios de fins múltiplos).[84-85]

2.4.3. *Consórcios públicos*

Os consórcios públicos são pessoas coletivas públicas constituídas por diversos entes públicos, para determinadas finalidades públicas comuns, como, por exemplo, cooperativas de interesse público e centros tecnológicos.

[83] Para uma classificação distinta cfr. Freitas do Amaral, *Curso de Direito Administrativo*, Vol I, *cit.*, pp.371-379.

[84] As áreas metropolitanas e as comunidades intermunicipais, genericamente designadas de entidades intermunicipais, têm o seu regime instituído no Titulo III, capítulos I a III da Lei nº 73/2013, que regula ainda associações de autarquias locais (municípios e freguesias) de fins específicos. Para mais desenvolvimentos sobre estas entidades cfr. Freitas do Amaral, *Curso de Direito Administrativo*, Vol I, *cit.*, pp.530 e ss.

[85] Sobre as associações de municípios cfr., por todos, Freitas do Amaral, *Curso de Direito Administrativo*, Vol I, *cit.*, pp.511-523.

3. Administração Independente

A Administração independente é constituída por organismos criados pelo Estado, para realizarem tarefas administrativas que lhe competem (como a administração indireta) mas que o mesmo Estado isenta de subordinação e controlo (como se se tratasse de administração autónoma).

Os órgãos da Administração independente têm normalmente as seguintes caraterísticas: os seus membros são em regra nomeados pela Assembleia da República ou/e integram titulares designados por entidades privadas; os membros designados pelo Governo não o representam nem recebem instruções dele; não devem obediência a nenhum outro órgão; os titulares são inamovíveis e irresponsáveis pelas posições ou opiniões que adotem no exercício das suas funções; não podem ser dissolvidos nem demitidos; as suas tomadas de posição são públicas; e os pareceres, recomendações e diretivas emitidos por eles são, em princípio, vinculativos. Estas entidades detêm, em regra, uma função predominantemente de fiscalização da legalidade e de garantia dos direitos dos cidadãos.

Pertencem à Administração independente o Provedor de Justiça, a Comissão Nacional de Eleições, a Comissão Nacional de Proteção de Dados, a Comissão de Acesso aos Documentos Administrativos, a Entidade Reguladora da Comunicação Social, a Comissão para a Fiscalização do Segredo de Estado e a Comissão de Fiscalização dos Serviços de Informações.

Também se podem considerar entidades independentes as que detêm poderes reguladores[86] e os júris enquanto órgãos ocasionais não sujeitos a hierarquia.

4. A Organização Administrativa no Âmbito das Transformações da Atual Administração Pública

Ao longo dos anos verificou-se a ocorrência de um conjunto de transformações na organização administrativa portuguesa e que pode ser caraterizada pelas seguintes notas:

a) O fenómeno da *descentralização administrativa*, que ampliou a importância e visibilidade das administrações autónomas, quer territoriais (designadamente autarquias locais), quer de outro tipo (associações públicas). Quanto

[86] É o caso da Autoridade da Concorrência; da ERSE – Entidade Reguladora dos Serviços Energéticos; da CMVM – Comissão de Mercado de Valores Mobiliários; do Instituto Nacional do Transporte Ferroviário; e da ERSAR, I.P. – Entidade Reguladora dos Serviços de Águas e Resíduos. Como foi referido supra, para alguma doutrina estas entidades integram-se na Administração estadual indireta (administrações indiretas independentes). Cfr. Vieira de Andrade, *Lições de Direito Administrativo, cit.*, p. 116-118.

a estas, verificou-se um alargamento das associações públicas profissionais (ordens e câmaras profissionais), em relação às quais, não obstante o legislador tenha estabelecido um regime uniforme, o mesmo apenas se aplica para o futuro, não tendo influência nas já constituídas.

b) A crescente *proliferação de formas de administração indireta do Estado*, que provocou uma proliferação da figura jurídica dos institutos públicos. E embora o legislador tenha tentado uniformizar o seu regime através do estabelecimento de regimes gerais, a sua variedade permanece, designadamente por força da definição de regimes especiais para muitos deles, o que os configura como entidades muito heterónomas.

c) O *movimento de desintervenção económica do Estado* e de *privatização de tarefas administrativas*, que fez multiplicar as parcerias entre o Estado e os particulares ("parcerias público-privadas"), para além da clássica figura da concessão.

d) A *liberalização de antigos serviços públicos*, durante muito tempo assegurados diretamente pelo Estado, ou mediante concessão, por via de regra em regime de monopólio, que acarretou a necessidade de regulação e controlo público das atividades liberalizadas, agora oferecidas, em geral, em regime de concorrência, para assegurar as "obrigações de serviço público" subsistentes, mas também para garantir os direitos dos respetivos utentes.

e) O crescente recurso das entidades administrativas a *formas organizatórias de direito privado*.

f) As preocupações de *racionalização da Administração* sob o ponto de vista da relação entre recursos envolvidos e o "*output*" produzido, que fomenta fenómenos de empresarialização da Administração e de introdução de mecanismos de tipo de mercado, que obrigam a reexaminar muitos dos pressupostos da Administração Pública tradicional.

g) Expansão da *autorregulação privada de interesses públicos* na esfera económica (v.g. bolsas de valores) e social (federações desportivas) – regulada e fiscalizada pela Administração.

h) Criação de autoridades reguladoras designadamente nos setores económicos e sociais que gozam de um estatuto de relativa independência em relação ao Governo. A concentração nessas autoridades de poderes normativos, executivos e judiciais coloca problemas de distorção da separação de poderes, considerando o défice de democracia (aliado ao enfraquecimento da tutela governamental) e de fiscalização judicial (debilidade do controlo de decisões técnicas).

i) Crescente impacte organizativo da *europeização da atividade administrativa*, funcionando as autoridades nacionais muitas vezes como uma *administração europeia indireta* para aplicação a nível nacional das disposições do direito europeu, bem como a formas de *coadministração*, para assegurar a gestão integrada de regimes jurídicos europeus e nacionais (como por exemplo na gestão dos fundos estruturais).

j) a globalização do direito administrativo com uma perda de centralidade do direito criado pelo Estado (o crescente reconhecimento da existência de uma Administração supranacional e global).

Os mais recentes problemas de ordem económico-financeira que o País atravessa têm levado a uma reflexão profunda sobre a extensão da organização administrativa portuguesa, em especial em certos setores da Administração Pública, e à redução do número de entidades (públicas ou privadas), com o intuito de reduzir custos e de promover uma maior eficiência operacional e eficácia da ação administrativa.[87]

5. Os Problemas dos Limites do Aparelho Administrativo

Devido à multiplicidade de novas entidades que assumem algumas das caraterísticas daquelas que indubitavelmente pertencem à Administração Pública, podem levantar-se dúvidas em saber se tais entidades pertencem também, ou não, ao aparelho administrativo.

Antes do mais, não devem considerar-se como fazendo parte dele as pessoas coletivas privadas de criação estadual que visem de forma imediata *exclusivamente fins privados* e *não disponham, em regra, de poderes de autoridade* (o caso das *fundações de direito privado e utilidade pública* como a Casa da Música), as pessoas coletivas de mera utilidade pública (incluindo as instituições privadas de solidariedade social) nem as pessoas coletivas privadas com funções de auto regulação privada.

Mas podem nela ser integradas as referidas entidades administrativas privadas quando realizem finalidades públicas e dispõem de poderes de autoridade, bem como as sociedades concessionárias (designadamente de serviços públicos), cooperativas de interesse público e "pessoas coletivas de utilidade pública administrativa" (a Santa Casa da Misericórdia) e outras entidades privadas dotadas de poderes públicos delegados pela Administração.

Estas entidades são, *para certos efeitos*, equiparadas aos entes públicos no âmbito mais geral da *subordinação ao direito administrativo* (substancial e processual)

[87] Foi isso que levou a integrar no *Memorando de Entendimento sobre os Condicionalismos da Política Económica* acordado em 17 de maio de 2011 pelo Estado Português, o Fundo Monetário Internacional, a Comissão Europeia e o Banco Central Europeu um ponto 1.7. relativo ao *Plano de Redução e Melhoria da Administração Central do Estado* (PREMAC) e as imposições legais anteriormente referidas, designadamente a que impede as entidades públicas de criarem ou participarem em novas fundações públicas de direito privado.

da *gestão privada de interesses públicos*: estão sujeitas aos princípios fundamentais da atividade administrativa e aos direitos, liberdades e garantias, bem como a certas regras de procedimento administrativo, à fiscalização do Tribunal de Contas, etc..

C – Tipos de Relações Funcionais Interorgânicas e Intersubjetivas

O que acabámos de analisar no ponto precedente foi a estrutura da organização administrativa portuguesa, o que traduz a Administração Pública de um ponto de vista *estático*. O que pretendemos ver de seguida são as relações que se estabelecem entre os vários órgãos administrativos de uma determinada pessoa coletiva (relações intrapessoais) e as relações entre órgãos pertencentes a pessoas coletivas distintas (relações interpessoais). Isto traduzirá a Administração de um ponto de vista dinâmico, ou seja, do ponto de vista das relações administrativas.[88]

Nos termos do artigo 199º, alínea d) da CRP, compete ao Governo, no exercício da sua função administrativa e como órgão superior da administração pública (artigo 182º CRP), "*Dirigir* os serviços e a atividade da Administração direta do Estado, civil e militar, *superintender* na Administração indireta e exercer a *tutela* sobre esta e a Administração autónoma" (itálicos nossos).

Deste modo, as relações de *hierarquia*, *superintendência* e *tutela* são os três tipos de relações administrativas que nos interessa aqui analisar porque diretamente relacionadas com os setores da Administração a que nos referimos anteriormente. Para além disso, faremos também referência à *delegação de poderes* ou *de competências* aqui perspetivada como uma importante relação interorgânica que permite a desconcentração de poderes, bem como a um conjunto de outro tipo de relações que assumem uma crescente importância no âmbito da complexificação da Administração pública.[89]

[88] O relevo crescente das relações intersubjetivas e interorgânicas tem implicações importantes, de que é exemplo a sua integração e tratamento no próprio CPA. Sobre a repercussão que a complexificação da Administração tem em termos de relações interadministrativas cfr. Paulo Otero, Manual de Direito Administrativo, Vol. I, cit., pp. 422 e ss.

[89] Com efeito, no conceito de *relações jurídicas de direito administrativo*, que correspondem às relações jurídicas externas ou intersubjetivas de carácter administrativo, integram-se quer as *relações entre os particulares e os entes administrativos* (relações entre as entidades administrativas e os cidadãos; relações entre as organizações administrativas e os membros, utentes ou pessoas funcionalmente ligadas a essas organizações; e relações entre sujeitos privados que atuem no exercício de poderes administrativos e particulares) quer *as relações entre sujeitos administrativos (ou interadministrativas)*. Incluem-se nestas: (i) as relações entre entes públicos administrativos; (ii) as relações entre entes administrativos e outros entes que atuem em substituição de órgãos da Administração

Vejamos, pois, em que consiste cada uma delas.

I. Relações de Tipo Geral

1. Hierarquia (relação interorgânica)

A hierarquia é um modelo de organização administrativa vertical, constituído por dois ou mais órgãos com atribuições comuns (uma vez que integram a mesma pessoa coletiva pública), ligados por um vínculo jurídico que confere ao superior o *poder de direção* e ao subalterno o *dever de obediência*.

A hierarquia pressupõe, portanto, a existência: (1) de dois ou mais órgãos; (2) de atribuições comuns entre os elementos da hierarquia e (3) de um vínculo jurídico chamado *relação hierárquica* constituído pelo poder de direção e pelo dever de obediência.

O poder típico da relação hierárquica é, assim, o poder de direção que consiste no poder de emanar comandos vinculativos a todos os órgãos subordinados. Esses comandos podem ser específicos para uma situação concreta e individualizada (*ordens*), ou podem gozar de aplicação generalizada e abstrata para situações futuras (*instruções*). O superior também não está impedido de emanar *diretivas* sobre a atividade dos subalternos, conferindo-lhes uma maior liberdade na concretização dos objetivos determinados.

O poder de direção confere ao superior hierárquico o poder de emanar comandos vinculativos sobre todas as áreas de competência do subalterno, mesmo que este goze de discricionariedade, funcionando, assim, o poder de direção como limite da competência discricionária do subalterno. Mesmo nas situações em que o superior não tem competência para praticar atos externos sobre a matéria da competência própria do subalterno, ele tem sempre o poder de emitir ordens ou instruções sobre essa matéria.

Ao poder de direção corresponde, por parte do subalterno, o *dever de obediência*. O dever de obediência existe sempre que se trate de ordens emanadas de *legítimo superior hierárquico*, em *matéria de serviço* e com a *forma legal* (artigo 271º, nº 2 CRP).

no exercício da função administrativa, mesmo que não tenham personalidade jurídica; e (iii) certas relações entre diferentes órgãos públicos, quando a circunstância de se tratar de órgãos de pessoas coletivas distintas puder ser considerada decisiva ou dominante para a caraterização da relação, por estarem em causa interesses públicos divergentes (v.g. no âmbito de relações de controlo ou concorrentes, como sucede com frequência nas áreas do ordenamento do território e do planeamento territorial ou no âmbito de delegações de atribuições). Sobre este tipo de relações cfr. Vieira de Andrade, *Justiça Administrativa*, Coimbra, Editora, 15ª Edição, 2016, p. 59 e seg..

No entanto, não haverá este dever quando a ordem ou instrução implique a *prática de um crime* (artigo 271º, nº 3 CRP). Em todas as restantes situações haverá sempre dever de obediência, mesmo se as ordens e instruções forem ilegais.[90]

Para além do poder de direção, o superior hierárquico detém, ainda, o *poder de anulação e de supervisão* (faculdade de *revogar*, de *suspender ou de modificar*, total ou parcialmente, os atos administrativos praticados pelos subalternos).

Este poder pode ser acionado "ex officio", isto é, por iniciativa do superior, ou mediante solicitação do interessado através de recurso hierárquico. Para além disso existem ainda o *poder de inspeção* (poder de *fiscalizar* o comportamento dos subalternos e o funcionamento dos serviços); o *poder disciplinar* (faculdade de o superior *punir* o subalterno, mediante a aplicação de *sanções* previstas na lei, em consequência das infrações à disciplina da função pública); o *poder de decidir recursos* (poder de o superior *reapreciar* os casos primeiramente decididos pelos subalternos, podendo *confirmar* ou *revogar* e, eventualmente, *substituir* os atos impugnados); e o *poder de decidir conflitos de competências* (faculdade de o superior declarar, em caso de conflito positivo ou negativo entre subalternos seus, a qual deles pertence a competência conferida por lei – faculdade esta que, nos termos do artigo 51º, nº 2 do CPA está conferida ao órgão de menor categoria hierárquica que exerça poderes de supervisão sobre os órgãos envolvidos).

As relações de hierarquia encontram-se tipicamente no âmbito da *administração estadual direta*. Isto significa que a estrutura da Administração direta do Estado é fortemente hierarquizada.

2. Superintendência (relação intersubjetiva)

A *superintendência* é o poder conferido ao Estado (exercido pelo Governo) ou a outra pessoa coletiva de fins múltiplos, como as autarquias, de definir os objetivos (fixar diretivas e recomendações) e guiar a atuação (orientar) das pessoas coletivas públicas de fins singulares colocadas por lei na sua dependência (institutos públicos e entidades públicas empresariais). Quanto a estas últimas,

[90] Para que, nestes casos, o subalterno fique excluído de responsabilidade perante terceiros, deve *reclamar* ou *exigir a confirmação da ordem por escrito*, fazendo expressa menção de que considera a ordem ou instrução ilegal (se a ordem for dada com a menção de cumprimento imediato, basta que a reclamação com opinião sobre a ilegalidade da ordem seja enviada logo após a execução). Tratando-se de uma situação em que o interesse público possa ser prejudicado se não houver execução imediata não sendo, por isso, possível aguardar pela confirmação do superior hierárquico, o subalterno deve comunicar logo ao superior, por escrito, os termos da ordem recebida, do pedido formulado e da não satisfação deste, devendo, de seguida, executar o ato.

este poder traduz-se, normalmente, na fixação de orientações estratégicas[91]. Ou seja, e em suma, a superintendência é caraterizada pelo *poder de orientação* das entidades a ela sujeitas.

Outros poderes para além destes apenas existirão na medida em que estejam expressamente previstos na lei: é o caso dos poderes de aprovação, autorização, revogação ou anulação, aplicação de sanções, etc.

Deste modo, a superintendência é a modalidade de relação típica que, na sequência de um processo de devolução de poderes (desconcentração personalizada ou descentralização técnica) determinante da criação da administração estadual indireta, passa a ligar o Estado (através do Governo) à Administração estadual indireta, embora também exista, neste âmbito, tutela administrativa que, como veremos de seguida, consiste num poder menos intenso e menos forte.

A superintendência não se presume, existindo apenas quando expressamente prevista por lei.

3. Tutela (relação intersubjetiva)

Nos termos do artigo 199º, alínea d) da CRP, o Governo exerce tutela sobre a Administração indireta e sobre a Administração autónoma. A tutela consiste no conjunto de poderes de intervenção de uma pessoa coletiva pública na gestão de outra pessoa coletiva pública, a fim de assegurar a legalidade e/ou o mérito da sua atuação. Desta definição resultam as seguintes caraterísticas: (1) a tutela pressupõe a existência de duas pessoas coletivas públicas distintas (a pessoa coletiva tutelar e a pessoa coletiva tutelada); e (2) o fim da tutela administrativa é assegurar, em nome da entidade tutelar, que a entidade tutelada cumpra as leis em vigor e – caso a lei o permita – garantir que sejam adotadas as soluções convenientes e oportunas para a prossecução do interesse público.

Quanto ao *fim*, a tutela pode ser de *legalidade* (quando visa controlar a legalidade das decisões da entidade tutelada) ou de *mérito* (quando visa controlar a conveniência – administrativa, técnica ou financeira – e oportunidade das decisões da entidade tutelada).

De notar que a tutela que o Governo exerce sobre as autarquias locais, quando estejam em causa *interesses locais*, é apenas uma tutela da legalidade (artigo 242º, nº 1, da CRP), devendo ser consideradas inconstitucionais as disposições legais que alarguem, no âmbito das atribuições próprias das autarquias, os poderes de intervenção do Governo. Pode, no entanto, haver tutela de mérito

[91] Cfr. a Resolução do Conselho de Ministros nº 70/2008, de 22 de abril, que aprovou as orientações estratégicas do Estado destinadas à globalidade do seu setor empresarial.

sobre institutos públicos e entidades públicas empresariais quando expressamente prevista na lei.

Sendo o núcleo típico da tutela o *poder de fiscalização* (a designada tutela *inspetiva* que corresponde ao poder de fiscalizar a organização, o funcionamento dos órgãos ou serviços, os documentos e as contas da entidade tutelada), os restantes poderes integrados na tutela carecem de expressa previsão legal: é o caso da tutela *integrativa* (poder de aprovar ou autorizar os atos da entidade tutelada); da tutela *sancionatória* (poder de aplicar sanções por irregularidades que tenham sido detetadas pela entidade tutelada); da tutela *revogatória* (poder de revogar ou anular os atos administrativos praticados pela entidade tutelada); e da tutela *substitutiva* (poder de suprir as omissões das entidades tuteladas, praticando, em vez delas e por conta delas, os atos que forem legalmente devidos).

Porém, relativamente às autarquias locais – especialmente quando estejam em causa atribuições exclusivas destes entes – não é constitucionalmente admissível a tutela revogatória (na dimensão do poder de revogar os atos daquelas entidades e já não na de os anular) nem a tutela substitutiva.

Não obstante a Constituição estabelecer uma tutela mais limitada apenas em relação às autarquias locais, no sentido de que ela não pode envolver, como dissemos, o mérito, a oportunidade e a conveniência da ação administrativa, mas somente a legalidade e a correção jurídica da atuação dos entes tutelados (as autarquias locais), no entendimento de Vital Moreira esta tutela limitada à legalidade deve estender-se a todas as outras entidades da administração autónoma, designadamente às associações públicas, uma vez que, se o essencial da administração autónoma é a autonomia de orientação político-administrativa, seria incongruente a admissão de outra tutela que não fosse de legalidade, pelo menos na esfera de autodeterminação do ente autónomo. Isto significa, na opinião deste Autor, que uma tutela de mérito deve igualmente ser recusada relativamente às associações públicas. No entanto, mesmo se, excecionalmente, a tutela versar sobre o mérito da ação do ente autónomo, limitando a esfera de autonomia deste, ela deve circunscrever-se a verificar se os atos do ente não prejudicam *relevantes interesses gerais* e não pode versar sobre a verificação da bondade ou correção das opções tomadas dentro da liberdade de conformação do ente administrativo autónomo[92].

Se a Administração autónoma está normalmente sujeita a tutela, nem sempre assim sucedeu. Havia, de facto, até há pouco tempo, casos de total imunidade tutelar, como acontecia com as ordens profissionais que não estavam sujeitas, em geral, a qualquer forma de tutela. Com efeito, os estatutos de

[92] Cfr. Vital Moreira, *Administração Autónoma e Associações Públicas*, cit., p. 206 e ss.

quase todas as ordens profissionais e demais associações públicas eram explícitos nesse sentido: o controlo da sua atividade era estritamente judicial. No entanto, uma vez que a tutela é um traço caraterístico da Administração autónoma, esta situação, não tendo base constitucional, suscitava muitas dúvidas.

Este quadro mudou com a Lei nº 2/2013 cujo artigo 45º, ainda que determinando a inexistência sobre estas associações nem de superintendência nem tutela de mérito (nº 1) prevê, todavia, uma tutela de legalidade de natureza *inspetiva* e, ainda, formas de *tutela integrativa* (nº 5 do artigo 45º), *sancionatória* (nº 8 do artigo 53º) e *substitutiva* em matéria disciplinar (artigo 18º, nº 7).[93]

Tal como a superintendência, só há tutela *quando* e *nas formas* previstas na lei.

O que vimos de dizer pode ser sintetizado no quadro que a seguir apresentamos:

	Hierarquia	***Superintendência***	***Tutela***
localização	relações inter-orgânicas (administração estadual direta)	relações intersubjetivas (administração estadual indireta)	relações intersubjetivas (administração autónoma)
fundamento jurídico	inerente à relação hierárquica	lei	lei
objeto	dirigir e controlar	orientar e controlar	controlar
poderes	ordens e instruções, poder de reforma, poder disciplinar, recurso hierárquico	diretivas, recomendações, autorizações, aprovações, "recurso tutelar"	fiscalização, autorizações, aprovações
controlo contencioso	o órgão subalterno não tem legitimidade para impugnar os atos do órgão superior	a entidade superintendida não pode impugnar os atos de superintendência	a entidade tutelada pode impugnar os atos de tutela

O afirmado sobre a superintendência e a tutela permite uma mais clara distinção entre Administração estadual indireta e Administração autónoma. Estes são os traços mais importantes da referida distinção:

[93] Para uma apreciação crítica de algumas destas soluções cfr. Fernanda Paula Oliveira e Dulce Lopes, "Tutela Governamental e a Ordem dos Advogados à Luz da Lei nº 2/2013, de 10 de Janeiro", in *Para Jorge Leite – Escritos Jurídicos*, Coimbra, Coimbra Editora, Vol. II, pp. 567 e segs.

Administração autónoma	*Administração indireta*
Os entes autónomos dão a si próprios uma direção ou orientação político-administrativa que lhes não é definida pelo Estado: *auto orientação*	O Estado orienta a sua atuação: *hétero orientação*
O controlo apenas se destina a verificar se os respetivos órgãos ultrapassaram os limites fixados pela lei	O controlo é destinado a verificar a observância da orientação político-administrativa do Estado
Os órgãos são eleitos pela respetiva comunidade, sendo responsáveis perante ela	Os órgãos são normalmente designados pela administração principal, sendo responsáveis perante ela, que os pode destituir

II. Relações de tipo Especial

1. Delegação de Poderes

A delegação de poderes encontra-se prevista nos artigos 44º e segs. do Código do Procedimento Administrativo, o qual, para além da delegação de poderes entre órgãos da mesma pessoa coletiva (mera delegação de competências), tal como se encontrava prevista no artigo 35º do Código de 1992, passa a abranger agora, também, a delegação de competências de um órgão de uma pessoa coletiva para um órgão de uma pessoa coletiva distinta. Ora, como o que distingue as pessoas coletivas são as distintas atribuições — e detendo sempre, cada órgão, competências (poderes-deveres) específicas para prosseguir as atribuições da pessoa coletiva a que pertence –, terá de se concluir que esta segunda hipótese corresponde, na realidade, a uma delegação da *atribuição* (ou da *parcela da atribuição) correspondente.*[94]

Prevê-se agora, também, a delegação de um órgão de uma pessoa coletiva para um agente da mesma pessoa coletiva, dando assim, quanto a este aspeto, cobertura geral para certas previsões normativas especiais: o caso, a título de exemplo, das delegações dos presidentes da câmara para os dirigentes municipais (diretores de departamento ou chefes de divisão) em matéria de urbanismo.

Vejamos algumas questões que se suscitam a propósito deste importante instrumento de desconcentração (e agora também de descentralização) de poderes.

[94] Exemplo típico de uma delegação de competências (na verdade, uma delegação de atribuições) entre órgãos de distintas pessoas coletivas (no caso, entre órgãos do Estado e de entidades intermunicipais, de municípios e de freguesias) é o previsto na Lei nº 75/2013, de 12 de setembro, ainda que estas estejam sujeitas a um regime especial.

1.1. Natureza jurídica e noção da delegação

Por vezes acontece que a lei, ao atribuir a um órgão a competência normal para a prática de determinados atos, permite que esse órgão delegue noutro uma parte dessa competência.

Para sabermos em que é que consiste precisamente esse ato de delegação de poderes é necessário determinar previamente a natureza jurídica do instituto. Existem várias teses quanto a esta questão: em primeiro lugar a tese da *autorização*; em segundo lugar a tese da *concessão translativa* (ou da *alienação da competência*); e, em terceiro lugar, a tese da *concessão constitutiva.*

Para a tese da *autorização*, o que acontece é que a lei de habilitação (ou seja, a lei que prevê a possibilidade de delegação) confere, desde logo, uma competência condicional ao delegado sobre as matérias em que permite a delegação. Deste modo, antes da delegação, o delegado já é competente: só não pode exercer a sua competência enquanto o delegante lho não permitir. O ato de delegação visa, pois, facultar ao delegado o exercício de uma competência que, embora condicionada à obtenção de uma permissão do delegante, já é – antes da delegação – uma competência do delegado. Deste modo, a delegação será um ato pelo qual um órgão permite a outro o exercício de poderes próprios, tendo, por isso, a natureza de uma *autorização.*

Para a segunda tese, a delegação de poderes é um ato de transmissão ou de alienação da competência do delegante para o delegado: a titularidade de poderes que pertencia ao delegante passa, por força do ato de delegação e com fundamento na lei de habilitação, para a esfera de competência do delegado.

Quer uma quer outra das teses avançadas não traduzem a verdadeira natureza do ato de delegação de poderes. Com efeito, se a delegação fosse uma autêntica *alienação*, os poderes delegados deixariam de pertencer ao delegante: a titularidade de tais poderes passaria, na íntegra, para o delegado, e o delegante ficaria inteiramente desligado de toda e qualquer responsabilidade quanto aos poderes delegados e quanto à matéria incluída no objeto da delegação. Como veremos daqui a pouco, não é isso que acontece na delegação, uma vez que a lei atribui ao delegante um conjunto importante de poderes que provam que ele não alienou nem se pode alhear da competência. Para além de que, nos termos do artigo 36º do CPA, a competência não pode ser transferida por um ato da administração.

No que diz respeito à tese da autorização, também ela deve ser recusada. É que na delegação de poderes a competência é exclusivamente do delegante; ela não existe ainda no delegado antes do ato de delegação. Como veremos já de seguida, o delegado exerce uma competência alheia e não uma competência própria.

Decorre do que vimos de dizer que a tese que traduz a verdadeira natureza jurídica da delegação de poderes é a que a vê como o *ato pelo qual um órgão de uma pessoa coletiva pública permite que outro órgão, em princípio da mesma pessoa coletiva, exerça uma competência que continua a ser do primeiro órgão.* Com a delegação cria-se, no delegado, uma *qualificação para o exercício, em nome próprio, de uma competência alheia.* Em causa está, por isso, uma verdadeira concessão constitutiva "em que o que se transfere para o delegado é o encargo do exercício da competência do delegante.[95]

Com isto quer-se afirmar que a competência continua a pertencer, apesar da delegação, ao delegante: apenas o seu exercício passa a ser feito por outro órgão.

1.2. Distinção de figuras afins

1.2.1. *Coadjuvação*

A coadjuvação é a relação que se estabelece entre dois órgãos a que a lei atribui competências iguais, que podem ser exercidas independentemente por qualquer deles. Todavia, para evitar, na prática, um atropelo das suas atividades, reserva-se ao coadjuvado a faculdade de escolher certas tarefas e de as indicar ao coadjutor como o seu campo de ação normal.

Diferentemente da delegação, o coadjutor dispõe desde o início e antes de qualquer disposição do coadjuvado de uma competência para praticar os atos.

Exemplo de uma relação de coadjuvação é a que existe entre um ministro e o seu secretário de estado.

1.2.2. *Delegação tácita*

A delegação tácita verifica-se quando a própria lei considera delegadas num determinado órgão competências que atribui a outro, mantendo neste (quando preexista entre ambos uma relação de hierarquia) o poder de revogar os atos praticados pelo "delegado" nessa matéria, bem como, em qualquer circunstância, o poder de fazer cessar a "delegação", chamando a si o exercício da competência.

Aqui o delegado também é, indiscutivelmente, titular da competência, ao contrário da delegação de poderes propriamente dita.[96]

[95] Neste sentido cfr. VIEIRA DE ANDRADE, *Lições de Direito Administrativo, cit.*, p. 101.

[96] Exemplo de uma delegação tácita é o que se encontra previsto no nº 4 do artigo 36º do Regime Jurídico da Reabilitação Urbana, em que é o próprio legislador que determina que se consideram delegados na entidade gestora da reabilitação urbana, quando esta revista a natureza de uma sociedade de reabilitação urbana, os poderes das câmaras municipais previstos no nº 1 do artigo 45º

1.2.3. *Delegação de firma*

A delegação de firma ou de assinatura não constitui uma delegação. Neste caso, um determinado órgão permite que um outro agente da Administração (que não é titular de um órgão externo ou é titular de um outro órgão) assine em substituição do seu titular. Com isto não se afeta o exercício da competência, uma vez que os atos praticados continuam a ser imputados ao órgão que "delega" a assinatura.

1.3. Regime jurídico da delegação

a) Em primeiro lugar, a possibilidade da delegação de poderes depende de a lei a prever – *habilitação* ou "autorização" *legal* (artigo 44º, nº 1 do CPA).

Sem habilitação legal, a delegação corresponderá a uma renúncia de competências, sendo por isso, nos termos do artigo 36º, nº 2, nula. Nestes casos, o ato que venha a ser praticado ao abrigo da delegação sofrerá de um vício de incompetência.

Quando o CPA se refere à lei de habilitação, é necessário que tal seja entendido com as devidas ressalvas. A lei de habilitação deve ser entendida no sentido da norma que confere competência. Por exemplo, se a competência tiver sido atribuída pela Constituição, não basta que a delegação seja permitida por lei; é necessário que seja uma norma com valor constitucional a prevê-la.

Nos casos dos nºs 3 (delegação de um órgão no seu imediato inferior hierárquico, adjunto ou substituto para a prática de atos de administração ordinária) e 4 (delegação de órgãos colegiais nos respetivos presidentes) do artigo 44º, o CPA dispensa uma habilitação legal específica, funcionando este artigo como uma habilitação legal genérica.

b) A delegação carece, para se tornar operativa, de um *ato de delegação* de poderes (artigo 44º, nº 1).[97]

c) A lei admite a possibilidade de uma competência delegada ser *subdelegada*. Para o efeito não é necessário, ao contrário da delegação, uma "autori-

e nas alíneas a) e c) a e) do nº 1 do artigo 54º, tal apenas não acontecendo quando exista expressa indicação em contrário constante da estratégia de reabilitação urbana ou do programa estratégico de reabilitação urbana.
Também o artigo 132º da Lei nº 75/2013 considera delegadas nas juntas de freguesia algumas competências das câmaras municipais aí expressamente enumeradas. Esta designada *delegação legal,* não tem, porém, os mesmos efeitos que uma delegação tácita, pois a sua eficácia é feita depender da celebração de um acordo de execução (cfr. artigo 133º).

[97] A delegação de poderes prevista na Lei nº 75/2013, de 12 de setembro, opera por via contratual.

zação" legal. O que é necessário é que a lei não a proíba e que o delegante autorize o delegado a subdelegar (cfr. artigo 46º, nº 1).

O artigo 46º, nº 2 permite ainda que o subdelegado subdelegue as competências que lhe haviam sido subdelegadas, desde que a lei o não impeça e o delegante ou o subdelegante não se tenham reservado essa possibilidade. Ou seja, não é necessário aqui, como na primeira subdelegação, uma autorização do delegante, o que é necessário é que ele ou o subdelegante não tenham estabelecido que tal competência não pode ser subdelegada.

d) Do ponto de vista do conteúdo, o delegante deve especificar os poderes que são delegados (artigo 47º, nº 1). Com isto pretende a lei impedir delegações genéricas, o que é, aliás, reforçado com o disposto na alínea a) do artigo 45º ao determinar não poderem ser objeto de delegação "a globalidade dos poderes do delegante".

A especificação dos poderes delegados deve ser feita positivamente, isto é, por enumeração explícita dos poderes delegados ou dos atos que o delegado pode praticar, e não negativamente, através de uma "reserva genérica de competência" a favor do delegante – o que não exclui, obviamente, que ao indicar certo poder como delegado se excluam do seu âmbito certas faculdades ou atos ("reserva específica de competência")[98].

Acresce a necessidade de o ato de delegação fazer menção expressa à norma atributiva do poder delegado e àquela que habilita a delegação (nº 1 do artigo 47º).

e) Os atos de delegação e de subdelegação estão sujeitos a *publicação*, nos termos do artigo 47º, nº 2, sob pena de ineficácia.

Os atos praticados ao abrigo de delegação ou subdelegação de poderes não publicadas legalmente ou antes da publicação são atos inválidos por incompetência do respetivo autor, visto o ato que permite o exercício da competência pelo delegado não ter produzido efeitos.

f) A lei exige, ainda, que o (sub)delegado faça menção da sua qualidade, no uso da (sub)delegação (artigo 48º).

Esta exigência é importante para determinar os *meios de reação* que contra os seus atos se podem usar.

Assim, a falta de menção da qualidade de delegado não implica a invalidade do respetivo ato: os meios ao dispor do particular afetado serão sempre os que ele dispõe por o ato ser praticado ao abrigo de poderes delegados, isto é, os

[98] O mesmo vale para a subdelegação.

mesmos de que disporia se o ato tivesse sido praticado pelo delegante, com os prazos a contarem-se a partir do momento em que o particular tiver conhecimento de que a competência é "delegada". Cfr. artigo 48º, nº 2 do CPA.

g) O ato de delegação cria entre o delegante e o delegado uma relação jurídica nova. Tal relação não é, no entanto, uma relação hierárquica. Isto significa, por um lado, que se previamente não existia qualquer relação hierárquica entre o delegante e o delegado, ela não é criada com a delegação. Por outro lado, se tal relação existia, ela é neutralizada no âmbito da delegação.

Em que é que consiste a referida relação jurídica nova que a delegação vem estabelecer entre o delegante e o delegado?

Em primeiro lugar, a delegação cria para o delegado o *poder-dever de exercer a competência delegada.*

Por sua vez, o delegante pode *emitir diretivas ou instruções vinculativas* sobre o modo como o delegado deve exercer os poderes delegados (artigo 49º, nº 1), ou seja, pode pré-fixar objetivos, escopos, fins e programas que devem ser alcançados pelo delegado. O caráter vinculado da diretiva resulta do dever legal de a considerar.

Fixar o modo do exercício da competência não significa determinar o conteúdo a dar ao ato a praticar, que é escolhido pelo órgão delegado.

O delegante tem, ainda, o poder de *revogar, de anular ou de substituir* os atos do delegado (artigos 49, nº 2 e 169º, nº 4º) e o poder de *anular* ou *revogar a delegação* [artigo 50º, al. a)].

Por fim, o delegante tem o poder de *avocar* a competência delegada (artigo 49º, nº 2). A avocação é o poder que o delegante tem de chamar a si o caso concreto ou o procedimento (a condução ou a decisão, caso o procedimento já tenha sido concluído). Com a avocação, preclude-se a competência do órgão delegado, mas apenas em relação ao caso abrangido, subsistindo ela quanto aos outros.

A avocação *não tem de ser publicada,* sendo, no entanto, necessário que os interessados no procedimento tomem conhecimento dela: tal conhecimento ser-lhes-á assegurado mediante notificação, se antes não tiverem tomado conhecimento oficial, por qualquer via, da existência da avocação.

Na conceção de Rogério Soares, para que o delegante exerça a competência que delegou não necessita de avocar. Contudo, para alguns autores, que partem da letra da lei, sem a avocação o delegante é hoje incompetente para exercer a competência delegada ou, no mínimo, falta-lhe legitimação para o fazer.[99]

[99] Tudo isto vale igualmente em caso de subdelegação.

Esta não é, quanto a nós, a solução mais adequada à natureza jurídica da delegação, na medida em que o delegante continua a ser o titular da competência, podendo exercê-la a todo o momento. O que se pretende evitar, com a avocação, é um exercício simultâneo da mesma competência, que pode traduzir-se na emissão de duas soluções não coincidentes num mesmo procedimento. Na medida, porém, em que o delegante tem o poder de anular ou de revogar os atos do delegado, nestes casos prevalecerá sempre a decisão tomada pelo delegante, sendo o aparente conflito facilmente superável.

h) A delegação e a subdelegação extinguem-se por *anulação, revogação*[100] e por *caducidade* [quer porque os efeitos da delegação se esgotaram, quer porque os titulares dos órgãos (sub)delegante ou (sub)delegado mudaram].

A caducidade da delegação sempre que as pessoas do delegante ou do delegado sejam substituídas resulta da circunstância de a delegação de poderes ser considerada entre nós como um ato *intuitus personae*, isto é, um ato fundado numa relação de confiança pessoal entre o delegante e o delegado. Sobre a extinção da delegação cfr. o artigo 50º do CPA.

i) Para efeitos de reação contenciosa, os atos praticados pelo (sub)delegado têm o mesmo caráter (diretamente impugnável ou inimpugnável junto dos tribunais) do correspondente ato, quando praticado pelo delegante. A isto voltaremos mais tarde.

Por seu lado, nos termos do artigo 199º, nº 2 do CPA, cabe recurso para o delegante, dos atos praticados pelo delegado, recurso esse que é facultativo. O atual CPA veio, porém, a este propósito, e ao contrário do que sucedia no anterior Código, determinar que este recurso administrativo especial apenas pode ser mobilizado quando exista *expressa previsão legal,* o que tem suscitado fortes dúvidas já que faz com que este recurso se transforme, de uma garantia genérica inerente à relação de delegação, numa figura excecional, limitando grandemente (e gravemente) as garantias dos interessados já que, ainda que o delegante continue a poder exercer as suas competências supervisivas espontaneamente a todo o tempo, não o pode fazer a pedido dos interessados (sendo esta a situação mais normal pela qual toma conhecimento do ato praticado).

Julgamos que este regime, a prever-se, apenas faria sentido para a situação inovadoramente prevista no CPA de delegação entre órgãos de pessoas coletivas diferentes. Porém, esta leitura não encontra lastro na lei.

[100] O ato revogatório não tem de ser fundamentado: a simples vontade do delegante suporta-o.

Concordamos, pois, com aqueles que defendem que se pode obviar à aparente excecionalidade do recurso para o delegante por uma das formas: (i) entender-se que se trata de um *erro manifesto*, sanável através de uma interpretação corretiva; (ii) entender-se que, por restringir de forma desproporcional as garantias dos interessados, a solução legal é *inconstitucional*.[101]

2. Relações de Interdependência e de Independência Mútua

Nem sempre, porém, os órgãos que integram uma mesma pessoa coletiva se encontram relacionados por vínculos hierárquicos ou, mesmo que se encontrem, nem sempre a única relação que se verifica entre eles é uma relação hierárquica.

Assim, por vezes o exercício do poder de um dos órgãos está dependente de outro – o que sucede, por exemplo, com os atos da câmara municipal sujeitos a controlo preventivo da assembleia ou com os atos do presidente da câmara sujeitos a recurso para a câmara municipal.

Outras vezes existe uma independência mútua entre órgãos, como a que se verifica nas relações entre órgãos de uma pessoa coletiva desconcentrada horizontalmente (v.g. entre a câmara, a assembleia e o presidente da câmara municipal), entre pessoas coletivas desconcentradas verticalmente (v.g as relações entre órgãos de gestão das Faculdades e o Reitor) ou no seio de um órgão complexo (as relações, no âmbito do Governo, entre o Primeiro Ministro e os ministros, ou as destes entre si).[102]

3. Coordenação, Cooperação e Concertação

a) Cada vez mais, em setores contados da Administração (por exemplo, no domínio do ordenamento do território e do urbanismo), as relações entre as distintas entidades públicas são apontadas como relações de *coordenação* e de *cooperação*, apresentando-se como relações essenciais para garantir a *unidade na diversidade*.

A *coordenação* corresponde ao tipo de relação que visa o estabelecimento de uma sintonia e articulação entre as tarefas próprias de unidades administrativas diferentes, continuando cada uma delas a realizar as suas, mas fazendo-o de olhos postos no trabalho das unidades concorrentes, de modo a evitar atritos e potenciar resultados. Como qualquer outra relação, também ela se estabelece entre dois polos – um *órgão coordenador* e *entidades a coordenar* (pelo menos

[101] Cfr. Alexandre Sousa Pinheiro, Tiago Serrão, Marco Caldeira e José Duarte Coimbra, *Questões Fundamentais para Aplicação do CPA*, *cit.*, pp. 304-307.

[102] Cfr. Vieira de Andrade, *Lições de Direito Administrativo*, *cit.*, p. 99.

duas) –, na qual o primeiro ocupa uma posição institucional de *supremacia* ou de superioridade relativamente aos segundos[103].

Apesar desta superioridade, não há qualquer semelhança entre *coordenação* e *hierarquia*, na medida em que a primeira, ao contrário da segunda, pressupõe a *descentralização* e a *autonomia das entidades coordenadas*, bem como uma *diversidade de atribuições* que o coordenador deve respeitar. De facto, a coordenação não implica uma subtração das competências próprias das entidades coordenadas, mas tão só um seu limite. Não pode traduzir-se na emanação de ordens concretas que prefigurem exaustivamente o conteúdo da atividade do ente coordenado, esgotando, dessa forma, o seu âmbito próprio de decisão autónoma: em todos os casos, os meios e as técnicas de coordenação devem respeitar uma margem de livre escolha ou de discricionariedade a favor das administrações sujeitas à mesma, sem a qual não pode existir verdadeira autonomia.

Tomada neste sentido, a coordenação pressupõe, de alguma maneira, uma relação de *verticalidade*, e não de horizontalidade, mas acrescida da complexidade de a decisão de coordenação ter de respeitar o âmbito de *autonomia* das entidades coordenadas e o conteúdo próprio das competências destas, de modo a que cada uma delas opere como limite ao exercício das restantes. A consideração simultânea de todas as competências envolvidas, tornada assim necessária pelas relações de coordenação, implica, portanto, uma *otimização* das exigências decorrentes de cada uma e obriga, em caso de colisão, à opção por uma atuação que permita satisfazer do melhor modo a função atribuída a cada entidade.

b) Das relações de coordenação distinguem-se as relações de *cooperação*, as quais se apresentam como mais intensas, consistindo na *ajuda* ou *colaboração* (parcial) de uma das unidades correlacionadas na realização de tarefas atribuídas à outra ou, então, na realização em comum de uma obra conjunta das unidades correlacionadas. Situadas na confluência de diferentes atribuições (logo, envolvendo diferentes pessoas coletivas públicas ou ministérios), as relações de cooperação caraterizam-se pela situação de *relativa paridade* entre as respetivas estruturas administrativas, decorrendo do dever geral de as entidades públicas colaborarem.

Da cooperação fazem parte um conjunto de técnicas de *auxílio* e *assistência recíprocos*, mas voluntárias, entre entidades administrativas, sem que nenhuma tenha a faculdade jurídica de impor a sua decisão às demais. As técnicas de

[103] Cfr. Angél Menéndez Rexách, "Coordinación de la Ordenación del Territorio con Políticas Señoriales que Inciden sobre el Medio Físico", *Documentación Administrativa*, Nºs 230-231, 1992, pp. 229 e ss. e Franco Piga, "Coordinamiento (principio del)", *in: Enciclopedia Giuridica*, Roma, Instituto dellla Enciclopedia Italiana, 1988, Vol IX, pp. 1 e ss.

cooperação devem ser, por isso, preferidas às técnicas de coordenação: estas apenas devem entrar em jogo quando aquelas se revelem insuficientes para concertar as diferentes posições. Então tornar-se-á necessária a intervenção de uma entidade com poder de decisão, a qual apenas existe nas relações de coordenação.

O CPA de 2015 veio consagrar no seu seio algumas técnicas de cooperação entre entidades, de que são exemplo o *auxílio administrativo* (artigo 66º)[104] e as *conferências procedimentais* (artigo 77º e segs)[105].

c) No que à *concertação* diz respeito, a mesma encontra-se estritamente relacionada com um novo modelo ou, no mínimo, um novo estilo de administração pública – a "*administração concertada*" –, típica das *sociedades abertas* e que se apresenta como oposição ao clássico modelo administrativo, *autoritário*, *centralizado* e *burocrático*, embora tenha tido as suas raízes nos domínios da administração económica e das relações laborais.

A Administração concertada marca tipicamente a participação dos cidadãos nos assuntos administrativos tendendo, no limite, para uma *administração contratual, consensual e não autoritária*. Em causa está uma forma típica de relacionamento da Administração com os particulares – assumindo o contrato a sua forma mais intensa. É, no entanto, também possível referirmo-nos à *concertação* quando esteja em causa o relacionamento entre distintas entidades públicas, já que a prossecução das diferentes atribuições pode também ser objeto de contratualização. No entanto, a doutrina tende a integrar a contratualização entre as distintas entidades públicas no âmbito das técnicas de cooperação[106].

[104] Sobre o auxilio adminstrativo cfr. Rui Tavares Lanceiro, "O Auxilio Administrativo", *in. AAVV., Comentários ao Novo Código do Procedimento Administrativo*, coord. Carla Amado Gomes et. all., Lisboa, AAFDL, 2016, 3ª edição, vol. I, pp. 551 e ss.

[105] Sobre as conferências procedimentais cfr. Tiago Serrão, "A conferência procedimental no novo Código do Procedimento Administrativo: primeira aproximação", *in. AAVV., Comentários ao Novo Código do Procedimento Administrativo, cit.*, vol. I, pp. 655 e ss.

[106] Para Jiménez Blanco, o contrato apresenta-se como uma técnica adequada para a promoção de cooperação entre distintas entidades públicas. Como afirma o Autor, se o contrato pressupõe igualdade, o seu campo privilegiado de germinação será a cooperação horizontal entre distintas comunidades autónomas. Pelo contrário entre elas e o Estado não há paridade, pelo que o recurso à contratualização neste domínio deve considerar-se sob suspeita: de se apresentar como um instrumento por intermédio do qual o Estado tenta recuperar posições. Cfr. Jiménez Blanco, António, "Convenios de colaboración entre el Estado y las Comunidades Autonómicas", *Documentación Administrativa*, nº 240, 1994, p. 98.

Assim, o Autor aceita o recurso a esta técnica na definição das relações entre o Estado e as Comunidades Autónomas desde que a mesma não suponha, em caso algum, a renúncia de competências próprias destas últimas, ou seja, desde que a mesma não funcione como um título pelo qual o

D – O Modelo Constitucional

Nos termos do artigo 267º da CRP, a Administração Pública deve ser estruturada de modo a evitar a burocratização, a aproximar os serviços das populações e a assegurar a participação dos interessados na sua gestão efetiva (nº 1), devendo a lei, para esse efeito, estabelecer adequadas formas de descentralização e de desconcentração administrativa, sem prejuízo da necessária eficácia e unidade de ação e dos poderes de direção e superintendência do Governo (nº 2).

Resultam deste normativo constitucional alguns dos mais importantes princípios jurídicos da organização administrativa que caraterizam o modelo constitucional português que referiremos sumariamente.

1. O Princípio da Desburocratização

De acordo com este princípio, a Administração Pública deve ser organizada de modo a funcionar de uma forma célere e eficiente, facilitando, assim, a vida dos administrados. Exige, ainda, que a Administração se renove nas suas estruturas e nos métodos de funcionamento para alcançar tal objetivo. Para a concretização deste objetivo concorre, entre outras medidas, a utilização de meios eletrónicos pela Administração pública, prevendo, por exemplo, o artigo 14º do CPA, que a Administração Pública deve utilizar meios eletrónicos no desempenho da sua atividade, de modo a promover a eficiência e transparência administrativas, o que fomenta a desburocratização.

2. O Princípio da Aproximação dos Serviços às Populações

O princípio aqui em referência determina a necessidade de a Administração Pública ser estruturada de forma a que os seus serviços se localizem geograficamente o mais próximo possível das populações que visam servir. Também aqui o princípio da Administração eletrónica desempenha um importante papel na medida em que, nos termos do nº 1 do artigo 14º do CPA, um dos seus objetivos é o de promover a proximidade com os interessados, bem como a continuidade dos serviços prestados.

Na medida em que esta aproximação às populações pode implicar a necessidade de integração dos serviços nas pessoas coletivas públicas de menor âmbito territorial, compatível com a sua eficácia, este princípio encontra-se diretamente relacionado com o da *subsidiariedade* (cfr. *infra*).

Estado atribui a si próprio competências de que, nos termos da lei ou da Constituição, não dispõe, e elimine atribuições próprias das comunidades autónomas.

3. Os Princípios da Desconcentração e da Descentralização Administrativas

A desconcentração administrativa diz respeito à organização administrativa dentro de uma pessoa coletiva pública, estando ligada à distribuição (em regra vertical) de poderes pelos diferentes órgãos da mesma: uma pessoa coletiva de estrutura hierarquizada será concentrada quando o superior hierárquico for o único órgão competente para tomar decisões, e será desconcentrada quando o poder decisório se repartir entre o superior e um ou vários subalternos, com direção e supervisão daquele.

A desconcentração pode, por sua vez, ser *funcional* ou *burocrática* (do ministro para as direções gerais, destas para as repartições) ou *territorial*, para a administração periférica do Estado (direções regionais, serviços locais, etc.). A desconcentração de poderes pode ainda ser originária (quando é feita diretamente pela lei) ou derivada (quando decorre da delegação de poderes).

Uma estrutura administrativa desconcentrada implica, em regra, uma maior *eficiência* da ação administrativa, uma *maior rapidez de resposta*, permitindo, em função disso, uma melhor qualidade do serviço. Tem, no entanto, a desvantagem de implicar múltiplos centros decisórios, o que pode inviabilizar a tomada de decisões harmoniosas. Para além disso, os subalternos encontram-se, em regra, menos preparados para a decisão.[107]

Da desconcentração distingue-se a *descentralização administrativa*. Apesar da existência de uma noção ampla de descentralização administrativa – enquanto repartição de atribuições por uma *pluralidade de pessoas coletivas públicas*[108] –, defende-se atualmente que apenas existirá descentralização em sentido estrito quando as várias tarefas públicas estiverem atribuídas a unidades administrativas infraestaduais que, para além de se encontrarem dotadas de *autonomia em relação ao Estado* (autonomia jurídica, património separado, autonomia administrativa e financeira), detêm ainda a capacidade de *gerir autonomamente os seus assuntos*.

Descentralização em sentido estrito ou verdadeiro é, pois, o processo de estabelecimento e de alargamento das administrações autónomas.[109]

[107] Sobre o princípio da descentralização cfr. Freitas do Amaral, *Curso de Direito Administrativo*, vol. I, *cit.*, 689 e ss.

[108] Com este sentido, a descentralização corresponde a qualquer transferência de atribuições da organização administrativa do Estado para outros organismos administrativos, sendo um simples instrumento de desoneração do Estado e de repartição e especialização de tarefas entre a sua Administração direta e uma variedade de entes administrativos por ele criados encarregues da realização de tarefas administrativas. Cfr. Vieira de Andrade, *Lições de Direito Administrativo*, *cit.*, p. 104.

[109] Sobre o princípio da descentralização cfr. ainda Freitas do Amaral, *Curso de Direito Administrativo*, vol. I, *cit.*, 723 e ss.

Fenómeno distinto da *desconcentração* e da *descentralização administrativas* é o da *devolução de poderes, descentralização técnica* ou *desconcentração personalizada*[110]: o sistema em que alguns interesses públicos do Estado, ou de pessoas coletivas de população e território, são postos, por lei, a cargo de pessoas coletivas públicas de fins singulares.

Trata-se, assim, do processo que dá origem a entidades públicas que prosseguem, em nome próprio, interesses de outra pessoa coletiva pública, cujos órgãos são designados por um ato do Governo, podendo ser por ele demitidos e existindo uma intervenção governamental acentuada na sua gestão. Por outras palavras, a devolução de poderes é o processo que dá origem à administração estadual indireta.

O quadro que a seguir apresentamos localiza, dentro dos vários setores da estrutura administrativa portuguesa, a desconcentração, a descentralização e a "devolução de poderes".

Administração direta	serviços dependentes	desconcentração
Administração indireta	institutos públicos e empresas públicas	descentralização imprópria ou desconcentração personalizada ("devolução de poderes")
Administração autónoma	autarquias locais e associações públicas	descentralização em sentido próprio

4. Os Princípios da Eficácia e Unidade de Ação da Administração

A Constituição coloca, ao lado do princípio da descentralização administrativa, os princípios da *eficácia* e da *unidade de ação*. Alguma doutrina defende que a organização administrativa deve ser definida, pelo legislador ordinário, numa perspetiva de harmonização equilibrada entre estes dois princípios constitucionais (um modelo de equilíbrio eficiente). Assim, teremos o *princípio da descentração*, por um lado, e o *princípio da unidade de ação* na prossecução do interesse público, por outro. As opções concretas de harmonização deverão ser reguladas por um terceiro princípio constitucional: o *princípio da eficiência máxima.*[111]

[110] O termo "desconcentração personalizada" é de Vieira de Andrade que considera ser o que traduz melhor o fenómeno. Cfr. Vieira de Andrade, *Lições de Direito Administrativo, cit.*, p. 105.

[111] Cfr. Vieira de Andrade, *Lições de Direito Administrativo, cit.*, p. 106-107. Este princípio apresenta-se como uma alternativa ao modelo da descentralização máxima que concebe a descentralização e a desconcentração como imperativos principais e a eficácia e unidade de ação como limites aos mesmos. Sobre este princípio (e para uma crítica ao mesmo) cfr. Vieira de Andrade, *Lições de Direito Administrativo, cit.*, p. 107-108.

Deste modelo constitucional decorrerá o seguinte:

- A Constituição garante um certo grau de descentralização, que implica para o legislador a proibição da centralização total ou excessiva, além do respeito pela existência e pela autonomia das regiões autónomas e das autarquias locais, tal como estão constitucionalmente definidas;
- A Constituição estabelece, por outro lado, o princípio da unidade de ação administrativa. Esta unidade de ação há de ser assegurada pelo Governo, órgão superior da Administração Pública, ao qual compete, entre outras tarefas, *dirigir* os serviços e a atividade da Administração direta do Estado, *superintender* na Administração indireta e *exercer a tutela* sobre a Administração autónoma.

  Para além da supremacia governamental, a unidade de ação pode justificar a centralização e a hierarquia onde sejam indispensáveis e na medida em que se mostrem adequadas.
- A Constituição deixa ao legislador, dentro dos limites apontados, a possibilidade de escolher livremente as soluções organizatórias concretas que, em cada momento, considere mais rentáveis ou adequadas do ponto de vista da realização efetiva dos interesses públicos a prosseguir pela Administração. É, portanto, à lei que cabe definir, tendo em conta este princípio da eficiência, os termos da repartição das atribuições e das competências pelos diversos órgãos administrativos, com respeito pelas determinações constitucionais da descentração e da unidade de ação administrativa.

Este cometimento ao legislador da definição, em concreto, dos termos da repartição de atribuições entre os diversos órgãos deve ser entendido com especiais cautelas quando está em causa a repartição de atribuições entre o Estado e as autarquias locais, já que nessa repartição não pode colocar-se em causa o *núcleo essencial da autonomia* de que essas entidades estão dotadas (isto é, o conjunto das decisões que têm de lhe caber em exclusivo).

É certo que a dificuldade está, reconhecemo-lo, em identificar um *núcleo essencial desta autonomia*, tendo em consideração que entre nós a garantia constitucional do princípio da autonomia local se traduz numa mera *garantia institucional*: que assegura a *sua existência* como autêntico elemento arquitetural indispensável da ordem constitucional dotado de um núcleo ou reduto indisponível pelo legislador, mas que não garante um âmbito de competências determinado e fixado de uma vez por todas (uma garantia material) a favor das autarquias locais. Apenas assegura a preservação de uma instituição em termos recognoscíveis para a imagem que da mesma tem a consciência social de cada tempo e lugar. Por isso, o reduto ou núcleo indisponível desta instituição garantida constitucionalmente não se identifica como o círculo ou âmbito de determinadas matérias.[112]

Nesta problemática concreta estamos com aqueles que criticam a posição de que a autonomia local corresponde a *um conceito jurídico de caráter legal (isto é, que tem de ser concretizado pelo legislador)*, já que o que este princípio pretende é, precisamente, servir de limite ao poder conformador do legislador na distribuição de tarefas entre entidades públicas, incluindo as autárquicas. Concordamos, por isso, com certa doutrina que qualifica de esquizofrenia jurídica a situação que supõe que seja o legislador o "*garante da garantia institucional da autonomia local quando, precisamente, a garantia local a que alude a Constituição se traduz no estabelecimento de uma garantia institucional que funciona como proteção perante o próprio legislador*".[113]

Por este motivo, em nossa opinião, esta garantia institucional será insuficiente se não for possível identificar um seu núcleo essencial, isto é, um conjunto de decisões que não podem deixar de ser reconhecidas aos órgãos autárquicos – e que, por isso, se apresentam como uma parte indisponível da garantia institucional para o legislador – sob pena de se colocar em causa a própria existência daquela autonomia.[114]

5. O Princípio da Subsidiariedade

Sendo as instituições da Administração autónoma compostas pelos interessados e constituindo elas comunidades públicas menores, infraestaduais, o princípio da subsidiariedade é aquele pelo qual, numa primeira abordagem, se atribui preferência à Administração autónoma, em detrimento da Administração estadual, sendo um princípio favorável à ampliação da esfera dos poderes públicos de entidades menores à custa do Estado (cfr. o nº 1 do artigo 6º da CRP e o nº 3 do artigo 2º da Lei nº 159/99, de 14 de setembro). O Estado deve, como posição de princípio, atuar subsidiariamente em relação às administrações infra estaduais.

De acordo com o princípio da subsidiariedade, então, entende-se que às comunidades locais devem ser reconhecidas todas as atribuições indispensáveis à satisfação das necessidades coletivas que elas possam prosseguir com vantagem, em termos humanos, técnicos e financeiros, em relação às demais enti-

[112] Cfr. Maria Pardo Álvarez, *La Potestad de Planeamiento Urbanístico bajo el Estado, Social, Autonómico y Democrático de Derecho*, Madrid, Parcial Pons, 2005, pp. 476-477; e J. J. Gomes Canotilho/ /Vital Moreira, *Constituição da República Portuguesa Anotada, cit.*, pp. 886-887.

[113] J. Esteve Pardo, *Organización supramunicipal y sistema de articulación entre administración autonómica y orden local (la experiencia de la RFA. Bases e perspetivas em España)*, Madrid, Civitas, 1991, p. 192.

[114] Vital Moreira refere, a este propósito, a existência de uma *reserva de regulamento autónomo* insuscetível de ser tocada pela lei – cfr. *Administração Autónoma e Associações Públicas*, cit., p. 182.

dades superiores ou inferiores. Resulta, assim, da Constituição a ligação deste princípio com outros igualmente favoráveis à ampliação das Administrações autónomas, como é o caso do princípio da garantia da autonomia local e regional e do princípio da descentralização administrativa.

Deve, no entanto, rejeitar-se, em geral, uma ligação direta e necessária entre o princípio da descentralização e o princípio da subsidiariedade. Neste último, o Estado só deve ocupar-se daquilo para que não sejam aptas as coletividades territoriais ou profissionais, devendo ser transferidas para estas a gestão de todos os interesses *que sejam melhor prosseguidos neste nível administrativo*, tendo em conta a amplitude, a natureza da tarefa e as exigências de eficácia e de economia, independentemente de se tratar de interesses específicos destas entidades.

O princípio da subsidiariedade aparece, pois, como importante princípio de repartição de tarefas entre a Administração estadual e a Administração autónoma, baseada em critérios de eficácia, sendo, por isso, independente da natureza dos interesses em causa. Este princípio pressupõe que a Administração autónoma (e, em especial, a Administração autárquica) tem competência geral e plena para desempenhar todas as tarefas com incidência local que, pela lei, não sejam atribuídas a outros titulares da Administração.

6. Princípio da Participação (da Abertura da Administração)

O artigo 267º da CRP, ao exigir a participação dos interessados na gestão efetiva dos serviços públicos, densifica o princípio constitucional da democracia participativa previsto no artigo 109º da CRP.

Efetivamente, a exigência da participação dos particulares nos procedimentos de tomada de decisões administrativas prevista no artigo 267º, nº 5, constitui um fator de democratização das decisões, podendo tal participação assumir uma configuração especial quando esteja em causa um número indeterminado de cidadãos, o que impõe a adoção dos chamados *procedimentos administrativos coletivos* ou *populares* e a atribuição de relevância aos chamados *interesses difusos* (*v.g.*, em matéria de urbanismo, património cultural e ambiente). Para a defesa deste tipo de interesses ganham particular importância o direito à participação procedimental e a ação popular, previstos no artigo 52º da CRP e na Lei nº 83/95, de 31 de agosto.

Trata-se de um princípio de relevo na organização administrativa, porque exige, para a respetiva concretização, a criação de estruturas de consulta e de concertação.

Parte II

A Administração e o Direito

1. A Administração Pública e o Direito Privado

Como veremos já de seguida, em Portugal, à imagem do que acontece em geral nos países pertencentes ao sistema de administração executiva, de tipo continental ou francês, existe um ramo do Direito (público) ao qual a Administração se subordina, sempre que atua no uso dos seus poderes ou prerrogativas de autoridade: o direito administrativo.

Não obstante, as relações entre a Administração Pública e o direito privado existem e não podem ser negligenciadas. Essas relações são essencialmente de dois tipos: por um lado, resultam da circunstância de o direito privado constituir um limite da atividade administrativa lícita; por outro, derivam da utilização direta de meios e instrumentos de direito privado por parte da Administração, tanto na sua atividade privada como na satisfação direta de necessidades coletivas (isto é, no exercício de atividades materialmente administrativas).

A subordinação da Administração ao direito privado é mais antiga do que a sua vinculação ao direito público. O que não é difícil de compreender, pois o direito administrativo é um ramo do Direito de criação relativamente recente, sobretudo em face do direito privado, com uma existência que não pode ser contabilizada em séculos, mas em milénios. E durante muito tempo, em fases históricas de evolução da Administração Pública em que esta já existia mas ainda não tinha surgido o direito administrativo, o exercício de funções de autoridade por parte daquela era livre e apenas as suas atividades privadas (aquelas em que a Administração atuava como qualquer particular) estavam submetidas ao direito (privado, naturalmente).

Em todo o caso, como veremos *infra* (cfr. ponto 3. desta Parte), esta matéria está hoje alterada de forma significativa pelas dificuldades crescentes em estabelecer uma fronteira estanque entre o direito público e o direito privado, devido à sua crescente miscigenação.

1.1. Os fenómenos da privatização da Administração pública

A utilização de direito privado por parte da Administração surge integrada num fenómeno mais vasto de privatização da Administração Pública.

Tivemos já oportunidade, quando tratámos a Organização Administrativa (Parte I), de nos referir a uma das dimensões dessa privatização: a da criação de entidades administrativas privadas para a gestão de tarefas que continuam, materialmente, a ser públicas (administrativas): *Administração pública sob a forma (organizatória) privada.*

Mas este é apenas um dos fenómenos desta privatização, a qual engloba outras dimensões, tratando-se de um conceito pluri-significativo que abrange diversos processos de atribuição ou redistribuição do público no setor privado, com objetivos muito diferenciados (alívio das administrações públicas, poupança de recursos, mobilização das técnicas, interesses e potencial da sociedade, diminuição de custos, etc.). Entre essas outras dimensões podemos indicar as seguintes:

a) A *privatização material*: ao falar-se em privatização a noção que à partida está em causa é a da *privatização material*, reportando-nos a tarefas que eram de início públicas e que deixaram de o ser, em virtude da *transferência da sua realização* para o setor privado, passando a assumir-se como substancialmente privadas e, por isso, em regra sujeitas à concorrência (como acontece hoje, por exemplo, com a produção e comercialização da energia elétrica e das telecomunicações)[115].

b) A *privatização formal ou instrumental que se refere à organização ou à gestão (empresarialização) administrativa*: neste caso as tarefas permanecem públicas, sendo geridas ou por entes públicos com forma privada (dando lugar a entidades administrativas privadas) ou por entes públicos com recurso ao direito privado (como sucede com as entidades públicas empresariais, de que são exemplo os hospitais-empresa).

c) A *privatização funcional*: as tarefas continuam a ser substancialmente públicas, mas a sua execução é objeto de *concessão* ou *delegação a entidades privadas* (sob orientação ou fiscalização pública).

Trata-se de um fenómeno que abrange a participação de privados na gestão de atividades públicas e que, no seu grau máximo, se pode traduzir na atri-

[115] Contudo, na medida em que muitas dessas tarefas privatizadas assumem um relevo fundamental na vida em sociedade (constituindo, as mais das vezes, serviços essenciais), as mesmas ficam subordinadas à regulação pública.

buição aos privados da responsabilidade efetiva pela função pública (exercício por privados da função administrativa). Esta privatização, como referido, pode ser feita, entre outras formas, por via de *concessões* e *parcerias público-privadas* (em que o próprio risco económico é transferido para o privado) e por *delegação de funções* (v.g. privatização de procedimentos ou substituição de controlos públicos por controlos privados). Note-se que a *privatização procedimental* pode passar pela atribuição aos requerentes da responsabilidade por *partes* ou *setores do procedimento*, pela *gestão privada* do procedimento ou pela atribuição de processos de verificação a peritos privados.

De referir, no que concerne a esta última situação, que existe uma admissibilidade geral desta "delegação" em *matérias que sejam adequadas à gestão privada* (isto é, que não envolvam essencialmente o exercício de poderes públicos de autoridade), mas uma admissibilidade limitada quando estejam em causa *poderes públicos de autoridade.*

Haverá mesmo uma *indelegabilidade* quando se trate de *poderes constitucionalmente atribuídos* a determinados órgãos ou entidades (o caso do poder de planeamento territorial: artigo 65º da CRP), ou de poderes que envolvam a força como meio e, ainda que se trate de poderes sem estes limites, sempre deverá considerar-se impedida a concessão a estrangeiros ou entidades sujeitas a conflitos de interesses, devendo, em todo o caso, os poderes "delegados" ser excecionais e enumerados.

Do projeto político que a privatização constitui e das suas amplas realizações no âmbito das práticas e políticas administrativas resulta não apenas o recuo da responsabilidade do Estado na execução e realização das prestações mas, igualmente, o surgimento e desenvolvimento de novas formas de responsabilidade, em particular a responsabilidade pelo controlo, de garantia e organizativa (esta última com o sentido da manutenção de uma estrutura organizativa que permita o desempenho, de forma cabal, das novas responsabilidades)[116].

[116] Para Paulo Otero a privatização comporta os seguintes diferentes significados, que o Autor desenvolve: privatização da regulação administrativa da sociedade, privatização do direito regulador da Administração, privatização das formas organizativas da Administração, privatização da gestão ou exploração de tarefas administrativas, privatização do acesso à atividade económica, privatização do capital social das empresas publicas, privatização dos critérios substantivos de decisão administrativa e privatização dos mecanismos de controlo da Administração. Cfr. Paulo Otero, *Manual de Direito Administrativo, cit.*, pp. 464 a 483.

1.2. O direito privado como limite da atividade administrativa lícita

Um dos principais objetivos do direito privado é o de fixar e proteger as esferas jurídicas dos particulares, definindo e regulando direitos que estes podem fazer valer uns em face dos outros.

Nessa medida, surgem aí barreiras externas aos comportamentos de todos os sujeitos jurídicos: qualquer atuação de um sujeito que atente contra um direito de um outro constitui um ato ilícito.

E esta realidade é totalmente válida no que respeita à Administração Pública: também para ela o direito privado fixa um domínio de licitude que não pode ultrapassar, sob pena de estar a praticar atos ilícitos, que a constituiriam no dever de indemnizar o lesado.

Aqui, a Administração aparece exatamente na mesma posição que a de qualquer particular, não constituindo o facto de ela estar dotada de poderes de soberania ou autoridade qualquer causa de exclusão da ilicitude de comportamentos atentatórios dos direitos dos particulares.

A título de exemplo, podemos apresentar a situação seguinte: o Código Civil, no seu artigo 80º, fixa o *direito à reserva sobre a intimidade da vida privada*. Este direito tanto vale em face de qualquer outro particular como em face da Administração Pública: apesar de esta, em matérias como o direito de polícia, de investigação criminal ou em matéria fiscal poder estar por vezes autorizada a comprimir tal direito, ela estará a cometer um ato ilícito sempre que atentar contra esse direito de todos os cidadãos em situações não autorizadas pela ordem jurídica.

1.3. A utilização do direito privado pela Administração

Porque a Administração não perde, pelo facto de ser *pública*, a sua capacidade de direito privado, pode lançar mão deste direito, desde logo nos chamados negócios auxiliares, que desempenham uma função meramente instrumental na atuação da Administração: por exemplo, quando a Administração faz um contrato de compra e venda de computadores para uma repartição pública, sem qualquer regra diferente daquelas que regulariam um contrato idêntico celebrado por uma empresa privada; ou quando arrenda um imóvel para instalar determinado serviço público.

Este direito é ainda utilizado na *administração dos bens privados* que integram o património das entidades públicas e na gestão pela Administração, no mercado da concorrência, de atividades económicas, comerciais ou de serviços, através da criação de sociedades ou participação em sociedades de direito privado. Também a própria realização de funções públicas – a satisfação direta de necessidades coletivas – pela Administração pode ser feita por recurso ao direito privado. Não há qualquer razão para excluir tal possibilidade: apesar de a Administração estar aqui na prossecução direta de fins ou interesses públicos e, como tal, estar em causa o próprio *exercício da função administrativa*, é possível que as atribuições das pessoas coletivas públicas sejam desempenhadas através de meios de direito privado.[117]

As razões da "preferência" da Administração em escolher, por vezes, meios de direito privado, não são difíceis de compreender: este permite em regra uma atuação mais célere, flexível e eficaz, para além de facilitar a subtração a determinados controlos burocráticos, financeiros e contabilísticos.

É o que acontece, designadamente, em matérias como as das prestações no domínio da energia, distribuição da água, no domínio das subvenções, algumas intervenções no mercado, etc.

Em face da generalização desta tendência, há muitos autores a alertarem para os perigos de uma "fuga para o direito privado" – cujos perigos existirão se esse recurso for movido por um desejo ilegítimo da Administração se subtrair ao cumprimento de obrigações legais e contabilísticas estabelecidas pelo direito público.

Este raciocínio pode, em todo o caso, ser evitado, ultrapassando os perigos de uma tal fuga através do estabelecimento de *cautelas* particulares, que devem garantir o cumprimento das obrigações da Administração para com o interesse público e os direitos e interesses legítimos dos administrados. É assim que se fala com insistência na combinação da utilização do direito privado com *limites e regalias de direito público*: combinação que conduz a doutrina, pelo menos a tradicional, a mencionar a existência de um *direito privado administrativo*.

Historicamente merece aqui referência a chamada "teoria dos dois degraus", a qual pretendia manter a natureza privatística da relação, mas com garantia das cautelas públicas: haveria um degrau de direito público nessa relação, que assegurava de uma maneira geral o cumprimento do interesse público e, depois, o degrau privado, onde se regulava em concreto essa mesma relação por recurso a expedientes de direito privado.

O ponto fulcral deste tema é, assim, o de esclarecer quais são esses *limites* e *regalias* de direito público que não podem ser postos de lado quando a Administração recorre ao direito privado para regular determinada relação. No essencial, eles consistem no seguinte:

[117] Vieira de Andrade refere-se ao recurso ao direito privado em áreas da *administração económica e social*: em matéria de *subvenções*, de *fornecimento de bens e serviços essenciais* (como a água e o gás), de gestão e instalação de instalações (portos comerciais e aeroportos) ou de *estabelecimentos públicos* (escolas, museus, teatros públicos, hospitais) e *intervenções no mercado*. Mas também em áreas mais tradicionais da ação estadual como prisões e segurança técnica. Cfr. Vieira de Andrade, *Lições de Direito Administrativo*, *cit.*, p. 87.

- limitação da atuação da Administração pelo respeito devido aos *direitos fundamentais* dos administrados, o qual nunca pode ser posto de lado;
- respeito pelo princípio da prossecução do interesse público e pelos princípios gerais da atividade administrativa, os quais, em face do nº 5 do artigo 2º do CPA, "são aplicáveis a toda e qualquer atuação da Administração Pública, ainda que meramente técnica ou *de gestão privada*" (itálico nosso);
- no *princípio da liberdade de escolha limitada*: o recurso ao direito privado só é admissível na medida em que tal seja necessário ou conveniente para a prossecução das finalidades de um qualquer ente público, no contexto da especialidade das suas atribuições e com exclusão dos seus poderes de autoridade;
- no *princípio da decisão administrativa prévia*, o qual pode ser considerado como a formulação moderna da teoria dos dois degraus: a formação da vontade de contratar privadamente deve ser enquadrada num procedimento administrativo regulado pelo direito público; apesar de participar numa relação jurídica de direito privado, a decisão de recorrer a esse direito é tomada no âmbito do direito administrativo;
- finalmente, quanto às *regalias*, deve destacar-se que a Administração não pode perder de forma absoluta os seus poderes de autoridade, ainda que só os deva usar em casos excecionais, bem como a impenhorabilidade dos bens públicos, que se deverá manter.

A finalizar, deve destacar-se que, em termos práticos, o recurso da Administração ao direito privado tinha tradicionalmente uma consequência importantíssima: apesar da existência de tribunais próprios para julgarem os litígios onde intervenha a Administração – os tribunais administrativos – a submissão a estes tribunais só se verificava quando aquela atuava no uso dos seus poderes jurídico-administrativos. Como tal, a resolução dos litígios decorrentes das relações de direito privado em que a Administração fosse parte (bem como daqueles derivados da responsabilidade da Administração no exercício da sua capacidade de direito privado) tinha sempre lugar nos tribunais comuns ou judiciais, e não nos tribunais administrativos.

Hoje em dia continua a ser essa a *regra*. Não obstante, desde a entrada em vigor, em 1 de janeiro de 2004, dos novos Estatuto dos Tribunais Administrativos e Fiscais (ETAF) e Código do Processo nos Tribunais Administrativos (CPTA) é possível os tribunais administrativos serem chamados a conhecer matéria de direito privado, nos domínios da *responsabilidade* e dos *contratos* da Administração.

No que respeita aos contratos, o ETAF optou por estender a jurisdição administrativa aos conflitos originados pela generalidade dos contratos da Administração, ainda que o seu regime geral seja privado, nomeadamente em virtude da regulamentação dos contratos da Administração, em geral, no Código dos Contratos Públicos (o qual, como veremos[118], apesar de conter a regulamentação substancial dos contratos administrativos, contém uma extensa parte de preceitos a disciplinar os procedimentos aplicáveis a quaisquer contratos celebrados pelas entidades adjudicantes definidas no Código). Como tal, em face do novo regime, os tribunais administrativos podem pronunciar-se sobre litígios relativos a contratos puramente privados.

De acordo com a alínea e) do nº 1 do artigo 4º do ETAF, compete hoje aos tribunais da jurisdição administrativa e fiscal a apreciação de litígios que tenham por objeto questões relativas à "Validade de atos pré-contratuais e interpretação, validade e execução de contratos administrativos ou de *quaisquer outros contratos celebrados nos termos da legislação sobre contratação pública*, por pessoas coletivas de direito público ou outras entidades adjudicantes". (itálico nosso)

O nº 2 do mesmo preceito do ETAF alarga um pouco mais a competência dos tribunais administrativos (da jurisdição administrativa e fiscal, em geral) neste domínio, chamando-os a "dirimir os litígios nos quais devam ser conjuntamente demandadas entidades públicas e particulares entre si ligados por vínculos jurídicos de solidariedade, designadamente por terem (...) celebrado entre si contrato de seguro de responsabilidade", sendo apenas excluída da jurisdição administrativa e fiscal a "apreciação de litígios decorrentes de contratos de trabalho, ainda que uma das partes seja uma pessoa coletiva de direito público, com exceção dos litígios emergentes do vínculo de emprego público".

Em suma, e como nota Vieira de Andrade, esta opção de incluir no preceito citado os litígios relativos a *contratos de direito privado* celebrados pela Administração e mesmo a alguns contratos celebrados por *entidades privadas* que sejam entidades adjudicantes "tem a vantagem de sujeitar a generalidade dos contratos celebrados pela Administração à jurisdição administrativa, eliminando algumas diferenciações feitas na versão de 2002, que eram causa de obscuridade e de dúvida, sem sequer terem o mérito da coerência substancial"[119].

Em relação à *responsabilidade* o alargamento da competência dos tribunais administrativos já tinha sido trilhado na reforma de 2002, adição reforçada na reforma de 2015, com a qual foram ultrapassadas algumas dúvidas até então existentes.

[118] Cfr. *infra*, Capítulo III.

[119] Cfr. VIEIRA DE ANDRADE, *A Justiça Administrativa*, cit., p. 107.

Estão aqui em causa as alíneas f), g) e h) do citado nº 1 do artigo 4º do ETAF:

- prevê, a primeira, a competência da jurisdição administrativa e fiscal para apreciar litígios que tenham por objeto questões relativas à "responsabilidade civil extracontratual das pessoas coletivas de direito público, incluindo por danos resultantes do exercício das funções política, legislativa e jurisdicional", com ressalva para a "apreciação das ações de responsabilidade por erro judiciário cometido por tribunais pertencentes a outras ordens de jurisdição, assim como das correspondentes ações de regresso", nos termos da alínea a) do nº 4 do mesmo artigo 4º;
- acrescenta, a segunda, a sua competência para dirimir os litígios emergentes da "responsabilidade civil extracontratual dos titulares de órgãos, funcionários, agentes, trabalhadores e demais servidores públicos, incluindo ações de regresso", ficando sem se saber se estão apenas em causa os seus atos funcionais ou também os pessoais;
- na terceira, determina-se agora a submissão à jurisdição administrativa e fiscal dos conflitos em que esteja em causa a "Responsabilidade civil extracontratual dos demais sujeitos aos quais seja aplicável o regime específico da responsabilidade do Estado e demais pessoas coletivas de direito público".

Para confirmar todo este alargamento, o ETAF deixou de excluir expressamente da jurisdição administrativa – ao contrário do que fazia o seu antecessor – "as questões de direito privado, ainda que qualquer das partes seja uma pessoa de direito público".

Articulando estes normativos com o regime da Responsabilidade Civil Extracontratual do Estado e Demais Entidades Públicas, aprovado pela Lei nº 67/2007, de 31 de dezembro, que deixou de fazer a clássica distinção entre atos de gestão pública e atos de gestão privada, a doutrina tende a dividir-se: para uns, foi superada esta dicotomia[120], para outros, a distinção mantém-se, embora abandonando a terminologia tradicional[121].

Em todo o caso, depois da reforma de 2015 as alíneas f) e g) do nº 1 do artigo 4º do ETAF "parecem indicar que compete à jurisdição administrativa e fiscal a apreciação de todos os litígios que tenham por objeto a responsabilidade das pessoas coletivas de direito público, inclusivamente pelos danos

[120] Marcelo Rebelo de Sousa e André Salgado Matos, *Responsabilidade Civil Administrativa*, Tomo III, Lisboa, D. Quixote, 2008, p. 17.

[121] Carla Amado Gomes, *Três Textos sobre o Novo Regime da Responsabilidade Civil Extracontratual do Estado e Demais Entidades Públicas*, Lisboa, FAFDL, 2008, p. 28.

decorrentes da sua atividade de «gestão privada»", o que determina que estes tribunais tenham passado a ser os competentes para julgar a responsabilidade das pessoas coletivas públicas por atos de gestão privada, mesmo que o regime aplicável seja o dos artigos 500º e 501º do Código Civil[122].

2. O Princípio da Legalidade da Administração[123]

2.1. A vinculação da Administração ao direito público

Apesar da crescente importância, nos últimos anos, do recurso da Administração ao direito privado, é inquestionável a circunstância de ser o direito administrativo a fixar as condições de *possibilidade* e *legitimidade* da atuação administrativa, particularmente quando esta se traduz na prática de atos imperativos ou autoritários, reflexo dos poderes de supremacia de que goza a Administração Pública.

Estes atos imperativos, como veremos, impõem-se autoritariamente sem dependência da anuência dos seus destinatários, sendo por isso particularmente significativos aqueles que produzem efeitos externos, uma vez que a sua eficácia se faz sentir na ordem jurídica geral.

A Administração Pública está subordinada a todo o direito público, destacando-se naturalmente o *direito constitucional* – para além de a Constituição ser o vértice de toda a pirâmide das fontes do Direito, pelo menos no que se refere ao direito interno, ela contém normas materialmente administrativas, que se dirigem direta e imediatamente à Administração Pública (Constituição Administrativa) – e o *direito administrativo*. É este ramo do direito que, em concreto, atribui os *poderes* de que carecem os órgãos administrativos para atuar, estabelece os *fins* que sempre guiarão a atividade administrativa e, muitas vezes, fixa o próprio *conteúdo* dos atos a praticar pelos órgãos administrativos.

A Administração visa realizar o interesse público, estando sempre colocada perante um *interesse público heteronomamente definido*: no mínimo, a lei tem de individualizar esses interesses e de os atribuir como metas da atividade administrativa, ao definir as *competências* dos órgãos administrativos. É este o conteúdo mínimo do princípio da legalidade da administração, de cuja evolução curaremos de seguida.

[122] Cfr. Vieira de Andrade, *A Justiça Administrativa*, cit., p. 109 e seg..

[123] Seguimos aqui de perto o ensinamento de Vieira de Andrade sobre o tema: cfr. "O Ordenamento Jurídico-Administrativo Português", in: *Contencioso Administrativo*, Livraria Cruz, Braga, 1996, p. 35-41 e 53-57.

2.2. O princípio da legalidade da administração no século XIX

O princípio da legalidade da administração foi, juntamente com o princípio da separação de poderes, o grande responsável pelo nascimento do direito administrativo, na sequência das revoluções liberais de finais do século XVIII e inícios do século XIX.

Se antes de tais revoluções já se podia falar com rigor em Administração Pública, uma vez que tinha sido criado um corpo estruturado de serviços e funcionários na dependência do monarca, a verdade é que ela atuava sem qualquer subordinação ao Direito (público). Os cidadãos apenas podiam fazer valer, em face da Administração, as suas pretensões jurídico-privatísticas as quais conduziriam, na melhor das hipóteses, à atribuição de uma indemnização.

Com as revoluções liberais, particularmente com a Revolução Francesa de 1789, o Estado vai passar a subordinar-se ao Direito, nascendo um conjunto de regras destinadas a defender os cidadãos em face das "arremetidas" da Administração. Esse conjunto de regras passou a constituir precisamente o direito administrativo, cuja preocupação inicial era a proteção dos direitos e interesses legítimos dos cidadãos-administrados em face da administração "inimiga".

Para melhor se compreender a configuração inicial do princípio da legalidade da Administração é imperioso analisar os dois sub-princípios no qual ele se decompunha e se decompõe ainda hoje: o *princípio do primado da lei* e o *princípio da reserva da lei.*

2.2.1. *O princípio do primado da lei*

Durante a época liberal o princípio do primado da lei era entendido apenas no seu *sentido negativo*: a Administração (e os restantes poderes do Estado) não podia praticar qualquer ato que contrariasse o disposto nas normas legais.

Como reflexo da supremacia do Parlamento, onde estava representada a burguesia, classe dominante durante a época, pretendia-se que a Administração não atuasse *contra legem*, ou seja, ela estava impedida de desrespeitar aquilo que estivesse estabelecido nas leis votadas no Parlamento, única fonte do Direito naquele período, em face da identificação entre Direito e Lei.

Sendo esta a única dimensão do princípio do primado da lei, daqui decorria que a lei se configurava apenas como um *limite* da atividade administrativa, ao colocar barreiras externas à sua atuação.

No entanto, cedo se compreendeu que a afirmação de tal princípio não era suficiente: as leis ainda não eram muitas e o primado da lei, por si só, conduzia a uma magra subordinação da Administração ao Direito. Por esta razão passou a afirmar-se um outro sub-princípio do princípio da legalidade: o princípio da reserva da lei.

2.2.2. *O princípio da reserva da lei*

Com este princípio estabeleceu-se um domínio no qual só o Parlamento podia emitir disposições inovatórias: o domínio da *propriedade* e da *liberdade* dos cidadãos. Nestas matérias – as mais importantes para a classe burguesa – qualquer regulamentação inovatória tinha de ter origem numa lei parlamentar.

Por essa razão, a Administração estava impedida de dispor inovadoramente sobre o tema, sendo um domínio no qual ela só podia penetrar em concreto munida de expressa autorização legal. A Administração tinha aqui uma atuação puramente executiva, limitando-se a concretizar as disposições legais aprovadas no Parlamento.

No fundo, e como particularmente notou entre nós Vieira de Andrade[124], tratava-se de uma *tripla reserva*:

- *reserva orgânica*: estabeleceu-se um domínio normativo da exclusiva competência de um órgão, que é o Parlamento;
- *reserva funcional*: a função legislativa começava e acabava nas normas gerais e abstratas elaboradas pelo Parlamento, determinando o âmbito de competência exclusiva do Parlamento o próprio conceito de lei;
- *reserva material, jurídica ou de direito*: em face da identificação existente nesta época entre Lei e Direito, a matéria reservada à Lei era a única onde havia criação de Direito.

Fora destes domínios (e desde que não existisse uma lei prévia que vinculasse a atuação da Administração) esta podia atuar livremente. Este poder de atuação livre da lei (= do Direito) era o poder discricionário que, deste modo, se apresentava como um poder *originário* da Administração (porque não pré ocupado pela lei), não controlável pelos tribunais.

2.3. Evolução do princípio

Com a passagem da época liberal para a época do Estado de Direito Social – mudança paulatina que começou a ocorrer na transição do século XIX para o século XX e definitivamente consumada com as duas Guerras Mundiais e a Grande Depressão de 1929-32 – uma série de modificações vai ocorrer com influência direta no entendimento do princípio da legalidade.

Desde logo a alteração do conceito material de lei: além de proteger a esfera jurídica dos cidadãos, a lei destina-se também agora a definir e a assegurar a prossecução do interesse público. Como tal, ela já não é apenas um limite à atuação da administração mas, como veremos, vai passar a ser também seu pressuposto e fundamento.

[124] Cfr., em especial, "O Ordenamento Jurídico-Administrativo Português", in: *Contencioso Administrativo*, Livraria Cruz, Braga, 1986, p. 35-57 (p. 36-37).

Para além disso, alarga-se exponencialmente o domínio do jurídico: a identificação entre Lei e Direito cai por terra, passando a assumir-se como juridicamente relevante a Constituição, o Direito Internacional, os princípios gerais da atividade administrativa e os regulamentos administrativos.

Os parlamentos nacionais vão perdendo o monopólio legislativo, uma vez que os governos passam a dispor, em diversos países, de competência legislativa normal.

Por todas estas razões, as relações entre a Administração e o Direito vão-se tornar mais amplas e complexas: não apenas porque o "bloco do jurídico" a que aquela deve obediência se tornou muito mais abrangente, mas também porque a atividade administrativa passa a estar toda ela subordinada ao Direito, desaparecendo ou reduzindo-se enormemente as zonas de administração "livre do Direito".

Numa palavra, caminhou-se para uma nova realidade, na qual *toda a atividade administrativa está subordinada a todo o Direito.*

2.3.1. *Novo entendimento do princípio do primado da lei*

Também a forma de entender o princípio do primado da lei se alterou ou, talvez melhor, se enriqueceu.

O primado da lei no seu sentido negativo continua a vigorar: em face da primazia normativa da lei sobre os atos da Administração, esta continua a estar impedida de praticar atos que desrespeitem o disposto na lei. Como tal, é evidente que a lei continua a ser um limite que a atividade administrativa não pode ultrapassar.

No entanto, a lei (aqui entendida como ato com valor legislativo que abrange não apenas as leis da Assembleia da República e os decretos-lei do Governo, mas também, atualmente, as normas da União Europeia com valor legislativo) não é agora apenas limite mas também *pressuposto e fundamento de toda a atividade administrativa*: passa a afirmar-se o princípio do *primado da lei em sentido positivo* ou da *precedência da lei*, em face do qual a lei tem de determinar, no mínimo, o *fim* (os interesses públicos a satisfazer) e os órgãos encarregados de o prosseguir (as *competências*).

Sem a existência de uma lei prévia que, repetimo-lo, estabeleça os fins e as competências dos órgãos administrativos, estes não estão habilitados a atuar, uma vez que a lei é pressuposto e fundamento de toda a atividade administrativa.

2.3.2. *Novo entendimento do princípio da reserva da lei*

Quanto ao entendimento atual do princípio da reserva da lei, deve assinalar-se desde logo que o quadro tradicional da "tripla reserva" deixa de fazer sentido: a reserva orgânica foi alargada, na medida em que, apesar de o Parlamento manter a competência legislativa mais importante, o Governo passa também a dispor de competência legislativa normal (e, no nosso país, também as assembleias legislativas regionais a detêm); a reserva material ou de direito também não tem atualmente sentido, pois o Direito é muito mais do que a Lei; finalmente, a reserva funcional também já perdeu razão de ser, pois as leis já não se referem apenas à liberdade e propriedade dos cidadãos, tendo-se dado um grande alargamento do âmbito da reserva de lei para além destes assuntos tradicionais, o que explica a dificuldade em determinar quais as matérias que exigem uma regulamentação inicial do legislador.

Em grande medida, o problema da reserva de lei transferiu-se para o quadro constitucional, uma vez que é na Constituição que se estabelecem as matérias absoluta ou relativamente reservadas ao Parlamento (no nosso caso nos artigos 164º e 165º da CRP), sendo assim um tema de direito constitucional. Nesta medida, pode afirmar-se que o problema da reserva de lei é, atualmente, um problema de *repartição dos poderes legislativos* entre a Assembleia da República e o Governo.

De qualquer forma, estamos nestas matérias no *domínio legislativo por excelência*, que interessa para a Administração na medida em que se impõe aí uma densidade legal acrescida, por forma a diminuir os espaços de manobra da Administração e a vinculá-la mais intensamente à lei.

No que especificamente se refere às relações entre a Administração e a Lei, deve sublinhar-se que a primeira nunca pode disciplinar inicialmente as matérias constitucionalmente reservadas à segunda, só podendo penetrar em tais domínios quando haja autorização legal (ou constitucional) expressa.

Quanto ao que nos interessa mais diretamente, o princípio da reserva de lei tem hoje a ver com a *base legal* exigida para que a Administração possa atuar. E aqui existem algumas divergências na doutrina.

Uma tese defende um alargamento da reserva da lei, mas não de forma total ou global: de acordo com um *princípio da essencialidade*, apenas as matérias mais importantes devem ser definidas por lei (em princípio da Assembleia da República), implicando uma maior subordinação da Administração. Quanto à base legal necessária à atuação administrativa, todas as questões que envolvam a possibilidade de afetar ou constranger direitos fundamentais dos cidadãos terão de ter por base uma lei, podendo haver nas outras intervenções mais ou menos "originais" por parte da Administração, designadamente por intermédio de regulamentos (o que não será difícil de conceber para aqueles que admitem a figura dos regulamentos independentes de forma relativamente generosa) – sempre com a lei a funcionar como limite, ou seja, com a impossibilidade de a Administração atuar *contra legem*.

Parece, no entanto, que um entendimento rigoroso do princípio do primado da lei em sentido positivo levará à afirmação de uma *reserva total* de ato legislativo: se a lei tem de ser *pressuposto* e *fundamento* de *toda* a atividade administrativa, isso significará que a ordenação inicial de qualquer matéria competirá sempre à lei.

Daí que um setor importante da doutrina defenda uma *reserva global* ou *total*, com o sentido de todos os atos da Administração necessitarem de uma específica fundamentação legislativa: pelo menos no que respeita à definição da *competência* (dos poderes dos órgãos administrativos para a prática de atos) e dos *fins* (identificação dos interesses públicos que sempre guiarão a atuação administrativa) a Administração estará sempre vinculada à lei, no sentido de ser necessária uma lei que defina esses fins e incumba a sua prossecução a cada um dos órgãos administrativos (constituindo sempre as metas da atividade administrativa). Assinale-se ainda que, para este efeito, a lei deve ser entendida em sentido amplo, ou seja, no sentido de ato legislativo: lei e decreto-lei e, ainda, as normas da União Europeia com valor legislativo. Os fins e as competências serão, assim, matéria de *reserva de função legislativa*.

O artigo 3º do CPA dá um forte argumento para a defesa desta última tese, ao dispor que "os órgãos da Administração Pública devem atuar *em obediência à lei* e ao direito, dentro dos limites dos *poderes que lhes forem atribuídos* e *em conformidade com os respetivos fins*" (itálicos nossos).

2.3.3. *O princípio da juridicidade: a subordinação da Administração ao Direito*

Como acabámos de ver, ao longo do século XX ultrapassou-se a identificação entre Lei e Direito, razão pela qual o princípio da legalidade (em sentido estrito) não esgota hoje o tema da subordinação da Administração ao Direito: ela está sujeita a todo o bloco do juridicamente relevante, que abrange igualmente os princípios jurídicos fundamentais, a Constituição, o direito europeu, as fontes de direito internacional, os princípios gerais da atividade administrativa e os regulamentos.

Daí que, embora continue a ser de uso corrente – pelo próprio legislador! – a expressão *princípio da legalidade*, a verdade é que não se trata de um princípio que pretenda significar a (mera) subordinação da Administração à lei, mas de um verdadeiro *princípio da juridicidade*.

A Constituição da República, no seu artigo 266º (o primeiro do Título IX, precisamente com a epígrafe "Administração Pública") prevê os *princípios fundamentais* que a vinculam dispondo, no seu nº 2, o seguinte: "Os órgãos e agentes administrativos estão subordinados à Constituição e à lei e devem atuar, no exercício das suas funções, com respeito pelos princípios da igualdade, da proporcionalidade, da justiça, da imparcialidade e da boa-fé".

Ainda mais claro a este respeito é o artigo 3º do CPA: apesar de ter como epígrafe "princípio da legalidade", estabelece no seu nº 1 que "Os órgãos da Administração Pública devem atuar em obediência à lei *e ao direito* (...)" (itálico nosso).

A subordinação da administração a todo o Direito refere-se hoje a toda a atividade administrativa (não apenas a de autoridade, mas também a de prestações e a exercida no âmbito das relações especiais de poder), o que tem outra consequência prática de importantíssimo relevo: no momento de controlar a legalidade da atuação administrativa, os tribunais administrativos devem fazê-lo não apenas no que respeita à legalidade em sentido estrito, mas a toda a juridicidade.

Neste bloco de legalidade (juridicidade) assumem especial relevo os princípios jurídicos fundamentais, em especial os de cariz material, que regem a atividade administrativa.

Estes princípios revestem especial importância quando a Administração atua no uso de poderes discricionários. Mas não só, já que, face às plúrimas normatividades que vão adquirindo relevo, assumem um importante papel na ligação entre todas elas, garantindo uma coerência mínima das mesmas.

Mais. Para além da sua *função orientadora* ou *condicionante* da atividade da Administração, os princípios jurídicos têm vindo a assumir ainda, no ordenamento jurídico, novas funções: à integração de lacunas normativas, somam-se as suas potencialidades de expansão, sendo os mesmos invocáveis como critérios materiais de melhoramento da lei, mesmo quando esta pareça não precisar deles, surgindo assim como elementos informadores do ordenamento jurídico. Os princípios gerais funcionam, deste modo, como parâmetro mais profundo do juízo aplicativo.[125]

[125] A nossa jurisprudência vem afirmando a importância dos princípios *apenas* no âmbito da discricionariedade administrativa, negando o seu relevo quando está em causa a atividade vinculada da Administração por, no seu entender, os princípios serem aí consumidos pelo princípio da legalidade. A este propósito não podemos deixar de realçar, porque importantes, as palavras constantes da declaração de voto de vencido do Juiz Conselheiro Jorge de Sousa no Acórdão do Supremo Tribunal Administrativo de 4 de junho de 2009, no âmbito do Processo nº 0377/08, as quais apelam para a necessidade imperiosa de mudança deste rumo jurisprudencial: "*(...) A meu ver, como venho defendendo em vários votos de vencido, estes princípios são de aplicação generalizada em relação a toda a actividade administrativa, inclusivamente naquela que não tem carácter discricionário, resultando deles vinculações que têm de ser compatibilizadas com outras que resultem de normas que regulem situações concretas.*
Na verdade, não há qualquer suporte legal, sendo mesmo contraditório, afirmar que esses princípios são consumidos pelo princípio da legalidade e apenas podem ser aplicados «em casos especialíssimos»: ou tais princípios são consumidos pelo princípio da legalidade, entendido como vinculações concretas previstas em normas de aplicação restrita ou não são; se são consumidos, nunca poderiam ser aplicados quando existir uma norma específica para determinada situação; se o não são, então poderão ser aplicados sempre que a sua aplicação se

Dado o relevo dos princípios jurídicos no âmbito da atividade administrativa, enunciemos aqui, ainda que topicamente, o conteúdo dos mais relevantes:

a) Princípio da imparcialidade

Este é um princípio com especial relevo nas relações entre a Administração e os particulares, visando assegurar que nas decisões administrativas *se tenham em consideração todos os interesses públicos e privados relevantes*, e só estes (princípio da ponderação de interesses), de modo a evitar que a prossecução de um interesse público se confunda com quaisquer interesses privados com que a atividade administrativa possa contender ou se possa envolver (cfr. artigo 9º do CPA).

justifique independentemente de qualquer particularidade especialíssima, pois não há qualquer suporte legal para fazer esta restrição.
Na análise desta questão, terá de se constatar, desde logo, que o texto do art. 266.º da C.R.P. não deixa entrever qualquer restrição à sua aplicação a qualquer tipo de actividade administrativa, pelo que, em princípio, dever-se-á fazer tal aplicação, se não se demonstrar a sua inviabilidade. (...) De qualquer forma, o que é essencial para resolução desta questão é ter presente que, na aplicação da legalidade, tanto pela administração como pelos tribunais, não pode ser encarada isoladamente cada norma que enquadra uma determinada actuação da administração, antes terá de se atender à globalidade do sistema jurídico, com primazia para o direito constitucional.
Não se pode afirmar, como tem vindo a fazer, em geral, o Supremo Tribunal Administrativo que, nos casos de poderes vinculados, a obediência à lei se sobrepõe aos princípios constitucionais referidos, pois estes princípios fazem também parte do bloco normativo, eles são também definidores da legalidade.
Tanto são normas legais a primeira parte do nº 2 do art. 266º da C.R.P., que prevê o princípio da legalidade e a que, em determinada situação específica, prevê uma determinada actuação da administração, como as que generalizadamente impõem os modelos de actuação de toda a actividade administrativa, designadamente as que sintetizam os princípios gerais que devem orientar toda esta actividade.(...) A actividade da administração não pode limitar-se a uma aplicação mecânica das leis às situações de facto, tendo de ter sempre presente o objectivo que a justifica, que é a prossecução do interesse público (arts. 266º, nº 1, da CRP e 5º e 3º do CPA). Por isso, a administração deverá abster-se de actuar em situações em que, embora se preencham formalmente os pressupostos legais abstractos da sua actuação, esta não seja relevante para a prossecução do interesse público.
Paralelamente, poderão ocorrer situações em que apesar de não estarem formalmente preenchidos os pressupostos de uma determinada pretensão formulada pelos particulares, o respectivo indeferimento ofenda claramente o valor da justiça que deve nortear a actuação da administração, maxime nos casos em que seja co-imputável à própria Administração o não preenchimento desses pressupostos, situações que se configuram como essencialmente semelhantes às de abuso do direito, na modalidade de venire contra factum proprium.
Por isso, quando o exercício de um poder predominantemente vinculado conduz a uma situação flagrantemente injusta é de colocar a questão de fazer operar o princípio da justiça, consagrado nos arts. 266º, nº 2, da CRP e 6º do CPA, para obstar à negação daquele direito.
Há, nesta situação, dois deveres a ponderar, ambos com cobertura legal: um é o de indeferir pretensões que se consideram intempestivas; outro é o de evitar que a actividade administrativa se traduza na criação de uma situação de injustiça. Entre esses dois valores, designadamente nos casos em que a administração não teve qualquer prejuízo, deve optar-se por não indeferir a pretensão, dando prevalência ao princípio da justiça.
Consequentemente, serão de considerar anuláveis, por vício de violação de lei, actos que conduzam a situações de injustiça deste tipo."

A par desta dimensão objetiva, realce-se uma dimensão subjetiva deste princípio, que exige a imparcialidade do agente ou decisor. Nesta perspetiva assumem relevo as normas referentes às garantias de imparcialidade constantes dos artigos 69º a 76º do CPA.

b) Princípio da igualdade

Este princípio determina a necessidade de a Administração tratar igualmente os cidadãos que se encontrem em situações objetivas iguais e desigualmente os que se encontrem em situações objetivas distintas. Não impedindo o mesmo que a Administração introduza desigualdades entre os destinatários da sua atuação – já que, muitas vezes, a prossecução do interesse público obriga a este tratamento desigual (por exemplo, para a satisfação da necessidade de todos na existência de um equipamento público, um ou vários particulares podem ser privados da sua propriedade por via de um procedimento expropriativo) –, dele decorre que as diferenças de tratamento radiquem em *critérios objetivos* que apresentem uma conexão bastante com os fins a prosseguir com a regulação jurídica e nela tenham uma justificação específica (princípio da proibição do arbítrio).

Do mesmo princípio decorre, ainda, a necessidade de se garantir equidade na repartição de encargos e benefícios decorrentes das medidas administrativas e a necessidade do estabelecimento de medidas de compensação de sacrifícios quando a Administração, por razões de interesse público, impõe a um administrado sacrifícios especiais violadores do princípio da igualdade perante encargos públicos (no caso das expropriações, a reposição da igualdade é efetuada por via do pagamento de uma justa indemnização).

Este princípio assume especial relevo no âmbito do exercício de poderes discricionários, impondo uma auto-vinculação (casuística), no sentido de que a Administração deve utilizar critérios substancialmente idênticos para a resolução de casos similares. A mudança de critério sem justificação deverá ser considerada violadora deste princípio.

De referir, por fim, que o princípio da igualdade pode impor ainda, em certos casos, a obrigação de distinção (de discriminação positiva) como uma forma a compensar, do ponto de vista jurídico, a desigualdade fática existente.

Este princípio encontra-se plasmado no artigo 6º do CPA.

c) Princípio da proporcionalidade

Este princípio impele a Administração, com as suas decisões, a provocar a menor lesão de interesses privados compatível com a prossecução do interesse público em causa.

São três os subprincípios aqui envolvidos, todos eles de verificação cumulativa: o da *adequação*, o da *necessidade* e o da *proporcionalidade em sentido estrito*.

O primeiro ter-se-á por cumprido sempre que a medida adotada seja idónea ou apta à obtenção da finalidade eleita (nº 1 do artigo 7º).

O segundo exige a opção pela medida que provoque um *mínimo de interferência* nos direitos, interesses e bens jurídicos que se prevê poderem ser lesados (nº 2 do artigo 7º).

Do último retira-se que uma medida só será proporcional se dela decorrerem, de forma razoável ou adequada, mais benefícios, tendo em vista a consecução do fim proposto, do que prejuízos para os restantes direitos, interesses ou bens jurídicos em confronto. Daqui decorre que uma medida, ainda que seja a menos lesiva possível, pode, mesmo assim, continuar a ser *excessivamente restritiva*, quando se colocam na balança a medida dos interesses por ela afetados – a sua "carga coativa" – e a medida dos interesses por ela prosseguidos (nº 2 do artigo 7º).

A verificação do cumprimento deste princípio obriga a Administração a tornar *explícito o juízo de ponderação* feito entre os benefícios que as suas medidas têm para o interesse público e as desvantagens que as mesmas acarretam para a esfera jurídica dos interessados.

d) Princípio da boa fé

Decorre genericamente deste princípio, consagrado no artigo 10º do CPA, que a Administração não deve atraiçoar a confiança que os particulares interessados puseram num comportamento seu, abarcando, também o princípio da *proteção da confiança* e o princípio da *segurança jurídica*. Cfr. artigo 10º do CPA.

e) Princípio da boa Administração

Na sequência da sua consagração na Carta Europeia dos Direitos Fundamentais da União Europeia o direito à boa administração transforma-se, atualmente, num princípio da boa administração, segundo o qual a Administração deve pautar-se na sua atuação por critérios de eficiência, economicidade e celeridade (artigo 5º do CPA).[126]

[126] Para mais desenvolvimentos sobre este principio cfr. Miguel Assis Raimundo, "Os princípios no novo CPA e o princípio da boa administração, em particular", *in*: AAVV., *Comentários ao Novo Código do Procedimento Administrativo*, *cit.*, vol. I, pp. 253 e segs; Freitas do Amaral, *Curso de Direito Administrativo*, Vol. II, com a colaboração de Pedro Machete e Lino Torgal, Coimbra, Almedina, 2016, 3ª edição, pp.35 a 38; e Mário Aroso de Almeida, *Teoria Geral do Direito Administrativo. O Novo Regime do Código do Procedimento Administrativo*, Coimbra, Almedina, 2ª edição, 2015, pp. 55 a 72.

f) Princípio da justiça e da razoabilidade

Nos termos do artigo 8º do CPA, a Administração deve rejeitar as soluções manifestamente desrazoáveis[127] ou incompatíveis com a ideia de Direito.

O princípio da justiça costuma ser visto como a conjugação dos restantes princípios – a decisão justa é aquela que é *racional, adequada e proporcional,* que assegura a *igualdade de tratamento,* a *imparcialidade* e a boa fé. Também significa a decisão administrativa que respeita certos critérios constitucionais: dignidade da pessoa humana, proteção dos direitos fundamentais, etc.[128]

2.4. Entendimento atual do princípio da legalidade

Um cabal entendimento do princípio da legalidade da Administração não pode ser completamente alcançado se não se tiver em consideração a muito atualmente propalada *crise da legalidade estrita,* que reconhece um conjunto de dificuldades e de compressões ao princípio da legalidade.[129]

Esta crise decorre, desde logo, do reconhecimento da incapacidade da lei para abarcar todos os fenómenos que integram uma sociedade cada vez mais complexa. Embora não se trate de um fenómeno novo – as leis nunca conseguiram prever ou esgotar toda a realidade –, a verdade é que o mesmo se tem vindo a acentuar, dada a crescente complexidade, imprevisibilidade e contingência dos problemas de uma sociedade marcada pelo *risco* e pela *incerteza.*

Mais. Fenómenos como os da *mundialização* e da *globalização,* que começaram no campo da economia, mas acabaram por se alargar aos domínios político, ideológico, social e, sobretudo, comunicacional, vieram pôr em causa o papel do Estado como criador do direito. Tal facto deve-se à criação crescente

[127] Sobre a novidade da introdução no CPA do principio da razoabilidade, o seu significado e alcance, cfr. Suzana Tavares da Silva, "O principio da razoabilidade" *in*: AAVV., *Comentários ao Novo Código do Procedimento Administrativo, cit.,* vol. I, pp. 291 e segs.

[128] O novo CPA de 2015 veio proceder ao reforço dos princípios jurídicos em face de fenómenos de deslegalização. Aos referidos no texto, acrescente-se, ainda, os princípios da *prossecução do interesse publico e da proteção dos direitos dos cidadãos,* que se apresenta como um princípio-quadro (artigo 4º); o *princípio do estado de necessidade administrativo* (nº 2 do artigo 3º), que fundamenta a dispensa de aplicação de disposições legais, em especial formais, em situações de exceção; os princípios da *colaboração com os particulares* (artigo 11º), da *participação* (artigo 12º), da *decisão* (artigo 13º), da *administração eletrónica* (artigo 14º), da *gratuitidade* (artigo 15º), da *responsabilidade* (artigo 16º), da *administração aberta* (artigo 17º), da *proteção de dados* (artigo 18º) e da *cooperação leal com a União Euroeia* (artigo 19º).

Sobre os princípios da atividade administrativa vide ainda Freitas do Amaral, *Curso de Direito Administrativo,* Vol. II, *cit.,* pp. 29 a 130 e Paulo Otero, *Manual de Direito Administrativo, cit.,* pp. 366 a 375 e 375 a 388.

[129] Sobre esta crise da legalidade estrita cfr. Vieira de Andrade, *Lições de Direito Administrativo, cit.,* pp. 51-52.

de entidades supra e infraestaduais geradoras de um direito próprio, distinto do que é criado pelo Estado. Fala-se, inclusive, numa proliferação e pluralidade de micro-poderes, de centros alternativos de poder e de formas alternativas de justiça, o que implica relações jurídicas diferentes e diferentes legitimidades. Mesmo no âmbito do direito estadual, surgem novos instrumentos de regulação, o que altera claramente o tradicional paradigma do direito.

É neste âmbito que não pode ser esquecida a nova realidade da *governança*, resultante da perda de força e relativização da soberania e do poder estadual, que convive hoje com uma diversidade de outros poderes: o governo, enquanto órgão superior do Estado entendido em termos jurídico-administrativos, convive hoje com uma diversidade de poderes, tanto ao nível interno como externo, sendo apenas uma organização entre outras que repartem entre si o poder e o exercem em termos partilhados e de forma cooperativa e, por isso mesmo, prescindindo em muito mais casos de formas de ação unilaterais e autoritárias.

Daqui resulta uma *fragmentação* e *pluralidade* que correspondem a uma multiplicação de modos de regulação do direito, admitindo-se agora o informal em vez do formal, bem como novas lógicas de flexibilidade e de "*frouxidão*" da regulação, gerando um direito "frouxo" (*soft law*) que utiliza a persuasão de preferência à sanção *strictu sensu*.[130]

Por tudo isto, a lei abstém-se, na maior parte das vezes de uma forma consciente, de fixar os critérios de atuação da Administração, ou fixa-os apenas parcialmente.

A realidade jurídica é, assim, crescentemente caraterizada pela existência de leis *programáticas*, isto é, de leis que se limitam a estabelecer *programas de ação de tipo teleológico* (definidoras apenas dos fins ou objetivos ou de mandatos aos operadores jurídicos para que procurem as soluções mais adequadas e idóneas para os alcançar), embora exista também uma maior dificuldade na definição dos *fins* que a Administração deve prosseguir (pelo menos de uma

[130] Sobre muitas destas questões, designadamente, o descentramento estadual da legalidade, a informalidade, a existência de um *soft law* e a pluralidade de fontes de direito como caraterísticas atuais da normatividade vinculativa da Administração, *vide* PAULO OTERO, *Direito Administrativo. Relatório de uma Disciplina apresentado no Concurso para Professor Associado na Faculdade de Direito da Universidade de Lisboa*, Lisboa, 1998 e *Legalidade e Administração Pública. O Sentido da Vinculação Administrativa à Juridicidade*, Coimbra, Almedina, 2003, pp. 147 e ss. Alguns destes fenómenos, como acontece com o do *soft law*, traduzem uma desgraduação da intensidade imperativa da legalidade (a demonstrar que o grau de vinculatividade ou de imperatividade das normas jurídicas não é sempre o mesmo) – IDEM, pp. 169 e ss.; outros, como o da *informalidade*, confirmam a descrença na capacidade diretiva e reguladora das normas legais, traduzindo uma nova expressão do "*processo degenerativo do princípio da legalidade*" (IBIDEM, p. 191).

forma concreta), o que implica a necessidade de uma concretização posterior dos mesmos pela própria Administração. Para além do mais, surgem, com alguma frequência, leis que não remetem a Administração para *fins,* mas para a *coordenação* e *ponderação* de distintos objetivos ou bens jurídicos em colisão (os chamados programas relacionais).

As leis deixam, assim, crescentemente, de indicar os *critérios materiais* para a atuação da Administração, fixando unicamente *estratégias, princípios, standards* e *objetivos* que a mesma tem de prosseguir, e transferindo a decisão para o futuro, isto é, para o poder administrativo que há de, posteriormente, criar as regras (gerais ou do caso concreto) aplicáveis, procedendo à escolha das medidas que melhor sirvam os fins ou objetivos fixados na norma[131].

Como se pode facilmente concluir do que foi afirmado, esta nova forma, mais ampla, de perspetivar atualmente o princípio da legalidade, permite "olhar com novos olhos" para o poder discricionário, que já não é (não pode ser visto) como um poder originário não controlável pelos tribunais, mas antes como um poder jurídico e, ainda que de um modo particular, justiciável.

3. Novo entendimento da distinção entre direito público e direito privado

Um dos elementos que tem marcado de forma mais intensa a recente evolução do direito e que toca, de perto, a forma de compreender o direito administrativo tem a ver com a *crise da distinção entre o direito administrativo e o direito privado,* na medida em que essa crise tem também a ver com o desenvolvimento do direito administrativo em formas privatísticas e o inerente recuo do regime administrativo. Para além da *utilização do direito privado pela Administração* de que

[131] Paulo Otero fala, a este propósito, numa desmistificação da perfeição da lei e numa relativização da intensidade vinculativa da normatividade. *Vide,* Paulo Otero, *Legalidade e Administração Pública, cit.,* p. 152 e ss. e 172 e ss. Segundo este Autor, a ampliação do horizonte material e temporal de atuação do Estado sobre a sociedade; a necessidade de desempenhar uma função prospetiva, antecipando e prevenindo riscos e defendendo interesses de gerações futuras no contexto de uma sociedade globalizada, de alto risco em termos tecnológicos e científicos; e, por último, a pulverização na sociedade de interesses contraditórios, conflituantes e quase sempre inconciliáveis, faz com que se encontre "desesperadamente ultrapassada" qualquer ideia de perfeição da lei. Idem p. 157.
Esta ideia de crise parece estar também subjacente às palavras de Marcelo Rebelo de Sousa quando aponta como tópico de reflexão sobre o papel da lei na atual sociedade a necessidade de haver menos lei e mais autorregulação social, descentralização legislativa, mecanismos de consensualização social e lei mais sintonizada com a lógica interna das realidades sociais disciplinadas. Para o Autor, a lei, na sua conceção atual, não é apenas reguladora de conflitos de interesses, mas ela própria objeto de conflitos específicos. Cfr. Marcelo Rebelo de Sousa, "A Lei no Estado Contemporâneo", *in. Legislação, Cadernos de Ciência de Legislação,* INA, nº 11, 1994, p. 10 e 15-16.

falámos *supra* (cfr. 1.3.) há aqui uma nova compreensão das coisas que não pode ser negligenciada.

Na verdade, a necessidade de estabelecer um *novo equilíbrio entre público e privado* reflete-se no esbatimento das fronteiras entre o direito público e o direito privado[132], reforçado pela europeização do direito administrativo, que tem inerente, entre outros aspetos, um impulso de privatização: realização de tarefas públicas por privados, privatização de infraestruturas até então públicas e a própria privatização da organização e do procedimento administrativos.

O poderoso movimento da *privatização* – uma das notas do "novo" direito administrativo e uma das tendências mais marcantes da evolução recente deste direito – obriga, simultaneamente, à necessidade de estabelecer *salvaguardas à privatização*, como forma de o direito administrativo reagir ou responder aos perigos, falhas e riscos deste movimento, na perspetiva da defesa e promoção do interesse público e dos valores fundamentais que o direito público deve proteger. É neste âmbito que a doutrina jus-administrativa aponta, em cada vez mais quadrantes, para a autonomização de um *direito administrativo da garantia* ou *da pós-privatização*[133].

O movimento político da neo-liberalização a que temos assistido sensivelmente nas últimas três décadas, impôs não apenas a privatização mas uma lógica nova no direito administrativo, orientada para a eficiência da ação administrativa, a atenção aos custos desta ação, a realização de tarefas públicas por privados, o recurso a técnicas de gestão e a formas diversas de contratação – marcando aquilo que alguns autores consideram ser o trânsito de um Estado burocrático, baseado num modelo hierárquico, para um Estado contratual orientado para o mercado[134].

Por estas razões, para além das dificuldades mais gerais de estabelecer uma fronteira linear entre o direito público e o direito privado, em termos de duas realidades absolutamente diferentes ao nível dos institutos, dos princípios, dos valores subjacentes, dos interesses a tutelar e prosseguir, dos sujeitos responsáveis por tal prossecução ou regulados por esses direitos e dos poderes de supremacia de que apenas os sujeitos públicos beneficiariam, sente-se ao nível do próprio direito administrativo uma dificuldade crescente em lidar com tais distinções. O que se nota em aspetos e questões concretas do seu regime, sendo

[132] A privatização do direito administrativo, se bem que conviva com um fenómeno inverso de publicização parcial do direito privado, demonstra a crescente analogia entre as *técnicas* e as *formas de ação* utilizadas nos dois grandes ramos do direito.

[133] Cfr. Pedro Gonçalves, *Entidades Privadas com Poderes Públicos...*, cit., p. 22.

[134] Cfr. Klaus Lüder, "Triumph des Marktes im öffentlichen Sektor? – Einige Anmerkungen zur aktuellen Verwaltungsreform-diskussion", *Die* öffentliche *Verwaltung*, 49. Jahrgang, Heft 3, p. 93-100.

postas em causa distinções tradicionais com que o direito administrativo lidava ou que eram por ele pressupostas: entre atos de gestão pública e atos de gestão privada; a diferenciação rigorosa entre *contratos administrativos e contratos de direito privado* celebrados pela Administração; e a separação dos regimes da *responsabilidade civil extracontratual* do Estado e demais pessoas coletivas públicas no domínio dos atos de gestão pública e resultante de atos de gestão privada, apenas para referir alguns dos exemplos mais claros.

4. A Discricionaridade Administrativa

4.1. Vinculação e discricionaridade como momentos extremos da relação da Administração com o Direito

Como vimos, a Administração Pública não dispõe de liberdade constitutiva para escolher os fins que prossegue: por essa razão, é comum dizer-se que a atividade administrativa está sempre colocada perante fins heterónomos.

Quem define esses fins é o legislador, que é também responsável pela escolha dos órgãos competentes para os prosseguir: daí que tudo aquilo que diz respeito aos *fins* e às *competências* seja sempre matéria em que a Administração está vinculada à lei.

No entanto, há diversos casos em que a lei vai mais longe: além de indicar os fins e as competências, indica o próprio *conteúdo* que os atos a praticar pela Administração têm de revestir, uma vez verificados determinados pressupostos nela previstos – ou seja, a lei impõe os meios que a Administração há de usar para atingir o fim público previsto na norma.

Quando tal acontece, estamos perante *atos vinculados*, uma vez que a Administração não tem qualquer poder de escolha em relação ao seu conteúdo, havendo uma única solução possível, que resulta diretamente da lei aplicável, tendo aqui a Administração uma tarefa meramente executiva.

Pelo contrário, casos há em que a lei se limita a definir o fim/interesse público e os órgãos competentes para o prosseguir. Nestes casos o legislador atribui deliberadamente autonomia à Administração, pois considera-a capaz de decidir quais os meios mais adequados para atingir o fim pretendido.

Os *atos discricionários* traduzem esta possibilidade de a Administração "escolher" (determinar) o conteúdo dos atos, fixando o grau das modificações jurídicas pretendidas.

De qualquer modo, deve sublinhar-se que em todos os atos administrativos existem momentos de vinculação e de discricionariedade: não há atos absolutamente discricionários (o fim e a competência são sempre elementos vinculados, ainda que se admita hoje que o agente possa colaborar na sua definição, o que sucede quando os mesmos são identificados pela lei por intermédio de conceitos indeterminados) nem atos absolutamente vinculados (a Administração tem normalmente, pelo menos, o poder de escolher o momento da prática do ato). Os atos serão vinculados em relação a certos aspetos e discricionários em relação a outros. Contudo, como melhor veremos mais adiante, porque discricionariedade não é arbítrio, mesmo nos momentos discricionários as escolhas da Administração hão de ser pautadas por critérios, designadamente os que lhe são fornecidos pelos princípios e regras gerais de direito, os quais orientam a sua atuação no sentido da solução mais adequada ao caso concreto.

Daí a afirmação de que toda a atividade administrativa é um *continuum* entre vinculação e discricionariedade.

4.2. Fundamento do poder discricionário: evolução histórica

No século XIX (época do Estado de Direito Liberal) a discricionaridade correspondia a toda a atividade administrativa que não interferisse com matérias jurídicas.

Como havia correspondência entre a lei e o direito, considerava-se que o único terreno de criação jurídica era aquele em que o Parlamento legislava. Assim, fora das matérias reservadas ao Parlamento (ou onde o Parlamento já tivesse feito a sua intervenção) a Administração gozava de um poder discricionário, na medida em que estávamos perante matérias que não contendiam com a lei.

Também por essa razão a discricionariedade correspondia a um poder originário da Administração (originário porque não pré-ocupado pela lei, sendo algo de inato à própria Administração): era uma zona de inteira liberdade (correspondente a um verdadeiro livre arbítrio) onde a Administração tinha a possibilidade de escolher as soluções que julgasse convenientes.

Hoje, pelo contrário, a discricionariedade tem de ser entendida como uma *concessão legislativa* à Administração de um *poder próprio* na decisão de casos concretos (ou seja, um poder que lhe é concedido para que a Administração encontre aquela que *considere ser a melhor solução* para o caso concreto que, obviamente, só pode ser uma).

Na medida em que hoje vigora o princípio do primado da lei em sentido positivo ou *princípio da precedência da lei*, a discricionariedade tem de ser vista como uma competência concedida pelo legislador à Administração. Daí a sua relação com o princípio da *lei-pressuposto* e com o princípio da competência.

Este último princípio diz-nos, precisamente – ao contrário do que estabelece a regra da autonomia da vontade, vigente no direito privado – que os órgãos administrativos têm apenas os poderes que a lei expressamente lhes concede (poderes esses que, nos termos do artigo 36º do CPA, são irrenunciáveis e inalienáveis).

4.3. A influência conflituante dos princípios do Estado de Direito e da separação de poderes no campo da discricionariedade

Do ponto de vista teórico, há dois princípios jurídicos fundamentais que se contrapõem no sentido de reconhecer uma menor ou maior extensão ao poder discricionário da Administração: o princípio do Estado de Direito e o princípio da separação de poderes.

De acordo com o primeiro, põe-se o acento tónico na proteção dos direitos subjetivos e interesses legítimos dos cidadãos em face da Administração Pública: ligado ainda a uma pré-compreensão (hoje em larga medida afastada) de uma Administração "inimiga" dos cidadãos, com possibilidade de constantemente se intrometer nas suas esferas jurídicas de forma arbitrária e injusta, preconiza aquele princípio a necessidade de reduzir a um mínimo os espaços discricionários da Administração.

Para atingir um tal desiderato, defende-se uma *maior determinação legislativa* e uma *maior fiscalização judicial* da atividade administrativa: aumentando-se simultaneamente a vinculação da Administração à lei e aos tribunais consegue-se uma mais ampla e eficaz defesa dos direitos e interesses dos cidadãos, com possibilidades mais fortes de se defenderem dessa Administração "inimiga".

Nesta compreensão das coisas a discricionariedade é vista como um "mal necessário", defendendo-se uma maior proteção dos direitos dos particulares através da forma mais típica dessa defesa: um controlo mais intenso da atividade administrativa pelos tribunais.

De acordo com o *princípio da separação de poderes* a ideia é precisamente a oposta: proclama-se uma maior autonomia e uma responsabilidade própria da Administração (não se pode pretender que ela seja o que nunca foi: totalmente executiva), uma vez que o poder administrativo tem legitimidade e autonomia próprias em face dos outros dois tradicionais poderes do Estado: o legislativo e o judicial.

Realça-se, assim, a necessidade de reconhecer a legitimidade da Administração em face do poder legislativo: este exprime os seus comandos através de regras gerais e abstratas, ao passo que a Administração está em contacto com os casos concretos, devendo ser-lhe reservada a aplicação das finalidades gerais aos casos concretos.

Relativamente ao poder judicial, sublinha-se a necessidade de evitar uma "dupla Administração" que existiria se o juiz estivesse sempre em condições de anular as escolhas administrativas, substituindo pelos seus próprios critérios aqueles que foram utilizados pela Administração. Neste sentido, entende-se que a Administração é também responsável pela realização da ideia de Direito, pela realização e concretização deste.

A Administração tem perante a Constituição uma dignidade igual à do poder legislativo e à do poder judicial. Da mesma forma que ela não pode assumir um poder constitucionalmente atribuído aos outros poderes estaduais, estes também não podem intervir na esfera reservada à Administração.

O princípio da separação dos poderes acaba por ser o grande fundamento do poder discricionário: a Administração é responsável pela prossecução do interesse público, devendo fazer as escolhas e tomar as decisões nesse sentido, estando o juiz responsabilizado pelo controlo (atenuado, como veremos) da juridicidade dessas decisões.

Na linha deste raciocínio é comum sublinhar-se a *legitimidade democrática* dos órgãos administrativos (muito mais marcada do que aquela de que gozam os tribunais), a *capacidade técnica* desses mesmos órgãos, fundamental para tomar decisões com fortes componentes técnicas e ainda a *irrepetibilidade das decisões* administrativas, a *responsabilidade pelas suas opções* e a *maior proximidade da Administração à realidade dos factos.*

4.4. Âmbito do poder discricionário

Sendo o poder discricionário uma concessão do legislador, coloca-se a questão de saber como é que ele concede esse poder à Administração. O problema do âmbito da discricionariedade coloca-nos, precisamente, perante a questão de identificar quando é que existe este poder e qual a sua extensão, o que nos remete para a identificação das técnicas que o legislador utiliza quando pretende conferir poderes discricionários à Administração.

É o que faremos de seguida.

4.4.1. *As indeterminações estruturais das normas*

Existirá poder discricionário sempre que a norma administrativa assume uma estrutura indeterminada. As indeterminações estruturais das normas são, assim, uma das formas de concessão de poder discricionário, (aquela que reúne o consenso geral da doutrinal).

Para percebermos o significado desta ideia é necessário termos em atenção a estrutura da norma atributiva de poderes discricionários. Tratando-se de uma norma com estrutura condicional, ela é constituída por duas partes: uma hipótese e uma estatuição. A hipótese contém uma descrição típica de uma situação da vida; a estatuição inclui as medidas ou providências que o destinatário deve adotar perante a verificação, em concreto, dessa situação.

Entre a hipótese e a estatuição há um elemento de ligação que define a relação de correspondência entre aqueles dois termos, fixando o sentido do dever (devido, autorizado ou proibido).

A norma condicional terá uma estrutura determinada se à hipótese legal fizer corresponder uma só solução (*se X deve Y* ou *se X não deve Y*). Neste caso, em face da verificação, em concreto, da previsão legal, é dada à Administração apenas uma solução, que é aquela que ela terá de adotar na situação concreta.

Já terá uma estrutura indeterminada - concedendo poderes discricionários à Administração - a norma condicional que tenha uma natureza facultativa. Tanto se reconduzem a esta situação as normas autorizativas (*se X pode Y*) como aquelas cuja estatuição compreende medidas em alternativa (*se X pode A, B ou C* ou *se X deve A, B ou C*).

Nestas situações, a discricionariedade é essencialmente um problema de escolha de conteúdo (isto é, de escolha da solução para o caso concreto), uma vez que o que está em causa é:

a) utilizar ou não utilizar a medida ou providência contida na estatuição (A ou não-A) - normas autorizativas (discricionariedade de atuação ou de decisão);

b) escolher uma das medidas ou providências pré-ordenadas na estatuição - normas com medidas em alternativa (A, B ou C) - discricionariedade de escolha.[135]

A par de normas de estrutura condicional surgem, com cada vez mais frequência, *normas de estrutura programática* (ou programadas de forma final), isto é, normas que se limitam a definir os fins ou objetivos que a Administração deve prosseguir, deixando-lhe a determinação dos meios (soluções) mais adequados e idóneos para os alcançar. Também aqui as normas não têm uma estrutura fechada (determinada), remetendo para a Administração a tarefa de a fechar no caso concreto, mediante a determinação, *in casu*, da solução a dar à situação da vida que apela para a sua intervenção. Também elas concedem, portanto, discricionariedade.

[135] Sérvulo Correia distingue entre *discricionariedade de decisão* (poder de decidir se determinados efeitos previstos mas não impostos pela norma serão ou não produzidos no caso concreto) e *discricionariedade de escolha*, que, por sua vez, se divide em *discricionariedade optativa* (poder de optar por uma de entre várias condutas possíveis previstas em alternativa na norma) e *discricionariedade criativa* (poder de optar por uma solução de entre várias, apesar de a lei não as predeterminar, por se limitar a fixar o núcleo mínimo identificador do género da medida, deixando ao executor a invenção do conteúdo completo da atuação). Cfr. *Legalidade e Autonomia Contratual nos Contratos Administrativos*, Coimbra, Almedina, 1987, p. p. 479. No mesmo sentido, embora utilizando uma terminologia ligeiramente distinta, *vide* Bernardo Diniz Ayala, *O (Défice) de Controlo Judicial da Margem de Livre Decisão Administrativa*, Lisboa, Lex, 1995, p. 133.

4.4.2. *Indeterminações conceituais: o problema dos conceitos imprecisos ou indeterminados*

4.4.2.1. *O problema*

Frequentemente os preceitos legais fazem uso de *conceitos cujo conteúdo não é de antemão determinado* ou que deixa uma margem de imprecisão que tem de ser vencida pelo intérprete e pelo agente administrativo (*imprecisão no conteúdo dos conceitos*).[136]

Estes conceitos assumem uma importância fundamental no direito público, com maior relevo no âmbito do direito administrativo, como é o caso dos conceitos de *interesse público, bem comum, equilíbrio da sociedade, conveniência de serviço, solução adequada, noite*, etc.

A questão que agora se coloca é a de saber se quando o legislador utiliza conceitos indeterminados (do lado da hipótese ou do lado da estatuição da norma) pretende com isso atribuir poder discricionário à Administração, ou seja, pretende-se saber se a atribuição de poderes discricionários também pode ser feita através de *indeterminações conceituais* das normas legais.

Esta questão é de extrema importância, nomeadamente, por estar intimamente ligada ao problema de se saber se a interpretação/aplicação dada pela Administração pode ser ou não sindicável pelos tribunais.

4.4.2.2. *Posições extremas*

a) A conceção mais antiga – *teoria da discricionariedade* – respondia afirmativamente à pergunta colocada: sempre que o legislador utiliza conceitos indeterminados está a conceder à Administração o poder de agir discricionariamente (Laun). Esta posição tinha repercussão no âmbito do controlo jurisdicional da atuação administrativa: o juiz, ao controlar a atuação da Administração, ficava impossibilitado de reconstruir o preenchimento valorativo do conceito indeterminado empreendido pela Administração.

b) A conceção do *controlo total*, nascida na República Federal da Alemanha após o final da 2ª Grande Guerra, respondia negativamente à pergunta colo-

[136] Do ponto de vista da estrutura dos conceitos jurídicos indeterminados, estes podem ser divididos em duas zonas: a *zona de certeza* e a *zona intermédia de incerteza*. A *zona de certeza* divide-se, por sua vez, em *zona de certeza positiva* (que abrange aquelas situações que claramente cabem no conceito) e *zona de certeza negativa* (que integra as situações que indubitavelmente estão fora dele). A *zona de incerteza* abrange, por sua vez, aquelas situações relativamente às quais o conceito não deixa discernir de imediato se lhes é ou não aplicável. Sobre a estrutura dos conceitos indeterminados, cfr. também José Manuel Sérvulo Correia, *Legalidade e Autonomia Contratual, cit.*, p. 120, e os Autores aí citados, em especial, Heck e Jesch.

cada. Assim, quando a lei recorre a conceitos indeterminados, o legislador não atribui quaisquer poderes discricionários à Administração: a questão dos conceitos indeterminados reconduz-se a um mero problema de interpretação conceitual e, portanto, suscetível de reexame pelos tribunais.

Esta conceção, preconizada por RUPP, parte de uma ideia de discricionaridade como uma liberdade absoluta (por isso se defendendo que ela deve ser restringida ao mínimo indispensável) e de uma ideia de Estado de Direito acentuadamente formal, segundo a qual quanto maior for o controlo judicial melhor se garantirá a ligação da Administração ao direito (juridicidade = justiciabilidade).

4.4.2.3. *Posições moderadas*

A par destas duas posições radicais de defesa e de recusa dos conceitos indeterminados como forma de atribuição de poderes discricionários à Administração, encontramos um conjunto de outras teses que defendem posições mais moderadas sobre esta matéria. Mesmo os defensores iniciais das referidas teses radicais acabaram por admitir, em maior ou menor medida, uma moderação das suas posições.

Assim, e em primeiro lugar, as próprias teorias da discricionariedade admitem que alguns conceitos normativos indeterminados sejam susceptíveis de controlo intrínseco pelo juiz.

Por outro lado, as teorias do controlo total reconhecem a existência de conceitos reguladores de discricionariedade quando estejam situados na estatuição da norma (excluindo por completo essa possibilidade quando tais conceitos estejam na hipótese, por ser nesta que se encontram os pressupostos da ação administrativa e a admissão de discricionariedade neste âmbito estar afastada por os fins serem sempre vinculados).

Apesar disto, reconhece-se, relativamente a casos contados de aplicação de conceitos indeterminados utilizados na hipótese legal, uma "liberdade" administrativa que o juiz deve respeitar.

Perfilha esta posição a *teoria da folga ou da margem de apreciação* (OTTO BACHOFF), segundo a qual o tribunal pode refazer a interpretação que o titular do órgão ou agente administrativo fez do conceito indeterminado, mas já não pode pronunciar-se sobre a recondução da situação concreta ao esquema fixado por interpretação porque aí a Administração goza de uma "folga" ou "margem de apreciação". Existe uma zona indefinida do conceito que escapa ao controlo do tribunal.

Vejamos esta teoria com mais pormenor.

Segundo ela, o que os conceitos indeterminados levantam é, antes de mais, uma questão de *interpretação*. Neste âmbito, a interpretação que tiver sido feita pelo agente tem a possibilidade de ser repetida pelo tribunal.

Se surge um conceito indeterminado na hipótese (nos pressupostos) o agente, na interpretação, tem, desde logo, que fixar os *limites externos do conceito.* Com isto quer-se dizer que na interpretação o agente só consegue definir o que não cabe dentro daquele conceito, mas não o que necessariamente lá cabe.

Depois de realizada esta tarefa, que pode ser repetida pelo juiz, há um trabalho posterior que deve ser feito: a integração da situação real na hipótese pensada na lei, ou seja, saber se uma determinada situação concreta se enquadra ou não no esquema geral pensado na lei – operação de *subsunção.*

Como se trata de subsumir uma situação real ao que está pensado na lei através de conceitos indeterminados, esta subsunção não é feita em termos irrecusáveis mas vai deixar uma margem ou folga de apreciação ao agente. Por exemplo, se a lei utiliza o conceito *inundação grave,* a Administração deve interpretá-lo, fator que o juiz controla podendo refazer a interpretação realizada pelo agente administrativo; no entanto, a questão de saber se no caso concreto se está ou não perante uma inundação grave, não é controlada pelo juiz que se limita a verificar se a subsunção foi ou não feita dentro dos limites fixados na interpretação.

Por fim, ainda dentro destas teorias moderadas, temos a *teoria da prerrogativa de apreciação,* segundo a qual o tribunal não pode refazer a interpretação realizada pelo titular do órgão ou agente administrativo sempre que a referida interpretação exigir uma apreciação especial dos factos, designadamente quanto aos aspetos técnicos e/ou valorativos que envolva ou quanto à sua evolução futura.

Segundo esta teoria, há um conjunto de fatores que obrigam o juiz a uma contenção. Aqui não há nenhuma discricionariedade. Só que não vale a pena substituir-se um juízo técnico e deontológico (do agente) por outro (do juiz). Não vale a pena substituir-se uma palavra autorizada (a da Administração) por outra palavra autorizada (a do juiz). Não se trata de uma liberdade da Administração, não é algo que impossibilite o controlo do juiz, mas de uma atitude de conveniência e sabedoria. O juiz é que decide não controlar por entender que não tem tanta capacidade como a Administração para emitir aquele juízo técnico e/ou deontológico, uma vez que esta está em contacto mais direto com as situações da vida.

4.4.2.4. *O acordo entre as posições moderadas no que respeita à exclusão dos conceitos classificatórios e à admissão de conceitos subjetivos*

a) *Os conceitos classificatórios*: há um conjunto de conceitos indeterminados que não têm a ver com este problema, pois não são verdadeiros conceitos indeterminados. Trata-se de conceitos cuja imprecisão é resolvida em sede de interpretação jurídica, quer com apelo a *conhecimentos médios objetivos* (como é o caso dos *conceitos descritivo-empíricos* – fórmulas elásticas conhecidas pela experiência da vida), quer com apelo a *conhecimentos técnico-científicos* (como acontece com os conceitos imprecisos de *natureza jurídica* – conceitos cujo conteúdo se pode preencher com recurso a dados da ciência do direito), quer utilizando *considerações de tempo e de lugar* – conceitos determináveis com recurso aos *usos da terra.*

b) *Os conceitos subjetivos* ("abastecimento adequado dos mercados", "ordem pública", "conveniência de serviço"): pela sua extrema vaguidão e/ou pela ligação a faculdades de ação concedidas pelo legislador, têm de ser entendidos como delegações no poder administrativo. Estes conceitos são de tal forma vagos que se considera não estarem apenas em causa indeterminações conceituais, mas também indeterminações estruturais, razão pela qual sempre pertencerá à Administração a tarefa de preenchimento do seu conteúdo e subsequente aplicação aos casos da vida (subsunção das situações concretas ao conceito).

4.4.2.5. *Os conceitos imprecisos tipo*

Com as clarificações que decorrem do que vem de ser dito, deve concluir-se que os conceitos indeterminados que podem colocar um problema de discricionariedade são os conceitos imprecisos tipo. Trata-se de conceitos que não se referem a uma classe de situações individualizáveis mas a um tipo difuso de situações da vida e não podem, portanto, ser preenchidos em sede de interpretação jurídica, remetendo a Administração para juízos de valor da sua própria responsabilidade. Exs.: "interesse público", "publicações perigosas para a juventude", "inundação grave", "afetar manifestamente a estética das povoações".

Foi a propósito destes conceitos que se veio a discutir a possibilidade de os mesmos se apresentarem como fonte de discricionariedade, nomeadamente quando ligados com questões que colocam um "espaço de decisão" ou uma "liberdade de apreciação" administrativas – *prerrogativas de avaliação* – perante as dificuldades de controlo judicial das indeterminações legais, como são os casos de:

a) conceitos de valor no âmbito de *juízos sobre disposições ou aptidões pessoais ou de avaliações técnicas especializadas* ("jurista de reconhecido mérito", "filme de qualidade", "aptidão agrícola");

b) situações com elementos determinantes de *prognose* ("justo receio de ser perseguido", "perigo para o trânsito");

c) casos que obriguem à *ponderação de interesses públicos ou privados complexos* (v.g. a decisão sobre a localização de um aterro sanitário);

d) casos de *decisões com consequências políticas* (v.g. a autorização para a realização de uma oferta pública de aquisição de ações de um banco em fase de reprivatização).

4.4.2.6. *A posição tradicional da doutrina e da jurisprudência em Portugal*

a) Durante muito tempo defendeu-se, em Portugal, quer na doutrina quer na jurisprudência, uma distinção clara entre discricionariedade (margem de volição) e a apreciação na aplicação de conceitos indeterminados (margem de cognição), sendo ambas estrutural e, por isso, categorialmente distintas.

De acordo com esta conceção, reconhecer-se-ia discricionariedade à Administração sempre que o legislador lhe concedesse o poder de escolher o conteúdo dos seus atos, o que adviria, exclusivamente, de *indeterminações estruturais*, ou seja, de normas autorizativas e de normas com medidas em alternativa (na estatuição). Assim, haveria discricionariedade quando a lei permitisse à Administração, uma vez verificadas as condições por ela fixadas, uma liberdade de escolha entre *várias soluções tidas como igualmente possíveis*. A Administração escolheria aquela que entendesse ser a melhor para o interesse público, escolha essa que seria livre – entender-se-iam como corretas as várias soluções apresentadas na lei, sendo indiferente, do ponto de vista jurídico, a escolha que a Administração fizesse. A discricionariedade apenas teria, pois, que ver com *faculdades de ação*, cabendo no âmbito dos poderes vinculados da Administração tudo o que se relacionasse com a verificação dos pressupostos. Em causa estava, assim, uma conceção de discricionariedade que defendia que a discricionariedade administrativa opera exclusivamente no âmbito das consequências jurídicas das normas administrativas.

Da discricionariedade assim caracterizada, aquela conceção distinguia outros fenómenos afins ou géneros menores de *liberdade administrativa discricionária*, como era o caso da designada *discricionariedade imprópria*. Esta ocorreria naqueles casos em que se detetasse uma atividade da Administração insuscetível de controlo pelos tribunais, mas a que não corresponderia uma liberdade de escolha do conteúdo da decisão entre os vários legalmente possíveis, como acontecia com a *discricionariedade propriamente dita*.

Freitas do Amaral referia-se, a este propósito, a três casos de discricionariedade imprópria:

i. a *liberdade probatória*: situações em que a Administração, para decidir, fazia uma apreciação livre das provas com a obrigação de apurar a única solução correta (ex: apuramento do valor de um imóvel para efeitos fiscais)

ii. a *discricionariedade técnica*: casos em que as decisões da Administração só poderiam ser tomadas com base em estudos prévios de natureza técnica e segundo critérios extraídos de normas técnicas; ex.: a decisão de construção de uma barragem vai implicar um conjunto de estudos económicos e técnicos nos quais aquela decisão se vai basear. O juiz não controla se tal construção é um bom investimento ou se as técnicas escolhidas para a sua construção são as melhores (aspeto importante na decisão de escolha da entidade que vai construir a barragem, nos casos de concurso público)

iii. *a justiça administrativa*: situações em que a Administração Pública, no desempenho da função administrativa, era chamada a proferir decisões essencialmente baseadas em critérios de justiça material, como acontecia na notação de funcionários, na classificação de alunos em exames escolares, etc.[137]

Diferentes das situações de discricionariedade propriamente dita e de discricionariedade imprópria, seriam aquelas em que a lei utilizasse conceitos indeterminados, uma vez que aqui estaríamos perante um problema de interpretação (aplicação) desses conceitos, ou seja, de procura de *uma única solução correta* do ponto de vista do legislador (da lei), e, portanto, fora do problema da discricionariedade, que pressupunha, como se disse, a escolha entre *várias soluções tidas como igualmente possíveis.*

b) Mais recentemente, a jurisprudência, baseada numa parte da nossa doutrina, tem vindo a estabelecer a distinção entre *discricionariedade pura* (ou discricionariedade propriamente dita ou em sentido próprio) e um género afim (menor) de liberdade administrativa, como é a que diz existir na valoração de conceitos indeterminados, tendo-se passado a falar, em relação a estes, em "*margens de liberdade de apreciação*" e de "*prerrogativas de avaliação*".

Com efeito, alguns Autores têm vindo a introduzir alguns desenvolvimentos no entendimento mais tradicional que se tinha da discricionariedade administrativa, defendendo um conceito amplo de *espaço* ou *margem de livre decisão* que integra a *discricionariedade pura*, a *discricionariedade imprópria* e as *figuras afins da discricionariedade*, onde se inserem, por sua vez, os *conceitos jurídicos indeterminados.*[138]

No entanto, apesar de se partir de um conceito amplo ou mais abrangente designado de "*espaço de livre decisão administrativa*" (integrador de modalidades designadas de "autonomia pública"), continua a partir-se do pressuposto da

[137] Atualmente o Autor em apreço reconhece que algumas destas situações representam exemplos de verdadeira autonomia da Administração, isto é, de poder discricionário: cfr. *Curso de Direito Administrativo, Vol. II, cit.*, p. 72 e ss.

[138] Cfr. Bernardo Ayala, no seguimento do trabalho empreendido por Sérvulo Correia in *Legalidade e Autonomia Contratual, cit.*, p. 778, tese 109.

existência de uma distinção qualitativa entre os fenómenos da discricionariedade (pura) e dos conceitos indeterminados[139].

Na sequência deste entendimento, uma mais recente corrente jurisprudencial em matéria de conceitos indeterminados passou a considerá-los como não totalmente controláveis, porque acompanhados de *livre valoração* ou *prerrogativas de avaliação* na sua aplicação administrativa, embora não se possa falar aí de discricionariedade. Com isto, passou a admitir-se uma espécie de *terceiro género* entre discricionariedade e vinculação, a que corresponde um *espaço de apreciação* e de *decisão* que se pretende mais livre ou de vinculação relativa. Ao introduzir as ideias de *margens de apreciação* ou de *prerrogativas de avaliação* pretendem, assim, as nossas doutrina e jurisprudência mais recentes, referir-se a um *grau menor de discricionariedade* eventualmente mais limitado do que na clássica discricionariedade de escolha de resultados, mas que submetem, no fundo, ao mesmo resultado ou regime jurídico[140].

4.4.2.7. *A evolução para as conceções mais recentes (crítica à conceção tradicional)*

a) Contrariamente ao que defendiam a doutrina e jurisprudência tradicionais, não é possível distinguir nitidamente entre interpretação de conceitos indeterminados e discricionariedade: a interpretação de uma norma não se reduz à determinação de uma vontade pré-existente. É na aplicação da norma que se fixa o seu sentido. Assim, a interpretação de uma norma implica, nos casos concretos, uma concretização criadora (constitutiva) que é mais evidente ainda quando o legislador utiliza conceitos indeterminados tipo.

Por outro lado, não é possível uma separação nítida entre a hipótese e a estatuição legal (entre cognição e volição ou entre interpretação e subsunção na aplicação do direito).

A utilização de conceitos indeterminados corresponde a um reconhecimento por parte do legislador da impossibilidade de prever, no seu recorte hipotético, todas as situações (daí utilizar conceitos indeterminados na hipótese), bem como a de manusear os factos concretos (nos casos das prerrogativas de apreciação).

[139] Sobre esta posição, cfr. Bernardo Diniz Ayala, *ob. cit.*, pp. 105 e ss.

[140] Sobre esta evolução da doutrina e da jurisprudência portuguesas, *vide* Maria Francisca Portocarrero, "Notas Sobre Variações em Matéria de Discricionariedade. A Propósito de Algumas Novidades Terminológicas e da Importação de Construções Dogmáticas pelas Nossas Doutrina e Jurisprudência do Supremo Tribunal Administrativo", in *Juris et de Jure. Nos Vinte Anos da Faculdade de Direito da Universidade Católica Portuguesa – Porto*, Porto, 1998, pp. 666, e "Discricionariedade e conceitos imprecisos: ainda fará sentido a distinção?", anotação ao Ac. do STA de 20/11/1997, P. 39 512, in *CJA*, nº 10, julho/agosto de 1998, pp. 26 e ss.

b) A ideia de que a discricionariedade é uma escolha livre (do Direito), dentro de uma série de soluções ou alternativas de decisão igualmente legítimas (com o mesmo valor jurídico), não pode aceitar-se num Estado de Direito. A discricionariedade deve antes implicar a procura *da melhor solução* para a satisfação do interesse público legalmente definido no caso concreto, numa escolha orientada pelos princípios jurídicos.

Desta forma, a decisão administrativa legítima (no uso de poderes vinculados e no uso de poderes discricionários) é só uma.

A ideia de que a discricionariedade não pode ser uma zona livre do Direito, implicando antes a procura da melhor solução para o caso concreto (de acordo com o fim da norma e tendo por base uma racionalidade jurídica) vem sendo, em boa parte, seguida pela jurisprudência mais recente, que tem vindo a controlar de forma cada vez mais intensa as zonas tradicionais de "liberdade" administrativa.

c) A discricionariedade imprópria pode representar um perigo para a proteção, quer da legalidade pública, quer dos direitos dos administrados, pois não fornece critérios substanciais para ajuizar da densidade adequada do controlo judicial das decisões administrativas.

O paradoxo parece aqui evidente: se, por um lado, é dada uma resposta negativa à questão de saber se estamos perante um poder discricionário da Administração, por outro lado admite-se que a decisão administrativa respetiva é insuscetível de controlo pelo juiz, o que equivale a passar um "cheque em branco" à Administração.

d) No que concerne às conceções mais recentes – que se referem a um conceito amplo de *margem de livre decisão* como abrangente quer da discricionariedade quer da *margem de livre valoração* ou *prerrogativas de avaliação* dos conceitos indeterminados (embora mantendo a sua distinção categorial) –, as mesmas parecem esquecer que na origem das *margens de livre apreciação* e das *prerrogativas de avaliação* estão teorias que visavam essencialmente recusar qualquer discricionariedade em matéria de conceitos imprecisos, assumindo-a como uma liberdade imprópria, a qual tão somente se toleraria por razões práticas de dificuldades de controlo e da necessidade de alguma flexibilização por parte da Administração em domínios difíceis de aplicação de conceitos imprecisos. O que deve ser recusado perante a conceção do poder discricionário como um campo de atuação próprio (e reservado) da Administração, e não um *resto* deixado pelos tribunais (uma margem ou uma liberdade marginal)[141].

[141] Cfr. Maria Francisca Portocarrero, "Notas sobre a Variação em Matéria de Discricionariedade", *cit.*, pp. 692 e ss

4.4.2.8. *A posição adotada*

a) A posição que defendemos (na linha da conceção preconizada entre nós por Rogério Soares) é a de um *conceito unitário e amplo de discricionariedade* como um espaço de decisão da responsabilidade da Administração, decorrente de uma indeterminação legal, o que abrange *não apenas as situações de indeterminação estrutural mas também as de indeterminação conceitual*, englobando quer as *faculdades* (diretas) *de ação* (que decorrem de normas autorizativas e de normas de decisão alternativa) quer os espaços de apreciação na aplicação de conceitos indeterminados – quer estes se encontrem na hipótese (discricionariedade de apreciação) quer na estatuição da norma (discricionariedade de decisão) –, quer ainda as *prerrogativas de avaliação* (juízos sobre aptidões pessoais ou avaliações técnicas especializadas, decisões com elementos de prognose, ponderação de interesses complexos e decisões com consequências políticas).

Para que o agente administrativo possa concluir encontrar-se perante uma situação de indeterminação concessora de poderes discricionários é necessário proceder-se à *interpretação da lei específica*, de acordo com as regras gerais – tomando em conta, designadamente, o tipo de tarefa em causa.

b) Na zona de discricionariedade há uma repartição de competências entre a Administração e o Juiz, entendida como distribuição de tarefas (de "funções organizacionais") por dois poderes estaduais: a *autoria* dos atos e a inerente *responsabilidade* pela prossecução do interesse público legalmente definido cabem à Administração; a *fiscalização* da conformidade ou compatibilidade dessa atuação administrativa com as normas legais e os princípios jurídicos compete aos tribunais.

c) Na zona da discricionariedade a atividade administrativa é *funcional e materialmente jurídica*: visa a *aplicação do direito ao caso concreto*, na procura da *melhor solução* orientada pelo *fim* da norma (interesse público específico) e regulada por uma *racionalidade jurídica* (em obediência aos princípios jurídicos como os da igualdade, imparcialidade, justiça, proporcionalidade, mas também da necessidade, racionalidade, boa-fé, proibição do arbítrio, e tendo em consideração os direitos, liberdades e garantias dos cidadãos administrados).

Esta ideia fundamental encontra-se na linha da "*...mudança de sentido entretanto sofrida pela discricionariedade, quer em termos de racionalidade administrativa que atualmente a informa, acentuadora mesmo de funções típicas a servir, quer em termos da sua perceção como atividade jurídica, de criação do direito para o caso concreto, acentuadora da intencionalidade jurídica do agente e de um procedimento jurídico de ponderação* *de interesses, cada vez mais enquadrado por máximas de organização e de procedimento garantidoras da afirmação dos direitos e interesses dos cidadãos*"[142].

d) O que marca a discricionariedade é a *estrutura específica da decisão* que é tomada com base nela, que é sempre qualitativa ou substancialmente idêntica, independentemente das técnicas utilizadas para a sua atribuição. Essa estrutura de decisão corresponde à *complementação concreta da previsão normativa* (preenchimento de uma lacuna intra-legal) com vista a dela deduzir a *única decisão legítima*, juridicamente e em mérito, a qual será formulada a partir da situação de facto e dentro do fim da norma e dos princípios jurídicos, segundo um programa de execução da lei orientado para o caso de interesse público concreto.

Ao "fechar" a norma no caso concreto – com as particularidades e circunstâncias próprias que dele são privativas – não se elimina a sua abertura para outros casos que eventualmente cumpra decidir. Mas, mantendo-se a atribuição da competência discricionária, o processo que consiste em fechar a abertura normativa vai permitir fundamentar decisões futuras de aplicação da mesma norma a situações semelhantes em que caibam, grosso modo, as mesmas exigências, originando assim a aplicação do mesmo programa de execução da lei[143]. Com um trabalho deste tipo, formam-se *decisões antecipadas* para toda uma série de casos, *diretivas de discricionariedade* com base nos mesmos princípios.[144]

4.5. Natureza do poder discricionário

Como vimos, no século XIX o poder discricionário era concebido como um *poder originário da Administração*, como uma liberdade fundamental de que esta dispunha quando atuava fora das matérias reservadas ou já ocupadas por uma lei do Parlamento, ou seja, fora do domínio jurídico.

Como tal, o poder discricionário assumia um carácter não jurídico, estando em causa um terreno de administração pura, colocado fora do universo jurídico.

Hoje em dia, com a afirmação do princípio da juridicidade, ultrapassou-se definitivamente, como vimos, a identificação entre Lei e Direito: o Direito não é a mera legalidade, sendo também constituído por princípios jurídicos fundamentais, pela Constituição, pelo Direito Internacional (Tratados, Convenções e normas provenientes de Organizações Internacionais), por princípios gerais

[142] Maria Francisca Portocarrero, "Notas sobre a Variação em Matéria de Discricionariedade", *cit.*, pp. 694-695.

[143] Maria Francisca Portocarrero, "Notas sobre a Variação em Matéria de Discricionariedade", *cit.*, p. 705.

[144] A tarefa de complementação torna-se ainda mais nítida quando estão em causa normas legais programadas de forma final, que, diferentemente das normas condicionais, contêm apenas atribuição de fins, consentindo uma maior liberdade ao aplicador.

de direito administrativo, pelos regulamentos administrativos e pelos próprios atos administrativos que são atos jurídicos.

A discricionariedade é uma *concessão legislativa* (determinada por interpretação da norma), estando afastada a sua caracterização como liberdade absoluta da Administração ou como um "resto" deixado pelos tribunais, em campos onde sentem dificuldades de controlo dos atos administrativos.

Por tudo isto, o poder discricionário tem que ser hoje concebido como um *poder jurídico* em que se exige à Administração uma "*tensão criadora do direito do caso concreto*"[145], exprimindo a autonomia deste poder no contexto dos poderes públicos constitucionalmente separados.

A discricionariedade não deve, pois, ser vista como um "mal necessário" que tenha de ser reduzido ao mínimo; antes pelo contrário, desempenha um *papel positivo* quer para a realização do interesse público, quer para a proteção dos interesses dos particulares. Ilustrativo de tal papel é o facto de o legislador proceder à concessão de poderes discricionários em novas áreas (por exemplo na área do planeamento e nas matérias que envolvam componentes técnicas).

Quando pratica atos administrativos discricionários a Administração está limitada pelo fim definido pela norma e sujeita ao direito, nomeadamente a princípios jurídicos gerais reguladores da atividade administrativa (igualdade, imparcialidade, justiça, proporcionalidade, etc.), devendo naturalmente tomar em consideração os direitos, liberdades e garantias dos cidadãos. Muitos destes princípios começaram por ser critérios de boa administração, sendo no entanto hoje verdadeiros princípios jurídicos (alguns com consagração constitucional e/ou legal expressa). Quando a Administração decide com base em poderes discricionários ela é norteada por tais princípios jurídicos que lhe fornecem os parâmetros ou critérios da decisão que, deste modo, se mostram como limites da decisão administrativa discricionária (princípio da juridicidade).

Uma conceção como a que acabámos de expor revaloriza a discricionariedade nos modernos Estados de Direito, voltando esta a ser compreendida com a sua original vocação tendencialmente abrangente de *todos aqueles casos ou graus de autonomia de decisão administrativa na aplicação da lei.*

4.6. O controlo jurisdicional e as garantias dos particulares perante os poderes discricionários da Administração

a) Se é clara a *juridicidade* do poder discricionário, importa contudo perguntar pela sua *justiciabilidade*, isto é, pela suscetibilidade do seu controlo jurisdicional. Ora, não há dúvida de que, ao contrário do que defendem algumas teo-

[145] É esta a expressão usada por ROGÉRIO SOARES: cfr. *Direito Administrativo*, Univ. Católica, p. 85.

rias, o exercício de poderes discricionários é suscetível de *fiscalização pelo juiz.* A questão está em saber até onde podem ir os tribunais administrativos quando estão em causa os poderes discricionários da Administração. Isto tendo presente o princípio da separação de poderes e a circunstância, hoje com expressa previsão no artigo 3º do CPTA, de que os tribunais "julgam do cumprimento pela Administração das *normas e princípios jurídicos* que a vinculam e *não da conveniência ou oportunidade* da sua atuação" (itálicos nossos).

É frequente falar-se de duas formas de controlo a exercer pelos tribunais:

(i) No contexto de um *controlo externo,* tendo em conta que nenhum ato é absolutamente discricionário, contendo sempre alguns aspetos vinculados, será sempre possível controlá-lo no que toca aos fins e competências estipulados na norma legal. O *controlo desses momentos vinculados* da atuação administrativa quando está em causa a prática de um ato discricionário não tem contornos especiais relativamente aos atos vinculados. Assim, se o órgão que atuou não era competente ou não dispunha de legitimação para agir, o tribunal administrativo anulará o ato praticado, por vício de incompetência, exatamente nos mesmos termos em que o anularia se o órgão estivesse a agir ao abrigo de poderes vinculados. Também se se demonstrar que a Administração se serviu dos poderes discricionários para prosseguir interesses (públicos ou privados) diferentes daqueles que a lei tinha em vista ao conceder-lhe tal competência discricionária, o tribunal anulará o ato praticado por *desvio de poder subjetivo.* A dificuldade neste caso reside, porém, na prova de que a Administração se *motivou* por interesses diferentes daqueles que, segundo a lei, a deveriam animar. Tal dificuldade pode ser superada, em grande parte, com a obrigatoriedade da Administração *motivar* os atos administrativos praticados ao abrigo de poderes discricionários, que referiremos adiante.

(ii) Já no que concerne ao chamado *controlo intrínseco,* onde se coloca à prova *o próprio uso dos poderes discricionários,* a dificuldade é maior. Naturalmente que o parâmetro de controlo não pode agora ser a lei, pois ela é aqui, como já dissemos, deliberadamente lacunosa. O critério de controlo é mais vago e ao mesmo tempo mais abrangente, sendo constituído pelos princípios jurídicos que, como dissemos, devem nortear a Administração ao decidir com base em poderes discricionários, sendo necessário analisar todo o processo que antecede os atos administrativos, bem como a fundamentação que os justifica. Todavia, só a *violação ostensiva* ou *intolerável* destes princípios (desvio de poder objetivo) poderá basear a anulação jurisdicional dos atos praticados ao abrigo de poderes discricionários, sob pena de os tribunais administrativos praticarem uma "dupla administração", ao pronunciarem-se sobre o mérito das decisões administrativas. A intolerabilidade da violação de tais princípios variará na medida da densidade do princípio em causa e dos circunstancialismos concretos em presença.

Deve, em todo o caso, relembrar-se que grande parte dos "princípios gerais de direito administrativo" tem hoje expressa consagração constitucional (artigo 266º, nº 2) e/ou legal (artigos 3º a 19º do CPA), o que facilita a tarefa do julgador.

Para além disso, os atos praticados ao abrigo de poderes discricionários podem ser anulados com base em *erro de facto*, se a Administração baseou a sua decisão em factos inexistentes ou falseados, ou em *erro manifesto de apreciação*, quando se torna evidente que a Administração avaliou ou qualificou mal a realidade (está aqui em causa um "juízo valorativo"), embora se tenha baseado em factos verdadeiros, correspondentes à realidade. Não compete aos tribunais substituírem-se à Administração na avaliação da situação, mas compete-lhes anular o ato quando verificarem que a avaliação feita pela Administração é *manifestamente desacertada* e *inaceitável*, quando o erro é *ostensivo* e *notório*, percetível a uma pessoa sem os conhecimentos da Administração. O campo de eleição para o erro manifesto de apreciação é o do preenchimento de conceitos indeterminados típicos.

O exercício de poderes discricionários por parte da Administração é, pois, suscetível de fiscalização por parte do juiz, mas não de reexame: a maior flexibilidade dos parâmetros usados leva a que se caracterize o controlo judicial dos atos administrativos discricionários como um *controlo atenuado*. Pode-se, portanto, dizer que os poderes discricionários da Administração implicam uma repartição de competências entre a mesma e os tribunais. Assim, se à Administração cabe a adoção da solução mais adequada a um dado caso concreto, recaindo sobre si a responsabilidade de prosseguir o interesse público, aos tribunais caberá a fiscalização da atuação administrativa, tendo em conta os vários limites que lhe são impostos, mas abstendo-se de se pronunciar sobre a conveniência dessa atuação.

Refira-se a necessidade de se reconhecer um poder acrescido de controlo judicial (dever de reexame) em determinadas situações, de que é exemplo típico a necessidade de uma proteção plena dos particulares e dos seus direitos (especialmente dos direitos, liberdades e garantias). Nestes, como noutros casos similares, deve reservar-se a última palavra ao juiz.

b) Não se pode, contudo, confundir juridicidade com justiciabilidade: o mundo jurídico é sempre mais vasto do que o justiciável. Toda a atividade administrativa está sujeita ao princípio da juridicidade mas nem toda ela é justiciável: não existe por isso, como vimos, um controlo total da atividade administrativa pelos tribunais.

Isto não significa que o particular fique desprotegido face à Administração. Perante a maior amplitude da discricionariedade da Administração, reforçam-se as garantias dos administrados.

Assim, para além das *garantias políticas* (queixas ao Provedor de Justiça, controlo parlamentar) e *administrativas* (descentralização, concertação, participação), salientam-se as *garantias jurídicas*. É o caso, desde logo, do *princípio da aplicabilidade direta dos preceitos relativos aos direitos, liberdades e garantias* (artigo 18º da Constituição). Por outro lado, verificou-se um *alargamento do domínio da reserva de lei parlamentar*, o que determina que relativamente às matérias por ele abrangidas se exija uma densidade legal acrescida e, portanto, uma vinculação mais estrita – formal, procedimental ou material – da atividade administrativa à lei.

Existe ainda a *obrigatoriedade de fundamentação* expressa dos atos administrativos. Com a fundamentação, a Administração deve dar notícia da presença dos pressupostos de facto da ação que a norma legal enuncia em abstrato na hipótese (*justificação*) e, estando em causa poderes discricionários, os interesses que, no seu juízo, foram determinantes para a definição de um especial conteúdo do ato (*motivação*). Através dos *motivos* a Administração deve indicar quais os interesses que a levaram a agir e aquele ou aqueles a que deu mais relevo no processo de decisão, no sentido de terem sido determinantes para o conteúdo do ato. Esta enunciação dos motivos torna naturalmente mais fácil ao tribunal detetar vícios que possam inquinar o ato administrativo, como o *desvio de poder*, o *erro de facto*, o *erro manifesto de apreciação* e a *violação manifesta dos princípios*.

Este dever de fundamentação contribui para reforçar a confiança da comunidade na Administração e mostar-lhe a importância e razão de ser da autonomia que àquela é concedida, provando a sua capacidade para exercer autónoma e responsavelmente uma função que possibilita uma melhor aplicação das soluções legalmente previstas aos casos concretos que se vão apresentando e como tal contribui para uma efetiva realização do Direito.

A juntar a tudo isto, encontramos o desenvolvimento do direito organizatório e procedimental e um controlo mais apurado dos vícios de discricionariedade pelos tribunais.

4.7. Discricionariedade e discricionariedades

Refira-se, a terminar, que se bem que a discricionariedade tenha sido construída no âmbito da teoria do ato administrativo – perspetivada, por isso, como a escolha da melhor solução *para o caso concreto* – ela desempenha hoje um papel relevante noutros domínios.

Trata-se, por isso, de uma figura que tende a abranger todos os espaços de decisão própria da Administração, ainda que, por vezes, em alguns domínios, assuma especificidades não despiciendas. Fala-se, por isso, hoje em dia, em discricionariedade regulamentar, em discricionariedade de planeamento, em discricionariedade implementadora no contexto da execução de programas ou diretivas politico-estratégicas do governo, etc.[146]

[146] Sobre as novas feições da discricionariedade, cfr. VIEIRA DE ANDRADE, *Lições de Direito Administrativo, cit.*, pp. 64-65.

Parte III
A Atividade da Administração

A Administração Pública lança mão de variadíssimos instrumentos para cumprir as funções públicas que lhe são assinaladas, escolhendo-os e combinando--os, de modo a prosseguir da forma mais eficaz e eficiente os objetivos da sua atuação.

De facto, com o aumento das tarefas que incumbe à Administração desempenhar – sejam elas de prestação direta de bens e serviços aos administrados ou utentes; de definição das regras jurídicas aplicáveis à permissão ou ao exercício de uma determinada atividade; de controlo da atuação dos privados em áreas com relevo para a atuação administrativa; ou de regulação dos operadores privados na satisfação de serviços de interesse geral – também se multiplicaram as formas de atuação administrativa ou se reconfiguraram instrumentos tradicionais de atuação da Administração.

Em termos gerais, para além dos *atos jurídicos de direito público*, passíveis de múltiplas caraterizações, a Administração necessita de praticar *operações materiais*[147] *que podem ser de exercício (prestação de serviços aos utentes, realização de vis-*

[147] Segundo Freitas do Amaral as operações materiais são atuações de caráter físico que tanto podem ser instantâneas (esgotam-se num momento, como é o caso da identificação de um indivíduo pela polícia) como continuadas [por se prolongarem no tempo quer através de uma atuação única (v.g. demolição de um edifício) ou de prestações periódicas (pagamento mensal de vencimentos)]. Para o Autor em referência estas últimas assumem o nome de atividade administrativa e tanto podem visar a conservação de uma situação de facto como a sua modificação (que pode ser parcial – reparação de parte de uma rua ou de um edifício – ou total, incluindo a eliminação completa – demolição de edifício, abate de árvores mortas ou de animais doentes). Cfr. Freitas do Amaral, *Curso de Direito Administrativo*, Vol. II, *cit.*, pp. 537 e segs.
As operações materiais distinguem-se dos atos jurídicos porque estes correspondem a atuações jurídicas que envolvem declarações, contrariamente àquelas, que correspondem a atuações de caráter físico.
Sobre o relevo das operações materiais, vide Carla Amado Gomes, *Contributo para o Estudo das Operações Materiais da Administração Pública e do seu controlo Jurisdicional*, Coimbra, Coimbra Editora, 1999; e, mais recentemente, da mesma Autora, "Revisitando a teoria da «via de facto»", in Aa. Vv.,

torias, de exames, de obras, de campanhas de esclarecimento e de coação direta policial) ou de execução (demolições, pagamentos, ocupação de terrenos), que configuram meros factos jurídicos, isto é, atuações da Administração que não contêm em si a sua própria estatuição. Também, e cada vez mais, numa época caraterizada pelo *risco/incerteza* e pela imposição da mínima ingerência na esfera jurídica dos particulares, a Administração lança mão de *atuações administrativas informais*, como compromissos de início de um procedimento de planeamento; declarações de intenção administrativa quanto a comportamentos a adotar por si no futuro; protocolos entre a Administração e os particulares quanto a condutas recíprocas futuras; recomendações e advertências; manifestações reiteradas de tolerância; informações e avisos; monitorizações; guias de boas práticas e divulgação de *standards*.

A Administração recorre ainda, e com cada vez maior intensidade, a figuras e formas de atuação de direito privado, o que conduz a uma tendência de "privatização" da Administração Pública. A que acresce novas formas de atuação administrativa, dificilmente reconduzíveis às formas típicas tradicionais (como é o caso dos planos territoriais).

Centrando-nos, por estes motivos, nas atuações de direito público da Administração, iremos desenvolver em particular o estudo do *ato administrativo* que, apesar de rivalizar, cada vez mais, com outros instrumentos de intervenção da Administração, foi tradicionalmente a figura central da atividade administrativa e ainda hoje se assume como o modo mais caraterístico da atuação jurídica da Administração.

De entre os atos jurídicos de cariz público praticados pela Administração destacam-se, para além da figura acabada de mencionar do *ato administrativo*, o *regulamento*, tendo-se juntado a elas, mais tarde, o *contrato administrativo*, com importância crescente nos nossos dias.

Na Parte III debruçar-nos-emos autonomamente sobre cada uma destas formas da atividade administrativa, que corresponderá a cada um dos seguintes capítulos. Comecemos, então, pelo estudo dos regulamentos administrativos.

Nos 20 Anos dos CJA, coord. de Carla Amado Gomes, Filipa Urbano Calvão e José Eduardo Figueiredo Dias, CEJUR (Centro de Estudos Jurídicos do Minho), Braga, 2017, pp. 23-40.

Capítulo I
Os Regulamentos Administrativos

1. Conceito

Os regulamentos administrativos são *normas jurídicas editadas pela Administração no exercício da função administrativa.*[148]

Esta noção encerra três elementos essenciais: um elemento de natureza material, outro de natureza orgânica e um terceiro de natureza funcional.

Do ponto de vista material os regulamentos são *normas jurídicas*. Isto significa que os regulamentos administrativos têm as notas de *generalidade* e de *abstração* típicas dos atos normativos. Com a nota da generalidade pretende afirmar-se ser o regulamento um comando que se aplica a uma pluralidade (número indeterminado) de destinatários. Por seu turno, a caraterística da abstração traduz-se na circunstância de ele se aplicar a um número indeterminado de casos ou situações. Daqui decorre que o regulamento administrativo não se esgota numa única aplicação. Aplicar-se-á sempre que se verifiquem as situações típicas que nele forem previstas. Esta caraterística é tradicionalmente designada pela doutrina como *pretensão imanente de duração*: o regulamento é um ato suscetível de se aplicar um número indeterminado de vezes a um número indeterminado de situações e de pessoas.[149]

[148] Vieira de Andade define-os como normas emanadas pelos orgãos ou autoridades competentes no exercicio da função administrativa, com valor infra-legal e destinadas, em regra, à aplicação das leis ou de normas equiparadas (designadamente, das disposições normativas diretamente aplicáveis da União Europeia). Cfr. Vieira de Andrade, *Lições de Direito Administrativo, cit.*, pp. 139-140.

[149] Sobre as dificuldades de delimitação conceptual das figuras do regulamento (geral e abstrato) e do ato administrativo (individual e concreto) em relação às manifestações juridicas híbridas da Administração, isto é, que têm as catataristicas de um e do outro, cfr. Mário Aroso de Almeida,

Mas, como norma que é, o regulamento administrativo é uma *norma jurídica.* Isto significa que é uma regra de direito, que pode, designadamente, ser imposta por coação e cuja violação leva, em geral, à aplicação de sanções, sejam elas de natureza administrativa ou disciplinar.

Do ponto de vista orgânico os regulamentos administrativos são editados por autoridades administrativas (incluindo sujeitos privados incumbidos da função administrativa).

Do ponto de vista funcional os regulamentos são emanados no exercício da função administrativa. Este aspeto é importante na medida em que o Governo, órgão máximo da Administração Pública, detém também, a título principal, poder legislativo. Deste modo, por forma a que se não confundam os decretos-lei, que são editados no exercício da função legislativa, com os regulamentos, editados no exercício da função administrativo, é necessário juntar esta nota funcional.

Porque se trata do exercício da função administrativa, a atividade regulamentar terá que se subordinar ao *princípio da legalidade,* como veremos mais à frente, sendo os regulamentos, por isso, normas de valor infralegal.

É possível, ainda, referirmo-nos aos regulamentos do *ponto de vista formal,* uma vez que estes se podem apresentar sob formas variadas.

Assim, no que concerne aos regulamentos do Governo, eles podem assumir a forma de decretos-regulamentares, de resoluções (do Conselho de Ministros), de portarias genéricas (dos Ministros em nome do Governo) e de despachos normativos (dos Ministros em nome do Ministério respetivo).

Temos, ainda, os decretos regulamentares regionais (dos governos regionais, que regulamentam a legislação regional), as posturas (das autarquias locais), os estatutos auto-aprovados (por exemplo das universidades) e outros regulamentos emanados por entes institucionais e corporativos, etc.[150]

2. Classificação

São vários os critérios utilizados para se classificarem os regulamentos administrativos: o dos respetivos destinatários; o dos tipos de relações administrativas que eles regulam; o da sua ligação à lei, etc.

Vejamos os mais importantes.

Teoria Geral do Direito Administrativo, cit., pp. 130 a 136. Concordamos com este Autor quando afirma que, "para nós, dos binómios geral/abstrato e individual/concreto, aquele que deve prevalecer neste domínio não é o primeiro, mas o segundo", isto é, o binómio abstrato/concreto, pois "a abstração, a vocação imanente de execução permanente, é o critério verdadeiramente distintivo do ato normativo, que determina os traços essenciais do regime dos regulamentos".

[150] Sobre a forma dos regulamentos cfr. Vieira de Andrade, *Lições de Direito Administrativo, cit.,* pp. 148-149 e Mário Aroso de Almeida, *Teoria Geral do Direito Administrativo, cit.,* pp. 149-150.

2.1. Classificação com base no âmbito da respetiva eficácia

Com base neste critério distinguem-se os *regulamentos internos* dos *regulamentos externos*. Os primeiros são normas que projetam os seus efeitos no interior da pessoa coletiva administrativa, esgotando a sua força vinculativa no seio desta, tendo como destinatários apenas os agentes administrativos nessa qualidade. Trata-se de regulamentos que visam regular a *organização* e *funcionamento* dos serviços, designadamente, a *distribuição das tarefas* pelos agentes dos serviços administrativos e a *fixação de normas de expediente* (de serviço), bem como os que criam auto-vinculações internas para o exercício de poderes discricionários, de forma a garantir uma atuação uniforme dos serviços.

Por sua vez, os regulamentos externos são normas administrativas cujos efeitos se projetam no exterior da Administração, tendo uma eficácia jurídica bilateral visto produzirem efeitos no ordenamento jurídico geral: não só relativamente à Administração, mas também em relação aos particulares, regulando essencialmente relações intersubjetivas (incluindo as que se estabelecem entre distintas entidades administrativas).

Refira-se que o novo CPA, tendo introduzido uma parte substantiva sobre regulamentos administrativos, limita o seu âmbito de aplicação aos regulamentos externos (cfr. o conceito constante do artigo 135º que vale, como aí se afirma, "para efeitos do presente Código..."). Quanto aos regulamentos internos, os mesmos estão sujeitos a um regime especial que se traduz essencialmente no seguinte:

(1) não são suscetíveis de impugnação contenciosa uma vez que não afetam a esfera jurídica dos particulares;

(2) os órgãos administrativos podem não cumprir os regulamentos internos em concreto, uma vez que não vale para eles a regra da inderrogabilidade singular dos regulamentos (o que significa que se admitem decisões concretas divergentes da regulação constante do regulamento interno, desde que devidamente justificadas)[151].

Isto não significa, porém, que os regulamentos internos não tenham qualquer relevo jurídico. Com efeito, não obstante não estarem sujeitos a impugnação judicial, eles são suscetíveis de impugnação pelos meios administrativos no âmbito da autotutela administrativa, que permite o controlo de vícios de mérito; e, por outro lado, podem fornecer indícios de ilegalidade dos atos administrativos que os apliquem – estes podem ser ilegais se os regulamentos internos o forem –, ou dos atos que os ignorem – se não for fundamentada a sua desapli-

[151] É no nº 2 do artigo 142º do CPA que se estabelece a regra da inderrogabilidade singular dos regulamentos, aplicável aos regulamentos externos.

cação no caso. Nestas situações, os regulamentos internos têm relevo indireto na ordem externa uma vez que denunciam indícios ou sintomas de ilegalidade (designadamente por mau uso do poder discricionário) ou de violação do princípio da igualdade: é o que sucede com o incumprimento de diretivas internas de discricionariedade, isto é, diretivas autovinculativas para o exercício de poderes discricionários.

Tradicionalmente, os regulamentos internos, por contraposição aos externos, não eram considerados *jurídicos*. Tal facto resultava essencialmente da sua insuscetibilidade de impugnação judicial. Esta conceção deve ser repudiada atualmente visto não poder confundir-se o espaço de justiciabilidade (suscetibilidade de impugnação contenciosa) com o domínio de juridicidade (domínio com relevo para o direito). Por outro lado, não podem deixar de se considerar jurídicas normas que criem obrigações para os órgãos da Administração e que preveem sanções em caso de não cumprimento de tais obrigações, como acontece com os regulamentos internos.

Atualmente é muito difícil encontrarmos regulamentos que tenham eficácia meramente interna. Como vimos, tem de se tratar de normas exclusivamente orgânicas ou funcionais. Um exemplo típico de regulamentos internos é o caso das "circulares" ou "instruções" que tenham por fundamento exclusivo o dever de obediência hierárquica, dirigidas aos agentes dependentes dessa hierarquia, quanto ao modo como deve ser interpretada uma lei ou integrada uma lacuna.

2.2. Regulamentos gerais (externos) e regulamentos especiais (externos e internos)

Os regulamentos gerais são aqueles que se dirigem a todos os particulares em geral, não pressupondo uma relação estatutária com a Administração. Por sua vez, os regulamentos especiais são normas destinadas a regular as designadas *relações especiais de poder* ou, numa formulação mais moderna, *relações especiais de direito administrativo*, ou seja, relações de especial ligação ou subordinação dos particulares com uma determinada entidade administrativa.[152]

Os regulamentos gerais são, nitidamente, regulamentos externos, visto que, tendo como destinatários os particulares em geral, produzem os seus efeitos fora da esfera da entidade que os emana.

A questão que se coloca é a de saber se os regulamentos especiais são externos ou meramente internos.

[152] A doutrina costuma acrescentar aos rergulamentos gerais e especiais a categoria dos regulamentos setoriais, que regulam um setor de atividade económica ou social. Cfr. Vieira de Andrade, *Lições de Direito Administrativo*, *cit.*, pp. 139-140.

Para esse efeito, é necessário compreender exatamente o que se entende por "relações especiais de poder" ou "de direito administrativo": pretende-se com esta noção classificar aquelas relações em que os particulares se encontram ligados à Administração por laços de subordinação especial, diferentes daqueles que vinculam os cidadãos nessa sua condição ou enquanto munícipes, por exemplo. É o que acontece designadamente com o pessoal objeto de contrato de trabalho em funções públicas perante os seus superiores hierárquicos e, em geral, perante a organização administrativa; com os militares em face da instituição militar; com os reclusos em face da administração prisional; com os alunos de uma escola pública perante os órgãos dessa mesma escola; ou com os doentes de um hospital público em face dos respetivos órgãos. De todas estas, destacamos a relação especial de poder que encontramos na relação de emprego público.

A doutrina atual distingue, no seio de tais relações, dois tipos de situações. Por um lado, uma *relação orgânica ou de funcionamento*, em que as pessoas sujeitas a tais relações são vistas apenas enquanto elementos da respetiva "máquina" administrativa, ficando sujeitas aos poderes dos seus órgãos. Por outro lado, existe a chamada *relação de serviço* ou *fundamental*, em que se realça o facto de as pessoas submetidas a essa relação não sofrerem qualquer *capitis deminutio* como se pensava tradicionalmente: os funcionários, reclusos ou militares não perdem, com essa sua condição, o estatuto de cidadãos e de pessoas, a quem são reconhecidos direitos fundamentais que a Administração não pode pôr em causa.

Na *relação orgânica* o destinatário da relação especial de poder encontra-se numa especial dependência face à Administração. Tomando por base a relação de emprego público, trabalhadores em funções públicas são vistos apenas nessa qualidade, como um elemento fundamental do funcionamento do serviço.

Por sua vez, na *relação fundamental*, o destinatário da relação especial de poder é considerado não como um elemento do serviço mas como uma pessoa, titular de direitos fundamentais.

Se o regulamento especial se aplicar apenas à relação orgânica, dirigindo-se aos trabalhadores em funções públicas apenas nessa qualidade, com o fim de disciplinar a *organização* ou o *funcionamento* do serviço, tal regulamento é meramente interno. Se se tratar de regulamentos aplicáveis àqueles trabalhadores na sua qualidade de *cidadãos* ou como titulares de direitos fundamentais que a Administração não pode pôr em causa, sujeitos de uma relação jurídica de emprego com a Administração, com o fim de disciplinar essa relação e os direitos ou os deveres recíprocos que a integram, então esses regulamentos serão externos.

2.3. A classificação dos regulamentos gerais externos quanto à sua relação com a lei[153]

2.3.1. *A relação dos regulamentos com a lei*

Dissemos, *supra*, que os regulamentos são normas emanadas pela administração *no exercício da função administrativa*. Como toda a função administrativa, também a função regulamentar está subordinada ao princípio da legalidade da administração. No domínio da elaboração de regulamentos administrativos o princípio da legalidade pode ser entendido nos seus subprincípios: o *primado da lei*, a *reserva da lei* e a *precedência da lei*.

De acordo com o primeiro dos subprincípios apontados, o regulamento não pode contrariar atos de valor legislativo[154]. A lei tem absoluta prioridade sobre os regulamentos.

Nos termos do segundo princípio, os regulamentos não podem regular inovatoriamente matérias de reserva de ato legislativo. Com este princípio a Constituição reserva à lei a regulamentação inicial de certas matérias.

Mas, como vimos *supra*, um vetor de extrema importância em que se traduz atualmente o princípio da legalidade é o da *precedência de lei*, significando isto que todos os regulamentos, como aliás acontece com toda a atividade administrativa, têm o seu fundamento numa lei prévia anterior, não podendo a Administração elaborar regulamentos sem que uma lei prévia a habilite a fazê-lo (cfr. o nº 1 do artigo 136º do CPA).

Se todos os regulamentos pressupõem uma lei prévia da qual dependem, a verdade é que o grau de dependência em relação à lei não é sempre o mesmo. Daqui decorre o critério de classificação dos regulamentos administrativos de que trataremos de seguida.

2.3.2. *Classificação dos regulamentos em função do seu grau de dependência em relação à lei. A sua admissibilidade constitucional*

De acordo com o critério apontado, temos as seguintes categorias de regulamentos:

– *Regulamentos executivos* ou *de execução*. Em termos simplistas, os regulamentos de execução visam *obviar deficiências involuntárias de expressão do legislador*. Presume-se, naturalmente, que o legislador quis ser claro e preciso e que se esforçou por isso: só que não conseguiu totalmente o resultado pretendido,

[153] Sobre esta classificação ver também Mário Aroso de Almeida, *Teoria Geral do Direito Administrativo, cit.*, pp.150-157.

[154] Inclui-se, aqui, como dissemos antes, o direito da União Europeia com valor legislativo. Na verdade muitos dos regulamentos administrativos destinam-se, em cada vez maior medida, à aplicação de disposições normativas diretamente aplicáveis da União Europeia.

tendo ficado entre a expressão utilizada e a expressão desejada uma distância mais ou menos marcada que o Executivo, na sua tarefa de *velar pela aplicação uniforme das normas legislativas*, vai ter de cobrir através da emissão de regulamentos de execução. Estes visam, assim, impedir que, em virtude da imprecisão do legislador, se instaurem, na aplicação das normas legislativas, expressões diferentes de serviço para serviço e de caso para caso, contra os intuitos do legislador que desejou uma aplicação uniforme das normas que emitiu.

Deste modo, os regulamentos executivos visam *interpretar* o sentido dos preceitos legais, *esclarecendo-os*, se obscuros, *precisando-os*, quando deficientes ou lacunosos, *pormenorizando-os*, na medida em que incompletos, de modo a permitir a sua compreensão e a assegurar a sua *aplicação uniforme* pelos serviços administrativos. Em todo o caso, limitam-se, como o seu próprio nome indica, a realizar uma execução estrita da lei, não criando nada de novo em relação a ela, nem lhe acrescentando seja o que for, a não ser na medida em que estabelecem pormenores indispensáveis à sua boa aplicação. Fixam, por exemplo, as regras orgânico-processuais que permitem a aplicação de preceitos legais ou explicitam técnico-cientificamente os pressupostos de facto previstos na lei.

Como afirma Afonso Queiró, os regulamentos executivos limitam-se a repetir, de uma forma clara (ou mais clara), as regras e preceitos de fundo que o legislador editou.

– *Regulamentos complementares*. São aqueles que permitem à Administração completar as leis, nomeadamente aquelas que se limitam a estabelecer um quadro legal amplo.

Podem ser de dois tipos. Em primeiro lugar, os *regulamentos complementares de desenvolvimento*, pelos quais a Administração vai completar as leis que se limitam a estabelecer as bases gerais, as diretrizes para a regulamentação de uma determinada matéria. Aqui a Administração inova, uma vez que estabelece as regras que disciplinam o objeto em causa, mas é uma inovação controlada, um mero desenvolvimento, uma vez que a lei lhe fornece, além do fim, o quadro normativo cuja lógica tem de respeitar. Em segundo lugar podem ser *regulamentos complementares integrativos*, que utilizam o quadro legal para regular situações especiais que não estejam expressamente previstas.

– *Regulamentos autorizados ou delegados*. São aqueles em que a Administração, autorizada pelo poder legislativo, atua em vez do legislador. Trata-se de situações em que o legislador se demite do exercício da função legislativa e praticamente a delega na Administração, ou seja, a lei, pelas razões mais diversas, confere à Administração competência para, através de comandos regulamentares, ser ela própria a fixar a disciplina normativa de certas relações sociais.

Estabelecidas as distinções entre estes três tipos de regulamentos – e antes de avançarmos para aquela que maiores questões coloca: a dos regulamentos independentes – cabe questionar da sua admissibilidade face à nossa Constituição. O artigo 112º, nº 6 da CRP determina que "*nenhuma lei pode criar outra categoria de atos legislativos ou conferir a atos de outra natureza o poder de, com eficácia externa, interpretar, integrar, modificar, suspender ou revogar qualquer dos seus preceitos*".

Interpretado literalmente este preceito excluiria qualquer dos regulamentos acabados de referir. No entanto, e de acordo com a maioria da doutrina, esta não é seguramente a única nem a mais razoável das interpretações para o preceito constitucional mencionado.

No que concerne aos *regulamentos executivos*, o que o legislador constituinte pretendeu com o artigo 112º, nº 6 foi reagir contra os abusos a que conduziu a prática legislativa de remeter para despachos ministeriais a resolução de quaisquer dúvidas ou omissões suscitadas pela aplicação da lei, uma vez que os ministros, a pretexto de interpretarem as normas legais ou integrarem as respetivas lacunas acabavam, na maior parte das vezes, por criar soluções novas para além do espírito da lei ou até mesmo contra ele. Porém, a reação contra o abuso não tem de ir ao ponto de proibir a lei de conceder à administração o poder para, através de normas com eficácia externa, interpretar as normas legais que lhe cabe executar e integrar as respetivas lacunas. Deve, pois, concluir-se que o artigo 112º, nº 6 não proíbe os regulamentos executivos. Ao que acresce a circunstância de tais regulamentos, quando elaborados pelo Governo, estarem expressamente previstos na alínea c) do artigo 199º da CRP.

Quanto aos *regulamentos complementares*, este preceito não é conclusivo, embora aponte no sentido da sua admissibilidade. Para esta conclusão concorre a lógica do sistema constitucional da repartição de poderes normativos que, ao conceder ao Governo uma competência legislativa própria e alargada, torna desnecessário o recurso a esta figura justamente pensada para resolver a questão da sobrecarga normativa das assembleias representativas no interior de sistemas em que o Governo não dispõe de poderes legislativos normais. Servindo os regulamentos complementares para completar as bases gerais estabelecidas na lei (regulamentos complementares de desenvolvimento), podemos dizer que tal tarefa se encontra hoje atribuída aos decretos-lei de desenvolvimento. Quanto a nós, parece-nos, no entanto, que é possível interpretar amplamente o referido preceito constitucional por forma a admitir-se, ainda que excecionalmente, os regulamentos complementares de desenvolvimento: a necessidade de decretos-lei de desenvolvimento deve ser exigida para a complementação de leis-quadro cujas bases ou princípios gerais constituam reserva de lei parlamentar, podendo as bases gerais das leis-quadro situadas em domínios não reservados à lei ser desenvolvidas por regulamentos que devem, em tais casos, assumir a forma de decretos regulamentares.

No caso dos *regulamentos complementares de integração,* apesar de aparentemente proibidos pelo artigo 112º, devem considerar-se admissíveis desde que expressamente autorizados por lei, quando se limitem a adaptar o quadro legal a situações especiais (e só fora das zonas de reserva de lei formal).

Os *regulamentos autorizados ou delegados* são diretamente atingidos pelo citado preceito constitucional que os proíbe quando sejam *modificativos* (alteram a disciplina legislativa), *suspensivos* (limitam-se a tornar ineficaz uma norma legal, mas desprovidos de qualquer preceito inovador) ou *revogatórios* (eliminam leis do ordenamento jurídico).

Dentro desta tipologia de regulamentos surge-nos o último grupo de regulamentos, que designaremos por *regulamentos independentes,* cuja caraterística essencial está no facto de não terem *por detrás de si uma lei específica que se destinam a regulamentar,* consistindo, por isso, na *regulação primária ou inicial de certas relações sociais.* Dentro desta categoria vamos encontrar os *regulamentos (independentes) autónomos* e os *regulamentos independentes do Governo.*

Antes de vermos se o nosso ordenamento jurídico admite ou não este tipo de regulamentos, vejamos em que é que eles consistem:

– *Regulamentos autónomos* (ou *independentes autónomos*): em sentido amplo, esta categoria abrange as normas administrativas emitidas por *entes não estaduais* no uso de poderes de produção normativa primária. Estes poderes encontram o seu fundamento e limite na necessidade de prossecução das atribuições próprias ou concedidas a esses entes públicos. Num sentido mais estrito, os regulamentos autónomos consistem numa *normação primária* emitida pelos *organismos da Administração autónoma* como expressão da sua *autoadministração* e do seu *auto-governo.* São, assim, um instrumento de autorregulação no âmbito da gestão de interesses próprios e de responsabilidade própria.

– Por seu turno, os *regulamentos independentes do Governo* são aqueles que este edita sem referência imediata a uma lei, não visando executar ou alterar o conteúdo de uma norma legal anterior, consistindo na disciplina inicial de certas relações sociais. Abrangem também, atualmente, os regulamentos emanados por autoridades reguladoras no exercício de poderes normativos genéricos que lhe são concedidos por lei.[155]

Refira-se que o CPA define agora os regulamentos independentes (autónomos ou do governo) no nº 3 do seu artigo 136º precisamente como "*regulamen-*

[155] Cfr. Vieira de Andrade, *Lições de Direito Administrativo, cit.*, pp. 144.

tos que visam introduzir uma disciplina jurídica inovadora no âmbito das atribuições das entidades que os emitam".

Do que vimos de dizer, a única diferença que existe entre regulamentos independentes propriamente ditos e regulamentos autónomos é a da entidade competente para a sua emissão.

A questão principal que este tipo de regulamentos coloca é a da sua compatibilidade com o princípio da precedência da lei.

Nos termos da Constituição portuguesa, (artigo 112º, nº 7) "*os regulamentos devem indicar expressamente as leis que visam regulamentar ou que definem a competência objetiva e subjetiva para a sua emissão*".

A articulação dos regulamentos independentes com a lei tem sido objeto de posições diferentes na doutrina.

– Para uma primeira posição (defendida, entre nós, por Vital Moreira, Gomes Canotilho e pelo Tribunal Constitucional) o referido nº 7 do artigo 112º deve ser entendido no sentido de a sua primeira parte (*indicar expressamente as leis que visam regulamentar*) se aplicar aos regulamentos executivos e a segunda parte (*indicar as leis que definem a competência objetiva e subjetiva para a sua emissão*) aos regulamentos independentes e autónomos. Para esta posição, não pode existir poder regulamentar sem fundamento numa lei prévia. No caso dos regulamentos independentes, tal lei é aquela que define a competência objetiva (a matéria a tratar) e a competência subjetiva (o órgão regulamentador ou com competência para regulamentar), mesmo que essa norma seja, em alguns casos, a própria Constituição como é o que acontece com os regulamentos emanados pelas Regiões Autónomas e pelas autarquias locais [artigos 227º, nº 1, al. d) e 241º, respetivamente][156].

– Para um outro setor da doutrina (Afonso Queiró e Vieira de Andrade), se é possível dar cumprimento à exigência constitucional de indicação da lei que fixa a competência objetiva e subjetiva no caso dos regulamentos das autarquias locais e das regiões autónomas, já o mesmo não sucede no que concerne aos regulamentos independentes do Governo. Não é possível, designadamente, identificar as leis que fixam a competência objetiva do Governo, visto a sua competência dizer respeito à satisfação de *qualquer necessidade coletiva* e não terá sentido uma norma que especifique as atribuições do Estado numa

[156] É neste sentido que parecem apontar os nºs 1 e 2 do artigo 136º do CPA: para além de no primeiro daqueles preceitos se determinar que os regulamentos dependem sempre de lei habilitante, o segundo deles prescreve que no caso dos regulamentos independentes estes devem indicar expressamente as leis que definem a competência subjetiva e objetiva para a sua emissão.

sociedade como a de hoje, em que o domínio político se estende tendencialmente a *todas as zonas da vida social*. Apesar disto esta doutrina não retira daqui a proibição dos regulamentos independentes do Governo[157]. É que, é o próprio artigo 112º, nº 7, da CRP, que refere expressamente os regulamentos independentes do Governo. Logo, é porque a Constituição entende possibilitar ao Governo a disciplina inicial de certas matérias através de processos mais simples e sem força de lei. Para alguns (Afonso Queiró) o fundamento destes regulamentos decorre do artigo 199º, al. g): ao determinar que cabe ao Governo praticar todos os atos e tomar todas as providências necessárias à promoção do desenvolvimento económico-social e à satisfação das necessidades coletivas, o referido artigo pode ser entendido como atribuindo, também, poderes regulamentares iniciais de certa matéria. Segundo Afonso Queiró, este preceito da Constituição refere-se a atos normativos (regulamentos) e não aos atos individuais e concretos (atos administrativos), funcionando assim como uma espécie de "cláusula geral" de atribuição de competência regulamentar ao Governo.

Para outros (Vieira de Andrade), o seu fundamento está no artigo 199º, al. c), daí decorrendo que se trata de regulamentos que visam, não executar leis específicas mas dinamizar a ordem jurídica em geral[158]. Existe, assim, uma competência universal do Governo em matéria regulamentar.

Nessa medida pode afirmar-se que a 2ª parte do nº 7 do artigo 112º confirma implicitamente uma exceção à regra prevista no nº 7, exceção que é contrabalançada pela exigência da forma decreto-regulamentar, que é a forma mais solene dos regulamentos do Governo, implicando, designadamente, além da assinatura do Primeiro-Ministro, a promulgação pelo Presidente da República. Em todo o caso, só são admitidos, obviamente, fora do domínio da reserva de lei.

Maiores reservas merecem, do ponto de vista constitucional, os regulamentos emanados pelas entidades administrativas independentes: estes apenas deveriam ser admitidos como regulamentos de execução, devendo ser interpretados restritivamente, sob pena de inconstitucionalidade das normas legais que lhes permitam ir mais além[159]-[160].

[157] Com efeito, esta poderia ser uma solução possível. Sendo o Governo detentor de poderes legislativos normais, então ele deveria usar a forma legislativa para a regulação primária das relações sociais.

[158] Vieira de Andrade, *Lições de Direito Administrativo, cit.*, pp. 144.

[159] Cfr. Vieira de Andrade, *Lições de Direito Administrativo, cit.*, pp. 146-147.

[160] Para além das classificaçõe referidas no texto, assume hoje importância aquela que distingue os *regulamentos mediata ou indiretamente operativos* - que por regularem em abstrato as atuações administrativas só produzem efeitos na esfera jurídica dos destinatários por intermédio de atos concretos de aplicação, administrativos ou judiciais – dos regulamentos direta ou imediatamente

3. Fundamento do Poder Regulamentar[161]

O poder regulamentar externo da Administração, como aliás todos os seus poderes, não é um poder originário mas um poder derivado, conferido pela Constituição ou pela lei. Isto é, trata-se de um poder que se baseia exclusivamente nas normas constitucionais ou legais que, em cada caso, atribuem competência regulamentar a dada autoridade administrativa. Se a Constituição ou a lei nada disserem a tal respeito, então a competência regulamentar não existe.

Já a competência regulamentar interna se fundamenta no poder de autorregulamentação e auto-organização da Administração, designadamente no poder que as autoridades superiores têm para disciplinar as autoridades subalternas. Tal poder não carece de autorização especial, pois entende-se que ele está institucionalmente concedido, de um modo geral, às autoridades hierarquicamente superiores, não sendo necessária disposição expressa da lei para que lhes seja reconhecido.

4. Limites do Poder Regulamentar

Há, na elaboração dos regulamentos administrativos, um conjunto de regras e princípios de caráter material que determinam e condicionam o conteúdo ou a disciplina neles contida. Refira-se que o regime normativo próprio dos regulamentos externos encontra atualmente respaldo normativo nos artigos 135º a 147º do CPA.

– A primeira regra a cumprir é a de que os regulamentos *não podem conter disciplina contrária aos preceitos de valor normativo superior.*

Os regulamentos têm de respeitar não só a *Constituição* e as *leis* mas também os *regulamentos do Governo* e, no caso de regulamentos de autarquias locais, têm ainda de respeitar os regulamentos das *autarquias de grau superior* (v.g. da região administrativa, quando existir) ou das autoridades com poder tutelar (que são, além do Governo da República, e dos seus representantes, também os governos regionais, no que respeita às autarquias das regiões autónomas) – cfr. artigo 241º CRP.[162]

operativos – que produzem os seus efeitos diretamente na esfera jurídica dos destinatários sem necessidade de um ato específico de aplicação, bastando que a pessoa preencha em concreto os requisitos fixados abstratamente na norma (o caso de regulamentos que proibem ou impõem condutas específicas a pessoas determináveis ou os que determinam ou modificam um estatuto). Esta classificação assume relevo no que toca, por exemplo, à impugnação dos regulamentos. Cfr. Vieira de Andrade, *Lições de Direito Administrativo, cit.*, pp. 143.

[161] Sobre o fundamento do poder regulamentar cfr. também Mário Aroso de Almeida, *Teoria Geral do Direito Administrativo, cit.*, pp.138 e segs.

[162] Sobre a relação dos regulamentos entre si vide infra.

– Em segundo lugar, os regulamentos estão sujeitos ao regime constitucional geral sobre regulamentos (artigo 112º CRP). Assim, além do limite negativo das normas superiores, *estão-lhes vedadas as matérias constitucionalmente reservadas à lei.*

Para alguns autores, a proibição de os regulamentos tratarem matéria de reserva de lei vale mesmo que tenha havido autorização ou delegação legal nesse sentido, devendo afastar-se a tentativa de se alargarem os poderes regulamentares do Governo e das autarquias locais, particularmente através da figura dos regulamentos autorizados em matéria de reserva de lei.

Esta posição não é, no entanto, hoje, consensual. Alguma doutrina vem já defendendo um entendimento elástico do princípio da reserva de lei, no sentido de que ele deve admitir compressões em matérias difusas, como por exemplo a dos direitos, liberdades e garantias, a fim de se adaptar à diversidade dos tipos de intervenção normativa.

Na sequência desta posição, a jurisprudência e a doutrina estão frequentemente disponíveis para interpretar a reserva da lei em termos menos exigentes, mais quando está em causa a administração autónoma, designadamente a municipal, do que quando está em causa a administração (direta ou indireta) do Estado, dada a auto legitimação democrática daquela.

– Em terceiro lugar, a doutrina costuma assinalar a proibição de os regulamentos *terem efeitos retroativos*. Assim o exige o respeito pela competência das autoridades no tempo, bem como o respeito pelos direitos adquiridos.

Na falta de previsão constitucional ou legal expressa nesse sentido, a doutrina vinha fundamentando tal regra no artigo 12º do Código Civil em articulação com alguns princípios jurídicos fundamentais, como os da certeza e da segurança jurídica e da proteção da confiança.

O artigo 141º do CPA vem agora determinar expressamente que não podem ser atribuídos efeitos retroativos aos regulamentos que imponham deveres, encargos, ónus, sujeições ou sanções, que causem prejuízos ou restrinjam direitos ou interesses legalmente protegidos ou afetem as condições do seu exercício (com algumas compressões naturais: regulamentos de leis retroativas, regulamentos necessários à execução de leis).

Está, assim, afastada esta proibição para os regulamentos que definam um regime mais favorável para os respetivos destinatários. É o que se passa em sede de matéria disciplinar, com os regulamentos que estabelecem sanções mais leves do que as fixadas pelos regulamentos em vigor à data da prática da infração: aplica-se aqui a regra que impera no direito penal de que devem ter aplicação imediata os regulamentos que estabeleçam sanções mais leves, aplicando-se assim a todas as infrações ainda por julgar.

Julgamos, porém, que este princípio deve ser devidamente entendido quando estão em causa regimes especiais, como no âmbito do direito do urbanismo onde se admite, por exemplo, que o regulamento de um plano municipal que estabelece proibições de uso do solo com fundamento na proteção do ambiente ou do património cultural coloque em causa direitos adquiridos em momento anterior à sua entrada em vigor (v.g. titulados por licenciamentos urbanísticos), situação em que a compressão do princípio aqui em análise dá lugar a indemnização por força dos princípios da proteção da confiança, da segurança jurídica e do respeito dos direitos adquiridos.

– Uma quarta regra determina que cada órgão com competência regulamentar não pode invadir a *competência* de outras autoridades administrativas (competência subjetiva) e deve prosseguir o *fim* que determinou que lhe tenha sido atribuído aquele poder regulamentar (competência objetiva).

– Em quinto lugar, os regulamentos, em especial aqueles que envolvem um amplo poder discricionário quanto à fixação do seu conteúdo normativo, designadamente os regulamentos autónomos, devem obediência aos *princípios gerais de direito administrativo* plasmados na Constituição da República Portuguesa (artigo 266º) e no Código do Procedimento Administrativo (artigos 3º e ss.), designadamente os princípios da *proporcionalidade, justiça, igualdade, imparcialidade, prossecução do interesse público, participação*, etc.

– Em sexto lugar, o artigos 137º e 146º do CPA inscrevem normas importantes na perspetiva da defesa da legalidade da atividade regulamentar e da segurança jurídica. Assim, por um lado, existe uma obrigatoriedade de emissão e, por outro, uma impossibilidade de simples revogação de regulamentos que sejam necessários à execução da lei ou de direito da União Europeia. A intenção deste normativo vai no sentido de evitar dar-se à Administração a possibilidade de na prática desaplicar certo tipo de leis.

Por sua vez, o nº 4 do artigo 146º determina a necessidade de os regulamentos mencionarem especificadamente as normas regulamentares que revogam. Esta norma visa garantir a certeza, clareza e paz jurídicas, ao permitir acabar com as enormes dificuldades que existem relativamente à aplicabilidade de normas que se sucedem no tempo: é que, dada a proliferação dos regulamentos, muitas vezes torna-se difícil saber se certas normas continuam ou não em vigor.

Uma parte da doutrina tem defendido que esta exigência é uma condição legal para a emissão dos regulamentos novos, pelo que a falta de menção dos regulamentos que o novo regulamento revoga determina a invalidade deste.

É a tese que defende a força invalidante desta formalidade. Não somos, porém, da mesma opinião.

– Outra regra relevante é a da caducidade dos regulamentos por força da revogação da lei que visam executar, exceto na parte ou na medida em que sejam compatíveis com a nova lei e enquanto não for aprovado novo regulamento. Esta regra encontra-se prevista no nº 2 do artigo 145º e visa evitar situações de vazio normativo.

– Uma das mais importantes regras aplicáveis aos regulamentos administrativos (externos) é a regra da *inderrogabilidade singular dos regulamentos*. Segundo ela, a partir do momento em que o regulamento entra em vigor, vincula a todos: Administração, tribunais e particulares. Todos têm de cumprir o que nele se estipula. Os órgãos administrativos não podem, através das suas ações concretas violar os comandos regulamentares, sob pena de as verem judicialmente anuladas ou declaradas inválidas. De facto, a Administração não pode revogar, por via individual e concreta, os regulamentos administrativos que ela própria criou enquanto não forem banidos da ordem jurídica. Os regulamentos têm de ser acatados pelas autoridades administrativas, incluindo o seu próprio autor. Esta regra encontra consagração expressa no nº 2 do artigo 142º[163].

5. Hierarquia e Aplicação dos Regulamentos[164]

Antes de mais refira-se que os regulamentos devem ser emanados no respeito pelas atribuições das pessoas coletivas responsáveis pela sua elaboração e aprovação (princípio da atribuição ou princípio da competência). Donde o estabelecimento de uma hierarquia entre regulamentos governamentais e regulamentos das autarquias locais ou de outras entidades dotadas de autonomia regulamentar apenas faz sentido, como dispõe o nº 1 do artigo 138º do CPA, quando estão em causa atribuições concorrentes. Assim, neste pressuposto, dispõe o referido artigo que os regulamentos governamentais prevalecem sobre os regulamentos autárquicos e das demais entidades dotadas de autonomia regulamentar, salvo se estes configurarem normas especiais (nº 1), determi-

[163] A doutrina vem-se referindo também à admissibilidade excecional de recusa de aplicação de regulamentos que se considerem inconstitucionais, contrários ao direito da União Europeia ou ilegais: quando a antijuridicidade seja manifesta e apenas por certas autoridades (órgãos superiores da Administração estadual ou da Administração autónoma e tenham, eles próprios, natureza regulamentar). Cfr. Vieira de Andrade, *Lições de Direito Administrativo*, cit., p. 150.

[164] Para mais desenvolvimentos sobre as relações entre si dos regulamentos cfr. Vieira de Andrade, *Lições de Direito Administrativo, cit.*, pp. 151-153 e Mário Aroso de Almeida, *Teoria Geral do Direito Administrativo, cit.*, pp. 157-160.

nando ainda o seu nº 2 que os regulamentos municipais prevalecem sobre os regulamentos das freguesias, salvo se estes configurarem normas especiais.

Este preceito pretende ser uma concretização do disposto no artigo 241º da Constituição, segundo o qual os regulamentos das autarquias locais devem respeitar os limites da Constituição, das leis e dos regulamentos emanados das autarquias de grau superior (isto é, das que têm jurisdição territorial mais ampla) ou das autoridades com poder tutelar (Governo ou governos regionais).

De acordo com a doutrina, este preceito não deve ser interpretado (e, em consequência, o disposto no artigo 138º do CPA) no sentido de estabelecer uma relação *hierárquica* automática entre os regulamentos aludidos. Em causa está apenas uma mera "preferência aplicativa" dos regulamentos preferidos, sendo certo que a prevalência dos regulamentos governamentais só é admissível relativamente às *matérias* de interesse nacional e na *medida* em que a lei determine a existência de tutela normativa do Governo ou dos governos regionais, a qual tem de estar expressamente prevista na lei.

Em matérias de *concorrência* de atribuições e competências governamentais com atribuições e competências autárquicas (por exemplo, em matéria de ambiente e de ordenamento do território), a prevalência deve ser avaliada caso a caso, em função das *normas de competência*, interpretadas no contexto do sistema constitucional, tendo em conta os princípios da *subsidiariedade*, da *autonomia local* e da *descentralização administrativa*. Valem nestes casos os princípios de *cooperação* e de *coordenação* de interesses nacionais e locais em detrimento do princípio da prevalência dos regulamentos estatais. Assim, ou é possível a aplicação cumulativa das normas nacionais e autárquicas ou, caso contrário, devem prevalecer as normas autárquicas enquanto normas especiais, salvo se a preferência das normas governamentais se impuser, seja perante a *deficiência* da regulamentação local, seja pela *necessidade imperiosa* de assegurar uma realização uniforme do interesse nacional.

No que respeita a regulamentos provenientes de órgãos colocados entre si numa relação de hierarquia ou de superintendência, os regulamentos da autoria dos órgãos subalternos ou superintendidos não podem contrariar os regulamentos emanados pelos superiores ou superintendentes sobre matéria que seja de atribuição e competência comum.

No que diz respeito aos regulamentos do Governo, determina o nº 3 do artigo 138º que a ordenação hierárquica decorre da forma mais ou menos solene que eles assumam. Deste modo, encontram-se em primeiro lugar os decretos regulamentares, seguindo-se as resoluções do Conselho de Ministros, as portarias e, por fim, os despachos normativos. Em caso de conflito na aplicação dos vários regulamentos ele deve ser resolvido de acordo com a regra da prevalência dos regulamentos de eficácia territorial mais ampla.

6. Procedimento Regulamentar

Sem prejuízo de leis especiais que regem procedimentos de formação dos diversos regulamentos, a nível local ou setorial, o CPA estabelece agora regras gerais relativas ao procedimento regulamentar.

Nessa regulamentação identifica-se, desde logo, um conjunto de regras comuns ao procedimento de formação dos atos e dos regulamentos administrativos (Título I da Parte III do CPA – artigos 53º e ss.).[165]

No que especificamente diz respeito ao procedimento do regulamento administrativo (artigos 97º a 101º) a regulamentação não difere da do anterior Código, sendo a principal inovação a que se prende com a audiência dos interessados e a consulta pública, que deixam de ser objeto de uma normação meramente genérica com remissão para uma lei-quadro (que nunca havia sido publicada), passando a ser diretamente disciplinados respetivamente nos artigos 100º e 101º.

Refira-se que estando em causa normas de aplicação geral, impõe-se a *publicação* dos regulamentos – no Diário da República, dos regulamentos do Governo e das Regiões Autónomas (artigo 119º/1/h da CRP), e em boletim autárquico ou em edital (5 dias, no máximo), dos regulamentos das autarquias locais (artigo 119º, nº 3, da CRP). O artigo 139º do CPA vem impor a publicação de todos os regulamentos externos no Diário da República, exigência que a doutrina vem considerando tratar-se de um lapso, defendendo uma interpretação teleológica restritiva de forma a excluir designadamente os regulamentos das Administrações autónomas.[166]

Refira-se a novidade introduzida pelo novo CPA ao impor, no artigo 99º, que da nota justificativa do projeto de regulamento conste uma ponderação dos custos e benefícios das medidas projetadas e ainda a obrigação de publicitação do início do procedimento (artigo 98º).[167]-[168]

[165] Valem, assim, para os regulamentos, não só as disposições gerais previstas no Capítulo I deste Título, como ainda as referentes à relação jurídica procedimental (Capítulo II), às conferências procedimentais (Capítulo III), ao direito à informação (Capítulo IV), aos prazos (Capítulo V), às medidas provisórias (Capítulo VI), aos pareceres (Capítulo VII) e à extinção do procedimento (Capítulo VIII), ainda que grande parte das normas que integram todos estes capítulos tenham sido elaboradas a pensar especificamente nos atos administrativos, como é o caso, a título de exemplo, das conferências procedimentais que na referência aos seus tipos (deliberativas ou de coordenação) aludem expressa e unicamente à prática de atos administrativos.

[166] Vide Vieira de Andrade, *Lições de Direito Administrativo, cit.*, p. 148 e Mário Aroso de Almeida, *Teoria Geral do Direito Administrativo, cit.*, p. 150.

[167] Sobre os vários tramites e momentos do procedimento regulamentar cfr. Mário Aroso de Almeida, *Teoria Geral do Direito Administrativo, cit.*, p. 160 a 167 e Ana Raquel Moniz, "Procedimento Regulamentar", in *AAVV., Comentários ao Novo Código do Procedimento Administrativo*, cit., vol. II, p. 5-45 (p. 13 e segs.).

[168] Para um estudo mais desenvolvido dos regulamentos administrrativos cfr. Ana Raquel Moniz, *Estudos sobre Regulamentos Administrativos,* Coimbra, Almedina, 2ª ed., 2016.

Capítulo II
O Ato Administrativo

Como vimos quando fizemos uma breve referência à atividade administrativa, existe uma enorme gama de atos jurídicos praticados pela Administração Pública, com as mais variadas caraterísticas. De entre todos eles sempre se destacaram as figuras do ato administrativo e do regulamento.

Assim, o *ato administrativo* é, ainda, uma das principais formas da atividade (jurídica) da Administração e a sua forma de atuação mais tradicional. Sobre ele nos debruçaremos de seguida, sendo imperioso começar por analisar o próprio *conceito de ato administrativo* e a evolução a que ele esteve (e tem estado) sujeito.

1. O Conceito de Ato Administrativo

1.1. Considerações iniciais

No século XIX apenas se fazia uma precisão para definir o conceito de ato administrativo: de toda a atuação concreta dos órgãos administrativos só não seriam atos administrativos aqueles que fossem praticados ao abrigo do direito privado.

Como é sabido, ao longo deste século XIX procurou-se afastar a atuação da Administração (sempre vista como "inimiga") de tudo o que contendesse com os valores da vida privada dos cidadãos (em sintonia com os interesses da classe burguesa dominante e como forma de reação contra os poderes absolutos do monarca, caraterísticos da época do Estado de Polícia): neste campo (sobretudo nos domínios da liberdade e propriedade dos cidadãos) só o Parlamento podia regular inovatoriamente através de uma lei, reduzindo-se a atividade administrativa a uma atividade estritamente executiva.

Foi assim que o conceito de ato administrativo se desenvolveu como o *ato de um órgão da Administração praticado ao abrigo do direito público.*

Com a passagem para o século XX e com a crescente intervenção da Administração na sociedade e na economia (potenciada, como já sabemos, pelas duas Guerras Mundiais e pela crise económica de 1929-32), o conceito teve de se "apertar". Passou também a articular-se com a necessidade de criar garantias que assegurassem a sua conformidade com a ordem jurídica no seu todo (garantias de juridicidade) e que tutelassem a defesa dos direitos e interesses dos cidadãos, com uma relação cada vez mais próxima da máquina administrativa.

Foi assim que se passou a definir o ato administrativo como o "ato de autoridade praticado para a prossecução de interesses públicos" definição que, no entanto, não acrescentava muito relativamente à noção corrente no século XIX, salientando unicamente a faceta de *autoridade* de que este ato se reveste.

Este conceito permitia já, de qualquer maneira, a sua distinção relativamente a algumas figuras afins, nomeadamente aos atos de direito privado, que ficavam necessariamente excluídos de tal definição – uma vez que a posição das partes nestes atos é, pelo menos tendencialmente, de igualdade –, bem como aos contratos administrativos (que resultam de um acordo, sendo por isso bilaterais) e às ações materiais da administração (atos que não contêm uma declaração).

A doutrina foi também aceitando pacificamente a distinção dos atos administrativos relativamente aos regulamentos, em face do caráter normativo (regras gerais e abstratas) destes últimos, em contraposição ao caráter tipicamente individual e concreto do ato administrativo.

Passou, assim, a admitir-se um conceito amplo de ato administrativo como o ato jurídico (por contraposição às ações materiais) unilateral (por oposição aos contratos) e concreto (distinto dos regulamentos) subordinado ao direito público (distinguindo-se dos atos de direito privado).

1.2. A evolução do conceito na doutrina portuguesa

1.2.1. *O problema*

Se a intenção inicial, na busca de um conceito de ato administrativo, era a de identificar a forma de atuação administrativa que tipicamente se apresentava como o instrumento privilegiado de autoridade para a prossecução de interesses públicos, não pode ignorar-se o relevo que esta busca assumia em matéria de proteção jurisdicional (contenciosa) dos particulares em face da Administração. É que, durante muito tempo, a única garantia contenciosa dos particulares contra a Administração Pública consistia no recurso contencioso de anulação contra atos administrativos.

A identificação do ato administrativo permitia, assim, proceder ao reconhecimento da atividade da Administração em relação à qual se admitia defesa jurisdicional dos interessados, isto é, da atividade sujeita a recurso contencioso[169].

É certo que o *ato administrativo,* enquanto forma de atividade administrativa, não tem já, atualmente, a função central que lhe foi reconhecida durante anos – nem no contexto geral da atuação administrativa (já que assumem crescente relevo outras formas de atuação, designadamente regulamentos e contratos administrativos) nem na dogmática administrativa (onde passaram a assumir protagonismo o procedimento e a relação jurídica administrativa), nem no âmbito da garantia dos interessados (já que a garantia jurisdicional efetiva dos particulares perante a Administração é atualmente *plena,* não estando *limitada à mera impugnação de atos administrativos*).

No entanto, ainda hoje o ato administrativo, se bem que adaptado a novas realidades, continua a ter um papel relevante em sistemas como o nosso, de administração executiva. Se compulsarmos o novo CPA, a conclusão é a mesma: a Parte IV do Código, dedicada à *atividade administrativa,* tem 13 artigos sobre o *regulamento administrativo* (do artigo 135º ao 147º), 3 artigos sobre os *contratos da Administração Pública* (os artigos 200º, 201º e 202º)[170] e 52 artigos sobre o *ato administrativo* (do artigo 148º ao 199º). Conclui-se então que, também em termos procedimentais, o ato administrativo continua a ser a principal forma de atuação administrativa.

[169] Desde a aprovação do CPTA que o meio processual "recurso contencioso de anulação" (de atos administrativos) foi abolido do nosso direito positivo, passando a existir, em seu lugar, uma *ação administrativa especial.* Com a reforma do CPTA de 2015, operada pelo Decreto-Lei nº 214-G/2015, de 2 de outubro, foi abandonada a configuração dualista da ação administrativa (dividida em ação administrativa comum e ação administrativa especial), tendo passado a existir apenas a ação administrativa (cfr. artigos 37º e ss. do Código referido) na qual pode ser formulado, entre outros pedidos, o de *impugnação de atos administrativos* (cfr. artigos 37º, nº 1, al. *a)* e 50º e ss).
Na prática, a *ação administrativa* em que seja formulado um pedido de *impugnação de um ato administrativo,* corresponde ao antigo *recurso contencioso de anulação,* durante muitas décadas o principal meio de acesso aos tribunais administrativos, quando não mesmo o único. Daí as inúmeras referências que ainda se podem encontrar, em toda a doutrina portuguesa anterior a 2003, a este meio processual. Como tal, optaremos por vezes por usar a expressão, quando ela tiver um cunho especificamente histórico.

[170] Embora estes, como é sabido e veremos melhor, encontrem hoje uma extensa regulamentação, também em termos procedimentais, no Código dos Contratos Públicos: cfr. infra, Capítulo III da Parte III destas *Noções Fundamentais.*

Daí o relevo que sempre assumiu, entre nós, a identificação daquela forma de atuação administrativa que se podia (ou devia) reconduzir ao *ato administrativo*.

Esta foi, no entanto, uma matéria tudo menos pacífica, tendo suscitado amplas divergências na nossa doutrina e jurisprudência.

1.2.2. *A doutrina e jurisprudência tradicionais*

A doutrina e a jurisprudência tradicionais em Portugal recorriam a um conceito substantivo de ato administrativo (ato administrativo em sentido amplo) como o "ato voluntário e unilateral, praticado por um órgão da Administração, no exercício de poderes administrativos, produzindo efeitos jurídicos sobre uma situação individual num caso concreto"[171], utilizando, a par dele, um conceito adjetivo ou processual, que correspondia ao ato administrativo "recorrível": o ato administrativo definitivo e executório[172] – fórmula que era expressamente usada no antigo nº 3 do artigo 268º da CRP e no artigo 25º, nº 1, da entretanto revogada Lei de Processo nos Tribunais Administrativos (Decreto-Lei nº 267/85, de 16 de julho).

Com ela pretendia-se restringir a noção ampla de ato administrativo, por forma a abranger apenas os atos que comportassem uma lesão efetiva dos direitos subjetivos ou interesses legítimos dos particulares, únicos para os quais valeriam as garantias contenciosas.

De acordo com esta doutrina existiam assim duas grandes noções de ato administrativo: a noção ampla ou substantiva, que abrangia atos que, por não serem definitivos e/ou executórios, estavam subtraídos à possibilidade de impugnação contenciosa; e a do ato administrativo definitivo e executório que, ao afetar a esfera jurídica dos cidadãos, ficava abrangida por essa garantia. A noção de definitividade que, como veremos, perde atualmente grande parte da sua utilidade[173], misturava, por sua vez, três aspetos diferentes da teoria do ato – o aspeto horizontal ou procedimental; o elemento material ou

[171] Desta noção ampla ficavam excluídos os atos de direito privado; os contratos e outros acordos; os atos políticos, legislativos e jurisdicionais; as ações materiais e os regulamentos.

[172] Não vamos por agora analisar o (complexo) problema da executoriedade do ato administrativo, limitando-nos a considerar as questões relativas à definitividade: sobre a executoriedade, cfr. *infra*, 8. A força jurídica do ato administrativo.

[173] A fórmula do "ato administrativo definitivo e executório" foi eliminada do nosso texto constitucional pela revisão constitucional de 1989, tendo passado a admitir-se, a partir daí, a possibilidade de impugnação contenciosa contra quaisquer atos que lesem a esfera jurídica dos administrados, independentemente da sua forma (cfr. atual redação do nº 4 do artigo 268º da CRP). Da leitura da norma constitucional resulta que o acento tónico é hoje colocado na garantia dos administrados à tutela jurisdicional efetiva dos seus direitos ou interesses legalmente protegidos.

substancial; e a componente vertical ou competencial –, introduzindo uma grande complexidade nesta matéria.

1.2.3. *A crítica doutrinária à conceção tradicional*

A crítica à conceção da doutrina tradicional acabou por ser dirigida quer ao conceito substantivo, quer ao conceito adjetivo de ato.

No que diz respeito ao conceito substantivo, entendeu-se ser o mesmo demasiado amplo, refletindo incoerência e heterogeneidade, ao abranger atos com caraterísticas muito distintas. Por essa razão se defendeu não poder ele servir de base para alicerçar uma construção dogmática da figura, não tendo igualmente qualquer interesse prático (já que eram demasiadas as formas de atuação administrativa que se podiam reconduzir a tal conceito, tornando inviável a atribuição de efeitos práticos a este ato, nomeadamente em termos de impugnação contenciosa).

Relativamente ao conceito restrito de ato administrativo (o ato administrativo definitivo e executório), além de ser um conceito meramente adjetivo, entendia-se ser o mesmo fonte de grande confusão, ao abranger realidades totalmente diversas (procedimentais, de conteúdo e competenciais). Para além de ser discutível, por limitar a impugnação contenciosa aos "atos definitivos", parecendo esquecer que os não definitivos também podiam lesar direta e imediatamente a esfera jurídica dos cidadãos, devendo, nessa medida, ficar sujeitos ao mesmo tipo de garantias contenciosas.

Daí que parte da doutrina portuguesa, nomeadamente Rogério Soares, Sérvulo Correia e Vieira de Andrade, passassem a defender um conceito distinto de ato administrativo: um conceito unitário que, sendo mais estrito, refletia simultaneamente o interesse prático da noção, que era o de identificar os atos administrativos aos quais se aplicaria a garantia constitucional e legal do recurso contencioso de anulação.

No que respeita à definitividade, propendeu esta doutrina a limitar igualmente o conceito: as noções de definitividade material ou substancial e horizontal ou procedimental acabaram por ser absorvidas pela própria noção de ato administrativo, tendo assumido relevo apenas a dimensão vertical ou competencial, com um recorte puramente processual, visando distinguir os atos contra os quais estaria aberto o acesso direto aos tribunais daqueles que estariam sujeitos a impugnação administrativa necessária (em regra, recurso hierárquico), mas para os quais valeria, igualmente, a garantia contenciosa (de forma indireta ou mediata). Distinção que, como veremos (*infra*, 4.), depois da reforma do contencioso administrativo de 2002/2003 perdeu grande parte da sua razão de ser.

1.3. O relevo atual da busca de um conceito de ato administrativo

1.3.1. *Considerações gerais: um conceito substantivo*

Não tendo já hoje o relevo que assumiu noutras épocas, ainda assim continua a justificar-se a busca de um conceito de ato administrativo (substantivo) que abranja apenas, mas todos, os atos principais da administração, isto é, as suas decisões dotadas de especial força jurídica que definem, de forma unilateral, a esfera jurídica dos particulares.

Trata-se de um conceito de ato administrativo que, não coincidindo nem com o de "ato impugnável" nem com o de "ato principal do procedimento" (embora com eles estritamente relacionados), justifica a existência de um regime substancial próprio tendencialmente unitário, global e coerente, quer do ponto de vista *procedimental* (com o estabelecimento de especiais cautelas, designadamente do ponto de vista da participação dos interessados), quer da perspetiva da *força jurídica* de que são dotados (obrigatória e executiva), quer da *especial estabilidade* de que gozam (força de caso decidido, limites à revogação, etc.).

1.3.2. *Um conceito (substantivo) de ato no CPA e um conceito (adjetivo) de ato no CPTA*

O nosso ordenamento jurídico dispõe, desde 1991, de uma definição substantiva de ato administrativo: o CPA, publicado nesse ano, definiu-o expressamente no seu artigo 120º como "as decisões dos órgãos da Administração que ao abrigo de normas de direito público visem produzir efeitos jurídicos numa situação individual e concreta". Esta noção foi alterada em 2015, tendo o novo CPA, no seu artigo 148º, acrescentado a exigência de que os efeitos produzidos pelo ato administrativo sejam externos.[174]

Não se pense, no entanto, que com esta definição se resolvem todos os problemas em torno do conceito de ato administrativo: para além das divergências interpretativas que pode suscitar, nunca um conceito de tão grande relevo poderia ficar absolutamente pacificado com uma definição dada pelo legislador. Provavelmente por tal razão, o legislador foi extremamente cauteloso, mencionando no citado artigo 120º que tal definição é apenas a entendida "Para efeitos da presente lei". Cautelas que se mantêm no novo Código, cujo artigo 148º (que contém hoje o "Conceito de ato administrativo") estatui "Para efeitos do disposto no presente Código, consideram-se atos administrativos...".

Também o CPTA pressupõe, no seu artigo 51º, um conceito de ato administrativo, mas agora de cariz adjetivo, o qual surgiu na senda do conceito consti-

[174] Sobre este conceito legal, cfr. *infra*, 1.6.

tucional de *ato lesivo*, embora se tenha afastado dessa noção na revisão de 2015. O ato administrativo impugnável abrange hoje todas as decisões praticadas no exercício de poderes jurídico-administrativos que, ainda que não ponham termo a um procedimento, visem produzir efeitos jurídicos externos numa situação individual e concreta.

Uma análise cuidada destes conceitos permite concluir pela existência de pontos comuns entre eles (não obstante a diferença justificada pelo seu relevo para fins diferenciados), pontos comuns esses que decorrem do seu caráter de *decisão*: por um lado, de ambos estão excluídos os *atos meramente preparatórios* (v.g. pareceres não vinculativos), os *atos de comunicação* (v.g. notificações) e os atos de *pura execução* (passagem de um alvará); por outro lado, neles se incluem os *atos destacáveis*, i. é, atos que, inseridos num procedimento, produzem autonomamente efeitos externos (v.g. exclusão de um concorrente de um procedimento concursal).

Mas também é possível identificar entre eles claras divergências: um ato administrativo não eficaz, sendo um verdadeiro ato administrativo, nem sempre é imediatamente impugnável (artigo 54º do CPTA); o indeferimento expresso, sendo ato administrativo do ponto de vista substancial, não é diretamente impugnável (a sua eliminação da ordem jurídica é feita pela via da condenação à prática do ato devido); as decisões materialmente administrativas de outros poderes públicos ou entidades privadas são impugnáveis (artigo 51º, nº 1 do CPTA), mas não são substancialmente atos administrativos.

1.4. O conceito defendido de ato administrativo (na linha de Rogério Soares)

Como referimos *supra*, Rogério Soares propunha uma noção estrita de ato administrativo, uma noção substancial e não puramente adjetiva, ainda que a mesma fosse também orientada pela preocupação finalística de realização do princípio da garantia constitucional à tutela jurisdicional efetiva dos particulares face aos órgãos administrativos[175]: não sendo um conceito puramente

[175] O direito à tutela jurisdicional efetiva está garantido, em geral, no artigo 20º da CRP o qual determina, no seu nº 1, que "A todos é assegurado o acesso ao direito e aos tribunais para defesa dos seus direitos e interesses legalmente protegidos (...)". No que respeita à sua dimensão administrativa, tal direito está assegurado nos nºs 4 e 5 do artigo 268º da CRP. Nos termos do primeiro, "É garantido aos administrados tutela jurisdicional efetiva dos seus direitos ou interesses legalmente protegidos, incluindo, nomeadamente, o reconhecimento desses direitos ou interesses, a impugnação de quaisquer atos administrativos que os lesem, independentemente da sua forma, a determinação da prática de atos administrativos legalmente devidos e a adoção de medidas cautelares adequadas".

adjetivo, o mesmo visava também identificar quais os atos sujeitos a impugnação contenciosa (tradicionalmente, a recurso contencioso).

Com as recentes alterações em matéria de contencioso administrativo no ordenamento jurídico português – e a abertura exponencial das vias de acesso aos tribunais –, o ato administrativo perdeu a centralidade que até então deteve, embora continue a ser sujeito a uma via especial de acesso à justiça administrativa – a ação administrativa de impugnação de atos ou de condenação à prática de atos.

Antes de vermos em pormenor as notas caraterizadoras desta noção – aquela que aqui seguimos –, poderemos desde já avançar que o ato administrativo é visto como uma *estatuição autoritária que define a situação jurídica dos particulares no caso concreto*; será um ato que produz *efeitos jurídicos externos* (por contraposição àqueles que esgotam a sua eficácia no interior da administração) criando, modificando ou extinguindo estavelmente situações jurídicas. Tal definição tem o mérito de abranger as caraterísticas integradas pela doutrina tradicional na categoria da definitividade material ou substancial e, pelo menos em parte, da definitividade horizontal ou procedimental.

O ato administrativo é assim, para Rogério Soares, uma "estatuição autoritária, relativa a um caso individual, manifestada por um agente da Administração no uso de poderes de direito administrativo, pela qual se produzem efeitos jurídicos externos, positivos ou negativos".

Como facilmente se observa, esta definição pode ser decomposta em vários elementos, que se podem estudar individualizadamente. Dessa tarefa nos ocuparemos de seguida.

a) *Estatuição autoritária*: apesar de a Administração Pública dos nossos dias ser cada vez mais uma administração participada e concertada, que chama os particulares a colaborar consigo e que efetua negócios jurídicos com eles muitas vezes em plano de igualdade, não é menos certo que ela não perdeu o seu *ius imperii* e que continua a aparecer muitas vezes perante os particulares no uso de poderes autoritários.

O ato administrativo é precisamente a principal forma de atuação da Administração dotada de imperatividade e vinculatividade: é um comando destinado a regular imediatamente situações jurídicas de forma *unilateral*.

A doutrina tradicional falava a este respeito em "conduta voluntária e unilateral"[176]: no entanto, o uso da expressão "voluntariedade" ou "declaração

[176] E continua, em parte, a falar: cfr. Freitas do Amaral, *Curso de Direito Administrativo*, vol. II, cit.; sobre a unilateralidade do ato, cfr. p. 199 e seg.; sobre o papel da vontade no ato administrativo, cfr. p. 219 e seg.

de vontade unilateral" não parece o mais correto, uma vez que o ato administrativo não exprime necessariamente essa voluntariedade. É por exemplo o que se passa com os atos estritamente vinculados (atos devidos), com os atos de conteúdo verificativo e com as avaliações constitutivas, que não podem ser reflexo de qualquer "vontade".

Ainda quanto a essa expressão deve acrescentar-se que a unilateralidade é consequência necessária da autoridade.

O facto de o ato administrativo ser uma estatuição autoritária permite logo excluir da categoria as declarações negociais da Administração Pública e, em geral, todos os seus atos de direito privado (uma vez que a Administração aparece aqui "despida" da sua veste autoritária, relacionando-se em condições de paridade com os particulares).

Ficam igualmente excluídos da figura dos atos administrativos os *atos de execução*, uma vez que se limitam a tirar consequências de um ato anterior, o qual, sendo um verdadeiro ato administrativo, contém a estatuição autoritária[177]; e as comunicações (publicações e notificações), que levam ao conhecimento do(s) seu(s) destinatário(s) um ato administrativo. Quer uns quer outros são considerados *atos instrumentais*, classe de que falaremos de seguida.

Também os chamados "atos confirmativos", caraterizados por se limitarem a repetir um ato administrativo anterior, são excluídos da própria categoria dos atos administrativos. A doutrina tradicional, para atingir o resultado de impedir a impugnação contenciosa de tais atos, considerava-os não executórios.

Contudo, para Rogério Soares, estes atos não são, sequer, atos administrativos, por não terem uma estatuição autoritária, que está contida no ato administrativo anterior (que ele confirma): sendo o ato administrativo um *comando* destinado a disciplinar inovatoriamente situações ou relações jurídicas, o ato confirmativo não se pode reconduzir a esse conceito. Não sendo atos administrativos, está naturalmente excluída a possibilidade de impugnação contenciosa contra eles. Se isso fosse possível, a certeza e a segurança jurídicas seriam afetadas irreversivelmente, pois quem tivesse deixado passar o prazo para impugnar poderia fazê-lo agora[178].

[177] Apesar de não serem atos administrativos, admite-se excecionalmente a sua impugnação contenciosa por vícios próprios dos atos de execução, conforme o disposto no artigo 182º, nº 1 do CPA.

[178] Sobre os atos confirmativos é fundamental também a análise do nº 2 do artigo 13º do CPA, em face do qual, quando um órgão administrativo seja solicitado a responder na sequência de um assunto que lhe seja apresentado pelos particulares, "Não existe o dever de decisão quando, há menos de dois anos contados da apresentação do requerimento, o órgão competente tenha praticado um ato administrativo sobre o mesmo pedido formulado pelo mesmo particular com os mesmos fundamentos".

Deve, em todo o caso, destacar-se que também aqui o CPTA inovou, esclarecendo (e limitando) os casos em que pode ser rejeitada a impugnação de um ato (meramente) confirmativo: apesar de estabelecer o princípio geral da não impugnabilidade dos atos confirmativos (nº 1 do artigo 53º), afasta tal regra (nº 2 do mesmo preceito) nos "casos em que o interessado não tenha tido o ónus de impugnar o ato confirmado, por não se ter verificado, em relação a este ato, qualquer dos factos previstos nos nºs 2 e 3 do artigo 59º" (notificação do ato ao interessado ou ao seu mandatário ou, no caso de publicação obrigatória, início de produção de efeitos pelo ato ou, ainda, notificação, publicação ou conhecimento do ato ou sua execução).

Para finalizar, convém referir que a nota "estatuição autoritária" não afasta a categoria dos chamados *atos implícitos*: trata-se de atos não formalmente externados (não abertamente declarados), mas que resultam implicitamente de ações materiais da Administração ou de outros atos administrativos. O exemplo clássico, no que toca a atos implícitos em ações materiais da administração, é o do abate de animais doentes, quando efetuado pela autoridade competente para a prática do ato mas sem uma declaração formal que o suporte.[179]

Deve, no entanto, chamar-se a atenção, a este propósito, para a limitação estabelecida no nº 1 do artigo 177º do CPA em face do qual "Os órgãos da Administração Pública não podem praticar qualquer ato jurídico ou operação material de execução sem terem praticado previamente o ato administrativo exequendo".

Sintetizando, ainda que possa parecer duvidosa a sua qualificação como atos administrativos, incluem-se neles, atendendo à primeira nota definidora de ato administrativo:

- os *atos necessitados de colaboração* (aqueles que só produzem efeitos se houver aceitação do particular) uma vez que a aceitação é uma mera condição

Este preceito tem levantado dúvidas relativas à questão de saber se, depois de passado este prazo de dois anos, a Administração responder da mesma forma que na primeira decisão, esta segunda decisão deverá ou não ser considerada um ato confirmativo. A nossa jurisprudência tem dado respostas contraditórias, defendendo Vieira de Andrade, relativamente a determinados tipos de atos, a impugnabilidade das decisões de reapreciação que não serão assim *confirmativas*: cfr. Vieira de Andrade, "O controle jurisdicional do dever de reapreciação de atos administrativos negativos", *Cadernos de Justiça Administrativa*, nº 1, Jan.-Fev. 1997, págs. 35 e ss.

[179] Diferente dos atos implícitos são os *atos tácitos* – atos não abertamente declarados, mas que se devem considerar praticados por serem um pressuposto necessário de outro expressamente declarado – e os *atos concludentes* – atos que se consideram praticados no âmbito de um procedimento por a Administração ter proferido uma decisão expressa noutro sentido no âmbito de um outro procedimento (colocando-se, aqui, porém, problemas relacionados com a violação do dever de decisão por parte da Administração).

de eficácia do ato administrativo já tomado e não um seu requisito constitutivo;

- os *atos devidos* em que a Administração tem um mínimo de poderes discricionários, não podendo recusar a prática do ato, sendo que, no entanto, é por via do mesmo, e não por força da lei, que resulta a definição jurídica da situação do particular (como sucede, por exemplo, com a liquidação de um imposto);
- as *avaliações ou verificações constitutivas* (em que atos com efeitos declarativos constituem certezas jurídicas sobre a ocorrência de um facto ou a existência de uma qualidade), ao produzirem um efeito jurídico inovador, pelo menos titulador, que possui fé pública nas relações jurídicas externas (por exemplo a passagem de uma certidão de conclusão de licenciatura).[180]

Por sua vez, excluem-se, com base nesta nota, da noção de ato administrativo:

- os *atos de direito privado* (nos quais a Administração intervém despida da sua veste de autoridade, *i.e.* surgindo perante os particulares em pé de igualdade);
- as *declarações negociais* (mesmo que sejam de direito público), uma vez que elas estão preordenadas à conclusão de um contrato e, por isso, não são unilaterais;
- os *atos instrumentais externos*, tanto os de execução (porque se limitam a retirar consequências de outros atos, na medida em que tenham algum efeito ou caraterística inovadora) como os de comunicação (publicações, notificações, intimações);
- os *atos meramente opinativos ou informativos*, em que a Administração declara ou expõe o seu entendimento acerca de determinada questão de facto ou de direito que lhe é apresentada;
- os *atos confirmativos* que se reportam a um ato administrativo anterior que repetem, e no qual se encontra a verdadeira estatuição.

b) *relativa a um caso concreto*: esta nota da noção de ato administrativo permite estabelecer a diferença face à outra grande forma de atuação (autoritária) da administração – o regulamento.

De facto, enquanto que o regulamento tem, como vimos, carácter normativo, referindo-se a um número indeterminado de casos (é abstrato) e a um número indeterminado de pessoas (geral), o ato administrativo destina-se a uma

[180] Sobre este tipo de ato cfr. Mario Aroso de Almeida, *Teoria Geral de Direito Administrativo*, cit., p. 207 a 210.

situação concreta e a um destinatário determinado ou determinável (ou a um grupo de pessoas determinável).

Não obstante a aparente simplicidade desta nota, existem situações de fronteira que podem levantar dúvidas. Referimo-nos àquelas determinações administrativas que se destinem a ser aplicadas a um destinatário (ou destinatários) determinados mas num número indeterminado de casos ou a outras que se aplicam a um só caso concreto mas com um número indeterminado de destinatários.

Tradicionalmente, estes casos tendiam a equiparar-se aos atos administrativos: no primeiro caso falava-se em *atos abstratos* e no segundo em *atos gerais*. As razões de tal equiparação eram de índole essencialmente prática: em caso de dúvida, as determinações administrativas que afetassem interesses dos particulares seriam sempre consideradas atos administrativos, uma vez que os administrados teriam assim a possibilidade de usar a via de abertura judicial do recurso contencioso de anulação contra atos administrativos para defender as suas posições jurídicas em tribunal.

Estes argumentos perderam hoje em dia grande parte da sua razão de ser, uma vez que se admite agora, de uma forma ampla, a possibilidade de os particulares se defenderem em tribunal perante regulamentos administrativos ilegais e existe uma plenitude de acesso aos tribunais.

Em todo o caso, devemos a este propósito manifestar a nossa concordância com Mário Aroso de Almeida[181] quando analisa as dificuldades de delimitação conceptual das figuras do regulamento e do ato administrativo em relação às manifestações jurídicas híbridas da Administração e, em especial, quando afirma que, "para nós, dos binómios geral/abstrato e individual/concreto, aquele que deve prevalecer neste domínio não é o primeiro, mas o segundo", pois "a abstração, a vocação imanente de execução permanente, é o critério verdadeiramente distintivo do ato normativo, que determina os traços essenciais do regime dos regulamentos".

Diferente dos atos gerais e dos atos abstratos é o caso dos *atos coletivos*: estes atos são atos administrativos relativos a um caso concreto, sendo o seu destinatário um grupo de pessoas perfeitamente individualizáveis (é por exemplo o que se passa com um ato administrativo de dissolução de um órgão colegial).

Deve também chamar-se a atenção para o facto de os atos administrativos poderem ter como objeto uma *coisa*, ao definirem a respetiva situação jurídica (v. g. classificação de um imóvel como monumento nacional). São os chamados *atos administrativos reais*, que cabem no conceito defendido de ato administrativo.

[181] Cfr. Mário Aroso de Almeida, *Teoria Geral do Direito Administrativo, cit.*, pp. 130 a 136.

c) *praticada por um sujeito de direito administrativo*: um ato administrativo tem que ser praticado por um sujeito de direito administrativo, i. é, por órgãos que façam parte de uma qualquer pessoa coletiva de direito público da organização administrativa portuguesa. Temos, assim, que estar perante um ato praticado por um órgão do Estado, de uma região autónoma ou de uma autarquia local, de um instituto público, entidade pública empresarial ou associação pública ou ainda de uma autoridade administrativa independente.

No entanto, também os atos praticados por entidades administrativas privadas e por sujeitos privados com poderes públicos administrativos (caso dos concessionários) preenchem esta caraterística, constituindo atos administrativos[182].

No que toca aos atos dos outros poderes públicos não administrativos (Presidente da República, Assembleia da República, tribunais, etc.) há que ter algum cuidado. Estes poderes públicos não administrativos não praticam atos administrativos em sentido estrito; não obstante, as suas "decisões materialmente administrativas" são equiparadas aos atos administrativos *apenas* para efeitos de impugnação contenciosa, como referimos *supra*. Trata-se de atos praticados designadamente no âmbito da sua organização interna, mas que podem lesar os direitos ou interesses dos seus destinatários (pense-se, por exemplo, no caso de uma sanção disciplinar aplicada a um funcionário de um destes poderes públicos); por essa razão, e para assegurar a garantia constitucional à tutela jurisdicional aos seus destinatários (prevista nos nºs 4 e 5 do artigo 268º da CRP), eles são equiparados aos atos administrativos, mas só no que respeita à possibilidade da sua impugnação contenciosa[183].

Em síntese, por esta nota:

i. Incluem-se na noção de ato administrativo não só os atos emanados de *órgãos administrativos*, como também os atos de *sujeitos privados dotados de poderes administrativos* (como sucede com os concessionários, caso as bases da concessão e o contrato de concessão hajam previsto a passagem de tais poderes: é isso que se verifica em relação ao poder de impor sanções aos utentes de uma autoestrada, por violação de deveres de conduta; ou relativamente às entidades privadas administrativas, isto é, pessoas coletivas constituídas sob a forma de direito privado, mas que desempenham funções administrativas, como acontece hoje em dia com as universidades

[182] Sobre os atos administrativos dos concessionários, cfr. o artigo 4º, nº 1, alínea d) do ETAF.

[183] O artigo 4º, nº 1, alínea c) do ETAF refere expressamente a fiscalização, pela jurisdição administrativa, da legalidade dos atos administrativos praticados por órgãos não administrativos do Estado e das Regiões Autónomas, o que abrange os atos materialmente administrativos dos tribunais judiciais. Cfr. igualmente o nº 1 do artigo 51º do CPTA.

públicas constituídas sob a forma de fundações públicas com regime de direito privado), de órgãos de entidades administrativas privadas ou de *órgãos administrativos ocasionais* (como sucede com júris de exames, ou, designadamente, com as comissões de avaliação das propostas, no âmbito das empreitadas).

ii. Excluem-se os atos emanados por órgãos estranhos à organização administrativa, *i.e.* sujeitos públicos não administrativos tais como o Presidente da República, o Parlamento e os tribunais - isto é, os atos políticos, as leis, as resoluções da Assembleia da República e as sentenças judiciais. No entanto, as *decisões materialmente administrativas* praticadas por estes sujeitos são frequentemente equiparadas a atos administrativos para efeitos de impugnação junto da jurisdição administrativa (tribunais administrativos). É o que sucede com as decisões com efeitos externos destes órgãos de soberania relativamente aos seus funcionários.

d) *no uso de poderes de direito administrativo*: como vimos aquando do estudo da distinção material das funções do Estado, não existe hoje uma correspondência rigorosa entre tal separação e a separação organizatória dos poderes, havendo órgãos que desempenham mais do que uma função.

Por isso mesmo, pode haver atos de sujeitos administrativos que se insiram materialmente noutras funções diferentes da administrativa. Como exemplo paradigmático desta possibilidade temos o caso do Governo, que apesar de ser o órgão superior da Administração Pública (cfr. artigo 182º da CRP), não está apenas dotado de competências administrativas (artigo 199º da CRP), mas detém uma relevantíssima competência política (artigo 197º) e legislativa (artigo 198º). Como é óbvio, sempre que o Governo praticar atos políticos ou publicar decretos-lei, não estaremos perante qualquer ato administrativo, apesar de se tratar de atos praticados pelo órgão superior da Administração Pública.

Não se deve, em todo o caso, esquecer a possibilidade de serem praticados pelo Governo atos administrativos sob forma legislativa: o facto de o artigo 268º, nº 4, assegurar a impugnação contenciosa de todos os atos administrativos "independentemente da sua forma" pretende acautelar tal possibilidade.

Assim, só será ato administrativo a provisão emanada da Administração no uso de poderes administrativos, excluindo-se não apenas os atos de órgãos administrativos que pertençam materialmente a outras funções, mas também todas as atuações jurídicas dos agentes administrativos subordinadas ao direito privado (que representam um setor cada vez mais vasto).

e) *destinada a produzir efeitos jurídicos externos, positivos ou negativos*: esta era a nota mais "original" da definição de ato administrativo de Rogério Soares em relação à definição da doutrina tradicional (e à formulação, pelo menos literal, que durante anos constou do CPA, como veremos).

De acordo com esta nota, os chamados atos internos (que apesar de também poderem ser jurídicos, têm apenas relevo no seio da organização administrativa) não são verdadeiros atos administrativos, precisamente porque esgotam a sua eficácia no interior da Administração, não produzindo efeitos no ordenamento jurídico geral (ou, pelo menos, só os produzindo de forma indireta ou mediata)[184]. É isso que acontece com os chamados atos instrumentais (principalmente preparatórios), que apesar de serem atos jurídicos e concretos, não projetam a sua eficácia no ordenamento jurídico geral.

Só os atos externos, ao produzirem efeitos jurídicos no ordenamento jurídico geral, criando, modificando ou extinguindo situações jurídicas reguladas pelo direito administrativo, são atos administrativos.[185]

A distinção entre efeitos jurídicos internos e externos é particularmente importante no âmbito das relações especiais de poder ou relações especiais de direito administrativo. Como vimos quando estudámos a relevância de tais relações a propósito dos regulamentos que as disciplinam (os *regulamentos especiais*), a doutrina distingue entre uma *relação orgânica ou de funcionamento* (em que as pessoas submetidas a tais relações são vistas apenas como elementos sujeitos a vínculos de subordinação especial, sendo meros elementos da respetiva organização) e uma *relação de serviço ou fundamental* (em que os seus membros são vistos como cidadãos que, por não terem sofrido qualquer *capitis deminutio*, continuam a ser titulares de direitos que têm de ser respeitados).

Como facilmente se conclui, é no seio desta relação fundamental que podem surgir atos produtores de efeitos externos, na medida em que tocam os direitos ou interesses legítimos dos seus destinatários; tais atos assumem relevância no ordenamento jurídico geral, sendo por isso considerados atos administrativos, contenciosamente impugnáveis.

[184] Como nota Vieira de Andrade, a referência aos efeitos jurídicos externos, "ao pressupor a eficácia intersubjetiva, visa excluir do conceito os atos internos, praticados no âmbito das relações interorgânicas, cujos efeitos se esgotam dentro do ente administrativo": cfr. comentário ao artigo 148º, in: Fausto de Quadros et all., *Comentários à revisão do Código do Procedimento Administrativo*, Almedina, Coimbra, 2016, p. 296.

[185] Cada vez mais os efeitos externos produzidos pelos atos administrativos repercutem-se na esfera jurídica de terceiros, reflexo de as relações jurídicas por eles reguladas serem de caráter multipolar ou poligonal. Como afirma Paulo Otero, existe cada vez mais uma "relação triangular, expressa num 'triangulo jurídico' que compreende a autoridade administrativa decisória, o destinatário da decisão e um (ou vários) terceiro(s)". Paulo Otero, *Manual de Direito Administrativo*, cit., p. 429.

Os efeitos externos produzidos por um ato administrativo são normalmente *efeitos positivos*. Quando um ato produz transformações no ordenamento jurídico diz-se que os seus efeitos são positivos, ainda que eles sejam desvantajosos para o seu destinatário, já que positivo não é aqui sinónimo de favorável: é o caso da declaração de utilidade pública de um bem para efeitos de expropriação a qual, sendo um ato desfavorável, produz efeitos positivos. No entanto, também a recusa da produção de efeitos jurídicos requeridos pelos particulares pode configurar um ato administrativo, tratando-se nesse caso de *efeitos negativos*.

Na verdade, ao contrário do que acontece no direito privado, a recusa da produção de efeitos que apenas a Administração pode conceder (por exemplo, o licenciamento de uma obra ou a atribuição de um subsídio) tem de ser considerada como ato administrativo, nomeadamente para os administrados se poderem defender perante recusas que poderão ser ilegais.

Tradicionalmente esta defesa passaria pelo recurso contencioso de anulação contra o ato ilegal, positivo ou negativo. Após as alterações do contencioso administrativo introduzidas pela Reforma de 2002/2003, o ato ilegal positivo pode ser "atacado" através de um pedido impugnatório a formular na ação administrativa; enquanto a reação contra o ato ilegal negativo e a recusa ilegal da prática de ato deve ser feita através de um pedido *de condenação à prática do ato devido* a formular no mesmo meio processual, isto é, na ação administrativa.

1.5. Exclusão dos atos instrumentais

A definição proposta de ato administrativo leva a que sejam excluídos da categoria em análise os atos instrumentais. Estes atos, sendo igualmente jurídicos e concretos, regulados pelo direito administrativo, não se destinam imediatamente a satisfazer o interesse público concreto.

Eles desempenham uma função ancilar em relação ao ato administrativo em torno do qual "gravitam": pretendem ajudar à sua preparação, ao desencadear da sua eficácia ou a dar deles conhecimento aos seus destinatários.

São geralmente atos preparatórios, mas podem estar colocados noutra fase do procedimento administrativo, designadamente quando se destinam a desencadear a eficácia do ato administrativo respetivo ou a dá-lo a conhecer aos seus destinatários.

Em regra produzem efeitos meramente internos, embora também possam produzir efeitos externos (caso, por exemplo, de uma publicação ou de uma notificação).

1.6. Confronto entre a posição adotada e o conceito do CPA

Comparando a noção que acabámos de analisar com a que consta do CPA, diremos que as diferenças não são muito significativas. Durante anos a diferença mais relevante era a ausência, na definição constante do então artigo 120º, de referência expressa à produção de efeitos jurídicos externos, com a consequência de aquela noção englobar atos que na conceção de Rogério Soares eram meramente instrumentais e não atos administrativos. Esta ausência foi entretanto superada já que na definição constante do artigo 148º do novo CPA publicado em 2015 consta a referência expressa aos efeitos externos. De qualquer forma, é importante fazer-se uma análise detalhada do preceito:

– O CPA qualifica o ato administrativo como uma "decisão", precisamente no sentido de uma *estatuição* que é necessariamente reflexo dos *poderes autoritários* de que goza a Administração. Na verdade, e apesar do grande relevo dado pelo Código à participação dos interessados nas decisões administrativas, o ato administrativo não deixa de ser o resultado de uma decisão unilateral da Administração. Em conclusão: a caraterização do ato administrativo não difere por ele ser denominado de "decisão" ou de "estatuição autoritária": em qualquer das formulações isso significa que estamos perante um *comando* destinado a disciplinar inovatoriamente situações ou relações jurídicas.

– Em seguida, diz-nos o artigo 148º do CPA que tais decisões são emanadas no exercício de poderes jurídico-administrativos, englobando, assim, decisões "praticadas por um sujeito de direito administrativo" mas também as praticadas por entidades privadas que disponham de poderes públicos administrativos e as decisões materialmente administrativas dos poderes públicos não administrativos.

– A dúvida que resultava da definição de ato administrativo constante do Código de 1991 – que não fazia menção expressa à produção de efeitos jurídicos externos – foi superada no novo Código, pelo que ficam apenas sujeitos ao regime constante do Código os atos destinados a produzir efeitos na esfera jurídica de terceiros (particulares ou públicos) que estejam em face da Administração numa relação externa, estando dela afastados atos produtores de mera eficácia interna.

– Finalmente, esclarece o CPA que a produção de efeitos jurídicos se refere a uma "situação individual e concreta", ou seja, que o ato administrativo é relativo a um caso concreto e destinado a ser aplicado a um destinatário (ou destinatários) individualizado(s) ou individualizável(is). Apenas a extensão do conceito às figuras híbridas dos atos gerais e dos atos abstratos se torna, em princípio, insustentável, pelo menos se interpretarmos este preceito em sentido estrito. Desta forma, parece que tais tipos de atos terão de ser afastados da noção procedimental de ato administrativo, mas apenas dessa na medida em que a definição que consta do artigo 148º do CPA vale apenas "para efeitos do disposto no presente Código".

1.7. Considerações conclusivas quanto ao conceito de ato administrativo

Atendendo ao exposto, e como se referiu *supra*, aceita-se aqui um conceito restrito de ato administrativo – como ato de *direito público*, *jurídico*, de *autoridade*, *concreto* e *externo* –, que engloba todos e apenas os atos principais da Administração, isto é, as decisões administrativas às quais a lei reconhece força jurídica para a definição (favorável ou desfavorável) da esfera jurídica dos particulares.

Não tendo já, este conceito, o relevo prático de identificar os atos sujeitos a controlo jurisdicional (como referimos, o conceito de ato impugnável não tem de coincidir com o conceito substantivo de ato administrativo), continua a existir uma razão dogmática para o adotar: a aplicabilidade aos mesmos de um regime material próprio, substantivo e procedimental. Em causa estão aqueles atos que, pelo seu *conteúdo* (por constituírem decisões de autoridade constitutivas de efeitos jurídicos), impliquem um determinado *procedimento* de formação e possam gozar de uma especial *força jurídica* (executiva) e *estabilidade* (designadamente, o *ónus de impugnação* e a força de *caso decidido*).

2. Funções dos Atos Administrativos

Aos atos com estas caraterísticas é possível apontar algumas funções que se justificam num sistema de administração executiva:

- a função *tituladora*: o ato administrativo é um *título*, ao qual se liga a produção de efeitos jurídicos específicos, sendo de destacar a sua *força executiva* ou *eficácia auto-titulante*, nos termos da qual o ato administrativo pode basear uma execução, sem dependência de qualquer outra pronúncia, no caso dos atos exequíveis; esta função tituladora é facilmente visível em atos como a licença de condução, uma sanção disciplinar ou, no direito fiscal, o ato de liquidação de um imposto;
- a função *definitória*: o ato administrativo define autoritariamente relações jurídicas, criando, modificando ou extinguindo situações jurídicas tuteladas pelo direito administrativo; veja-se, quanto a esta função, o exemplo da matrícula de um aluno numa Universidade pública;
- a função *procedimental*: como veremos quando estudarmos o procedimento administrativo, o ato administrativo surge como o momento principal do procedimento para a sua prática e como face visível de toda a tramitação desenvolvida pela Administração em colaboração com os particulares com vista à tomada de uma decisão jurídica num caso concreto. Para além disso, e por surgir no contexto de um procedimento adminis-

trativo, a Administração está obrigada a cumprir uma série de regras, trâmites e formalidades (previstos nomeadamente no CPA[186]), adotados de acordo com uma sequência racional;

- a função *estabilizadora*: a decisão, mesmo ilegal, não sendo nula, consolida-se dentro de um prazo relativamente curto como "caso decidido" (ónus de impugnação), assegurando ainda uma auto-vinculação da Administração e uma limitação dos poderes de revogação (segurança jurídica), designadamente quanto a decisões constitutivas de direitos (proteção da confiança legítima). Esta função, como melhor veremos quando estudarmos as figuras da anulação e da revogação, tende a perder importância já que, ainda que não desapareça, tende a moderar-se quer pelo aumento do prazo para a formação do caso decidido (aumentando os prazos para a anulação administrativa que se afasta, assim, dos prazos para a respetiva impugnação judicial), quer pelo incremento das possibilidades de precarização do ato administrativo [por exemplo, com a possibilidade de revogação de atos constitutivos de direitos com o fundamento previsto na alínea c) do nº 2 do artigo 167º].
- a função *processual* (sobretudo para os particulares), tendo em consideração que torna operativa a garantia constitucional e legal de intervenção fiscalizadora dos tribunais – impondo a a utilização da ação administrativa, em regra com um pedido de anulação de ato ou de condenação à prática de ato devido.

3. Novas Roupagens dos Atos Administrativos

Em face da complexidade crescente das situações que são objeto de regulamentação administrativa, os atos administrativos vêm assumindo, cada vez mais, figurinos distintos.

Merece aqui uma referência destacada a categoria das *pré-decisões* ou dos *atos administrativos intermédios*, praticados a propósito de decisões administrativas complexas as quais, devido a essa complexidade, exigem procedimentos administrativos fracionados ou faseados.

É comum dividir esta categoria em duas sub-categorias, a saber:

- a das decisões ou atos administrativos *prévios* (*Vorbescheid*, na designação alemã) que decidem de forma antecipada uma pretensão que será objeto de um procedimento mais completo, muitas vezes posterior, e que

[186] O CPA é a lei geral reguladora do procedimento administrativo o que não invalida a existência de inúmeras leis especiais, relevantes também ao nível da organização dos procedimentos respetivos.

contêm uma *decisão final* sobre *questões isoladas* de que depende a prática do ato "global" (normalmente uma autorização)[187];

- a das decisões ou atos administrativos *parciais* que são decisões finais relativas a *uma parte* do objeto em apreciação (também aqui normalmente referido a uma autorização) e que têm em si mesmo um caráter permissivo, embora circunscrito à parte da decisão final que já foi objeto de apreciação[188].

Têm também realce, neste âmbito, os atos *provisórios* (cujos efeitos dependem de uma futura pronúncia definitiva) e os *atos precários* (em que a Administração salvaguarda o poder de definir de maneira diferente a situação em causa, designadamente sujeitando-os a revogação situação que, como veremos, corresponde à aposição de uma *reserva de revogação* ao ato administrativo), que têm a sua estabilidade jurídica enfraquecida pelo facto de se encontrarem sujeitos a reapreciação, uma vez verificados determinados pressupostos. Daí que não sejam atos constitutivos de direitos ou de interesses legalmente protegidos. É isso que se verifica, cada vez mais, no domínio do licenciamento industrial, sobretudo no que respeita a problemas colocados pela proteção ambiental e urbanística, levando nomeadamente à emissão de licenças que ficam condicionadas à utilização das melhores técnicas disponíveis[189].

4. A Definitividade do Ato Administrativo: Evolução e Importância Atual

4.1. Para a doutrina e jurisprudência tradicionais

Como vimos aquando do estudo do conceito de ato administrativo para a doutrina e jurisprudência tradicionais, a definitividade era um dos dois elementos definidores do conceito estrito ou adjetivo de ato administrativo, isto é, do conceito de ato administrativo para efeitos de *recurso contencioso*.

[187] É isso que ocorre com a aprovação do projeto de arquitetura no âmbito do procedimento de licenciamento de uma obra particular e com os pedidos de informação prévia urbanística. Sobre o ato administrativo prévio cfr. Filipa Urbano Calvão, *Os Actos Precários e os Actos Provisórios no Direito Administrativo*, Porto, 1998, p. 47-52. Sobre a natureza prévia das informações prévias e dos atos de aprovação do projeto de arquitetura cfr. Fernanda Paula Oliveira, Anotação ao Acórdão do STA de 20.06.2002, Proc. 142/02, 1ª Secção CA, *Revista do Centro de Estudos do Direito do Ordenamento, do Urbanismo e do Ambiente*, nº 10, Ano V-2.02, p. 105 -117.

[188] O caso, por exemplo, da licença parcial para a construção da estrutura no âmbito do procedimento de licenciamento de uma obra particular. Cfr. Filipa Urbano Calvão, *ob. cit.*, p. 53-56.

[189] Cfr. Filipa Urbano Calvão, *ob. cit.*, p. 21-44.

Com o conceito de ato definitivo pretendia afastar-se a possibilidade de impugnação contenciosa de todos aqueles atos da Administração que não lesassem diretamente os particulares, refletindo esta noção o resultado prático de subordinar a recurso contencioso os atos administrativos que implicassem uma lesão direta e atual de um administrado (os atos administrativos *por excelência*).

Para esta doutrina, as notas caraterísticas da definitividade seriam simultaneamente procedimentais, competenciais e substanciais, só podendo um ato ser considerado definitivo quando preenchesse *cumulativamente* os três tipos de definitividade. Para a referida doutrina tradicional o sentido a atribuir a cada um dos termos de definitividade era o seguinte:

a) *Definitividade em sentido horizontal ou procedimental*

O ato administrativo, para ser definitivo neste sentido, teria de ser um ato "final", no sentido de pôr termo a um procedimento ou a um seu incidente autónomo.

Como veremos aquando do estudo do procedimento administrativo, o ato administrativo surge como momento principal de um determinado procedimento, sendo o culminar (embora não necessariamente o *último* ato) de toda a tramitação desenvolvida pela Administração – em colaboração com os particulares – com vista à tomada de uma decisão.

Seriam, assim, atos não definitivos, do ponto de vista horizontal ou procedimental, os atos preparatórios da decisão final (atos anteriores ao ato definitivo), como estudos, pareceres, informações, exames, vistorias, etc.; também os atos posteriores ao ato definitivo, como atos complementares (publicações, notificações, aprovações, vistos, etc.) e os atos de execução eram considerados atos não definitivos.

b) *Definitividade em sentido material ou substancial*

De acordo com este sentido, a definitividade corresponderia à definição da situação jurídica dos particulares ou da Administração, fixando os respetivos direitos e/ou deveres. Mesmo quando sujeitos a condição suspensiva ou a termo inicial ou quando fossem postos em execução a título experimental, os atos que definissem situações jurídicas seriam, como tal, definitivos.

Está aqui em causa o *conteúdo* do ato administrativo, não tendo a qualidade de atos definitivos, deste ponto de vista, os atos administrativos que não definissem situações jurídicas. Seria o caso dos atos internos, bem como das informações, das opiniões ou dos pareceres.

c) *Definitividade em sentido vertical ou competencial*

Na definitividade vertical estaria já em causa a localização do órgão autor do ato no âmbito da estrutura hierárquica da Administração. Atos definitivos, neste sentido, seriam os atos praticados por um órgão que tivesse o poder de proferir a "última palavra da Administração": atos praticados por órgãos supremos, independentes ou que, embora subalternos, dispusessem de uma competência exclusiva na matéria.

Nessa medida, tratar-se-ia de atos que, ou não admitiam recurso hierárquico ou, admitindo-o, o mesmo seria meramente facultativo: daí dizer-se que eles forneciam a "última palavra da Administração" sobre a questão, sendo passíveis de recurso imediato para tribunal.

Contrariamente, os atos verticalmente não definitivos seriam aqueles que não constituíam a última palavra da Administração, não sendo possível contra eles uma impugnação contenciosa imediata: seria necessária uma impugnação administrativa prévia (designadamente, um recurso hierárquico) para que a via judicial pudesse ser aberta.

Tal ocorreria sempre que estivessem em causa atos praticados por órgãos subalternos que não dispusessem de competência exclusiva sobre a matéria, estando sujeitos a recurso hierárquico necessário.

4.2. Crítica à conceção tradicional de definitividade

Como tivemos oportunidade de avançar aquando da análise do conceito de ato administrativo para a doutrina e jurisprudência tradicionais, o conceito de definitividade foi considerado, por uma parte importante da doutrina, como fruto de grande confusão, ao englobar três momentos muito relevantes, mas diferentes entre si, da teoria do ato administrativo: a competência, o procedimento e o dispositivo.

Para aqueles autores que, na linha da proposta de Rogério Soares, sempre defenderam um conceito mais estrito de ato administrativo, não fazia sentido um conceito tão abrangente e confuso de definitividade, na medida em que esta noção acabava por absorver algumas vertentes da própria noção do ato administrativo. Assim, sendo o ato administrativo produtor de efeitos jurídicos externos, regulando uma situação jurídica tutelada pelo direito administrativo, ele definiria necessariamente uma situação jurídica entre a Administração e um terceiro, pelo que não haveria razão de vir juntar um conceito de definitividade material.

Também o conceito de definitividade horizontal se encontrava, em parte, incluído em tal noção: todos os atos instrumentais que "gravitam" em torno do ato administrativo, preparando-o ou permitindo desencadear a sua eficácia ou dar dele conhecimento aos seus destinatários não são estatuições autoritárias, na medida em que não contêm um comando destinado a produzir imediatamente efeitos jurídicos.

Para além disso, a categoria da definitividade horizontal sempre foi considerada por esta tendência doutrinária como geradora de uma certa perplexidade, sendo forçoso admitir a possibilidade de impugnação contenciosa de atos que, em rigor, não eram horizontalmente definitivos. A própria doutrina tradicional revelava aqui algumas dificuldades, vendo-se obrigada a considerar como horizontalmente definitivos atos que, como dissemos, em rigor não o eram: referimo-nos aos chamados "atos destacáveis", que implicavam uma resolução final para certa pessoa, impedindo a sua continuação no procedimento (por exemplo, a exclusão de um candidato a um concurso público, antes de ser tomada a decisão final). Este caso revela bem a imprestabilidade do conceito, já que há atos que não encerram um procedimento, mas que afetam direta e imediatamente os direitos ou interesses legítimos dos administrados, tendo que se admitir a possibilidade da respetiva impugnação junto dum tribunal administrativo.

Por todas estas razões, boa parte da doutrina, em que se incluem Rogério Soares, Sérvulo Correia e Vieira de Andrade, acabaram por defender um conceito de definitividade apenas no seu sentido vertical ou competencial e com um recorte meramente processual.

4.3. Uma definitividade meramente vertical

Deve começar por sublinhar-se que a doutrina aqui seguida nunca utilizou a diferença entre atos definitivos e atos não definitivos como uma distinção entre duas categorias substancialmente diferentes de atos administrativos. Qualquer ato administrativo que fosse como tal qualificado era considerado um ato passível de impugnação contenciosa, existindo apenas regimes diferentes *quanto à sua impugnação*: ao passo que os atos definitivos seriam passíveis de impugnação contenciosa *direta* ou *imediata*[190], os atos não definitivos estariam sujeitos a *recurso hierárquico necessário*, após o qual a garantia contenciosa se tornaria efetiva e atual, sendo então passíveis de impugnação para tribunal.

Como tal, o conceito de definitividade ganhava uma dimensão meramente processual, qualificando os atos suscetíveis de impugnação contenciosa imediata.

Para além disso, a noção passava a ter um recorte exclusivamente *vertical* ou *competencial*: para determinar se um ato era ou não definitivo teria apenas de se analisar quem era o seu autor e no uso de que tipo de competência o havia praticado. Tratando-se de um órgão colocado no nível supremo dentro da pessoa coletiva em que se inserisse, por não existir qualquer superior hierárquico, o ato seria sempre definitivo, o mesmo se passando com os atos dos órgãos inde-

[190] Referimo-nos aqui apenas ao recurso hierárquico necessário, mas o mesmo raciocínio vale para as restantes impugnações administrativas necessárias.

pendentes; se o autor do ato fosse um órgão subalterno, teria de se analisar o tipo de competência que com a prática do mesmo se havia exercido, uma vez que os atos praticados ao abrigo de competência exclusiva (própria ou delegada) eram ainda definitivos, só não o sendo aqueles praticados ao abrigo de uma competência concorrente com a do superior hierárquico.

Em resumo, seriam definitivos:

- os atos praticados pelo órgão superior de uma hierarquia;
- os atos praticados por órgãos "independentes", isto é, não sujeitos a qualquer hierarquia;
- os atos praticados por órgãos subalternos, quando no uso de uma competência exclusiva;
- os atos praticados por órgãos subalternos ao abrigo de uma delegação de poderes se o ato, praticado pelo delegante, também fosse definitivo.

Pelo contrário, seriam atos não definitivos:

- os atos praticados por subalternos, quando no uso de uma competência concorrente com o superior hierárquico (a competência concorrente é a regra, significando que o superior hierárquico tem um poder de *reexame* da decisão do subalterno, podendo não só anular ou revogar o seu ato mas também modificá-lo ou substituí-lo);
- os atos praticados por subalternos ao abrigo de uma delegação de poderes se o ato, praticado pelo delegante, não fosse definitivo.

Os atos não definitivos estariam sujeitos a *recurso hierárquico necessário*: para o administrado se defender deles, teria primeiramente de os impugnar perante o superior hierárquico. Na sequência da decisão do superior hierárquico, uma de duas hipóteses poderia ocorrer: ou o superior hierárquico dava razão ao recorrente, anulando, modificando ou substituindo o ato do subalterno, caso em que o interessado já não teria necessidade de impugnar judicialmente o ato; ou o superior confirmava a decisão do subalterno, ficando então aberta a porta para a possibilidade de impugnar o ato em tribunal.

Deve destacar-se que a "necessidade" de interposição de recurso hierárquico para o destinatário do ato pode apresentar vantagens: desde logo, o facto de tal impugnação suspender a eficácia do ato, nos termos do artigo 189º, nº 1, do CPA (o que não acontece, em regra, na via contenciosa); a possibilidade de o superior hierárquico anular o ato com base em vícios de mérito (inoportunidade ou inconveniência do ato), o que não é permitido em tribunal; também o caráter informal do recurso hierárquico, de interposição fácil, rápida e barata; tem ainda a vantagem prática de obrigar uma autoridade administrativa mais qualificada a pronunciar-se sobre o caso. Para além destas vantagens, o interessado nada perde, uma vez que tal tipo de recurso suspende o prazo para a interposição da adequada ação judicial, que só começa a contar após a decisão do superior hierárquico.

Já o recurso hierárquico facultativo – que no sistema vigente até há pouco tempo, ocorria quando o subalterno, autor do ato, o emitia no uso de competências exclusivas – tem a agravante de, por regra, não suspender a eficácia do ato (cfr. artigo 189º, nº 2, do CPA) ainda que, ao contrário do que sucedia na sua configuração inicial, suspenda o prazo para a interposição da correspondente impugnação contenciosa (nº 3 do artigo 190º do CPA).

Em face do afirmado até ao momento, pode reter-se, desde já, que o conceito de definitividade:

- tinha apenas a ver com a questão da distribuição vertical das competências, determinando-se se um ato é ou não definitivo em função do órgão autor do ato e do tipo de competência que exerce;
- possuía um recorte puramente processual, distinguindo os atos suscetíveis de recurso contencioso imediato daqueles sujeitos a recurso hierárquico necessário, para os quais a garantia de recurso contencioso só podia ser exercida de forma mediata;
- o seu interesse prático era o de determinar quais os atos de que se podia recorrer imediatamente para tribunal e aqueles que necessitavam de uma impugnação administrativa prévia à efetivação da garantia jurisdicional.

4.4. A questão da definitividade à luz da Constituição da República Portuguesa e do novo regime do contencioso administrativo

Nos termos da redação inicial do nº 3 do artigo 268º da CRP era "(...) garantido aos interessados recurso contencioso, com fundamento em ilegalidade, contra quaisquer *atos administrativos definitivos* (...)".

A partir da revisão de 1989, a Constituição continuou a garantir aos particulares o direito ao recurso contencioso, mas agora contra "(...) quaisquer atos administrativos, independentemente da sua forma, que lesem os seus direitos e interesses legalmente protegidos", formulação que no essencial se mantém no texto vigente (nº 4 do artigo 268º).

A partir daqui alguma doutrina começou a defender que o pressuposto processual para o recurso contencioso de anulação teria passado a ser a lesão dos direitos ou interesses dos particulares e não a definitividade dos atos. Tal significaria que, mesmo que o ato administrativo tivesse sido praticado por um subalterno no uso de competências concorrentes, ele seria imediatamente impugnável (desde que provocasse uma lesão aos direitos ou interesses legítimos dos particulares)[191].

Em consequência, passaram os seguidores desta doutrina a defender a inconstitucionalidade das normas legais especiais que continuaram a prever o recurso hierárquico (ou outros recursos administrativos) necessário(s) que, além do mais, seria visto como um fator que atrasava a garantia dos particulares já que os obrigava a perder tempo em impugnações administrativas antes de poderem recorrer para os tribunais.

Posição contrária foi a defendida por um setor importante da doutrina portuguesa. Foi o caso de Vieira de Andrade que recusou, em tese geral, a inconstitucionalidade das leis que, nos casos de atos praticados por subalternos no uso de competência concorrente, impunham uma impugnação administrativa como pressuposto para a impugnação contenciosa[192].

De facto, para este Autor, o que decorre da Constituição é a suscetibilidade de todos os atos administrativos serem impugnados contenciosamente, o que não é o mesmo que admitir a sua impugnação contenciosa direta. Deste modo, o direito à impugnação contenciosa de um ato administrativo não é negado pela necessidade de interposição prévia de recurso hierárquico. Todos os atos administrativos seriam, assim, suscetíveis de recurso contencioso, só que de uns (os definitivos) poderia recorrer-se diretamente para o tribunal, enquanto que de outros (os não definitivos) só se poderia recorrer depois de se ter interposto recurso prévio para o superior hierárquico.

Na ótica do Autor referido, o recurso hierárquico necessário não significa necessariamente uma desvantagem para os administrados, constituindo uma alternativa válida à impugnação contenciosa, sobretudo porque a possibilidade de acesso posterior ao tribunal nunca é excluída. O recurso hierárquico necessário só poderia ser considerado inconstitucional se prejudicasse de forma intolerável ou desrazoável o direito ao recurso contencioso, o que, como acabámos de ver, não acontece.

Esta questão teve desenvolvimentos recentes com a Reforma do contencioso administrativo português, na medida em que o CPTA veio determinar, como regra geral, a *desnecessidade de impugnações administrativas prévias* para se aceder à via contenciosa (cfr. artigos 51º e 59º, nºs 4 e 5), mantendo-se estas apenas *quando leis especiais expressamente as exijam* (quer estas leis sejam anteriores, quer posteriores ao Código). Esta regra veio a ser confirmada pelo novo CPA ao

[191] *Vide* Vasco Pereira da Silva, *Em Busca do Ato Administrativo Perdido*, Coimbra, 1996, p. 668.

[192] Vide Vieira de Andrade, "Em defesa do recurso hierárquico – Anotação ao Acórdão nº 499/96 do Tribunal Constitucional", *Cadernos de Justiça Administrativa*, nº 0, novembro/dezembro 1996, p. 13 e ss.

estabelecer no nº 2 do artigo 185º que "As reclamações e os recursos têm caráter facultativo, salvo se a lei os denominar como necessários".

Assim se inverte a lógica vigente durante anos: da situação regra de recurso hierárquico necessário prévio dos atos dos subalternos, passou-se para a regra de que todos os atos administrativos com eficácia externa podem ser, desde logo, objeto de impugnação contenciosa, sendo o recurso administrativo que se pretenda, ainda assim, aqui interpor, meramente facultativo. Tal assim não será, apenas, quando haja uma *previsão legal expressa* em sentido contrário.[193]

Note-se, ainda, a novidade de as impugnações administrativas (incluindo as facultativas) terem caráter suspensivo sobre o prazo da impugnação contenciosa (o que não é o mesmo que suspensão da eficácia dos atos impugnados, que apenas se verifica no recurso administrativo necessário).[194]

Esta solução tem a vantagem de tornar desnecessária a identificação, na maior parte das vezes difícil de determinar, do tipo de competência (exclusiva ou concorrente) que havia estado na base da atuação do órgão subalterno.

5. Classificação dos Atos Administrativos[195]

Sem prejuízo de outras classificações, é possível distinguir as seguintes categorias de atos administrativos, em função do respetivo conteúdo, que é o critério que aqui se adota:

5.1. *Atos que influem sobre um status*: são os atos administrativos que se destinam a tocar num conjunto ordenado de direitos e de deveres com origem no mesmo facto ou ato jurídico, em que se traduz o *status* de uma pessoa. Nesta categoria genérica é possível identificarmos três subcategorias: *atos que criam um status* (de que são exemplos as *admissões*, como a outorga da cidadania, a nomeação, a matrícula de um aluno numa escola pública, o internamento de um doente no

[193] Dada esta mudança de paradigma, o artigo 3º do Decreto-lei nº 4/2015 (que aprovou o novo CPA) estabeleceu a seguinte norma transitória: "1 – As impugnações administrativas existentes à data da entrada em vigor do presente decreto-lei só são necessárias quando previstas em lei que utilize uma das seguintes expressões: a) A impugnação administrativa em causa é «necessária»; b) Do ato em causa «existe sempre» reclamação ou recurso; c) A utilização de impugnação administrativa «suspende» ou «tem efeito suspensivo» dos efeitos do ato impugnado." Sobre o sentido desta disposição legal cfr. ALEXANDRE SOUSA PINHEIRO, TIAGO SERRÃO, MARCO CALDEIRA e JOSÉ DUARTE COIMBRA, *Questões Fundamentais para Aplicação do CPA*, cit., p. 39-41.

[194] Neste sentido cfr, também a norma transitória prevista no nº 3 do artigo 3º mencionado na nota anterior segundo o qual "As impugnações administrativas necessárias previstas na legislação existente à data da entrada em vigor do presente decreto-lei têm sempre efeitos suspensivos da eficácia do ato impugnado".

[195] Adota-se aqui, no seu essencial, a classificação proposta por VIEIRA DE ANDRADE, *Lições de Direito Administrativo*, cit., p. 174 e ss.

hospital); *atos que modificam um status* (como é o caso da promoção, suspensão ou transferência); e *atos que extinguem um status* (de que são exemplos a revogação da cidadania, a demissão, a expulsão de um aluno de uma escola pública, a alta do doente, etc.).

5.2. *Atos que provocam situações de desvantagem* (ou *atos desfavoráveis*): é o caso, em primeiro lugar, dos *atos ablatórios*, ou seja, dos atos que suprimem, comprimem ou retirem direitos ou faculdades.

Exemplos típicos de atos que suprimem e comprimem direitos são, respetivamente, a declaração de utilidade pública para efeitos de expropriação e as servidões administrativas. Por seu turno, a declaração de extinção de uma concessão ou de uma licença é um ato que retira direitos ou faculdades.

Um outro grupo de atos desfavoráveis é aquele que abrange os *atos impositivos*. Estes consistem, essencialmente, nas *ordens* que, por sua vez, podem impor obrigações de conteúdo positivo (comandos) ou de conteúdo negativo (proibições).

É ainda a esta categoria que se reconduzem os atos de indeferimento, que se traduzem na recusa, pelo órgão administrativo, da prática do ato favorável requerido.

5.3. *Atos que desencadeiam benefícios para terceiros* ou *atos que provocam situações de vantagem*: no conjunto da categoria dos atos favoráveis para terceiros, os tipos mais importantes podem ser arrumados em dois grandes grupos – o das *concessões* (5.3.1.) e o das *autorizações* (em sentido amplo) (5.3.2.). A grande diferença entre estes dois grupos encontra-se no facto de, nas concessões, estarmos num *domínio próprio de atuação da Administração*, na medida em que está em jogo, ou o exercício de poderes próprios da Administração ou a criação, reservada a esta, de situações especiais de benefício para os particulares, enquanto que as autorizações visam, por iniciativa do interessado, remover um limite imposto pela lei ao exercício de uma *atividade fora do domínio administrativo da entidade autorizante* (própria da esfera do destinatário da autorização).

5.3.1. No que concerne às *concessões*, podemos apontar dois grandes tipos: as *concessões translativas* e as *concessões constitutivas*.

No primeiro caso, verifica-se a transmissão para o concessionário de poderes administrativos já existentes na titularidade da Administração concedente. É o que acontece com a concessão de serviços públicos. Com efeito, neste caso, os poderes de manutenção de um serviço público passam, por um ato da Administração, das mãos desta para as de particulares que, apesar de conservarem a sua natureza de sujeitos privados, ficam investidos naqueles poderes. Deste modo, a Administração abre mão de uma tarefa pública que fica entregue à competência e diligência de um particular, apenas sujeita a um poder de controlo e fiscalização da autoridade administrativa.

No que diz respeito às concessões constitutivas, a entidade concedente cria "ex novo" poderes ou direitos de que a Administração não pode ser titular, mas que só ela pode criar a favor de terceiros, implicando, em regra, uma restrição ou compressão dos poderes públicos. O exemplo típico de uma concessão constitutiva é o da concessão de uso privativo do domínio público. Trata-se de um ato através do qual a Administração confere a um particular a possibilidade de utilizar, em proveito próprio, com compressão dos direitos da Administração, bens pertencentes ao elenco dos bens dominiais[196]. A Administração comprime a afetação de determinados bens a um uso público imediato para permitir a satisfação de interesses particulares, desde que, com isso, não ponha em causa a realização das finalidades públicas. Exemplos típicos de concessões de uso privativo do domínio público são os das concessões que facultam ao particular a ocupação de uma parcela da praça pública para a instalação de um quiosque ou de uma esplanada ou o uso, para rega, de águas públicas.

5.3.2. No que se refere às *autorizações*, elas assumem relevo distinto consoante surjam no domínio das relações entre a Administração e os particulares (5.3.2.1.) ou no domínio das relações entre órgãos administrativos (5.3.2.2.).

5.3.2.1. *Autorizações nas relações entre a Administração e os particulares*
Neste âmbito vamos encontrar as *dispensas*, as *autorizações constitutivas de direitos* ou *autorizações-licença* e as *autorizações permissivas* ou *autorizações propriamente ditas*.

a) *Dispensa*

Trata-se de um ato administrativo através do qual a Administração vai remover um dever especial, relativo a uma atividade estritamente proibida ou imposta por lei, dever esse a que não corresponde um direito da Administração[197].

[196] O elenco dos bens dominiais ou bens do domínio público está previsto nas diversas alíneas do nº 1 do artigo 84º da Constituição. De acordo com o nº 2 "A lei define quais os bens que integram o domínio público do Estado, o domínio público das regiões autónomas e o domínio público das autarquias locais, bem como o seu regime, condições e limites". Sobre estes bens cfr. infra, Capítulo I da Parte V.

[197] Se ao dever que incide sobre o particular corresponder um direito da Administração, o ato através do qual esta o livra desse dever é uma *renúncia* e não uma dispensa. Por outro lado, a dispensa distingue-se da *isenção* uma vez que, enquanto aquela é um ato da administração, nesta o afastamento do dever que recai sobre o particular decorre diretamente da lei.

Deste modo, se a Administração tem a faculdade de, em face de circunstâncias concretas, desobrigar um sujeito do cumprimento de certos deveres especiais que sobre ele recaem, o ato pelo qual o faz é uma *dispensa*.

Um exemplo de escola que costuma ser apontado para ilustrar as dispensas é o da "licença" de uso e porte de arma. Com efeito, sobre os cidadãos impende o dever de resolver os seus conflitos sem recurso a armas, pelo que a faculdade da sua utilização deve ser reconhecida como excecional. Só quando motivos ponderosos o justifiquem pode a Administração *dispensar* os particulares do dever de transitarem desarmados.

b) *Autorizações constitutivas de direitos* ou *autorizações-licença*

Estamos aqui perante atos administrativos que *constituem direitos* em favor dos particulares em áreas de atuação sujeitas pela lei a proibição preventiva.

Com efeito, por vezes a lei pode estabelecer uma derrogação ao sistema comum que confere certos direitos ou certas faculdades (contidas nesses direitos) aos particulares. É que a atribuição de tais direitos pode pôr em causa ou em perigo a realização de interesses públicos. Admite-se, porém, que depois de uma ponderação das especiais circunstâncias do caso, a Administração possa atribuir ao sujeito privado o direito em causa. O ato pelo qual a Administração o faz é uma *autorização constitutiva de direitos* ou *autorização-licença.*

Tradicionalmente discute-se a questão de saber se as licenças de construção podem ser integradas nesta categoria de atos favoráveis, questão que está intimamente relacionada com a de saber se o *jus aedificandi* é ou não uma faculdade inerente ao direito de propriedade dos solos.

c) *Autorizações permissivas* ou *autorizações propriamente ditas.*

Trata-se, neste caso, de atos administrativos através dos quais a Administração vai permitir o *exercício* pelos particulares de atividades correspondentes a um direito pré-existente, condicionado pela lei.

Estamos aqui perante situações caraterizadas pela existência de um direito cujo *exercício* pode importar sacrifícios especiais para um conjunto de interesses públicos que convém acautelar. Torna-se, então, indispensável que a Administração avalie concretamente a pretensão de exercer o direito, para, determinando o grau de inocuidade, permitir o seu exercício ou permiti-lo com certas restrições.

O caso típico de uma autorização permissiva é o da autorização para o exercício de uma atividade económica (industrial, comercial): abrangida pelo princípio constitucional (e decorrente do direito da União Europeia) do direito à livre iniciativa económica (cfr. artigo 61º da CRP), esta atividade encontra-se, contudo, por poder contender com interesses públicos relevantes (da saúde pública, ambientais), condicionada por lei. Aferido em concreto que tais interesses não são colocados em causa pela atividade a levar a cabo, o ato pelo qual se descondiciona o direito é uma autorização permissiva.[198]

Conclui-se, assim, que a distinção entre autorizações constitutivas e autorizações permissivas passa pelo maior (no primeiro caso) ou menor (no segundo) constrangimento que a lei faça à atividade do particular.

Refira-se que se acentua atualmente um novo paradigma de relacionamento entre a Administração e os particulares onde se multiplicam novas formas de atividade administrativa em que a dimensão da "autorização" ou "permissão administrativa" é menos evidente, pondo-se o realce da atuação administrativa na definição de condições gerais e abstratas do exercício das atividades privadas, reforçando o relevo da atividade regulamentar da Administração em detrimento do enfoque sobre a apreciação casuística do processo individual.

É o caso da figura da *comunicação prévia com prazo* prevista na alínea b) do nº 2 do artigo 8º do Decreto-Lei nº 92/2010, de 26 de julho, que transpõe para o ordenamento jurídico português a Diretiva Serviços e segundo a qual esta corresponde a "uma declaração efetuada pelo prestador de serviços necessária ao início da atividade, que permita o exercício da mesma quando a autoridade administrativa não se pronuncie após o decurso de um determinado prazo".[199]

5.3.2.2. *Autorizações nas relações entre órgãos administrativos*

a) *Autorizações constitutivas de legitimação*

Este tipo de autorizações consubstancia atos administrativos através dos quais se confere a um órgão a possibilidade de praticar num caso concreto um ato (administrativo ou instrumental) para o qual é já competente.

[198] A doutrina vem ainda integrando nesta categoria das autorizações, as certificações: permissões de exercício de atividades por particulares já autorizados por outra autoridade (por exemplo o reconhecimento para atividades de prestação de serviços, ao abrigo da Diretiva nº 2006/123/CE do Parlamento Europeu e do Conselho, de 12 de dezembro, mais conhecida por Diretiva Serviços). Neste sentido cfr. Vieira de Andrade, *Lições de Direito Administrativo*, cit., p. 178.

[199] Desta figura distingue-se a mera comunicação prévia que, segundo o mesmo diploma legal, corresponde a "uma declaração efetuada pelo prestador de serviços necessária ao início da atividade, que permita o exercício da mesma imediatamente após a sua comunicação à autoridade administrativa".

Tratando-se de uma novidade que se vem repetindo em vários regimes legais especiais o CPA entendeu por bem reconhecer de um modo geral esta realidade, o que faz no artigo 134º.

Trata-se de um ato administrativo praticado no âmbito do exercício de uma função de controlo preventivo. Nestes casos, uma autoridade administrativa goza de competência normal para praticar um dado tipo de atos, mas só pode exercitá-la depois de outra autoridade, que aprecia a legalidade e o mérito do conteúdo escolhido, se ter manifestado favoravelmente. Sem a autorização o órgão autorizado já é competente, mas não tem legitimação para a prática do ato na situação concreta.

As autorizações constitutivas de legitimação distinguem-se da delegação uma vez que, no primeiro caso, o órgão já é titular da competência, exercendo sempre, mesmo depois da autorização, uma competência própria, enquanto que na delegação o órgão delegado não tem, antes da delegação, competência para a prática daquele ato e, mesmo depois da delegação, exerce uma competência alheia.

Nas situações em que a lei exige uma autorização para a prática de um determinado ato, a realização deste sem que a autorização tenha sido emanada, determina, como veremos, a invalidade do ato autorizado, por falta de legitimação do sujeito.

b) *Aprovações*

As aprovações são autorizações permissivas que têm por objeto atos cuja eficácia desencadeiam, ou seja, são atos administrativos que visam desencadear a produção de efeitos do ato administrativo aprovado (normalmente depois de este estar constituído), no quadro de um controlo preventivo. A falta de aprovação, ao contrário da falta de autorização, não gera a invalidade do ato administrativo, mas tão só a sua ineficácia[200].

5.4. *Atos que operam sobre atos administrativos precedentes* ou *atos administrativos de segundo grau*: estamos aqui perante atos que têm por objeto atos administrativos anteriormente praticados.

Nesta categoria genérica vamos encontrar três subcategorias. Em primeiro lugar, a dos atos que visam *destruir*, fazer *cessar* ou *suspender* a eficácia de atos administrativos anteriores. É o caso da anulação, da revogação e da suspensão administrativa. Dada a importância da anulação e da revogação a elas nos referiremos autonomamente de seguida.

Em segundo lugar, existem os atos que visam *modificar*, total ou parcialmente, o conteúdo de atos administrativos previamente praticados. É o que acontece com a revogação parcial, a retificação (transformações no conteúdo

[200] Sobre as noções de validade e eficácia *vide* infra, 7.

do ato por expurgação dos seus erros) e a prorrogação (dilatação dos limites temporais de vigência do ato).

Por fim, vamos encontrar os atos que visam *consolidar* atos administrativos anteriores, quando estes sejam inválidos. É o caso da *ratificação* (ato administrativo pelo qual o órgão competente decide sanar o vício de um ato inválido anteriormente praticado, suprimindo a ilegalidade que o vicia[201]), a *reforma* (ato administrativo pelo qual se conserva de um ato anterior a parte não afetada pela ilegalidade[202]) e a *conversão* (ato administrativo pelo qual se aproveitam os elementos válidos de um ato para com eles compor um outro ato que seja legal, promovendo a transfiguração jurídica do ato[203])[204].

De entre os atos administrativos de segundo grau assumem particular importância, como dissemos, a *anulação* e a *revogação*.

A revogação é o ato através do qual a Administração faz cessar os efeitos de outro ato, por se entender que ele (já) não é conveniente para o interesse público, ou seja, (já) não é conveniente a manutenção desses efeitos. A sua definição legal consta do nº 1 do artigo 165º do CPA[205].

Por sua vez, a anulação (ou revogação anulatória) é o ato através do qual a Administração pretende destruir os efeitos de um ato anterior, mas com fundamento na sua ilegalidade ou, pelo menos, num vício que o torna ilegítimo e, por isso, inválido. O CPA também define este ato administrativo, no nº 2 do seu artigo 165º[206].

[201] José Pedro Fernandes, "Ratificação do ato administrativo", *in Dicionário Jurídico da Administração Pública*, VII, Lisboa, 1996, pp. 9-16. Exemplo de ratificação é a assunção pelo órgão competente de um ato praticado por órgão incompetente.

[202] A exclusão de uma declaração de utilidade pública de um prédio inicialmente por ela abrangida mas que não é necessário para a concretização do projeto expropriante.

[203] O caso da transformação de uma nomeação definitiva em provimento interino por se encontrarem preenchidos naquela apenas os pressupostos legalmente previstos para esta.

[204] O regime jurídico comum à ratificação, reforma e conversão consta do artigo 164º do CPA.

[205] Sobre a revogação no novo CPA, com uma visão essencialmente crítica das alterações por este produzidas, apresentando um útil e fundamentado elenco das diversas hipóteses de revogação (e dos seus pressupostos e consequências), cfr. Carla Amado Gomes, "A «revogação» do ato administrativo: uma noção pequena", in: AAVV., *Comentários ao Novo Código do Procedimento Administrativo*, coord. Carla Amado Gomes et. all., cit., vol. II, p. 443-470 (especialmente p. 449-467).

[206] Sobre o regime da anulação administrativa no CPA de 2015 cfr. Marco Caldeira, "A figura da "Anulação Administrativa" no novo Código de Procedimento Administrativo de 2015", in: AAVV., *Comentários ao Novo Código do Procedimento Administrativo*, coord. Carla Amado Gomes et. all., cit., vol. II, p. 471-509. Em sede de "considerações finais" (cfr. p. 509), o Autor conclui pela positivação de um "quadro legal consideravelmente mais completo – mas também mais complexo –, cuja orientação de fundo parece apontar para a primazia do princípio da legalidade sobre a estabilidade das situações jurídicas (e a consequente confiança nelas depositada pelos destinatários do ato anulado e dos atos consequentes)".

Trata-se, numa situação como noutra, de atos que vão provocar a cessação da vigência de um ato anterior (embora na anulação também se destruam os efeitos já produzidos).

Estes atos distinguem-se de uma outra categoria: a dos *atos contrários*. Enquanto na anulação e na revogação a decisão, incidindo sobre um ato anterior, implica a resolução da mesma situação que serviu de base à prática do primeiro ato[207], nos atos contrários, o segundo ato não incide sobre o mesmo caso concreto tratando-se, por isso, da prossecução de diferentes interesses públicos. Quando a Administração nomeia um funcionário e, mais tarde, em consequência, por exemplo, de um procedimento disciplinar, o demite, este segundo ato é um ato contrário em relação ao primeiro, sendo, tal como este, um ato de primeiro grau.

Mais importante é marcar agora as diferenças entre a revogação e a anulação.

Em primeiro lugar, enquanto a revogação tem por fundamento a *inconveniência atual* para o interesse público da manutenção dos efeitos de um ato anterior, a anulação baseia-se na *invalidade* daquele primeiro ato (artigo 165º, nºs 1 e 2 do CPA)[208].

Do ponto de vista da sua eficácia, a revogação produz, em regra, efeitos *ex nunc*, ou seja, faz cessar a eficácia do ato anterior prospetivamente[209], enquanto a anulação, salvo disposição especial, tem efeitos *ex tunc*, destruindo os efeitos

[207] Trata-se, por isso, do exercício do mesmo tipo de competência em primeiro e em segundo grau.

[208] Note-se que não resulta claro do nº 1 do artigo 165º que a revogação se prende com questões de inadequação *atual* do ato para a prossecução do interesse público, apenas se fazendo referência ao facto de o seu fundamento ser a sua inconveniência. O que coloca a questão de saber se é esta a figura que deve ser convocada quando existam vícios de mérito, isto é, quando a Administração conclui que quando o ato foi praticado já não era oportuno ou conveniente para o interesse público. Julgamos que apenas na primeira situação (inconveniência atual) e não já na segunda está em causa inequivocamente a figura da revogação, motivo pelo qual este ato normalmente faz *cessar* os efeitos do ato revogado, ao contrário do que deve acontecer na situação de existência de vícios de mérito em que fará sentido que estes efeitos se destruam. De facto, como veremos mais adiante, admitindo-se, entre nós, a invalidade por vícios de mérito (ainda que esta não possa ser apreciada pelos tribunais), a existência destes permite fundar a anulação (que se fundamenta em questões de invalidade) e não já a revogação do ato (que se funda em questões da sua inconveniência atual).

[209] Dizemos em regra porque, nos termos do nº 1 do artigo 171º o autor da revogação pode atribuir-lhe eficácia retroativa quando esta seja mais favorável aos interessados ou quando estes concordem expressamente com a retroatividade e não estejam em causa direitos ou interesses indisponíveis.

do ato desde o momento da sua prática (nºs 1 e 2 do artigo 165º e nºs 1 e 3 do artigo 171º do CPA).[210]

Por seu turno a revogação implica o exercício de uma função de administração ativa (dispositiva), ou seja, do mesmo tipo da função exercida para a prática do primeiro ato, enquanto a anulação implica o exercício de uma função de controlo (fiscalização).

Em quarto lugar, enquanto a anulação pode incidir sobre quaisquer atos administrativos, a revogação apenas pode incidir sobre atos de eficácia duradoura enquanto eficazes ou atos de eficácia instantânea enquanto não sejam executados[211]. Não obstante isto, o CPA identifica atos administrativos que *não podem ser revogados* (nº 1 do artigo 167º) e *atos administrativos que só podem ser revogados em certas circunstâncias,* concretamente os atos constitutivos de direitos que apenas podem ser revogados nas situações previstas no nº 2 do artigo 167º do CPA. Para este efeito, o nº 3 deste normativo determina o que se consideram atos constitutivos de direitos.

Um outro aspeto que distingue a revogação da anulação é o prazo em que a mesma pode ocorrer. No Código de 1991 a revogação podia sempre ser determinada a todo o tempo, enquanto a anulação apenas podia ser efetuada dentro do prazo da respetiva impugnação contenciosa ou até à resposta da entidade administrativa demandada (artigo 141º, nº 1 do CPA).

Com o Código de 2015, verificam-se algumas alterações de monta que permitem uma maior flexibilização dos poderes de revisão dos atos que a Administração pratica e criam uma maior precarização da posição jurídica dos interessados.

Assim, e em matéria de revogação, esta continua, como antes, a poder ser determinada a todo o tempo, exceto em relação a atos constitutivos de direitos. No entanto, quanto a estes, que gozavam de uma tendencial estabilidade (a ponto de se falar na sua irrevogabilidade) se é certo que o novo CPA mantém essa estabilidade como regra (é isso que decorre do nº 2 do artigo 167º ao determinar que este tipo de atos apenas pode ser revogado nas situações aí referidas), admite-se, porém, a sua revogação com fundamento na superveniência de conhecimentos técnicos e científicos (o que é típico de uma sociedade de

[210] Ainda que produza efeitos *ex tunc*, o autor da anulação pode, no próprio ato, atribuir-lhe eficácia para o futuro nas situações em que o ato se tenha tornado inimpugnável por via jurisdicional (nº 3 do artigo 171º).

[211] Por outro lado, em regra apenas estão sujeitos a revogação atos que tenham sido praticados no uso de poderes discricionários e não atos que sejam legalmente devidos.
Tratando-se de um ato que tenha deixado de produzir efeitos, por caducidade ou porque os seus efeitos já se esgotaram, apenas é possível revogar o ato com eficácia retroativa a qual, como dissemos, apenas pode ser determinada nas situações a que se refere o nº 1 do artigo 171º do CPA.

risco, de incerteza e de insegurança) ou quando ocorra uma alteração objetiva das circunstâncias de facto em face das quais, num ou noutro caso, tais atos não poderiam ter sido (não teriam sido) praticados.

Neste caso, nos termos do disposto no nº 4 do artigo 167º do CPA, a revogação pode ocorrer no prazo de um ano a contar da data do conhecimento da superveniência[212] ou da alteração das circunstâncias, podendo esse prazo ser prorrogado, por mais dois anos, por razões fundamentadas.[213]

No que diz respeito à anulação, o CPA introduz agora uma distinção, em termos de prazo, entre a anulação administrativa e a anulação judicial, podendo aquela ocorrer mesmo depois de esgotado o prazo para a impugnação judicial (cfr. o artigo 168º).

Assim, estando em causa um ato administrativo que ainda não tenha sido objeto de impugnação judicial, este pode ser objeto de anulação administrativa no prazo de seis meses a contar da data do *conhecimento pelo órgão competente da causa de invalidade*, ou, nos casos de invalidade resultante de erro do agente, *desde o momento da cessação do erro*. De qualquer modo existe um limite máximo para que esta anulação ocorra, que são cinco anos a contar da respetiva emissão.[214]

Excecionam-se os atos constitutivos de direitos, que só podem ser objeto de anulação administrativa dentro do prazo de um ano a contar da data da respetiva prática (nº 2 do artigo 168º) ou no prazo de cinco anos nas hipóteses referidas no nº 4 do artigo 168º. Embora tal não resulte de forma expressa destes nºs 2 e 4, consideramos que deve valer em relação aos atos constitutivos de direitos, para além deste prazo máximo de um ou cinco anos a *contar da prática do ato*, também o prazo de seis meses a que se refere o nº 1 deste artigo; caso contrário estar-se-ia a instituir para os atos constitutivos de direitos um regime

[212] A dificuldade está na prova desse conhecimento. Julgamos que cabe à Administração, quando pretenda revogar um ato com este fundamento, fazer prova do momento em que tomou conhecimento da superveniência.

[213] Nestes casos, os beneficiários de boa-fé do ato revogado têm direito a ser indemnizados, nos termos do regime geral aplicável às situações de indemnização pelo sacrifício, mas quando a afetação do direito, pela sua gravidade ou intensidade, elimine ou restrinja o conteúdo essencial desse direito, o beneficiário de boa-fé do ato revogado tem direito a uma indemnização correspondente ao valor económico do direito eliminado ou da parte do direito que tiver sido restringida. Para efeitos deste artigo, consideram-se de boa-fé os beneficiários que, à data da prática do ato revogado, desconheciam sem culpa a existência de fundamentos passíveis de determinar a revogação do ato (cfr. nºs 5 e 6 do art. 167º do CPA).

[214] Cabe à Administração fazer prova do momento em que teve conhecimento da causa de invalidade ou da cessação do erro.

mais gravoso do que para os restantes, quando se pretende, precisamente, criar maiores restrições à revogação destes.

Não faria, de facto, sentido que se a Administração praticasse um ato constitutivo de direitos e se apercebesse de uma determinada ilegalidade logo no dia seguinte, o pudesse anular 10 ou 11 meses depois o que, em situação similar face a atos não constitutivos de direitos lhe estaria vedado. Quanto aos casos de atos constitutivos de direitos previstos no nº 4 do artigo 168º, as próprias situações elencadas evidenciam razões adicionais que comprovam que seria um absurdo que a Administração pudesse adiar a anulação até ao limite dos cinco anos independentemente de ter conhecido o vício em momento muito anterior.[215]

Existem assim, no que à anulação de atos não impugnados judicialmente diz respeito, dois prazos que correm em paralelo: um que se conta do *momento do conhecimento* da causa de invalidade ou da cessação do erro (e que é de seis meses) e outro, que se conta da prática do ato (e que se apresenta como o prazo máximo para a referida anulação) e que é de cinco anos para os atos administrativos em geral (nº 1 do artigo 168º) ou de um ano para o caso de atos constitutivos de direitos (nº 2 do artigo 168º) exceto, quanto a estes, nas hipóteses referidas no nº 4 do mesmo artigo, que é de cinco anos.

Ou seja, de modo mais simplista, a Administração só pode anular um ato administrativo no prazo de seis meses a partir da data do conhecimento da ilegalidade ou da cessação do erro, desde que não tenha decorrido o prazo máximo de um ou cinco anos (consoante os casos) contados desde a prática do ato.[216]

Tratando-se da anulação de ato que tenha sido objeto de impugnação jurisdicional, a anulação administrativa só pode ter lugar até ao encerramento da discussão (nº 3 do artigo 168º).

Uma vez que se estabelece uma distinção de prazos para a anulação administrativa e para a anulação jurisdicional, determina o nº 5 do artigo 168º que nos casos previstos nos seus nºs 1 e 4, se o ato se tiver tornado inimpugnável

[215] De acordo com este normativo, salvo se a lei ou o direito da União Europeia prescreverem prazo diferente, os atos constitutivos de direitos podem ser objeto de anulação administrativa no prazo de cinco anos, a contar da data da respetiva emissão nas seguintes hipóteses: a) quando o respetivo beneficiário tenha utilizado artifício fraudulento com vista à obtenção da sua prática; b) apenas com eficácia para o futuro, quando se trate de atos constitutivos de direitos à obtenção de prestações periódicas, no âmbito de uma relação continuada; c) quando se trate de atos constitutivos de direitos de conteúdo pecuniário cuja legalidade, nos termos da legislação aplicável, possa ser objeto de fiscalização administrativa para além do prazo de um ano, com imposição do dever de restituição das quantias indevidamente auferidas.

[216] Seguimos aqui, com quem concordamos, Alexandre Sousa Pinheiro, Tiago Serrão, Marco Caldeira e José Duarte Coimbra, *Questões Fundamentais para Aplicação do CPA*, cit., p. 265 a 268.

por via jurisdicional, o mesmo só pode ser objeto de anulação administrativa oficiosa (nº 5 artigo 168º).

Determina ainda o nº 6 do artigo a que nos vimos referindo que a anulação administrativa de atos constitutivos de direitos constitui os beneficiários que desconhecessem sem culpa a existência da invalidade e tenham auferido, tirado partido ou feito uso da posição de vantagem em que o ato os colocava, no direito de serem indemnizados pelos danos anormais que sofram em consequência da anulação.

Refira-se, por fim, o disposto no nº 7 do artigo 168º de acordo com o qual, *desde que ainda o possa fazer*[217], a Administração tem o dever de anular o ato administrativo que tenha sido julgado válido por sentença transitada em julgado, proferida por um tribunal administrativo com base na interpretação do direito da União Europeia, invocando para o efeito nova interpretação desse direito em sentença posterior, transitada em julgado, proferida por um tribunal administrativo que, julgando em última instância, tenha dado execução a uma sentença de um tribunal da União Europeia vinculativa para o Estado português.[218]

Por fim, do ponto de vista dos órgãos competentes para a revogação e para a anulação, podemos dizer que tem competência para revogar atos administrativos quem tiver competência dispositiva sobre a matéria tratada no ato a revogar (isto é, poderes para a prática daquele tipo de atos) e têm competência para anular atos administrativos os órgãos que tiverem poderes de controlo ou fiscalização (cfr. artigo 169º).

Fica esclarecida, a este propósito, a dúvida que resultava do artigo 142º do Código de 1991 articulado com o seu artigo 174º, nº 1, quanto aos poderes anulatórios e revogatórios dos superiores hierárquicos: é agora claro que o superior hierárquico não tem competência para revogar atos dos subalternos praticados ao abrigo de competências exclusivas (a não ser, como se dirá infra, que se trate de atos estritamente vinculados), mas já tem competência para os anular[219-220].

[217] Concordamos com aqueles que defendem que a expressão *desde que ainda o possa fazer* se refere ao limite temporal, isto é, aos prazos máximos de anulação que antes referimos. De acordo com esta leitura, a Administração ainda pode anular o ato com base nos fundamentos previstos no nº 7 do artigo 168º se não tiver decorrido o prazo máximo de cinco anos contados desde a data da sua prática e que, nos termos do artigo 168º, constitui a baliza temporal máxima até à qual esta anulação pode ser exercida. Cfr. Alexandre Sousa Pinheiro, Tiago Serrão, Marco Caldeira e José Duarte Coimbra, Questões *Fundamentais para Aplicação do CPA, cit.*, p. 276-278.

[218] O CPA regula agora, também, os efeitos da anulação administrativa no artigo 172º.

[219] Sobre o dever de anular os atos administrativos cfr. Mário Aroso de Almeida, *Teoria Geral do Direito Administrativo*, cit., pp. 341 e seg. e Freitas do Amaral, *Curso de Direito Administrativo*, vol. II, cit., p. 404.

[220] Destes atos distingue-se a declaração (administrativa) da nulidade que, conjuntamente com a revogação anulatória, integra o poder de "revisão" administrativa, isto é, o poder que o autor de

Expomos, no quadro que se segue, os pontos essenciais de diferenciação entre as figuras da revogação e da anulação administrativas

Revogação (abrogatória ou extintiva)	**Anulação**
Fundamento: inconveniência atual para o interesse público na manutenção dos efeitos jurídicos de um ato (artigo 165º, nº 1); razões de mérito, conveniência ou oportunidade	**Fundamento:** invalidade de um ato administrativo anterior (artigo 165º, nº 2)
Efeitos: faz cessar a eficácia do ato anterior (eficácia *ex nunc*) (artigo 165º, nº 1), mas pode ser-lhe atribuída eficácia retroativa (artigo 171º, nºs 1 e 2)	**Efeitos:** destruição dos efeitos do ato anterior, isto é, desde a sua prática (eficácia *ex tunc*) – artigo 165º, nº 2 – mas pode ser-lhe atribuída apenas eficácia para o futuro (171º, nºs 3 e 4)
Função: implica o exercício de uma função de administração ativa (dispositiva), isto é, de uma competência idêntica à exercida na prática do primeiro ato Pode ser determinada por quem tiver poderes dispositivos sobre aquela matéria: artigo 169º	**Função:** exercício de uma função de controlo (fiscalização) Pode ser determinada por quem tenha poderes de controlo ou de fiscalização sobre aquela matéria: artigo 169º
Objeto: Só pode incidir sobre atos de eficácia duradoura enquanto eficazes, ou de eficácia instantânea, enquanto não sejam executados e só se se tratar de atos discricionários (cfr. nº 1 do artigo 171º e art. 166º). Os atos constitutivos de direitos só podem ser revogados em certas circunstâncias (art. 167º, nº 2)	**Objeto:** pode incidir sobre quaisquer atos administrativos, exceto os referidos no artigo 166º
Prazo: a todo tempo, com exceções – artigo 167º	**Prazo:** num determinado prazo (mas diferente da anulação judicial) – artigo 168º

um ato tem de o reapreciar de forma negativa ou divergente da efetuada aquando da sua prática. Cfr. Vieira de Andrade, «A "revisão" dos actos administrativos no direito português», *Cadernos de Ciência de Legislação*, nºs 9/10, 1994.

A declaração de nulidade apenas ocorrerá, como não pode deixar de ser, nas situações em que o ato administrativo esteja ferido de um vício gerador de nulidade (ao contrário da anulação, que ocorre quando o vício que o afeta gera anulabilidade), aplicando-se-lhe o regime da nulidade constante do artigo 162º do CPA, ao qual nos referiremos mais adiante.

A doutrina tem vindo, contudo, a questionar se, em face do regime radical da nulidade, não deveria o legislador regular a declaração de nulidade administrativa em termos mais restritivos, aplicando-lhe, com as devidas adaptações, os princípios subjacentes ao regime da revogação. É o caso de Vieira de Andrade, que defende que talvez não devesse admitir-se a declaração de nulidade de atos *favoráveis* a todo o tempo, mas apenas num *prazo razoável*, contado do conhecimento do vício, dentro de um limite máximo, e medido também em função da boa fé do particular beneficiado. Assim como defende que deveria recusar-se ou limitar-se em certas hipóteses a *competência administrativa* para a declaração de nulidade, designadamente quando não é evidente a existência desse tipo de invalidade ou, relativamente a determinados vícios, quando estes sejam inteiramente imputáveis ao órgão administrativo – devendo exigir-se então a declaração por via judicial.

6. O Procedimento Administrativo

6.1. Noção e âmbito

O Código do Procedimento Administrativo apresenta, logo no nº 1 do seu artigo 1º, uma noção de procedimento administrativo como "a sucessão ordenada de atos e formalidades relativos à formação, manifestação e execução da vontade dos órgãos da Administração Pública".

Mesmo a voz mais crítica entre nós em relação à codificação do procedimento administrativo, apresentava uma noção que não difere muito da do Código. Referimo-nos a Rogério Soares, para quem o procedimento é "um conjunto de atos funcionalmente ligados com vista a produzir um certo resultado, um efeito único"[221].

O procedimento é, assim, o modo de formação das decisões administrativas, bem como da sua manifestação e execução, traduzindo-se numa sucessão ordenada de formalidades, atos e factos.

Relativamente ao *âmbito* da figura, convém avançar desde já com um esclarecimento extremamente importante: vamos aqui estudar o procedimento administrativo a propósito do *ato administrativo*, que surge como momento principal de um procedimento dirigido à sua prática; no entanto, isso não invalida o facto de também as outras duas formas mais significativas da atividade administrativa – o regulamento e o contrato administrativos – surgirem no contexto de procedimentos administrativos dirigidos à sua elaboração ou celebração.

Como tal, existe um procedimento típico para a prática de um ato administrativo, mas também para a elaboração de um regulamento e para a celebração de um contrato administrativo. Nesta perspetiva, o CPA integra um conjunto de disposições comuns aos procedimentos tendentes à produção de cada uma destas formas de atuação administrativa (Título I da Parte III), incluindo, inovadoramente, como vimos, uma parte referente ao procedimento de elaboração dos regulamentos (Capítulo I do Título II da mesma Parte III) – ao lado do procedimento do ato administrativo, disciplinado no Capítulo II no mesmo Título.[222] Apenas o procedimento de formação dos contratos não se encontra

[221] Cfr. Rogério Soares, *Direito Administrativo*, policop., Coimbra, 1978, p. 141.

[222] Naquelas disposições comuns o CPA regula um conjunto variado de questões: para além das disposições gerais (artigos 53º a 64º) – onde encontramos preceitos referentes à língua do procedimento, aos princípios de ordem procedimental, aos acordos endoprocedimentais, à instrução por meios eletrónicos, às comunicações por telefax ou meios eletrónicos e ao balcão único eletrónico –, temos, ainda, um capítulo relativo à relação jurídica procedimental [identificando-se os sujeitos do procedimento (artigos 65º a 66º) e, dentro destes, os interessados (artigos 67º a 68º) e, ainda, as garantias de imparcialidade (artigos 69º a 76º)], um sobre a conferência procedi-

no CPA, tendo a sua regulamentação sido remetida para o Código dos Contratos Públicos.

De qualquer modo, é o procedimento dirigido à prática de atos administrativos que vai estar no centro das nossas preocupações.

6.2. Conceção adjetiva do procedimento

Hoje em dia estão ultrapassadas as conceções substantivas do procedimento administrativo, para as quais este era concebido com um ato: mais concretamente, estaríamos aqui na presença de um *ato-procedimento*. Tratar-se-ia de um ato que tinha como caraterística específica a colaboração entre diversos órgãos para a produção de um mesmo resultado. Esta conceção tinha como principal mérito o de pôr em evidência a interpenetração da atividade de diferentes órgãos administrativos no procedimento (interpenetração ou colaboração essa que, como veremos de seguida, é uma das notas caraterísticas do procedimento).

Para a conceção do ato-procedimento cada um dos atos que o constituíam era visto como uma parte de um todo. Como tal, um dos seus defeitos é claramente o de dissolver o sentido específico de cada um deles: todos os atos visam prosseguir o mesmo interesse, não se lhes reconhecendo uma função específica.

No entanto, é hoje em geral seguida uma *conceção adjetiva do procedimento*: os atos que se relacionam no procedimento não são vistos como elementos de um grande ato do qual fariam parte mas, mais exatamente, como *momentos* ou *etapas* de um percurso ou caminho ordenado de forma racional, tendo em vista a prática de um ato desejado. Nesta conceção chama-se a atenção para o facto de cada um dos atos ou momentos do procedimento ter um *fim imediato* próprio e só mediatamente concorrer para a prática do ato desejado. E é na exata medida em que auxiliam o ato principal e concorrem (mediatamente) para atingir a finalidade desse ato que se diz que todos visam o mesmo resultado, um efeito jurídico unitário.

mental (artigos 77º a 81º), outro sobre o direito à informação (artigos 82º a 85º); outro, ainda, sobre prazos (artigos 86º a 88º), um sobre medidas provisórias (artigos 89º a 90º), um outro sobre pareceres (artigos 91º e 92º) e, por fim, um sobre a extinção do procedimento (artigos 93º a 95º). São também de aplicação a todos os procedimentos os princípios gerais consagrados nos artigos 3º a 19º do CPA. Sobre estes princípios cfr. Vieira de Andrade, Lições de Direito Administrativo, cit., p. 187-188, Feitas do Amaral, *Direito Administrativo*, Vol. II, *cit.* p. 275 e seg. e Paulo Otero, *Manual de Direito Administrativo*, Vol. I, *cit.*, p. 389 e seg.
Igualmente comum a todos os procedimentos é a figura do responsável pela direção do procedimento. Sobre esta figura cfr. Fernanda Paula Oliveira, "Algumas Questões em Torno da Direção do Procedimento e do Dever da sua Delegação no CPA" *in* Questões Atuais de Direito Local, Nº 6, abril/maio de 2015 pp. 21-40.

6.3. Principais notas caraterizadoras

As definições fornecidas pelo legislador e pela doutrina permitem uma apreensão genérica do sentido do procedimento administrativo, mas são insuficientes para a compreensão do real significado desta importantíssima figura.

De modo a efetuarmos uma abordagem sistemática, vamos tentar salientar as principais notas caraterizadoras do procedimento administrativo de forma tópica, mostrando as razões fundamentais que justificam o estudo da categoria.

Assim, como principais elementos caraterizadores do procedimento administrativo, podemos referir os seguintes:

a) *conjugação de um ato administrativo com vários atos instrumentais*

Naturalmente que um procedimento seguido em vista da prática de um ato administrativo culmina com a prática deste último; no entanto, em torno (antes e depois, em termos temporais) do ato principal do procedimento gravita uma série de atos instrumentais (acessórios ou subordinados) que contribuem, de forma mediata, para o mesmo resultado. É impossível a tomada de uma decisão pela Administração sem ser enquadrada numa série de atos menores, seja praticados pela Administração, seja como reflexo da colaboração dos particulares.

b) *colaboração entre diferentes órgãos e agentes administrativos*

O procedimento é também reflexo da colaboração entre diversos órgãos administrativos, que podem pertencer a diferentes pessoas coletivas públicas.

Como vimos, a organização administrativa é hoje extremamente complexa e diversificada, existindo uma pluralidade de pessoas coletivas diferentes do Estado e, dentro das diversas pessoas coletivas (principalmente do Estado), um vasto complexo de órgãos criados com o objetivo de desconcentrar o poder; há hoje também inúmeros órgãos dotados de competências técnicas especializadas e que se tornam particularmente importantes em sede consultiva, através da emissão de pareceres que muitas vezes podem ter caráter vinculativo.

O procedimento administrativo pretende também articular as competências destes diversos órgãos, o que é particularmente salutar num regime que se deseja democrático. Assim, em grande número de procedimentos, é necessária a intervenção de diversos agentes administrativos, muitas vezes de órgãos diferentes e até de pessoas coletivas diferentes.

Paradigmática desta realidade, é, agora a instituição, nos Capítulos II e III do Título I da Parte III do CPA das figuras do auxílio administrativo (artigo 66º do CPA) e da conferência procedimental (artigos 77º e segs. do CPA)[223]. Sinto-

[223] Sobre estas figuras e a forma como estão reguladas no CPA de 2015 cfr., respetivamente, Rui Tavares Lanceiro, "O auxílio administrativo", cit.; e Tiago Serrão, "A conferência procedimen-

mático é também o facto de o CPA se referir à relação jurídica procedimental, identificando os sujeitos da mesma (artigos 65º e seg.).

Para ilustrar o que dizemos pode dar-se o exemplo da importância que assumem, ao nível da administração municipal, os pareceres emitidos pelas comissões de coordenação e desenvolvimento regionais (órgãos desconcentrados da administração estadual): há diversos atos que competem aos órgãos do município, nomeadamente às câmaras, que só podem ser praticados após a emissão de pareceres por parte dessas comissões regionais, pareceres esses que em muitas situações são *vinculativos*, implicando para as câmaras a necessidade de os seguir (o que sucede, por exemplo, no caso do licenciamento de uma operação de loteamento em área não abrangida por plano municipal).

c) *participação dos particulares*

Uma das tendências mais destacadas do procedimento administrativo é, sem dúvida, a de permitir a participação dos particulares (da sociedade civil em geral) nas decisões que lhes disserem respeito.

Note-se que a própria Constituição estabelece como um dos objetivos da lei do procedimento administrativo o de assegurar a participação dos interessados. Na verdade, lê-se no nº 5 do artigo 267º da CRP: "O processamento da atividade administrativa será objeto de lei especial, que assegurará (...) a participação dos cidadãos na formação das decisões ou deliberações que lhes disserem respeito".

O CPA cumpriu à risca a imposição constitucional, plasmando logo como princípios gerais da atividade administrativa os princípios da *colaboração da Administração com os particulares* (artigo 11º) e *da participação* (artigo 12º). E por todo o articulado do Código se sente a preocupação do legislador em assegurar tal participação, particularmente através da *audiência dos interessados*, prevista e regulada nos artigos 121º e seguintes. E com o novo CPA, mais ainda, através da institucionalização como princípio próprio geral do procedimento e não apenas como princípio geral da atividade administrativa, do princípio da cooperação e boa-fé procedimental, segundo o qual na sua participação no procedimento, os órgãos da Administração e os interessados devem cooperar entre si, com vista à fixação rigorosa dos pressupostos de decisão e à obtenção de decisões legais e justas (artigo 60º, nº 1).

tal no novo Código do Procedimento Administrativo: primeira aproximação", in: AAVV., *Comentários ao Novo Código do Procedimento Administrativo*, coord. Carla Amado Gomes et. all., cit., vol. I, p. 655-681.

d) *composição (ponderação) de diversos interesses (públicos e privados)*

Ao longo do procedimento administrativo pode e deve fazer-se a ponderação e a necessária composição entre os diversos interesses públicos e privados que, as mais das vezes, estão relacionados com a decisão respetiva.

Sobretudo nas decisões administrativas mais complexas, está envolvido um conjunto cada vez mais intrincado de interesses, e o próprio interesse público não pode ser visto como tendo carácter unívoco: pense-se, por exemplo, na decisão de construir uma barragem ou de localizar uma ponte, que toca não só um conjunto muito grande de pessoas com interesses provavelmente conflituantes, mas também uma gama ampla de interesses públicos, designadamente os relativos ao desenvolvimento económico, criação de postos de trabalho, ordenamento do território, proteção do ambiente, etc.

O procedimento, particularmente na fase da *instrução*, tem o mérito de permitir a apresentação ao agente que vai tomar a decisão dos diversos interesses envolvidos, por forma a que este os pondere e tome a melhor decisão para a prossecução do interesse público globalmente considerado. Através da realização de exames, vistorias, do recurso a peritos, das informações prestadas pelos particulares, da análise de pareceres emitidos por outros órgãos administrativos, etc. o agente ficará com material suficiente para tomar a melhor decisão possível.

e) *tramitação*

Uma ideia de importância extrema que está ínsita à figura do procedimento administrativo é a ideia de *tramitação*. Procura com ela demonstrar-se que a produção dos diversos atos e formalidades envolvidos no procedimento tem que obedecer a uma ordem lógica, a uma ordenação racional, sem a qual a sequência desses momentos perderia o seu sentido.

Na verdade, a articulação entre os diversos atos instrumentais e o ato principal do procedimento (o ato administrativo) não pode ser feita ao acaso: apesar de poder (e dever) haver, por vezes, uma certa margem de manobra da Administração na ordenação do procedimento (em consonância com o *princípio da adequação procedimental*, hoje expressamente plasmado no artigo 56º do CPA[224]), não é menos certo que esta está vinculada ao cumprimento dos trâmites de

[224] Segundo Sérvulo Correia, este princípio pretende de alguma forma reagir à pouca atenção que vinha sendo dada à "existência de discricionariedade na própria condução do procedimento administrativo e ao modo como os requisitos de validade próprios do poder discricionário se adaptam ao seu exercício na produção de efeitos jusprocedimentais", aludindo à existência de um fundamento jurídico próprio para a discricionariedade procedimental: cfr. comentário ao artigo 56º, Fausto de Quadros et all., *Comentários à revisão do Código do Procedimento Administrativo*, cit., p. 121 e seg.

forma racional. Esta poderá ser uma das principais vantagens da codificação do procedimento administrativo, ao obrigar à prática de atos em determinados momentos que se julga serem os mais oportunos, no sentido de obter a melhor decisão possível para a satisfação do interesse público.

Porém, na ausência de normas injuntivas, goza o responsável pela direção do procedimento de poder discricionário para a estruturação do mesmo, ainda que sempre orientado, a título principal, pelos interesses públicos da participação, da eficiência, da economicidade e da celeridade na preparação da decisão.

Veja-se, a título de exemplo, o que se passa a propósito da audiência dos interessados: o momento lógico de dar tal audiência aos administrados é, sem dúvida, antes da prática do ato, para que ela tenha algum sentido e possa ainda influenciar a decisão. Daí a formulação do Código que, para além de inserir sistematicamente a audiência antes da decisão, estabelece ainda de forma expressa no nº 1 do artigo 121º: "(...) os interessados têm o direito de ser ouvidos no procedimento antes de ser tomada a decisão final (...)".

f) *resultado jurídico unitário*

A noção de procedimento administrativo proposta por Rogério Soares tem, entre outros méritos, o de chamar a atenção para o *resultado jurídico unitário* associado ao procedimento, aspeto que fica na "penumbra" na definição do CPA.

Este resultado jurídico é sempre o fim, o objetivo de todo o procedimento, explicando a existência de um ato principal (o ato administrativo propriamente dito) e de atos subordinados (os atos instrumentais praticados ao longo do procedimento). Esse resultado jurídico será o "desejado" por todos os órgãos que colaboram no procedimento, identificando-se, no entanto, com o do ato administrativo praticado pela autoridade com competência para esse efeito.

Destaca-se assim a ideia de que o procedimento é um conjunto de atos, funcionalmente ligados, que produzem um efeito único, efeito esse que se identifica com o efeito do ato principal visado pelo procedimento. Em determinados procedimentos, mais complexos, o procedimento pode ser constituído por vários atos principais cuja finalidade imediata coincide com a finalidade última do procedimento.

6.4. A importância da figura do procedimento administrativo

As principais notas caraterizadoras do procedimento administrativo comprovam que este é uma figura que pode servir várias finalidades importantes. Em primeiro lugar, a ideia do procedimento como uma tramitação de atos variados (atos acessórios e ato principal) tem o efeito prático de permitir perceber em que condições podem os particulares aceder aos tribunais, na medida em que devem estar sujeitos a impugnação contenciosa aqueles atos do procedimento que sejam principais ou, ainda, aqueles que, estando inseridos na tramitação procedimental, produzam efeitos jurídicos externos.

Consequentemente, não são suscetíveis de impugnação judicial os atos do procedimento que não possuam eficácia externa mas visem tão só auxiliar a produção do ato final, só produzindo os seus efeitos externos através desse ato, e na medida em que o influenciem.

Em segundo lugar, o correto entendimento do procedimento e o conhecimento das suas várias fases, bem como da função que cada uma desempenha dentro dele, são fundamentais, por vezes, para se compreender a invalidade do ato principal. É que esta pode ser determinada pela incorreta tramitação dos atos do procedimento, gerando-se, com isso, vícios de procedimento ou de conteúdo do ato principal.

6.5. Distinção de figuras afins

6.5.1. *Do processo administrativo (contencioso administrativo)*

O procedimento administrativo era tradicionalmente designado por *processo administrativo gracioso*, para o distinguir do *processo administrativo contencioso*, referido à matéria da competência dos tribunais administrativos e à atividade destes tribunais no controlo da legalidade da atuação da administração.

Deve logo assinalar-se que estão aqui em causa duas funções diferentes: o processo (contencioso) administrativo refere-se à *função jurisdicional*, tendo em vista a elaboração de uma sentença, com o objetivo de decidir um conflito entre os particulares e a Administração ou, pelo menos, de determinar se a Administração violou ou não a legalidade e o interesse público na sua atuação. O juiz administrativo visa assim resolver, de forma imparcial e objetiva, um conflito ou uma controvérsia que é posta à sua consideração.

Pelo contrário, com o procedimento procura ordenar-se a atuação da Administração, no sentido de esta praticar a melhor decisão para a prossecução do interesse público, que é um interesse que ela está sempre incumbida de prosseguir.

Uma das razões que leva a que se prefira hoje o uso da expressão "procedimento administrativo" é precisamente a de marcar a diferença relativamente ao processo administrativo: estamos perante duas funções diferentes e o desejo de conduzir a marcha da Administração à imagem do que se passa nos tribunais deve ser posto de lado.

Com a autonomização clara destes dois tipos de "processos" reforça-se o espaço de manobra do administrador para conduzir a sua atuação da forma mais conveniente para o interesse público, que deve ser sempre o objetivo último da sua atuação.

Pode ainda acrescentar-se que, ao passo que o juiz está acima das partes, atuando de forma imparcial e objetiva com o fim de resolver um conflito de interesses ou uma controvérsia sobre a verificação ou não em concreto de uma ofensa ou violação à ordem jurídica, a Administração é parte, prosseguindo o interesse público que pode ser considerado um interesse "seu", na medida em que está legalmente incumbida de o satisfazer.

O procedimento deve ser visto como a história ou a imagem de um ato da administração (significa o ato em devir, o progredir).

Em conclusão: como vimos quando estudámos a separação material das funções do Estado, a função administrativa é diferente da função de julgar e o desejo de conduzir a marcha da Administração como a dos tribunais conduziria a resultados distorcidos.

Deve ainda dizer-se que a expressão "processo administrativo" é usada no CPA com um sentido diferente: concretamente aquele definido no nº 2 do artigo 1º, em face do qual se entende por processo administrativo "o conjunto de documentos devidamente ordenados em que se traduzem os atos e formalidades que integram o procedimento administrativo".

O termo é aqui usado como sinónimo de dossiê, ou seja, dos documentos que se referem a um determinado procedimento.

6.5.2. *Do ato complexo, ato-união ou Vereinbarung*

Em face da conceção adjetiva de procedimento que defendemos, é também importante distingui-lo de uma figura com algumas notas comuns, mas que dele difere: referimo-nos ao chamado *ato complexo, ato união* ou, na expressão alemã, *Vereinbarung*.

Esta figura tem como nota comum ao procedimento administrativo a de também exprimir a colaboração entre vários órgãos e agentes administrativos, todos contribuindo para a obtenção de um resultado jurídico unitário.

No entanto, no procedimento administrativo existe um ato principal (o ato administrativo propriamente dito) e atos subordinados, o que implica que a posição dos diferentes órgãos que intervêm no procedimento não seja a mesma. Não há relação de igualdade entre os diferentes atos (há um ato principal e vários atos secundários), não havendo uma relação de igualdade entre os órgãos (naturalmente que o responsável pela prática do ato administrativo assume uma posição de protagonismo).

Pelo contrário, no ato complexo existem diversas manifestações de diferentes órgãos, mas todas *no mesmo sentido*: existe uma vontade unitária entre eles, mas de forma direta, emitindo diversas declarações com o mesmo conteúdo, com o mesmo fim imediato.

Quando mencionámos as vantagens em defender uma conceção adjetiva do procedimento, referimo-nos ao facto de cada um dos atos (instrumentais) ter um *fim imediato próprio*, mas que só faz sentido na medida em que visa, de forma mediata, um resultado único (o efeito jurídico unitário, que se identifica com o efeito externo a produzir pelo ato principal). Pelo contrário, o ato complexo é um conjunto de pronúncias *com o mesmo fim imediato*.

Um exemplo de um ato complexo será o que resulta da associação de vários municípios para prosseguir um fim comum, v. g. a recolha e tratamento do lixo (efetuada em conjunto).

6.6. Importância do CPA na tramitação do procedimento

A submissão do procedimento administrativo a uma codificação surgiu entre nós em 1991, com a aprovação do Código do Procedimento Administrativo (CPA). Este processo de codificação não esteve isento de críticas, de onde se realçam, particularmente, as formuladas por Rogério Soares. Para este Autor, ao contrário do processo judicial, em que os atos a que tende (as sentenças) se podem resumir a um número limitado de tipos, no procedimento vamos encontrar uma multiplicidade quase infinita de interesses públicos a prosseguir, exigindo-se, em consequência, uma infinidade de tipos de procedimento. Não deve, por isso, nesta perspetiva, o legislador reduzir o procedimento a uma tramitação precisa, como se fosse possível regular de forma exaustiva o modo de tomada de decisões da Administração.

Na base desta crítica está a ideia de a Administração, por se encontrar comprometida com a realização do interesse público, não poder estar sujeita a uma rotina processual uniforme, devendo ser-lhe conferida uma certa liberdade em ordem a ajustar-se às exigências concretas do interesse público. Ou seja, segundo Rogério Soares, os interesses públicos só em parte se podem submeter a uma regulamentação completa, havendo a necessidade de se confiar na competência e diligência da Administração com vista à sua integral satisfação.

Não obstante estas críticas, importa sublinhar que o CPA não introduziu no direito português algo que se assemelhe a um procedimento tipo: não é um "missal" segundo o qual os órgãos da Administração devam atuar. O CPA não pretendeu criar um procedimento regra, desenhado do princípio ao fim, a observar sempre. Os órgãos incumbidos da condução do procedimento são livres de procurar quais os trâmites que cabem melhor à realização do seu escopo, ou seja, à obtenção de uma decisão orientada pelos interesses públicos da participação, da eficiência, da economicidade e da celeridade na preparação da decisão (cfr. artigo 56º do CPA).

Para exemplificarmos o que acabámos de dizer veja-se o seguinte: no CPA regula-se a formalidade de solicitação de provas aos interessados (artigo 117º), mas isso não significa que nos procedimentos administrativos deva ser *sempre* observada essa formalidade; significa apenas que se a ela houver lugar, se terá de proceder nos termos aí previstos.

Com isto não queremos, no entanto, afirmar que o CPA não possa criar, aqui e ali, formalidades e trâmites que devam ser observados em todos os procedimentos. É o que se passa em matéria de audiência prévia dos interessados (artigo 121º do CPA), trâmite que este Código veio tornar regra para todos os procedimentos administrativos não dispensados (artigo 124º do CPA), bem como com o dever de notificação do início do procedimento (artigo 110º do CPA), o dever de notificar os atos administrativos (artigo 114º) ou o dever de adotar a forma escrita para a prática de atos (artigo 150º) e para a celebração de contratos administrativos.

O CPA aprovado em 2015 mantém, assim, no seu essencial, esta lógica de aplicação que vinha do Código de 1991.

6.7. Tipos de procedimentos

É possível identificar vários tipos, distintos, de procedimentos administrativos. Assim distinguem-se:

- os procedimentos de *primeiro grau* (visam a prática de um ato primário) e de *segundo grau* (destinam-se à prática de atos secundários, como são os procedimentos de reclamação, de recurso hierárquico e de recursos administrativos especiais, bem como o procedimento de revogação e de anulação de um ato administrativo anterior);
- os procedimentos *formais* ou necessários (desenhados quase na íntegra, do princípio ao fim) e os procedimentos *informais* ou facultativos (a lei regula apenas os seus grandes momentos, não se preocupando em fixar o que a Administração deve fazer passo a passo);
- os procedimentos *simples* (tendem à prática de um ato administrativo) e os procedimentos *complexos*, que integram, por sua vez:
- os *sub-procedimentos* integrados num procedimento principal e que não terminam necessariamente com um ato administrativo (v.g. avaliação de impacto ambiental de projetos) – o ato principal destes procedimentos integra a fase (preparatória ou integrativa da eficácia) de um outro procedimento;
- os procedimentos *escalonados* ou *faseados* (com *pré-decisões)*: atos *prévios* (decidem definitivamente certas condições da decisão global) ou decisões *parciais*, relativamente à decisão final: o caso do procedimento de informação prévia que antecede o procedimento de licenciamento ou, no próprio procedimento de licenciamento, a fase preliminar autónoma de aprovação do projeto de arquitetura;

- *procedimentos coligados* ou *conexos* (quando está em causa uma atividade que se encontra sujeita a vários atos administrativos autónomos, apresentando-se os respetivos procedimentos, contudo, unidos por um resultado comum em termos materiais). Estes podem apresentar-se como *procedimentos paralelos* (ou de *coordenação concomitante*) ou como *procedimentos pressupostos* (de *coordenação sucessiva* ou de guichet múltiplo), não sendo tarefa fácil a distinção destes últimos dos designados *subprocedimentos* enxertados num procedimento principal[225].

6.8. As fases do procedimento

Antes da existência de um Código do Procedimento Administrativo entre nós, a doutrina assinalava já o interesse em agrupar os diversos atos ou momentos que se sucedem ao longo do procedimento em *fases*, cada uma das quais com a sua finalidade específica.

Sendo um dos objetivos centrais do procedimento o de assegurar e potenciar a eficiência e racionalização da atividade administrativa, tais desideratos serão mais facilmente atingidos através do agrupamento dos vários momentos ou atos e formalidades do procedimento em diversas fases.

Se antes da publicação do CPA já havia uma certa *tipicidade* dos atos do procedimento, tal tendência foi reforçada com o Código de 1991 e, agora acentuada com o Código de 2015, o qual veio, assim, facilitar bastante esta tarefa. Não obstante, os procedimentos administrativos não são sempre iguais, não estando afastada, como já se disse, a possibilidade de os órgãos administrativos, em casos concretos, e quando a discricionariedade para tanto os habilite, poderem ordenar o procedimento de forma diferente do esquema legalmente estabelecido, que não é, desta forma, absolutamente rígido.

Assim, é agora expressamente admitido o recurso à figura dos acordos endoprocedimentais, no âmbito dos quais o responsável pela direção do procedimento e o sujeito ou sujeitos privados podem acordar por escrito termos do procedimento quando estes se enquadrem, uma vez mais, no âmbito da discricionariedade procedimental (artigo 57º do CPA)[226].

[225] Sobre este tipo de procedimentos cfr. Marta Portocarrero, *Modelos de Simplificação Administrativa. A Conferência Procedimental e a Concentração de Competências e Procedimentos no Direito Administrativo*, Publicações Universidade Católica, Porto, 2002, pp. 46-47. Também sobre esta realidade, cfr. Filipa Urbano Calvão, "O Procedimento Administrativo como Instrumento de Coordenação de Competências. Comentário ao Acórdão do Supremo Tribunal Administrativo de 13 de fevereiro de 2001, P. 46 923", *Cadernos de Justiça Administrativa*, nº 32, março/abril de 2002, pp. 41 e ss, onde a Autora se refere aos procedimentos concentrados, por oposição aos procedimentos paralelos.

[226] Sobre esta matéria, cfr. Joana de Sousa Loureiro, "Os acordos endoprocedimentais no novo CPA", in: AAVV., *Comentários ao Novo Código do Procedimento Administrativo*, coord. Carla Amado

Nas linhas que se seguem, vamos tentar ordenar as fases do procedimento, tendo por base a conceção defendida por Rogério Soares. No entanto, tal conceção é anterior à entrada em vigor do CPA, sendo necessário adaptá-la a este diploma, que estabelece, entre outras normas mobilizáveis, regras próprias sobre o procedimento para a prática do ato administrativo (Capítulo II, do Título II da Parte III do Código). Nestas normas regula-se aquilo que alguns autores designam por *procedimento decisório de primeiro grau*, que se destina a tomar uma decisão (a praticar um ato administrativo) que incide pela primeira vez sobre uma situação da vida (distinguindo-se dos procedimentos de segundo grau, que têm em vista a anulação, revogação ou modificação de um ato administrativo anteriormente praticado).

6.8.1. *A fase preparatória*

Como primeira fase do procedimento administrativo, Rogério Soares destacava a *fase preparatória*, na qual se incluem todos os trâmites destinados a preparar o ato principal do procedimento (o ato administrativo).

Os atos preparatórios visam criar uma situação juridicamente relevante, por forma a que o ato desejado possa surgir em termos tais que a sua conformidade com a ordem jurídica esteja assegurada. Só assim o ato administrativo para que tende todo o procedimento poderá ser um ato legítimo e, como tal, válido.

Daí a relevância jurídica dos atos preparatórios: embora eles, por si só, não produzam efeitos externos, criam uma situação jurídica que é condição de validade do ato principal.

Pelo facto de não produzirem por si só efeitos externos, é importante distinguir dos atos preparatórios os *atos com autonomia funcional* (ou *atos funcionalmente autónomos*): aqueles atos que, não obstante ocorrerem antes do ato principal, *por si só produzem efeitos jurídicos externos*, i. é, transformações no ordenamento jurídico geral. Estes atos, ao produzirem efeitos externos, sempre admitiram impugnação contenciosa direta, não sendo necessário esperar pelo ato principal do procedimento para o(s) interessado(s) se defender(em).

Como vimos quando criticámos a noção de definitividade horizontal ou procedimental, há atos anteriores ao ato "final" que podem ser judicialmente impugnáveis, por afetarem imediatamente a situação jurídica dos particulares: é o exemplo clássico do ato que exclui um candidato de um concurso por não satisfazer os requisitos legalmente exigidos. Tal candidato não precisa de esperar pelo ato administrativo para que todo o procedimento tende, po-

Gomes et. all., cit., vol. I, p. 459-481. A Autora assinala (ob. cit., p. 460 e segs.) como principais vantagens destes acordos (quer para a Administração, quer para os particulares) as da flexibilização do procedimento, aplicação da melhor solução ao caso concreto e diminuição da litigiosidade.

dendo atacar diretamente o ato que determina a sua exclusão. Hoje estes atos integram, indubitavelmente, o conceito de ato administrativo impugnável do CPTA.

Devem excluir-se da fase preparatória os chamados *antecedentes procedimentais*: atos que, tendo em vista o procedimento, ocorrem antes do seu início. É o caso de alguns atos de particulares (como queixas, denúncias, petições) que podem estar na origem da abertura de um procedimento oficioso. A ordem jurídica não lhes confere o efeito constitutivo de determinarem os deveres de iniciar o procedimento e de decidir da Administração: ainda que possam ser impulsionadores do procedimento, não é por causa deles que este se abre e existe.

Outro exemplo destes *antecedentes procedimentais* é o que se refere aos estudos, vistorias e peritagens para a construção de um hospital ou para a realização de outra obra pública que não pertencem ao procedimento de expropriação que se seguirá.

Rogério Soares distinguia, no seio desta fase preparatória, dois tipos de atos que consubstanciavam outras tantas subfases: os atos ou momentos *de iniciativa* e os atos ou momentos *instrutórios*. Em face da sistemática do CPA, temos hoje de juntar a estas duas subfases uma terceira, correspondente à *audiência dos interessados*. Vejamos então em que consiste cada uma desta subfases.

6.8.1.1. *A fase inicial/de iniciativa*

Como o próprio nome indica, englobam-se nesta fase os atos e formalidades responsáveis pelo "arranque" do procedimento. Em termos do CPA ela é regulada pelos artigos 53º e 102º a 109º.

Os procedimentos podem ser classificados, quanto à iniciativa, em *particulares* (se de iniciativa dos interessados) – o caso do procedimento de licenciamento de uma obra de edificação – ou *públicos* (se de iniciativa da Administração) e, quanto a estes, como procedimentos *oficiosos* (quando iniciados pelo próprio órgão que tem competência para a prática do ato principal) ou *não oficiosos* (quando iniciados por outro órgão que não é o competente para a prática do ato principal, como a expropriação de um terreno da iniciativa da Câmara e cuja declaração de utilidade pública é da competência do Ministro).

Utilizando um critério relativamente diferente, os procedimentos podem ser classificados como de autoiniciativa (os referidos procedimentos oficiosos) ou de heteroiniciativa, que tanto pode ser pública como privada.

Relativamente à iniciativa particular, a forma normal de o particular se dirigir à Administração é através de um requerimento, que deve preencher os requisitos estabelecidos no artigo 102º. Deve também destacar-se a importância dos artigos 65º e 68º, definidores, respetivamente, dos sujeitos da relação jurídica procedimental e da legitimidade para iniciar (e intervir) no procedimento administrativo.

Continua a valer a regra de que em cada requerimento individual não pode ser formulado mais do que um pedido a não ser que se trate de pedidos entre os quais haja conexão (artigo 102º, nº 2) – regra da *unicidade do pedido*. Podem, contudo, agora, ser formuladas num único requerimento pretensões correspondentes a uma pluralidade de pessoas que tenham conteúdo e fundamento idênticos ou substancialmente similares (artigo 102º, nº 3).

As regras sobre a apresentação dos requerimentos, sua forma, obrigação de registo, necessidade de recibo de entrega bem como as disposições relativas ao suprimento de requerimentos iniciais deficientes estão previstas nos artigos 103º a 108º.

Perante um requerimento que lhe seja apresentado, a Administração fica constituída no *dever de decidir*, desde que se preencham alguns requisitos. Estes requisitos designam-se por *pressupostos procedimentais* a que a lei condiciona o desenvolvimento regular do procedimento e desdobram-se nas seguintes espécies: *pressupostos procedimentais subjetivos* (competência do órgão que recebe o pedido[227] e legitimidade do requerente) e *pressupostos procedimentais objetivos* [inteligibilidade, unidade e tempestividade do pedido; atualidade do direito que se pretende exercer e inexistência de decisão sobre pedido igual do requerente há menos de dois anos (artigo 13º, nº 2)].

Não existindo tais pressupostos, também não existe o dever de decidir mas mantém-se, nos termos do artigo 13º, nº 1, o *dever genérico de pronúncia*.

A apreciação da verificação, em concreto, destes pressupostos costuma ocorrer numa fase inicial do procedimento que se designa de saneamento (cfr. artigos 108º e 109º do CPA), a qual pode dar lugar a um despacho de aperfeiçoamento do pedido ou a um despacho de rejeição liminar. Não ocorrendo qualquer destas situações, o procedimento terá continuidade para a fase subsequente.

Nesta primeira fase do procedimento já se nota a importância da participação dos particulares: para além de poderem ser eles os responsáveis pelo arranque do procedimento, é ainda de notar a disposição contida no artigo 110º, em face da qual "O início do procedimento é notificado às pessoas cujos direitos ou interesses legalmente protegidos possam ser lesados pelos atos a praticar e que possam ser desde logo nominalmente identificadas". Esta prerrogativa, no Código de 1991, apenas estava prevista para os chamados procedimentos oficiosos, sendo, presentemente, este dever de notificação do início do proce-

[227] Sobre a entrega de requerimento a órgão incompetente cfr. supra nota 54.

dimento um dever transversal quer aos procedimentos de iniciativa particular quer de iniciativa pública, o que denota a sua importância porquanto mesmo nos procedimentos de iniciativa particular podem existir contra interessados cujos direitos ou interesses legalmente protegidos podem ser lesados, fazendo sentido o alargamento da abrangência do âmbito deste dever.

Após o início do procedimento o interessado adquire uma posição jurídica constituída por um conjunto de direitos e de deveres. No que concerne aos primeiros, realça-se o direito:

- à decisão e à sua notificação: artigos 13º e 114º;
- à participação: artigo 12º;
- à informação: artigos 82º a 85º;
- de ser ouvido antes da decisão final: artigos 121º e ss.;
- de desistência e renúncia: artigo 131º;
- de conhecer as razões de uma eventual denegação da sua pretensão: artigo 152º;
- de reclamar e de recorrer administrativamente da decisão: artigos 184º e ss.

No que concerne aos segundos refira-se o dever:

- de cooperação: artigo 60º;
- de prestar informações e de apresentar provas: artigo 116º;
- de provar factos, quando for caso disso: artigo 115º;
- de pagamento de taxas ou despesas que estiverem legalmente fixadas: artigo 133º, a *contrario sensu*.

6.8.1.2. *A fase instrutória (instrução)*

Esta subfase da fase preparatória tem um papel muito importante, visando apresentar ao agente responsável os diversos interesses envolvidos na decisão que vai tomar (os quais, no seu conjunto, formam a situação de interesse público que o ato deve sempre servir), por forma a permitir a avaliação do seu peso e importância relativos.

Na prática, a instrução permite criar as condições para que o agente possa determinar o conteúdo do ato principal do procedimento do melhor modo, em ordem à prossecução do interesse público concreto. De forma mais resumida, pode dizer-se que ela fornece os elementos que determinarão a *formação da vontade da administração*.

Esta fase encontra-se toda ela regulada na Secção III do Capítulo II do Título II da Parte III, nos artigos 115º a 120º, regras que têm de ser sistematicamente articuladas com as constantes no Capítulo I do Título I da mesma Parte do CPA, que contém disposições gerais relativas ao procedimento.

Assim, é de realçar a previsão da regra segundo a qual a instrução dos procedimentos deve ser preferencialmente realizada por meios eletrónicos por forma a i) facilitar o exercício de direitos e o cumprimento de deveres através de sistemas que, de forma segura, fácil, célere e compreensível sejam acessíveis a todos os interessados; ii) tornar mais simples e rápido o acesso dos interessados ao procedimento e à informação e iii) simplificar e reduzir a duração dos procedimentos, promovendo a rapidez das decisões, sem esquecer as garantias legais (artigo 61º).

Uma inovação relativamente à versão anterior do CPA é o facto de agora o legislador deixar de se referir à direção da instrução para se referir à direção do procedimento. A regra é a de que a direção do procedimento cabe ao órgão competente para a decisão final (nº 1 do artigo 55º), existindo todavia um dever de delegação deste em inferior hierárquico do seu poder de direção (nº 2 do mesmo artigo).

A instrução é desenvolvida de acordo com o *princípio do inquisitório*, que está consagrado no artigo 58º do CPA. Nos termos deste preceito, "*o responsável pela direção do procedimento e os outros órgãos que participam na instrução podem, mesmo que o procedimento seja instaurado por iniciativa dos interessados, proceder a quaisquer diligências que se revelem adequadas e necessárias à preparação de uma decisão legal e justa, ainda que respeitantes a matérias não mencionadas nos requerimentos ou nas respostas dos interessado*".[228]

Os atos ou momentos instrutórios tanto podem ser praticados pelo órgão responsável pela decisão final, como ser solicitados a outras autoridades, a quem o órgão competente para a decisão final deve, por iniciativa própria, por proposta do responsável pela direção do procedimento ou a requerimento de um sujeito privado da relação jurídica procedimental, solicitar auxílio, quando a participação de outros órgãos da Administração Pública seja imposta por lei ou tal órgão tenha competência exclusiva ou conhecimentos aprofundados sobre a matéria em questão bem como quando o órgão a quem é dirigida a solicitação tenha em seu poder documentos ou dados cujo conhecimento seja necessário à preparação da decisão ou, ainda, quando a instrução requeira a intervenção de pessoal ou o emprego de meios técnicos de que o órgão competente para a decisão final não dispõe (artigo 66º). Para além disso, os particulares podem ter um papel relevante na instrução, nomeadamente apresentando provas, pareceres, documentos adicionais, sendo chamados a descrever situações de facto, podendo igualmente dirigir reclamações à Administração. Cabe-lhes, ainda, o ónus de provar todos os factos que aleguem (artigo 116º).

[228] Este princípio está em consonância com o previsto no artigo 13º, nº 3 do CPA que permite que os órgãos possam decidir coisa diferente ou mais ampla do que a pedida, quando o interesse público assim o exija.

De grande importância revestem-se nesta fase as chamadas *diligências probatórias* (artigos 115º a 120º) e as *diligências consultivas* ou *pareceres*, regulados em Capítulo autónomo da Parte Procedimental, nos artigos 91 e 92º.

Sintomático é o desaparecimento das normas sobre exames e diligências (exames, vistorias, avaliações, nomeação de peritos) constantes do CPA de 1991 e integrativos da fase da instrução, o que passou no CPA de 2015 a poder ser mobilizado ao abrigo da nova figura de inspiração alemã, a do auxílio administrativo, regulada no artigo 66º da nova versão.

No que concerne aos pareceres, estes assumem na fase instrutória um papel muito importante e podem ser considerados dos mais destacados atos instrumentais. Daí a necessidade de dedicarmos algumas linhas à sua análise.

O *parecer* é uma modalidade de atos instrumentais, pertencente à categoria das *avaliações*, podendo ser definido como a "apreciação de caráter jurídico ou relativo à conveniência administrativa ou técnica, emitida por um órgão consultivo, a propósito de um ato em preparação ou de realização eventual"[229].

Os pareceres tanto podem ser *facultativos* como *obrigatórios*, estando em causa, nesta distinção, a obrigatoriedade ou não de o órgão competente para a decisão pedir o parecer. Assim, serão *facultativos* os pareceres em que o órgão que vai decidir não é obrigado a pedi-los e *obrigatórios* aqueles que são considerados formalidades de cumprimento necessário na preparação do ato; é isso que se prevê no CPA, quando se dispõe no nº 1 do seu artigo 91º que "Os pareceres são obrigatórios ou facultativos, consoante sejam ou não exigidos por lei".

Naturalmente que os pareceres facultativos, não tendo de ser pedidos, também não têm de ser seguidos no caso de o órgão competente para a decisão optar por os solicitar. Já os pareceres obrigatórios podem ser *vinculantes* (*vinculativos*) ou *não vinculantes* (*não vinculativos*): no primeiro caso, além de terem de ser pedidos, têm de ser seguidos, isto é, as respetivas conclusões têm de ser aceites e seguidas pelo órgão competente para a decisão; no segundo caso, apesar de terem de ser pedidos, não têm necessariamente de ser seguidos, podendo o órgão competente decidir em sentido diferente ao do parecer (o artigo 91º, nº 1, *in fine*, refere-se igualmente a esta distinção).

É importante dizer que, no caso de uma lei prever um parecer mas nada estabelecer em relação à necessidade ou não de ele ser pedido e à obrigatoriedade ou não de ele ser seguido, considera-se que o parecer é obrigatório e não vinculativo. Esta solução, que já era defendida pela doutrina, foi expressamente acolhida no nº 2 do artigo 91º do CPA.

[229] Cfr. Rogério Soares, *Direito Administrativo*, policop., Coimbra, 1978, p. 136.

Regressando à tipologia dos pareceres, cumpre assinalar que existe ainda uma modalidade mais complexa de pareceres obrigatórios, que são vinculantes num só sentido: os *pareceres conformes*. Tal acontece quando uma decisão num dado sentido só pode ser tomada se for apoiada num parecer, embora o apoio do parecer nesse sentido não impeça o administrador de decidir contrariamente.

Os pareceres conformes tanto podem ser *pareceres conformes favoráveis* (uma decisão positiva só é possível se o parecer for no sentido positivo) como *pareceres conformes desfavoráveis* (em que a recusa, ou seja, a decisão negativa do órgão administrativo, só é possível com o apoio de um parecer negativo).

Daí que eles sejam vinculantes num só sentido: impedem uma decisão positiva se o parecer for negativo (necessidade de parecer conforme favorável) ou impedem uma decisão negativa se o parecer for positivo (necessidade de parecer conforme desfavorável).

Para citar um exemplo do direito positivo português, é isso que sucede hoje com a declaração (parecer) sobre a *avaliação de impacte ambiental* (AIA): em face do artigo 22º do Decreto-Lei nº 151-B/2013, de 31 de outubro, o ato de licenciamento ou de autorização de projetos sujeitos a procedimento de AIA só pode ser emitido após a (notificação da) respetiva declaração de impacte ambiental favorável ou condicionalmente favorável. Ou seja: para a prática de um ato de licenciamento ou de autorização é necessário uma declaração de impacte ambiental favorável, mas a decisão nesse sentido não impede o órgão licenciador ou autorizador de indeferir o pedido de licenciamento ou autorização com base num fundamento diferente do impacte ambiental do projeto[230]. São também deste tipo a maior parte dos pareceres de entidades externas ao município no âmbito do direito do urbanismo.

Também os pareceres emitidos no âmbito dos procedimentos de licenciamento urbanístico são pareceres conformes: caso sejam negativos a câmara fica obrigada a indeferir o pedido de licenciamento apresentado pelo interessado; caso sejam positivos, a câmara tanto pode deferir o pedido como indeferi-lo por motivos relacionados com aspetos da decisão que lhe digam exclusivamente respeito.

Refira-se ainda, a terminar, que a doutrina tem vindo a discutir a natureza jurídica de alguns pareceres vinculativos que desempenham uma função que vai muito além da meramente consultiva (o caso, por exemplo, de certos pareceres no domínio urbanístico). Com efeito, muitos desses pareceres desempenham uma verdadeira *função de controlo da legalidade* (na medida em que se

[230] Saliente-se que a lei é particularmente severa a este respeito, ao sancionar com a *nulidade* qualquer ato administrativo que viole o disposto naquela norma: cfr. o nº 3 do mesmo artigo 22º.

destinam a verificar o cumprimento das disposições legais e regulamentares vigentes) e frequentemente uma *função de administração ativa* (visam assegurar o correto ordenamento do território de uma perspetiva mais ampla que a meramente local). Acresce serem os mesmos emanados, em regra, no âmbito de relações administrativas interorgânicas externas (o caso dos pareceres emitidos pelas comissões de coordenação e desenvolvimento regional no âmbito de operações de loteamento em áreas não abrangidas por instrumentos de planeamento territorial, que, sendo negativos, são vinculativos para as câmaras municipais no procedimento do respetivo licenciamento). A questão que a propósito deste tipo de pareceres se coloca é a de saber se os mesmos não terão natureza de verdadeiros atos administrativos, designadamente para efeitos de impugnação contenciosa.

Esta equiparação, que faz sentido tanto no contexto de uma proteção antecipada como em relação a órgãos de diferentes entes administrativos ou até da mesma pessoa coletiva (quando haja competências próprias e interesses públicos contrapostos ou divergentes) é hoje reconhecida pela jurisprudência e doutrina administrativas[231].

Como forma de pôr fim a más práticas decorrentes do incumprimento dos prazos de decisão por falta de emissão dos pareceres em tempo pelas entidades competentes, o CPA passou a disciplinar, no seu artigo 92º, a forma de ultrapassar a não emissão de um parecer obrigatório dentro do prazo. E se a solução do nº 5, válida para os pareceres obrigatórios não vinculativos, ainda que possa suscitar críticas, se compreende, ao determinar que quando tal parecer não seja emitido dentro dos prazos previstos, pode o procedimento prosseguir e ser decidido sem o parecer, já a do nº 6, aplicável aos pareceres obrigatórios vinculativos, levanta as maiores dúvidas. De acordo com este preceito, "No caso de o parecer obrigatório ser vinculativo, a decisão final só pode ser proferida sem a prévia emissão daquele desde que o responsável pela direção do procedimento tenha interpelado, no prazo de 10 dias, o órgão competente para o emitir, sem que este o tenha feito no prazo de 20 dias a contar dessa interpelação". Daí a crítica, que nos parece certeira, de Carla Amado Gomes, que considera que o mesmo legislador que considerou o parecer *necessário* o transforma num trâmite *voluptuário*, utilizando uma solução que se afigura ser demasiado fácil para o órgão decisor e frágil do ponto de vista substancial[232].

[231] Cfr. Pedro Gonçalves, "Poderá o parecer vinculante ser um acto recorrível?", *Cadernos de Justiça Administrativa*, n º 0, 1996, p. 37-39.

[232] Cfr. Carla Amado Gomes, "Da inutilidade dos pareceres no novo Código do Procedimento Administrativo", in: AAVV., *Comentários ao Novo Código do Procedimento Administrativo*, coord. Carla

6.8.1.3. *A audiência dos interessados*

Em face do regime estabelecido no CPA, deve hoje autonomizar-se uma terceira subfase dentro da fase preparatória, correspondente à *audiência dos interessados*. Na verdade, o nº 1 do artigo 121º dispõe: "(...) os interessados têm o direito de ser ouvidos no procedimento *antes de ser tomada a decisão final* (...)" (itálico nosso).

Deixa de se determinar expressamente que a mesma apenas tem lugar depois de concluída a instrução, mas entendemos que o fim para que a audiência tende apenas faz sentido depois da compilação de todos os factos que interessam à decisão final bem como à recolha de todas as provas que se mostrem necessárias para sustentar os factos alegados, porquanto apenas após esta averiguação está a Administração Pública em condições de entregar aos interessados na relação jurídica procedimental um projeto de decisão devidamente fundamentado. E é por isso que o artigo 121º surge numa secção que segue imediatamente a da instrução e que no nº 1 deste artigo se determina que a audiência dos interessados tem lugar "antes de ser tomada a decisão final".

Se a audiência ocorre antes de ser tomada a decisão final, isso significa que estamos ainda perante um trâmite destinado a preparar tal decisão: se assim não fosse, a audiência perderia a sua razão de ser, que é a de ainda poder influenciar a tomada de posição da Administração.

Esta fase é o momento por excelência de garantia da *participação* dos interessados nas decisões que lhes digam respeito, sendo considerada por Freitas do Amaral (Presidente da Comissão que elaborou o CPA de 1991) a novidade mais ousada do Código. É preciso não esquecer que a Constituição assinala expressamente como um dos objetivos da lei reguladora do "processamento da atividade administrativa" o de assegurar "a participação dos cidadãos nas decisões ou deliberações que lhes disserem respeito" (artigo 267º, nº 5). Ao que se junta a circunstância de o *princípio da participação* estar previsto no CPA (artigo 12º) como um dos princípios gerais da atividade administrativa.

A audiência dos interessados está disciplinada nos artigos 121º a 125º do Código, tendo-se consagrado desde a revisão do CPA de 1991 ocorrida em 1996 o

Amado Gomes et. all., cit., vol. I, p. 773-793, especialmente p. 789 e segs., nas quais apresenta soluções alternativas que poderiam (deveriam) ter sido equacionadas pelo legislador do CPA: a promoção da intervenção do superior hierárquico do órgão emitente do parecer por parte do responsável pelo procedimento; ou a possibilidade de o particular pedir certidão da não emissão e com ela interpelar diretamente o órgão em falta, ou acioná-lo através de um processo urgente. Em conformidade com as críticas dirigidas a esta solução, a Autora conclui (p. 665) que a decisão emitida sem um parecer (obrigatório e) vinculativo será sempre "uma decisão materialmente frágil" e, mais em geral, que "o regime plasmado nos artigos 91º e 92º do CPA não dignifica a figura do parecer".

chamado *princípio da dupla decisão*: a Administração está hoje obrigada a elaborar um projeto de decisão devidamente fundamentado, projeto esse que será comunicado ao interessado para que este se pronuncie sobre ele, só depois devendo a Administração tomar a decisão final.

No CPA atualmente em vigor o legislador fundiu, no artigo 124º, os casos de inexistência de audiência com os da sua dispensa, passando a existir agora apenas motivos de dispensa. Por comparação com a redação anterior, acrescentou-se, agora, um novo motivo de dispensa: a de os interessados terem pedido adiamento da realização da audiência no caso de audiência oral e não ter sido possível fixar nova data por facto que lhes seja imputável (alínea b) do nº 1).

Fora dos casos em que a audiência possa ser dispensada, a sua falta determina, em princípio, a (mera) anulabilidade do ato administrativo que não a tenha respeitado.

Há, no entanto, casos especiais nos quais a falta de audiência gera a *nulidade* do ato administrativo respetivo: nos processos disciplinares e nos processos de contraordenação, uma vez que aí a audiência do interessado (arguido) está garantida ao nível da própria Constituição, nos artigos 269º, nº 3, e 32º, nº 10, respetivamente, constituindo por isso um direito fundamental procedimental (alínea d) do nº 2 do artigo 161º do CPA).

6.8.2. *A fase de preparação (direta) da decisão*

Alguns autores costumam ainda identificar uma fase de preparação direta da decisão: chamamos-lhe direta uma vez que todas as fases anteriores visam a preparação da decisão, dando-se por vezes o caso de ser necessária a realização de diligências complementares, nos termos do artigo 125º.

Para além disso, nos casos em que não tenha sido o órgão competente para a decisão o responsável pela direção do procedimento deve este ainda elaborar um relatório "no qual indica o pedido do interessado, resume o conteúdo do procedimento, incluindo a fundamentação da dispensa da audiência dos interessados, quando esta não tiver ocorrido, e formula uma proposta de decisão, sintetizando as razões de facto e de direito que a justificam" (artigo 126º).

6.8.3. *A fase constitutiva ou decisória*

Após o cumprimento de todos os trâmites destinados a preparar a decisão, o órgão competente está em condições de praticar o ato administrativo para que todo o procedimento tendia: o agente vai fazer uma avaliação final de todos os elementos recolhidos, produzindo o ato principal ou típico do procedimento.

Em regra, o procedimento termina com uma decisão final expressa (artigo 127º), que deverá em princípio ser praticada por escrito (artigo 150º), com as menções previstas no artigo 151º e devidamente fundamentada, nos termos dos artigos 152º e ss. Na decisão tomada por meios eletrónicos a identificação do órgão deve ser autenticada com assinatura eletrónica ou outro meio idóneo, nos termos de legislação própria (nº 2 do artigo 94º do CPA).

O ato administrativo praticado na fase constitutiva tanto pode ser um *ato simples*, em que a declaração é uma só (emane ela de um órgão singular ou de um órgão colegial), como um *ato compósito* ou *ato composto em sentido amplo*, caraterizado por ter várias pronúncias, todas dirigidas ao mesmo objeto e com o mesmo fim imediato. Dentro da figura dos atos compósitos ou compostos em sentido amplo distinguem-se:

- os *atos complexos* (*Vereinbarung*): como vimos, caraterizam-se por conterem manifestações de vários órgãos, todas no mesmo sentido (o caso de um despacho conjunto de dois Ministros);
- os *atos continuados*: um só sujeito emite várias pronúncias sucedidas no tempo, mas unidas como se de um só ato se tratasse;
- os *atos compostos em sentido estrito*: existe neles uma colaboração direta entre duas autoridades, uma com a função de decidir e a outra com um papel secundário, de servir a autoridade competente; é o que se passa quando se exige, para a prática de determinados atos administrativos, a presença *documentante* ou *testemunhante* de uma autoridade dotada de fé pública, como notários e conservadores. Nestes casos uma das declarações é principal e a outra é servente daquela.

Diferentes dos atos compósitos ou compostos em sentido amplo são os *atos contextuais*: trata-se aqui de atos distintos, mas que, por razões de ordem prática, são emitidos sob a mesma forma, nomeadamente reunidos num mesmo documento.

Os atos contextuais tanto podem ser *simultâneos* (quando vários atos, de órgãos diferentes, aparecem reunidos sob a mesma manifestação externa, como ordens semelhantes de vários ministros publicadas simultaneamente) como *múltiplos* ou *plurais* (vários atos, do mesmo órgão, que até podem ter conteúdo diferente, mas que são reunidos numa mesma forma, como a nomeação ou a notação simultânea de vários funcionários).

A nota mais importante a destacar a propósito dos atos contextuais tem a ver com o facto de eles não perderem a sua individualidade: são atos funcionalmente autónomos, o que tem grande relevo prático em face da possibilidade de impugnação autónoma de cada um desses atos.

Ainda sobre a fase constitutiva deve destacar-se a sua ligação com a fase preparatória: é preciso não esquecer que o procedimento é uma sucessão *orde-*

nada de atos e formalidades, que visa a produção de um *resultado jurídico unitário* e, como tal, não se podem estabelecer "cortes" radicais entre as diversas fases. Assim, na fase constitutiva vai-se avaliar o quadro fornecido pela instrução e audiência dos interessados, formando-se a "vontade" da Administração. Na decisão final expressa o órgão competente deve resolver todas as questões pertinentes suscitadas durante o procedimento e que não hajam sido decididas em momento anterior.

Deve também destacar-se a existência, no CPA, de regras que disciplinam esta tomada de decisão administrativa, regras essas que são particularmente relevantes no que se refere aos atos a praticar por *órgãos colegiais*, previstas nos artigos 21º e segs.

Refira-se, por fim, a solução inovadora constante do nº 6 do artigo 128º do novo CPA que estabelece um regime de caducidade, na ausência de decisão, no prazo de 180 dias, para os procedimentos de iniciativa oficiosa passíveis de conduzirem à emissão de uma decisão com efeitos desfavoráveis para os interessados.

6.8.3.1. *O caso especial do silêncio: os atos "silentes" (deferimentos ou indeferimentos tácitos) e a evolução da "figura"*

a) A situação no ordenamento português até à reforma do contencioso administrativo

A problemática do *silêncio* da Administração tem a ver com a questão de saber qual o relevo a atribuir à ausência de manifestação expressa de um órgão administrativo, quando instado a responder a um particular, designadamente na sequência de um requerimento deste.

Em face do *princípio da decisão*, previsto atualmente no artigo 13º do CPA, a Administração está em princípio obrigada a pronunciar-se sobre todos os assuntos da sua competência que lhes sejam apresentados pelos particulares. Por este motivo se entendeu, no nosso ordenamento jurídico, que se a Administração não se pronunciasse, na sequência de um requerimento do particular, uma vez expirado o prazo legal (em regra 90 dias, nos termos dos nºs 2 dos artigos 108º e 109º da versão anterior do CPA), esse silêncio seria considerado como uma forma anómala de a Administração decidir o pedido que lhe foi dirigido. O silêncio adquiria assim o valor de uma resposta, à qual o CPA de 1991 chamou de "deferimento" ou "indeferimento" tácitos. Parte da doutrina preferia a expressão *ato silente*, com valor *positivo* ou *negativo*.

Apesar de alguma confusão das normas contidas nos artigos 108º e 109º do CPA de 1991, podia afirmar-se que a *regra geral* era a do *indeferimento tácito* (ato silente negativo), valendo o silêncio como deferimento (ato silente positivo) nas situações previstas nas diversas alíneas do nº 3 do artigo 108º e em todos os casos em que leis especiais previssem o deferimento tácito.

Deve ainda sublinhar-se que a mesma regra valia para os recursos hierárquicos interpostos pelos particulares: o artigo 175º do CPA de 1991 estabelecia no seu nº 3 que, depois de decorridos os prazos para decidir o recurso hierárquico sem que tivesse sido tomada qualquer decisão, considerava-se o recurso tacitamente indeferido.

Por sua vez, nos termos do artigo 108º do CPA, o ato "tácito" de deferimento era, para todos os efeitos, um ato administrativo correspondente àquele que resultaria de a Administração ter decidido expressamente de forma favorável. Tratando-se de um verdadeiro ato administrativo, o particular podia exigir do órgão requerido e de terceiros o respeito pelo ato "tácito" praticado ou produzido, ou seja, o respeito pelos efeitos jurídicos que decorriam daquele deferimento: podia, nomeadamente, exigir que lhe fossem passadas certidões respeitantes à produção do ato "tácito" ou a emissão dos atos de execução e dos alvarás que ele eventualmente implicasse.

Por outro lado, se o órgão requerido quisesse indeferir a pretensão formulada, depois de decorrido o prazo do nº 2 do artigo 108º, tal ato deveria ser considerado como uma revogação do anterior ato que, se fosse constitutivo de direitos, só podia ser retirado com fundamento em ilegalidade e dentro do prazo previsto na lei para o efeito.

Sendo o ato de deferimento tácito um ato administrativo para todos os efeitos, o deferimento expresso posterior seria considerado como um verdadeiro ato confirmativo; no entanto, como todos os atos confirmativos, era passível de impugnação contenciosa nos termos definidos no CPTA.

Não era, contudo, pressuposto do deferimento "tácito" a sua legalidade. Se, por exemplo, as obras para cuja realização se pretendesse a autorização municipal não estivessem em condições legais ou regulamentares exigidas, o deferimento tácito produzia-se da mesma forma; invalidamente, mas produzia-se. Havia, inclusive, atos tácitos de deferimento nulos, ou seja, com a mesma invalidade com que seriam sancionados os correspondentes atos expressos.

Salvo no caso a que se referia o artigo 108º, o silêncio da Administração gerava o indeferimento, *rectius*, a faculdade de o requerente presumir indeferida a sua pretensão. Isto significava que a falta de decisão não correspondia a um "indefiro", ou seja, à negação da pretensão formulada, mas permitia ao particular presumir tal indeferimento para assim poder obter, em sede de impugnação, uma decisão anulatória daquele.

Enquanto no deferimento tácito havia sempre ato administrativo com os seus efeitos normais e plenos, já no indeferimento só se presumia a existência de um ato para efeitos de exercício do respetivo meio de impugnação: era uma faculdade dada ao requerente de presumir a existência de um indeferimento para, ao menos assim, poder suscitar a tomada de decisões administrativas ou contenciosas que suprissem a falta de decisão administrativa primária.

Desta solução resultava que um ato de indeferimento expresso praticado após o decurso do prazo de 90 dias, sem que o particular tivesse presumido indeferida a sua pretensão (porque não havia utilizado nenhum meio de reação), devia ser considerado como o primeiro ato administrativo que a Administração produzia.

b) situação no ordenamento português após a reforma do contencioso administrativo e no CPA de 2015

Com a entrada em vigor do Código de Processo nos Tribunais Administrativos procedeu-se, entre nós, à abolição da figura do indeferimento tácito (não já do deferimento tácito), uma vez que os artigos 67º, nº 1, alínea a) e 51º, nº 4 do CPTA excluem a possibilidade da utilização do meio impugnatório de anulação como modo de reação contra situações de incumprimento omissivo do dever de praticar atos administrativos. O que se vem agora admitir é a possibilidade de propositura de ações dirigidas à *condenação da Administração à prática de atos administrativos ilegalmente recusados* ou *omitidos*.

Deste modo, a omissão da Administração perante o requerimento dos interessados deve ser tratada como uma "omissão pura e simples", motivo pelo qual, com o CPTA, a doutrina veio defender que o nº 1 do artigo 109º do antigo CPA devia passar a ser lido no sentido de que *a falta de decisão da Administração confere ao interessado a faculdade de lançar mão do meio de tutela adequado à proteção dos seus direitos ou interesses.* Ou seja, segundo a doutrina, nestes casos o silêncio passava a ser configurado como um mero facto cuja ocorrência, uma vez decorrido o prazo legal, abria o acesso à via contenciosa.

Esta posição veio a ter consagração legal na redação do novo CPA, dispondo agora o seu artigo 129º que "*a falta, no prazo legal, de decisão final sobre pretensão dirigida a órgão administrativo competente constitui incumprimento do dever de decisão, conferindo ao interessado a possibilidade de utilizar os meios de tutela administrativa e jurisdicional adequados*". O prazo em causa é o prazo de 90 dias, nos termos do nº 1 do artigo 128º.

Por sua vez, a figura do deferimento tácito, com a natureza de verdadeiro ato administrativo antes explicitada, passa a ocorrer apenas quando lei especial ou regulamento o determine expressamente (nº 1 do artigo 130º) ou quando esteja em causa a prática de atos autorizativos na relação entre órgãos administrativos (cfr. nº 4 do artigo 130º) – estando afastada a sua formação em relação a atos autorizativos nas relações da Administração com os particulares. Neste caso, é necessário que ocorra interpelação do órgão competente para decidir, a qual deve ser efetuada decorridos 10 dias a contar do termo do prazo para a autorização ou aprovação, e sendo dado um prazo de 20 dias para que o ato seja emitido. Apenas se tal não suceder se prescinde da autorização ou aprovação que fosse necessária (nº 5 do artigo 130º).

6.8.4. *A fase complementar (integrativa da eficácia)*

O facto de o ato administrativo estar "pronto" nem sempre significa que ele esteja imediatamente apto a produzir os seus efeitos: é por vezes necessária a prática de atos que, não acrescentando nada ao conteúdo ou à validade do ato principal, vão permitir que ele produza os efeitos para que tende. É esta uma das razões que mostra o interesse em distinguir os temas da *validade* e da *eficácia* do ato administrativo, de que nos ocuparemos no ponto seguinte.

Quando o ato administrativo ainda não for eficaz, é necessário um ato (administrativo ou instrumental) que permita a produção dos efeitos para que aquele tende: este ato (ou atos) vai limitar-se a remover os obstáculos à operatividade efetiva do primeiro.

A fase integrativa da eficácia, embora ocorra normalmente após a fase constitutiva, é uma fase móvel, uma vez que se pode deslocar no procedimento: pense-se, por exemplo, no que se passa com os atos aprovatórios, que podem ter lugar ainda na fase de preparação do ato administrativo.

6.8.4.1. *Modalidades de atos integrativos*

Os atos integrativos da eficácia tanto podem ser da responsabilidade própria da Administração, como pertencer a particulares. Nos atos integrativos da responsabilidade da Administração encontramos os chamados *atos de controlo preventivo*, dentro dos quais se destacam os *vistos* e as *aprovações* eventualmente necessários, nomeadamente aqueles praticados por órgãos com funções de controlo.

Quer uns quer outros têm por finalidade fiscalizar ou controlar a legalidade (e também, no caso das aprovações, a conveniência e oportunidade) do ato administrativo respetivo, não acrescentando nada ao seu conteúdo. Dentro dos vistos, destaca-se o do Tribunal de Contas, que controla a legalidade orçamental do ato administrativo[233].

Relativamente aos atos dos particulares, destacam-se os chamados *atos de adesão dos particulares*, que desencadeiam a eficácia dos atos administrativos respetivos nos casos em que é necessária essa declaração de aceitação por parte do destinatário do ato.

Veremos já de seguida que, em regra, os atos administrativos não são recetícios, não necessitando da adesão dos particulares para produzirem os seus efeitos. Em todo o caso, poderemos referir como exemplos de atos de adesão dos particulares o pagamento de determinadas taxas ou o depósito de uma caução.

[233] No caso do visto do Tribunal de Contas, não estamos perante um ato da responsabilidade da Administração mas de um órgão que desempenha a função jurisdicional, embora com a competência específica de "fiscalização da legalidade das despesas públicas e de julgamento das contas que a lei mandar submeter-lhe" (artigo 214º, nº 1, da CRP).

6.8.4.2. *A comunicação dos atos administrativos*

É neste contexto que surge a questão de saber qual a exata relevância a atribuir à comunicação dos atos administrativos ao(s) seu(s) destinatário(s). Há duas formas de *comunicar* um ato administrativo: através de *publicação* ou por intermédio de uma *notificação* [em que é dado conhecimento pessoal, oficial e formal do ato administrativo ao(s) seu(s) destinatário(s)].

Nos termos do artigo 268º, nº 3, da CRP "Os atos administrativos estão sujeitos a notificação aos interessados, na forma prevista na lei".

No entanto, e como acabámos de ver, a comunicação não é, em regra, condição de eficácia do ato administrativo: a regra geral vigente no direito administrativo é a de que os atos não são *recetícios*, isto é, não necessitam do conhecimento do particular para produzir os seus efeitos. Daí que o artigo 158º do CPA estabeleça: "A publicação dos atos administrativos só é obrigatória quando exigida por lei" (nº 1), dispondo-se no nº 2 que "A falta de publicação do ato, *quando legalmente exigida*, implica a sua ineficácia" (itálico nosso).

Ora, só nos *atos impositivos (constitutivos)* de deveres ou encargos, isto é, naqueles atos cuja execução supõe a colaboração do destinatário (os que impõem deveres, encargos, ónus e sujeições) e ainda nos atos que impõem sanções é que o seu conhecimento é necessário para que os atos se tornem eficazes. É isso que decorre do disposto no artigo 160º onde se prevê que "Os atos que imponham deveres, encargos, ónus, sujeições ou sanções, que causem prejuízos ou restrinjam direitos ou interesses legalmente protegidos, ou afetem as condições do seu exercício, só são oponíveis aos destinatários a partir da respetiva notificação".

A desnecessidade, como regra, de comunicação dos atos administrativos para a produção dos efeitos respetivos não invalida que a mesma comunicação seja *condição de oponibilidade* de efeitos desfavoráveis: só após a comunicação é que o particular está em condições de conhecer o ato e, como tal, só a partir daí é que a Administração pode exigir dele determinado comportamento.

Para além disso, algo de extremamente importante é o facto de só a partir daí se *começar a contar o prazo* para o particular exercer os seus meios de defesa, nomeadamente as vias contenciosas.

Questão extremamente importante no âmbito da fase integrativa da eficácia é a que tem a ver com o início da contagem dos efeitos do ato administrativo: quando esta fase ocorrer (como é a regra) após a fase constitutiva os efeitos do ato começarão a contar-se a partir do ato integrativo (eficácia *ex nunc*) ou, para trás, desde o momento em que o ato ficou pronto, isto é, desde a fase constitutiva (*eficácia ex tunc*)? De essa questão nos ocuparemos após distinguirmos os temas da validade e da eficácia do ato administrativo.

6.9. Novas tendências procedimentais

Nos últimos tempos, por força do cumprimento de programas governamentais que visam a simplificação administrativa (v.g. o programa SIMPLEX), têm vindo a ser introduzidos na nossa ordem jurídica mecanismos de simplificação no âmbito do procedimento administrativo.

Em causa está, desde logo, uma *desregulação procedimental* – menos controlo administrativo e concomitante maior responsabilidade dos particulares. Existe, de facto, atualmente uma tendência para a simplificação dos controlos administrativos prévios ao exercício de atividades privadas, simplificação que, para determinadas atividades de menor risco, pode mesmo consubstanciar-se na substituição de controlos administrativos prévios por controlos posteriores ao início da atividade e maior responsabilização dos privados. É neste âmbito que, por força do disposto no nº 2 do artigo 8º do Decreto-Lei nº 92/2010, de 26 de julho, que transpõe para o ordenamento jurídico português a «Diretiva Serviços», se vêm distinguindo as figuras da mera comunicação prévia (*"uma declaração efetuada pelo prestador de serviços necessária ao início da atividade, que permita o exercício da mesma imediatamente após a sua comunicação à autoridade administrativa" – alínea b)*) da comunicação prévia com prazo (*"uma declaração efetuada pelo prestador de serviços necessária ao início da atividade, que permita o exercício da mesma quando a autoridade administrativa não se pronuncie após o decurso de um determinado prazo" – alínea a)*).[234]

As duas figuras têm vindo a ser replicadas em vários regimes legais, tendo sido acolhidas pelo novo CPA que, no artigo 134º vem dispor: "A lei pode prever que a produção de determinados efeitos jurídico-administrativos e o seu aproveitamento pelo interessado não dependa da emissão de um ato administrativo procedimentalizado, mas resulte, de forma imediata, da mera comunicação prévia pelo interessado do preenchimento dos correspondentes pressupostos legais e regulamentares" (nº 1), admitindo ainda que a lei estabeleça "um regime de comunicação prévia com prazo, determinando que a comuni-

[234] Há, portanto, diferenças significativas entre estas duas figuras que importa ter em conta. A *mera comunicação prévia* não tem a natureza de uma permissão administrativa. Trata-se, antes, do cumprimento de um *dever de informar* a Administração, por exemplo, para efeitos de pagamento de taxas devidas, de eventual fiscalização ulterior do cumprimento de requisitos ou outros efeitos semelhantes. Não depende, nem exige qualquer reação da Administração para que a atividade em questão possa ser iniciada ou exercida, embora não dispense o particular de cumprir as regras previamente definidas pela Administração, devendo inclusive naquela comunicação responsabilizar-se por isso. Por sua vez, a *comunicação prévia com prazo* depende de uma *certificação* ou de um *ato da Administração*, o qual tem, na verdade, a natureza de uma permissão administrativa, menos exigente do que uma licença ou uma autorização, mas mais exigente do que um mero registo, por exemplo, quanto ao prazo de resposta da Administração, à possibilidade de recusa ou ao número e diversidade de documentos instrutórios exigidos.

cação prévia do interessado só produza os efeitos visados se o órgão competente não se pronunciar em sentido contrário dentro de determinado prazo" (nº 2), prevendo-se que, neste último caso, a ausência de pronúncia do órgão competente não dá origem a um ato de deferimento tácito, mas habilita o interessado a desenvolver a atividade pretendida, sem prejuízo dos poderes de fiscalização da Administração e da possibilidade de esta utilizar os meios adequados à defesa da legalidade (nº 3), não sendo esta, porém, a configuração que a comunicação prévia com prazo assume em todos os regimes previstos em lei especial.

É também frequente a relevância do *silêncio endoprocedimental* – o silêncio das entidades consultadas na fase de instrução para efeitos de emissão de parecer, autorização ou aprovação, vale como posição favorável ao pedido, continuando o procedimento a sua tramitação normal na ausência daquela pronúncia (cfr. art. 13º, nº 6, do Decreto-Lei nº 555/99).

Em paralelo com o que já ocorria noutros domínios do direito administrativo, que com cada vez maior relevo, recorriam à utilização de *conferências de serviços* como fenómeno de coordenação procedimental ou concentração de procedimento (*conferências instrutórias* – artigo 13º-A do RJUE e artigo 11º do Decreto-Lei nº 166/2008, de 22 de agosto, que prevê uma conferência de serviços instrutória para delimitação da Reserva Ecológica Nacional – e *conferências decisórias*), veio a nova versão do CPA prever e regular a nova figura da conferência procedimental. Esta, tal como as conferências de serviços, tem por função tentar preventivamente harmonizar posições diferentes e divergentes, potenciando que, pela discussão de ideias, se chegue a um consenso sobre o conteúdo da decisão a tomar, designadamente através de cedências recíprocas entre os participantes, evitando ou diminuindo a conflitualidade posterior.[235] Tem, fundamentalmente, como efeito, a contração das fases do procedimento (instrutória, pré-decisória ou constitutiva) ou mesmo de fases de procedimentos distintos, mas que visem o mesmo resultado material (conferência inter-procedimental ou de coordenação). No caso da conferência decisória ou deliberativa, junta-se àquele efeito ainda o de substituição dos atos que seriam necessários para a perfeição do ato administrativo principal, pelo que, para além de efeitos procedimentais, tem também efeitos organizatórios e materiais, tutelando de uma forma mais ampla as expetativas dos seus destinatários, que, assim, ficam diante de si com uma única decisão de natureza vinculativa relativamente à sua pretensão.

[235] Marta Portocarrero, *Modelos de Simplificação Administrativa. A Conferência Procedimental e a Concentração de Competências e Procedimentos no Direito Administrativo*, cit., p. 79.

Assim, a conferência, quando tenha lugar, torna-se numa fase do procedimento administrativo, com caraterísticas próprias e enorme relevo.[236]

Outro dos fenómenos caraterísticos é a *tramitação desmaterializada dos procedimentos*, consubstanciada na entrega por via informática dos requerimentos e comunicações bem como dos seus elementos anexos instrutores e ainda a promoção de consultas e notificações com recurso ao mesmo tipo de meios (cfr., a titulo de exemplo, o artigo 8º do Decreto-Lei nº 555/99).

O que se materializou no CPA com a introdução de preceitos de âmbito genérico respeitantes à instrução por meios eletrónicos (artigo 61º), às comunicações por telefax ou meios eletrónicos (artigo 63º) e ao balcão único eletrónico (artigo 62º)[237].

Ainda numa lógica de simplificação procedimental, integra-se em muitos procedimentos administrativos a figura do *gestor de procedimento*, inspirada nas novas formas de organização de serviços em estruturas horizontais (estruturas matriciais), em que são os serviços que se deslocam para o processo, acompanhando-o e seguindo-o ao longo de todo o seu *iter* procedimental. Em regra ao gestor do procedimento compete assegurar o normal desenvolvimento da tramitação processual; acompanhar, nomeadamente, a instrução e o cumprimento de prazos; prestar informações e esclarecimentos aos interessados; registar no processo a junção subsequente de quaisquer novos documentos e a data das consultas e a receção das respetivas respostas, etc..

[236] No artigo 77º, nº 1 do CPA caracterizam-se dois tipos distintos de conferências procedimentais: conferências para o exercício de competências em comum e conferências para o exercício conjugado de competências. As primeiras, as conferências deliberativas, assumem-se como contexto para o exercício conjunto, através de um só ato, das competências dos órgãos participantes. Nas segundas, as conferências de coordenação, os diversos órgãos exercem *de per se* as suas competências, embora o façam de modo conjugado no contexto proporcionado pela conferência.
No artigo 79º estabelecem-se as regras sobre a convocação e presidência da conferência procedimental, poderes dos participantes e direito de audiência dos particulares. Realça-se também o artigo 80º, disposição específica para permitir a intervenção dos interessados no âmbito das conferências procedimentais.
No artigo 77º deixa-se claro qual ou quais os atos praticados em conferência. Se se tratar de conferência deliberativa, é produzido um único ato complexo, cujo conteúdo engloba os efeitos típicos dos vários atos que substitui. Se se tratar de conferência de coordenação, cada um dos órgãos participantes emite formalmente no seu contexto o ato correspondente à sua competência.
Sobre a disciplina da conferência procedimental no CPA, cfr. Tiago Serrão, "A conferência procedimental no novo Código do Procedimento Administrativo: primeira aproximação", cit., *passim*. Cfr. ainda Mario Aroso de Almeida, *Teoria Geral do Direito Administrativo*, cit., p. 88 a 102.

[237] Sobre o relevo da "informação eletrónica" no regime do novo CPA, cfr. José Eduardo Figueiredo Dias, "O direito à informação no novo Código do Procedimento Administrativo", in: AAVV., *Comentários ao Novo Código do Procedimento Administrativo*, coord. Carla Amado Gomes et. all., cit., vol. I, p. 683-708 (especialmente p. 702 e segs.).

Outra das tendências é a da privatização de alguns procedimentos ou de atos de instrução dos mesmos: o caso, no domínio urbanístico, da substituição do controlo municipal dos projetos de especialidade por certificações de entidades privadas (que têm, em todo o caso, de ser entregues ao órgão municipal competente) ou, mesmo, a substituição da entrega destas certificações nos casos em que os técnicos legalmente habilitados se comprometam, mediante termos de responsabilidade, a obtê-los.[238]

7. Validade e Eficácia do Ato Administrativo

Apesar do presente ponto ser intitulado "validade e eficácia do ato administrativo", vamos aqui tratar sobretudo do tema da eficácia, uma vez que o tema da validade será visto com mais pormenor num ponto autónomo (cfr. infra, 9.). No entanto, e para vincar desde já as diferenças entre os dois conceitos, optámos por referir os dois, em conjunto, como título deste ponto.

7.1. Distinção entre validade e eficácia

Ao passo que a validade diz respeito a momentos intrínsecos ao ato, a eficácia tem a ver com factos ou circunstâncias extrínsecas a esse mesmo ato. Assim, enquanto que os vícios relativos à validade afetam a própria vitalidade do ato administrativo, os elementos condicionantes da eficácia afetam apenas a sua operatividade. Quando a fase integrativa da eficácia, como acontece em regra, surge depois da fase constitutiva, estamos a discutir o problema da eficácia perante um ato que em rigor já está pronto e que, em princípio, é válido (nos termos do artigo 155º do CPA), faltando-lhe apenas o plano integrativo da eficácia.

A distinção entre estes dois planos é extremamente importante, podendo haver, na prática, atos válidos mas ineficazes e atos inválidos mas eficazes. Vejamos como tais situações são possíveis.

Quanto à situação dos atos válidos ineficazes (não operativos, não produtores de efeitos jurídicos externos), é tipicamente o que se passa com os *atos de eficácia diferida, condicionada* ou *suspensa*. Um dos casos que já estudámos e em que tal acontece, por se tratar de atos de eficácia diferida[239], reporta-se àqueles atos que já tenham passado a fase constitutiva (e que, como tal, já estão prontos, não havendo nada a acrescentar para que eles se tornem válidos ou perfeitos) mas aos quais falte um evento integrador da eficácia. Só quando tal evento (por exemplo, uma aprovação) tiver lugar é que a sua eficácia será desencadeada, ainda que ela eventualmente se conte desde a fase constitutiva.

[238] Neste sentido cfr. Fernanda Paula Oliveira, «"Água mole em pedra dura..." de novo o acto de aprovação do projeto de arquitetura», Comentário ao Acórdão do Tribunal Central Administrativo do Sul (2º Juízo), de 28.10.2009, p. 4110/08, *CJA*, nº 84, novembro/dezembro de 2010.

[239] Sobre os atos de eficácia diferida, cfr. o artigo 157º, alíneas a) e c) do CPA.

Também os atos sujeitos a condição ou a termo suspensivos são atos perfeitos e, em princípio, válidos, mas cuja eficácia só se desencadeará com a verificação da condição ou do termo [artigo 157º, alínea b)].

A situação oposta (atos inválidos mas eficazes) também é possível, no caso dos *atos anuláveis*. Como este tipo de invalidade (anulabilidade) é determinada por vícios menos graves, a ordem jurídica consente que tais atos produzam normalmente os efeitos para que tendem, até serem anulados pela Administração ou por um tribunal administrativo, nos termos do nº 2 do artigo 163º do CPA. E se bem que agora o ato anulável possa ser anulado pela administração mesmo depois de passado o prazo da respetiva impugnação judicial (que, no máximo, pode ir até 1 ano[240]), ela tem um prazo limite para ocorrer (artigo 168º do CPA); expirado esse prazo, o ato não deixa de ser inválido (o vício permanece), mas ele estabiliza-se na ordem jurídica, continuando a produzir normalmente os seus efeitos.

Também às situações de facto decorrentes de atos nulos podem ser reconhecidos, por força do decurso do tempo e do cumprimento de princípios jurídicos (designadamente da proteção da confiança e da proporcionalidade) efeitos jurídicos (efeitos putativos).

Por estas razões, e sobretudo para tornar bem clara a diferença entre a *validade* e a *eficácia* do ato administrativo, deve ser-se rigoroso ao usar os dois termos, reservando o conceito de *eficácia* para os atos que produzam os efeitos para que tendem (que, em regra, mas não necessariamente, serão atos válidos).

Daí a incorreção em adotar o termo *ineficácia* como forma genérica de *invalidade*: tal constitui um erro, devendo sempre distinguir-se os dois planos (validade e eficácia) uma vez que a correspondência entre eles nem sempre existe.

7.2. Atos de eficácia instantânea e atos de eficácia duradoura

Dentro do tema da eficácia uma distinção importante é a que separa os atos de eficácia instantânea dos atos de eficácia duradoura. Nos primeiros, os efeitos do ato produzem-se num determinado momento, esgotando aí a sua eficácia: apesar de poderem criar situações duradouras, que se estenderão por períodos de tempo maiores ou menores, a sua operatividade esgota-se no momento em que se tornam eficazes. É o que se passa com o ato de nomeação.

Por sua vez, os *atos de eficácia duradoura* prolongam a sua operatividade no tempo, não sendo apenas a situação por eles criada que se prolonga no tempo. É, por exemplo, o que se passa com uma *concessão*, que tem de se manter eficaz para que o concessionário tenha o direito v. g. de explorar o serviço de trans-

[240] O decurso deste prazo torna o ato inopugnável ou inimpugnável.

portes públicos ou de manter a esplanada numa praça pública. Estes atos colocam particulares problemas que se prendem com a possibilidade de, durante o período da sua vigência poderem ocorrer alterações das circunstâncias (de facto ou de direito) que estiveram subjacentes à sua prática e que justifiquem uma intervenção modificativa ou extintiva nos mesmos.

Note-se que a categoria referida no ponto anterior dos *atos de eficácia diferida* (em que à perfeição do ato não se segue imediatamente a produção dos respetivos efeitos) tanto pode referir-se a atos de eficácia instantânea como a atos de eficácia duradoura.

7.3. O problema da contagem da eficácia do ato

Como mencionámos aquando do estudo da fase integrativa da eficácia do procedimento administrativo, quando esta fase ocorre (como acontece em regra) após a fase constitutiva coloca-se a questão de saber se os efeitos se vão contar só daí para o futuro (*eficácia ex nunc*) ou, contrariamente, para trás, desde a fase constitutiva (*eficácia ex tunc*).

Em regra, e em face da natureza meramente declarativa do ato integrativo, considera-se que ele se limita a remover um obstáculo à operatividade do ato cuja eficácia visa desencadear, não acrescentando nada à sua validade. Daí que, em princípio, a eficácia seja *ex tunc*, produzindo-se os efeitos desde a data em que o evento constitutivo teve lugar.

Só nos casos (em princípio, excecionais) em que o evento integrativo for ainda uma circunstância constitutiva do ato administrativo respetivo é que eficácia será *ex nunc* (para o futuro). Neste tipo de situações, os efeitos do ato contam-se apenas a partir do momento em que surge o ato que desencadeia a eficácia, uma vez que ele não se limita a remover obstáculos à sua operatividade efetiva, sendo ainda elemento constitutivo do ato administrativo em questão.

No direito administrativo vigora o princípio geral da não-retroatividade dos atos administrativos, hoje acolhido nos artigos 155º e 156º do CPA.

E, à primeira vista, poderia parecer que aquilo que dissemos ser a situação regra no que toca à contagem dos efeitos (a sua eficácia *ex tunc*, quando o ato integrativo tem lugar após a fase constitutiva) conflituaria com tal regra.

No entanto, só aparentemente é que existe tal conflito. Para exprimir a situação da produção de efeitos desde a fase constitutiva usa-se a expressão *retrotração*, precisamente porque não se trata de verdadeira retroatividade: desde a fase constitutiva que os efeitos do ato estavam latentes, apenas depois se manifestando abertamente. Existe apenas, nas palavras de Rogério Soares, um "regresso à origem", isto é, à fase constitutiva, na medida em que não se vai atuar sobre situações jurídicas constituídas.

Desta situação distinguem-se ainda os casos de *retrodatação*: estamos aqui perante aqueles atos que, por força de lei, tinham que ser praticados num determinado momento, só vindo, no entanto, a sê-lo mais tarde; nesta situação, os efeitos do ato vão ser contados desde a data em que o ato deveria ter sido praticado, tudo se passando como se efetivamente o tivesse sido nessa data. Ao contrário do que se passa na *retrotração* e na *retrodatação*, os casos de *retroatividade* autêntica ou propriamente dita supõem regular situações jurídicas já constituídas com efeitos retroativos e dificilmente podem ser admitidos no direito administrativo.

É isso que estabelece o artigo 156º do CPA, prevendo alguns casos (no nº 2) nos quais o autor do ato pode (excecionalmente) atribuir eficácia retroativa aos atos administrativos.

7.4. A suspensão e a cessação da eficácia

A *suspensão da eficácia* dá-se quando um ato administrativo de eficácia duradoura está a produzir normalmente os seus efeitos, surgindo um determinado acontecimento que vai fazer com que tal deixe *temporariamente* de acontecer.

Assim, fazem-se cessar temporariamente os efeitos jurídicos de um ato administrativo anterior, normalmente com base num juízo de oportunidade ou conveniência proveniente da própria Administração. Por razões de cautela do interesse público, a Administração vai praticar um ato com a finalidade de suspender os efeitos de outro ato administrativo.

A suspensão da eficácia vai terminar com a *renovação da eficácia* ou com a *extinção do ato* cujos efeitos se tinham primeiramente suspendido.

A problemática da *cessação da eficácia* é apenas relativa aos atos de eficácia duradoura, que num dado momento podem ver essa sua operatividade cessar por vários motivos.

Esses motivos podem ser o *desaparecimento do sujeito* ou do *objeto* do ato administrativo em causa, ou podem ter por base um ato administrativo com o objetivo expresso de fazer com que a eficácia do primeiro cesse. É o que se passa com a revogação de um ato administrativo.

Como veremos mais desenvolvidamente quando estudarmos o conteúdo do ato administrativo, há determinadas *cláusulas acessórias* que podem ser apostas a um ato administrativo e que determinam a cessação da eficácia do ato administrativo. É o que acontece com:

- a *condição resolutiva*: a condição é uma cláusula acessória pela qual a eficácia de um ato fica dependente da verificação de um acontecimento futuro e incerto; se a condição for *resolutiva*, a sua verificação (apenas hipotética, no momento da prática do ato) determinará a cessação dos efeitos do ato;

- o *termo final*: cláusula acessória pela qual se determina que os efeitos do ato ao qual está aposta cessem a partir de um certo momento, que poderá ser um acontecimento (de verificação certa, desconhecendo-se a data), uma data ou um período de tempo.

7.5. Limites espaciais da eficácia

Também do ponto de vista espacial a eficácia pode ser delimitada, o que determina que a produção dos efeitos do ato respetivo estará balizada no espaço.

Este tema deve ser relacionado com os limites territoriais das atribuições da pessoa coletiva a que pertence o órgão (ou com os limites territoriais da competência deste último) que praticou o ato. Os limites territoriais da eficácia tendem, como é óbvio, a corresponder aos limites da competência, o que é particularmente significativo ao nível da administração autónoma territorial e da administração estadual direta periférica, isto é, dos órgãos locais do Estado.

Naturalmente que, por exemplo, um ato praticado pela Comissão de Coordenação e Desenvolvimento Regional do Centro se terá de circunscrever aos limites territoriais da respetiva área de intervenção, da mesma forma que um outro ato praticado pela Câmara Municipal da Figueira da Foz só poderá produzir os seus efeitos dentro da área territorial do Município a que aquela pertence.

8. A Força Jurídica dos Atos Administrativos[241]

8.1. A conceção oitocentista da executoriedade – crítica atual deste entendimento

A executoriedade corresponde ao tradicionalmente designado "*privilégio de execução prévia*". Desde a afirmação do sistema de administração executiva, no século XIX, se entendeu que o poder confiado à Administração não se traduzia apenas na emissão de atos autoritários: as faculdades deles decorrentes podiam também ser exercitadas imediata e coativamente pelos seus órgãos.

A executoriedade encontrava, por sua vez, o seu fundamento na "*presunção de legalidade dos atos administrativos*": porque os atos administrativos gozavam de tal presunção é que não se lhes aplicaria o regime que valia para os privados.

Quer uma quer outra das proposições são atualmente alvo de críticas. No que concerne à expressão "*privilégio de execução prévia*", ela está, em primeiro lugar, imbuída de preocupações típicas do Estado de polícia que a concebe como um *benefício*, uma faculdade exorbitante do sistema geral do direito.

[241] Segue-se aqui muito de perto ROGÉRIO SOARES, *Direito Administrativo*, Coimbra, p. 191-219 cuja posição distinta da tradicional veio a ter acolhimento no CPA de 2015.

Por outro lado, a expressão não é feliz na medida em que poderia ser entendida no sentido de uma execução prévia à declaração: a Administração gozaria do benefício de executar previamente, antes mesmo de estar munida de um título que justifique a execução.

No que toca à *"presunção de legalidade dos atos administrativos"*, foi com base nela que durante muitos anos se justificou a instituição de um regime para os atos anuláveis que determina que estes, enquanto não forem anulados, devam ser tratados como se fossem válidos. No entanto, a razão de ser deste regime não se baseia numa qualquer presunção de legalidade dos atos administrativos, mas no facto de se pretender evitar que o exercício do poder fique paralisado pela simples invocação de uma ilegalidade do seu exercício, o que obstaria à produção dos seus efeitos normais.

Por outro lado, o incidente da suspensão da eficácia do ato, quando é deferido o pedido de suspensão, não significa que a presunção de legalidade tenha sido ilidida, mesmo temporariamente, mas uma diferente avaliação do peso relativo dos interesses públicos e particulares coenvolvidos e do risco da irreparabilidade do sacrifício destes últimos.

A presunção de legalidade revela-se, por outro lado, enganosa pois poderia determinar uma inversão do ónus da prova na impugnação contenciosa do ato, como durante muito tempo entendeu a nossa jurisprudência.[242]

8.2. O alargamento do conceito de executoriedade pela doutrina e pela jurisprudência portuguesas

Na legislação, na doutrina e na jurisprudência portuguesas a executoriedade passou, a partir de determinada altura, a ser considerada um requisito de recorribilidade contenciosa dos atos administrativos, o que significa, nas palavras de Rogério Soares, um arrastamento do conceito para áreas que não são as suas. Com efeito, determinava-se, designadamente, só ser admissível o recurso contencioso de *atos administrativos definitivos* e *executórios* [cfr. artigo 25º, nº 1 da LPTA (aprovada pelo Decreto-Lei nº 267/85, de 16 de julho) e artigo 268º, nº 3, da CRP (na versão anterior à revisão de 1989)], fazendo as leis do contencioso administrativo referência ao incidente da *suspensão da executoriedade do ato administrativo*.

Existia nesta perspetiva uma nítida confusão entre os problemas de executoriedade e os (prévios) da eficácia.

[242] Sobre a presunção de legalidade, seu entendimento tradicional e sentido atual cfr. Mário Aroso de Almeida, *Teoria Geral do Direito Administrativo, cit.*, p. 233-245.

8.3. Conceção ou entendimento atual da executoriedade: distinção de conceitos próximos

Como decorre do que dissemos a propósito da definição do ato administrativo, este constitui uma manifestação de um poder de autoridade, tendo força vinculativa própria, totalmente desconhecida do direito privado, onde o particular não pode, por sua única vontade, constituir terceiros em deveres. Os atos administrativos possuem, assim, imperatividade, força vinculativa ou autoridade, dispondo a Administração da capacidade para declarar o direito aplicável a uma situação concreta.

A questão que se coloca, agora a um outro nível, é a de saber se, para além disso, a Administração pode *exercitar ou executar imediata e coativamente* esses atos, ou seja, se pode ordenar todos os atos necessários para conseguir os efeitos práticos do ato que praticou. A *executoriedade* pretende responder precisamente a isto: ela é o poder de que goza a Administração Pública de proceder à *execução*, com recurso aos seus próprios meios e se necessário coativamente, dos atos administrativos criadores de deveres para os particulares, no caso de o seu cumprimento esbarrar numa resistência ativa ou passiva destes, sem necessidade de recorrer aos tribunais.

A *imperatividade* é um conceito útil para explicar a constituição imediata pelo ato unilateral de deveres ou obrigações na esfera jurídica dos destinatários ou a sua situação de sujeição ao poder administrativo. Mesmo os atos constitutivos de direitos revestem igualmente uma nota de imperatividade, pois resultam do exercício unilateral de um poder, embora, por criarem direitos contra a Administração, não coloquem a questão da sua execução. O modo mais frequente e típico da prossecução do interesse público e da dinamização da ordem jurídica no domínio do direito administrativo é através do exercício do *poder público unilateral* por ato administrativo.

O exercício do *poder unilateral* da Administração traduz-se numa tutela de um interesse assumido como próprio (o interesse público) que modifica a esfera jurídica dos destinatários sem intervenção prévia dos tribunais, que podemos considerar uma verdadeira autotutela (*autotutela declarativa*). Esta caraterística – a imperatividade, vinculatividade ou autoridade – é uma caraterística de todos os atos administrativos.

Já a executoriedade traduz uma ideia diferente, não de autotutela declarativa mas de *autotutela executiva*, como veremos já de seguida. Para já, e repetimo-lo, podemo-nos ficar pela ideia de que a executoriedade se traduz num poder de execução coativa e pelos meios da própria Administração, dos atos administrativos, sem recurso aos tribunais. É, pois, um problema de *execução* e não de *declaração* do direito aplicável à situação concreta.

8.4. Fundamento da executoriedade

No que diz respeito ao fundamento da executoriedade dos atos administrativos, a doutrina mais recente entende que a (suposta) presunção de legalidade e a própria imperatividade ou autoridade dos atos administrativos não são suficientes para justificar a sua existência, considerando que o seu fundamento se encontra no *poder de autotutela executiva* da Administração, isto é, na faculdade que lhe é reconhecida de lançar mão de procedimentos de execução do ato administrativo, com vista à prossecução de interesses públicos específicos, quando os deveres dele decorrentes não forem voluntariamente cumpridos pelos destinatários. Isto significa que, na medida em que cabe à Administração velar pelos interesses públicos, deve admitir-se que ela disponha de instrumentos de defesa variáveis para obviar às ofensas não neutralizáveis ou cabalmente neutralizáveis por outros meios.

8.5. O âmbito de aplicação da executoriedade

Sabendo em que consiste a *executoriedade*, coloca-se a questão de averiguar se ela é uma caraterística de todos os atos administrativos ou se, pelo contrário, o é apenas de determinadas categorias.

Em primeiro lugar é necessário chamar a atenção para o facto de que executoriedade não deve confundir-se com *eficácia*. Esta é a aptidão do ato para produzir os efeitos jurídicos próprios do seu tipo legal. A *executoriedade* pressupõe a eficácia do ato administrativo (já que só tem sentido falar-se em execução, coativa ou não, em relação a atos que estejam já a produzir efeitos jurídicos), mas nem todos os atos administrativos eficazes são suscetíveis de execução coativa pelos próprios órgãos da Administração.

Para que se compreenda isto é necessário apelar a um outro conceito: o de *exequibilidade*. Há atos administrativos que gozam da possibilidade efetiva de execução através de atos jurídicos ou de atos materiais (*atos exequíveis*). É o caso de uma ordem de demolição. Pelo contrário, encontramos outro tipo de atos que produzem os seus efeitos independentemente de qualquer execução (*atos não exequíveis*). É o caso, designadamente, de uma autorização ou de uma revogação.

Ora, como parece ser fácil de perceber, a executoriedade, isto é, a capacidade de *execução* coativa de atos administrativos, só se coloca para os atos exequíveis, não sendo possível invocar-se esta caraterística em relação aos atos administrativos não exequíveis.

Todos os atos administrativos exequíveis são também *executivos* (desde que eficazes). Este novo termo – *executividade* ou *força executiva* – traduz a capacidade dos atos administrativos basearem diretamente uma execução, ou seja, a ideia de que o ato administrativo é um título que serve de base a uma execução sem necessidade de qualquer outra pronúncia (designadamente judicial). Tendo o ato administrativo (exequível e eficaz) esta caraterística, dispensa-se uma prévia fase declarativa em tribunal, permitindo ao próprio ato fundar diretamente uma execução. Daí ser também correto dizer-se que os atos administrativos têm eficácia *autotitulante*. Essa execução não tem, no entanto, de ser coativa (executoriedade), podendo ser uma execução judicial.

A *executividade* não deve confundir-se com *autoridade* na medida em que há atos de particulares e, portanto, atos não autoritários, que são executivos, isto é, servem de base imediatamente a uma execução, dispensando uma fase judicial declarativa. É o caso dos títulos de crédito.

Por outro lado, também não pode confundir-se executividade com eficácia, na medida em que há atos que, apesar de eficazes, não permitem fundar diretamente uma execução (por exemplo os atos não exequíveis).

Do que vimos de dizer resulta para já que a executoriedade não é uma caraterística típica de todos os atos administrativos. Com efeito, tal como defende uma parte da doutrina (v.g. Rogério Soares) e como vimos, ela não tem sentido para os atos não exequíveis (ou seja, que produzem efeitos imediatamente sem qualquer execução). Para além disso, ela não tem igualmente sentido relativamente a atos que não tenham como conteúdo imediato a criação de deveres para os particulares ou para aqueles que tendo esse conteúdo, não colocam, no entanto, qualquer tipo de oposição por parte dos seus destinatários, uma vez que estes os cumprem voluntária ou espontaneamente.

Por outro lado, de acordo com a doutrina citada, nem todos os atos criadores de deveres ou obrigações para os particulares que se defrontem com a oposição destes devem poder ser exercitados diretamente pela Administração. Tal só deve acontecer nos *casos inequivocamente previstos na lei* e em *casos de urgência* devidamente fundamentada (o recurso à execução forçada do ato por parte da Administração só será legítimo quando se demonstrar que uma demora na obtenção da prestação prejudica, de modo incomportável, o interesse público, como acontece, por exemplo, com a remoção de um veículo que perturbe o trânsito na via pública).

A possibilidade de proceder à execução dos seus próprios atos usando a força física constitui a máxima afirmação de "*potestas*" da Administração, mas é também a prerrogativa mais gravosa para os particulares. Por isso, a tendência ao nível dos vários ordenamentos jurídicos é hoje para a redução do âmbito de aplicação da executoriedade, na medida em que o alargamento da intervenção administrativa na vida dos privados não é compatível com a manutenção do princípio, sob pena da total subjugação dos particulares (ameaçados pela sanção criminal da desobediência).

8.6. A executoriedade no Código do Procedimento Administrativo

Contrariamente ao que sucedeu até há pouco tempo, a matéria da executoriedade vem agora tratada no novo CPA de uma forma coincidente (ou tendencialmente coincidente) com o que expusemos nas linhas anteriores.

Assim, estabelece-se nos artigos 175º e ss. o regime comum aplicável aos procedimentos administrativos dirigidos à obtenção, através de meios coercivos, da satisfação de obrigações pecuniárias, da entrega de coisa certa, da prestação de factos ou ainda do respeito por ações ou omissões em cumprimento de limitações impostas por atos administrativos (ficando, porém, excluído o regime aplicável à adoção de medidas policiais de coação direta, dirigidas à execução de obrigações diretamente decorrentes do quadro normativo aplicável, que é objeto de legislação própria). Estas regras encontram-se plasmadas, de forma expressa, nos nºs 1 e 2 do artigo 175º do CPA.

Nos termos do artigo 176º a satisfação de obrigações e o respeito por limitações decorrentes de atos administrativos só podem ser impostos coercivamente pela Administração nos casos e segundo as formas e termos expressamente previstos na lei, ou em situações de urgente necessidade pública, devidamente fundamentada (nº 1), sendo a execução judicial, no tribunal administrativo compentente, a via normal a adotar na falta de cumprimento voluntário (artigo 183º). Ainda quanto à execução administrativa é de realçar que não se admite, em caso algum, a executoriedade quando estejam em causa obrigações pecuniárias, devendo seguir-se o processo de execução fiscal, tal como regulado na legislação do processo tributário (artigo 179º).

A execução coativa para a entrega de coisa certa ou para prestação de facto fungível é feita, respetivamente, nos termos dos artigos 180º e 181º.

A regulamentação que acabamos de referir corresponde a uma mudança de paradigma relativamente ao disposto no CPA de 1991 que, tal como decorria do seu artigo 149º, estabelecia uma *cláusula geral* habilitadora de autotutela executiva da Administração: com base no nº 2 deste artigo os órgãos administrativos podiam partir autonomamente (sem necessidade de intervenção prévia de qualquer tribunal) para a concretização de facto das imposições ou restrições constantes dos atos administrativos que praticassem.

Uma vez que se trata de uma mudança acentuada de paradigma – já que antes, na ausência de previsão legal a regra era a da executoriedade e agora, sem essa previsão, ela não existe – compreende-se que o legislador tenha feito depender a vigência do nº 1 do artigo 176º da "entrada em vigor de um diploma que defina os casos, as formas e os termos em que os atos administrativos podem ser impostos coercivamente pela Administração" (cfr. o nº 2 do artigo 8º do Decreto-Lei nº 4/2015, que aprovou o novo CPA), mantendo-se até lá em vigor o referido nº 2 do artigo 149º do CPA de 1991 (artigo 6º do mesmo Decreto-Lei).

Este diploma, que deveria ter sido aprovado no prazo de 60 dias após a entrada em vigor do Decreto-Lei nº 4/2015, incompreensivelmente ainda não o foi, o que significa que, por ora, a Administração continua a deter os poderes de autotutela executiva que lhe decorriam do anterior CPA.[243]

8.7. O procedimento de execução e as garantias dos particulares

O CPA regula com alguma densidade o procedimento de execução de atos administrativos (sem prejuízo, naturalmente, da previsão de procedimentos especiais).

Deste modo determina-se a obrigação da prática prévia do ato administrativo a executar (artigo 177º, nº 1); autonomiza-se expressamente a decisão de proceder à execução administrativa (artigo 177º, nº 2), a qual deve ser notificada ao destinatário (ainda que possa ser feita simultaneamente com a notificação do ato exequendo) e cominar um prazo razoável para o respetivo cumprimento (artigo 177º, nºs 3 e 4); obriga ao cumprimento do princípio da proporcionalidade, com especial relevo para o princípio da necessidade ou exigibilidade (artigo 178º, nº 1) e pelo respeito dos direitos fundamentais e da dignidade da pessoa humana quando a execução coerciva implique coação direta sobre indivíduos (artigo 178º, nº 2).

O artigo 182º do CPA enumera ainda outras garantias à disposição dos executados, designadamente aquelas a efetivar pela via jurisdicional.

Assim, estes podem impugnar administrativa e contenciosamente o ato exequendo e, por vícios próprios, a decisão de proceder à execução administrativa ou outros atos administrativos praticados no âmbito do procedimento de execução, assim como requerer a suspensão contenciosa dos respetivos efeitos.

Prevê-se ainda a possibilidade de os executados proporem ações administrativas e requererem providências cautelares para prevenir a adoção de operações materiais de execução ou promover a remoção das respetivas consequências, quando tais operações sejam ilegais, (a) por serem adotadas em cumprimento de decisão nula de proceder à execução por não ter sido antecedida de ato exequendo; (b) por não ter sido emitida e/ou notificada a decisão de proceder à execução e/ou (c) por existir desconformidade da execução com o conteúdo e termos determinados na decisão de proceder à execução ou com os princípios consagrados no artigo 178º do CPA (cfr. artigo 182º, nº 3)[244].

[243] Sobre os problemas que resultam da solução de protelar para o futuro a entrada em vigor do nº 1 do artigo 176º do CPA, em especial da sua eventual contradição com a Lei de Autorização, cfr. Alexandre Sousa Pinheiro, Tiago Serrão, Marco Caldeira e José Duarte Coimbra, *Questões Fundamentais para Aplicação do CPA*, *cit.*, p. 45-47.

[244] Mais em geral sobre as garantias dos particulares em relação aos procedimentos de execução, cfr. Cecília Anacoreta Correia, "A tutela executiva dos particulares no novo Código do Pro-

9. A Validade do Ato Administrativo

9.1. Validade e legitimidade do ato administrativo[245]

A validade é a qualidade do ato administrativo que se constitui em conformidade com as normas jurídicas fundamentais que, em função do interesse público, regulam esta forma de atuação sendo, por isso, apto à produção estável dos seus efeitos jurídicos[246].

A validade do ato administrativo depende, em primeiro lugar, da sua *legitimidade*, ou seja, da conformidade com as regras que disciplinam a formação do ato do ponto de vista do *interesse público* que ele visa prosseguir. O interesse público é o ponto fulcral da validade do ato administrativo: este tem de adequar-se às normas emanadas para a proteção daquele interesse. A *legitimidade* é, assim, a correspondência ou conformidade do ato administrativo com as normas que o regem, na medida em que daí resulta a suposição de se alcançar o interesse público.

Em primeiro lugar, o ato administrativo deve conformar-se com *regras não jurídicas, regras de boa administração*: o não cumprimento ou a violação deste tipo de regras pode colocar a questão de uma eventual *invalidade por vícios de mérito* que, sendo admitida entre nós, nunca pode, em todo o caso, ser conhecida por um tribunal.

Mais importante é a conformidade do ato administrativo com o *bloco da juridicidade* (normas legais e princípios jurídicos, preceitos constitucionais de aplicabilidade direta, preceitos regulamentares, etc.). A sua violação corresponde à *antijuridicidade* do ato administrativo que continua, entre nós, a ser designada por "*ilegalidade*" do ato administrativo (*vícios de "legalidade" ou de juridicidade*), em consonância com os termos em que o princípio da legalidade está previsto no artigo 3º do CPA.

Apesar de a legitimidade ser um pressuposto da validade do ato administrativo ela não se confunde com esta. Com efeito, embora *todos os atos inválidos sejam ilegítimos*, nem *todos os atos ilegítimos são, por isso, inválidos.*

cedimento Administrativo", in: AAVV., *Comentários ao Novo Código do Procedimento Administrativo*, coord. CARLA AMADO GOMES et. all., cit., vol. II, p. 1071-1096. A Autora apresenta uma versão bastante crítica das normas pertinentes do CPA, a praticamente todos os níveis, concluindo mesmo (p. 1096) que o novo Código "padece de um verdadeiro pecado por omissão em matéria de tutela executiva administrativa dos particulares no âmbito de relações jurídicas administrativas, o que constitui uma brecha grave de um ordenamento jurídico próprio de um Estado de Direito Democrático".

[245] Cfr. VIEIRA DE ANDRADE, "Validade (do ato administrativo)", *Dicionário Jurídico da Administração Pública*, VII, p. 581 e ss.

[246] À desconformidade do ato administrativo com as referidas normas jurídicas dá-se o nome de *vício*.

É que, ao lado dos designados *vícios invalidantes* (vícios de mérito e vícios de "legalidade"), podemos também encontrar *vícios não invalidantes*. De facto, o incumprimento de algumas normas jurídicas reguladoras da atuação da Administração pode ser encarada pela ordem jurídica como destituída de relevo, não lhe sendo ligada a consequência da invalidade da decisão administrativa. Estamos, nestes casos, perante as designadas *irregularidades do ato administrativo*, ou seja, vícios (especialmente formais e procedimentais) que não relevam para efeitos de validade, ainda que possam ter relevo para outros efeitos (v.g. para efeitos de responsabilidade disciplinar).

9.2. Validade e eficácia do ato administrativo

Conforme vimos já anteriormente a propósito da eficácia do ato administrativo, a validade e a eficácia não se confundem.

Enquanto aquela diz respeito a momentos *intrínsecos*, colocando a questão de saber se o ato comporta *vícios* ou malformações em face das normas que estabelecem os termos em que é *possível* a produção de efeitos jurídicos por via de autoridade, esta diz respeito à *produtividade* efetiva de um ato, a qual está, em princípio, associada à sua aptidão para produzir efeitos (validade), mas não depende dela[247].

9.3. Tipos de invalidade do ato administrativo e respetivo regime jurídico[248]

Os vícios do ato administrativo não têm, todos eles, consequências idênticas. De facto, como vimos antes, alguns vícios não são *invalidantes* (as irregularidades), enquanto outros o são. Mas, mesmo relativamente aos vícios invalidantes, as consequências jurídicas não são sempre as mesmas.

A doutrina e a lei distinguem dois tipos fundamentais de invalidade dos atos administrativos – a *nulidade* e a *anulabilidade* – às quais se aplicam regimes distintos.

Para além disto, é possível encontrarmos *invalidades mistas* em casos previstos por lei (o caso, por exemplo, das invalidades urbanísticas reguladas no artigo 69º do Decreto-Lei nº 555/99).

Por fim, coloca-se a questão de saber se a *inexistência* tem ainda lugar na teoria das invalidades do ato administrativo, o que, a ser afirmativo, configurará um outro tipo de invalidade do ato.

No direito administrativo português a anulabilidade é o tipo de invalidade regra, o que está em consonância com o *sistema de administração executiva* e com

[247] Por isso é que, como vimos, um ato administrativo pode ser válido e ineficaz, da mesma forma que pode ser eficaz, não obstante ser inválido. Cfr. *supra*, 7., sobre a eficácia do ato administrativo.

[248] Cfr. Vieira de Andrade, "Validade (do acto administrativo)", cit.

as ideias de *estabilidade das relações jurídicas* constituídas à sua sombra e de *autoridade do ato administrativo,* sendo a nulidade um tipo excecional de invalidade reservada para os vícios mais graves (os previstos, em sede de lei geral, no elenco do nº 2 do artigo 161º do CPA), tendo, por isso, consequências mais radicais. Com efeito, um regime tão *severo* e *radical* como aquele que sempre esteve consagrado para a nulidade só pode ter a sua explicação aceitando-se que na sua origem se encontra um vício que abala profundamente a estrutura do ato e que por isso implica a exclusão de produtividade jurídica, como veremos.

Sendo a anulabilidade a invalidade regra, torna-se importante determinar em que circunstâncias é que um ato pode estar ferido de um vício conducente à sua nulidade, dado que a anulabilidade será a consequência de um vício invalidante nos restantes casos (cfr. artigo 163º do CPA[249]).

9.3.1. *As situações de nulidade dos atos administrativos*

Tradicionalmente a nulidade apenas operava nas situações expressamente previstas pela lei (*nulidades por determinação da lei*), sendo, por isso, relativamente fácil identificar as situações de nulidade do ato administrativo.

Porém, a partir da entrada em vigor do Código do Procedimento Administrativo de 1991, este passou a estabelecer, no nº 1 do seu artigo 133º, para além da previsão da nulidade naquelas situações "(...) para as quais a lei comine expressamente essa forma de invalidade" (nulidades por determinação da lei), também a sua verificação "(...) quando falte qualquer dos seus elementos essenciais (...)", com o que, de acordo com a doutrina, se passaram a admitir as designadas *nulidades por natureza.*[250]

Com a admissão das nulidades quando *falte um elemento essencial* do ato administrativo a lei não reservava ao legislador a definição de todos os vícios geradores de nulidade, deixando à jurisprudência e à doutrina a tarefa de identificar o que era, em cada caso, um elemento essencial de um ato administrativo, situação que não deixou, ao longo dos anos, de criar incertezas quanto às situações que podiam ser reconduzidas a este tipo de nulidade.

A doutrina vinha defendendo que os *elementos essenciais* do ato administrativo cuja falta geraria a sua nulidade eram todos aqueles que se ligassem a momentos ou a aspetos legalmente decisivos e importantes de cada tipo *específico* de ato administrativo e cuja falta geraria um vício *anormal* ou *especialmente*

[249] De acordo com este normativo, são anuláveis os atos administrativos praticados com ofensa dos princípios ou outras normas jurídicas aplicáveis, para cuja violação se não preveja outra sanção.

[250] Isto não significa que uma nulidade por determinação da lei não o fosse também por natureza. Efetivamente, a maior parte, para não dizer a totalidade, das nulidades qualificadas pelo legislador no artigo 133º, nº 2 do CPA na sua versão de 1991 também o eram por natureza, por falta de um elemento essencial.

grave ou um vício normal resultante de uma *anormal má-fé* ou *intenção dolosa* da Administração. O critério a utilizar para o efeito seria, assim, o da *gravidade*, temperado ou complementado por um critério de *evidência* dos vícios nos casos não resolvidos na lei.[251] Era o que sucedia, por exemplo, quando os factos atestados numa verificação constitutiva fossem falsos ou nas situações de carência de poder que resultasse de não existir qualquer norma jurídica que atribuísse a uma qualquer autoridade (administrativa ou não) competência para criar o efeito pretendido pelo autor do ato.

O novo Código do Procedimento Administrativo entrado em vigor em 2015 veio alterar esta situação. Assim, por razões de certeza e segurança, passou a determinar-se que a nulidade pressupõe a respetiva cominação legal expressa (eliminando-se, deste modo, a categoria das nulidades por falta de um elemento essencial geradora de dúvidas de interpretação). Em consequência o CPA veio alargar os casos de nulidade expressamente previstos àqueles que a doutrina e a jurisprudência vinham já reconhecendo como tal. Assim, para além da enumeração que já constava do nº 2 do artigo 133º do CPA de 1991[252], o nº 2 do artigo 161º do atual CPA considera nulos os atos cujo fim seja a prossecução de um interesse privado, os atos certificativos de factos inverídicos ou inexistentes, os atos que criem obrigações pecuniárias sem base legal e os atos praticados, salvo estado de necessidade, com preterição total do procedimento legalmente exigido.

9.3.2. *O regime da nulidade*

O regime da nulidade sempre foi um regime radical, o qual, embora criticado amplamente pela doutrina, se mantém ainda no seu essencial.

Com efeito, o nº 1 do artigo 162º do atual CPA (tal como constava do artigo 134º do anterior Código) determina que o ato nulo *não produz quaisquer efeitos jurídicos*, não sendo, por isso, obrigatório para os respetivos destinatários. Note-se, porém, que a afirmação de que o ato administrativo não produz qualquer efeito jurídico deve ser entendida com as devidas ressalvas: para além dos efei-

[251] Alguma doutrina defendia que os critérios da gravidade e evidência podiam não ser suficientes para determinar a nulidade porque a gravidade do vício podia não ter correspondência na gravidade da lesão causada pelo ato administrativo ilegal. Neste sentido cfr. André Salgado Matos, "Algumas observações críticas acerca dos atuais quadros legais e doutrinais da invalidade do acto administrativo", *in Cadernos de Justiça Administrativa*, nº 82, Julho/Agosto de 2010, p. 55 e ss.

[252] Com algumas alterações, já que deixaram de constar da enumeração legal de atos nulos os atos consequentes de atos administrativos anteriormente anulados ou revogados, desde que não houvesse contrainteressados com interesse legítimo na manutenção do ato consequente, como é o caso dos atos que ofendam os casos julgados [alínea i) do nº 2 do artigo 133º do CPA na versão de 1991].

tos putativos a que faremos referência mais à frente, os atos nulos impõem-se nas relações administrativas hierárquicas, salvo se importarem a prática de um crime (artigo 271º, nº 3 da CRP).

Por outro lado, a nulidade *não necessita de qualquer reconhecimento ou declaração jurisdicional* – a total improdutividade do ato nulo vale "*independentemente da declaração de nulidade*" (nº 1 do artigo 162º do CPA) – podendo *ser feita valer a todo o tempo*. O CPA admite agora, porém, expressamente, que diplomas específicos possam determinar um regime distinto, como sucede no âmbito das nulidades urbanísticas previstas no artigo 68º do Regime Jurídico da Urbanização e Edificação onde vale um regime especial de nulidade, um regime que contém, entre outras, a particularidade de esta invalidade apenas poder ser invocada em certas circunstâncias no prazo de 10 anos.[253]

Uma das caraterísticas habitualmente indicadas da nulidade era a de que ela *podia ser declarada por qualquer órgão administrativo* ou *por qualquer tribunal* (artigo 134º do CPA de 1991). Não era, contudo, aceitável que qualquer órgão administrativo ou qualquer tribunal pudessem declarar, com força obrigatória geral, a nulidade de um ato administrativo: se todas as autoridades podiam *conhecer* tal nulidade e *não aplicar o ato*, só os órgãos administrativos com poderes de controlo no caso e os tribunais administrativos podiam produzir a referida declaração de nulidade. Dando razão a esta crítica o nº 2 do artigo 162º do atual Código determina agora que a nulidade pode ser conhecida por qualquer autoridade, mas apenas pode ser "declarada pelos tribunais administrativos ou pelos órgãos administrativos competentes para a anulação".

Outra caraterística típica da nulidade sempre foi a da insuscetibilidade da sua sanação: nos termos do artigo 137º do CPA (versão de 1991) os atos nulos eram *insuscetíveis de ratificação, reforma ou conversão*. Se esta insusceptibilidade de convalidação de atos nulos era compreensível, como a doutrina vinha afirmando, quando a Administração se apresentava aos particulares como uma "administração agressiva", já se tornava desadequada em face de uma administração de prestações, apresentando-se, na mais das vezes como violadora dos princípios da proteção da boa fé e da confiança dos cidadãos sempre que estivessem em causa decisões que lhe fossem favoráveis.

Pretendendo dar resposta a esta crítica, o artigo 164º, nº 2 do novo Código vem agora admitir expressamente a reforma e a conversão de atos nulos.

Tendo em consideração que os atos nulos, apesar de não produzirem efeitos jurídicos, podem produzir efeitos de facto, e a fim de compensar a radicalidade

[253] Para mais desenvolvimentos sobre este regime cfr. Fernanda Paula Oliveira, Maria José Castanheira Neves, Dulce Lopes e Fernanda Maçãs, *Regime Jurídico da Urbanização e Edificação*, cit., comentário ao artigo 69º.

das suas consequências, a lei permite que se atribuam certos efeitos jurídicos («efeitos putativos») a situações de facto decorrentes de atos nulos, de harmonia com os princípios da boa-fé, da proteção da confiança e da proporcionalidade ou outros princípios constitucionais, designadamente associados ao decurso do tempo (nº 3 do artigo 162º do CPA). O novo Código do Procedimento Administrativo acentua, comparativamente com o nº 3 do artigo 134º do código anterior, a possibilidade de atribuição de efeitos putativos aos atos nulos numa leitura mais amiga da ponderação principiológica, afastando a ideia de que o que está em causa é uma pura relevância do tempo como facto jurídico-administrativo no quadro tradicional da prescrição aquisitiva. Com efeito, o decurso do tempo surge agora como apenas mais um dos elementos (que nem sequer tem necessariamente de existir) da ponderação a efetuar.

Refira-se, a terminar, que ainda que o regime da nulidade tenha evoluído no sentido de "minorar" a sua tradicional radicalidade, mantém-se, contudo, como um regime excessivamente rígido, permanecendo, assim, as críticas que a doutrina lhe vinha apontando. Era o caso de Vieira de Andrade para quem "*talvez não devesse admitir-se a declaração de nulidade de atos favoráveis a todo o tempo, mas apenas num prazo razoável contado do conhecimento do vício (...) tal como deveria recusar-se ou limitar-se em certas hipóteses a competência administrativa para a declaração de nulidade, designadamente, quando não é evidente a existência desse tipo de invalidade ou, relativamente a determinados vícios, quando estes sejam inteiramente imputáveis ao órgão administrativo.*"[254] Críticas reiteradas pelo mesmo Autor mais recentemente, afirmando ainda que "o regime de improdutividade *total* e de invocação *perpétua* da nulidade não deixa de ser especialmente rígido, sendo suscetível de afetar desrazoavelmente interesses dignos de proteção jurídica"[255].

Também André Salgado Matos[256] afirma ser a própria distinção binária entre nulidade e anulabilidade que deve ser objeto de ponderação, pois leva a que as soluções para as situações da vida não se apresentem frequentemente como as mais adequadas do ponto de vista da justiça material.

[254] Cfr. José Carlos Vieira de ANDRADE, "A nulidade administrativa, essa desconhecida", *in Revista de Legislação e Jurisprudência*, Ano 138, nº 3957, julho/agosto 2009 e, ainda, em *Estudos em Homenagem ao Prof. Doutor Freitas do Amaral*, p. 336 e ss., p. 345.

[255] Cfr. VIEIRA DE ANDRADE, comentário ao artigo 162º do CPA, in: Fausto de Quadros et all., *Comentários à revisão do Código do Procedimento Administrativo, cit.*, p. 328.

[256] Cfr. André Salgado MATOS, "Algumas observações críticas acerca dos atuais quadros legais e doutrinais da invalidade do ato administrativo", cit., p. 55 e ss. Para este autor, *"A estabilidade, que deveria ser o valor ordenado à preservação de interesses específicos converte-se num valor em si na anulabilidade e é completamente postergado na nulidade. (...) Em ambas, a justiça material recua perante a (impropriamente chamada) justiça do sistema".*

Na mesma linha, apelam outros autores para a necessidade de mitigar/limitar o rigor do regime da nulidade: quando, por exemplo, se está perante situações prolongadas no tempo, a que se aliam fatores de estabilidade das relações sociais, de proteção da confiança, da boa-fé, da igualdade e até do não locupletamento da Administração.

Por estas razões continua a impor-se aos operadores jurídicos, não obstante as recentes alterações legislativas, colmatar a injustiça que derivaria da aplicação estrita do princípio da legalidade e da "absolutidade" do ato nulo.[257]

9.3.3. *O regime da anulabilidade*

Sendo a anulabilidade a sanção jurídica para os vícios menos graves, compreende-se que ela tenha consequências menos radicais do que as que decorrem da nulidade. Deste modo, o ato anulável *produz efeitos até ser anulado* (se bem que a *anulação do ato tenha eficácia retroativa,* eliminando, em geral, os efeitos entretanto produzidos pelo ato, que, nesse sentido, têm de ser considerados provisórios) – cfr. nº 2 do artigo 163º.

Os atos anuláveis podem ser impugnados perante os tribunais administrativos competentes ou perante a própria Administração dentro dos prazos legalmente estabelecidos, prazos esses que são agora, como referimos supra a propósito da anulação administrativa, diferentes.[258]

Uma vez que o ato anulável produz efeitos, ele *vincula os respetivos destinatários* que não lhe poderão desobedecer, podendo tal ato *ser executado, mesmo coativamente,* se possuir força executória.

Inovadoramente, o novo CPA veio determinar que o efeito anulatório não se produz quando o conteúdo do ato anulável não possa ser outro, por o ato ser de conteúdo vinculado ou a apreciação do caso concreto permitir identificar apenas uma solução como legalmente possível; quando o fim visado pela exigência procedimental ou formal preterida tenha sido alcançado por outra via; ou quando se comprove, sem margem para dúvidas, que, mesmo sem o vício, o ato teria sido praticado com o mesmo conteúdo (nº 5 do artigo 163º).[259]

[257] Cfr. Marcelo Rebelo de Sousa, "Regime jurídico do ato administrativo", *Cadernos de Ciência e Legislação,* INA, nº 9/10, 1994, págs. 165 e ss. e Mário Esteves de Oliveira, Pedro Gonçalves e Pacheco de Amorim, *Código de Procedimento Administrativo Anotado,* 2ª ed., Almedina, Coimbra, 1997, comentário ao artigo 133º.

[258] Perante os tribunais o *prazo* cuja queda torna o ato inopugnável é, nos termos do artigo 58º do CPTA, de três meses para os particulares e de um ano para o Ministério Público. Já os prazos da anulação administrativa encontram-se previstos no artigo 168º do CPA.

[259] Para mais desenvolvimentos sobre a invalidade do ato no novo CPA cfr. Licinio Lopes Martins, "A invalidade do acto administrativos no novo Código do Procedimento Administrativo: as

9.3.4. *A inexistência como tipo de invalidade*

O nº 1 do artigo 137º e a alínea a) do nº 1 do artigo 139º do CPA de 1991 faziam uma referência expressa à *inexistência do ato administrativo*. Com o atual código tal já não sucede, mas esta referência ainda surge na legislação processual: o CPTA não deixa de aludir a esta figura jurídica, prevendo o pedido de declaração de inexistência de ato administrativo ao longo do seu articulado ao lado do pedido de declaração de nulidade. É isso que se passa em relação ao princípio da tutela jurisdicional efetiva (al. a) do nº 2 do artigo 2º).

A inexistência aparece-nos aqui referida àquelas situações de *patologia* ou de *vícios* dos atos administrativos que assumem uma gravidade tal que terão de ficar sujeitos a um regime ainda mais radical que o da própria nulidade. Em termos práticos, as situações de inexistência são apenas aquelas que estejam como tal *expressa e especificamente previstas na lei*, não tendo os atos por ela afetados *sequer efeitos putativos* e podendo a inexistência *ser declarada a todo o tempo em qualquer ordem de tribunais.*

10. Estrutura e Vícios do Ato Administrativo – a Proposta de Rogério Soares[260]

Contrariando a tendência geral seguida pela nossa jurisprudência, com apoio na doutrina dominante – jurisprudência e doutrina que seguem o modelo francês, reconduzindo a categorias teóricas as sucessivas "aberturas" do recurso contencioso de anulação na jurisprudência francesa em função de necessidades práticas –, Rogério Soares há muito defendia uma teoria própria. Essa conceção passa pela tentativa de encontrar um esquema coerente da composição interna do ato, esquema esse que pretende dar apoio a uma teoria das invalidades construída em relação a tal composição interna.

Ou seja: a partir do elenco dos vários momentos ou "peças" que compõem o ato administrativo, pretende-se compreender a natureza das possíveis discordâncias desses momentos com a ordem jurídica, para analisar posteriormente as suas consequências.

Na construção da sua teoria, Rogério Soares afasta-se intencionalmente de qualquer modelo teórico e definitório do ato administrativo: o que se pretende não é encontrar uma definição essencialista do ato administrativo, isto é, uma definição baseada em *elementos essenciais* do ato, que seriam elementos *de existência* do ato administrativo.

A ideia é, pelo contrário, a de um modelo prático e teleológico orientado pela ideia de servir de suporte a uma teoria das invalidades.

alterações relevantes", in: AAVV., *Comentários ao Novo Código do Procedimento Administrativo*, coord. Carla Amado Gomes et. all., cit., vol. II, p. 283-323.

[260] Cfr. Rogério Soares, *Direito Administrativo*, Coimbra, cit., p. 229 e ss..

Por esta razão, e sobretudo pela recusa da ideia de elementos essenciais como elementos de existência do ato administrativo, os nossos problemas vão sempre colocar-se perante declarações que constituam atos administrativos, ainda que algum dos seus momentos tenha desrespeitado exigências impostas pela ordem jurídica, nomeadamente pelas prescrições legais pertinentes.

A preocupação central é a de analisar a forma como cada um dos momentos do ato é influenciado pelo Direito para, posteriormente, poder analisar e verificar de forma sistemática onde se encontram os vícios e quais as suas consequências para a (in)validade do ato administrativo.

11. Estrutura e Requisitos de Validade do Ato Administrativo

De acordo com a proposta de Rogério Soares, o ato administrativo é analisado em relação a três momentos ou perspetivas estruturais: o *sujeito*, o *objeto* e a *estatuição*.

Quando se pensa no *sujeito do ato administrativo* pretende-se aludir às pessoas coletivas públicas a quem a ordem jurídica atribui a cura de um ou de vários interesses públicos (secundários ou instrumentais), atribuindo-lhe para o efeito os poderes correspondentes. Como já sabemos, essas pessoas coletivas vão atuar através de órgãos, dotados de competência para a prática de atos administrativos, órgãos esses que são representados por pessoas físicas responsáveis pela sua atuação: os *titulares* dos órgãos. Por seu turno, e como foi já referido, admite-se também que o ato administrativo seja praticado por outros sujeitos: entidades privadas que exerçam poderes públicos e entidades públicas não administrativas.

Entende-se por *objeto* (estando aqui em causa o *objeto mediato* ou *propriamente* dito, que se distingue do objeto imediato ou conteúdo e do fim) o ente que sofre as transformações jurídicas visadas pelo ato e que pode ser uma pessoa, uma coisa ou um ato administrativo anterior.

A *estatuição*, finalmente, é a declaração afirmada em qualquer ato jurídico, declaração essa que se distingue do sujeito que a produz e do objeto a que se refere: é constituída pelo ato propriamente dito. Em face da complicada "teia" de exigências colocadas pela ordem jurídica em torno da estatuição, esta é arrumada em quatro elementos diferentes: o *fim*, o *conteúdo*, o *procedimento* e a *forma*.

11.1. O sujeito: noção e requisitos de validade

Para compreender o que está em causa neste momento ou perspetiva estrutural do ato administrativo impõe-se recordar a matéria que foi estudada na Parte I deste Curso (sobre a Organização Administrativa).

Quando pensamos no sujeito como momento estrutural do ato administrativo referimo-nos às pessoas coletivas de direito público, entes ou entidades, que são dotadas de *atribuições* para levar a cabo a prossecução dos interesses públicos que a lei colocou a seu cargo. A relação entre o interesse público e o sujeito que o serve é designada por *função*. O Direito atribui a cada sujeito público (a cada pessoa coletiva de direito público) uma função ou um conjunto de funções.

As pessoas coletivas públicas atuam através de *órgãos*: as figuras organizatórias dos entes, dotadas de *competências*, que são precisamente os poderes ou faculdades para a prática de determinados atos, que podem ter eficácia meramente interna ou eficácia externa (produção de efeitos jurídicos no ordenamento geral), como acontece no caso dos atos administrativos. São os órgãos que exprimem a vontade imputável à pessoa coletiva, sendo eles que aparecem como autores do ato administrativo. Os órgãos administrativos são então, verdadeiramente, os sujeitos do ato administrativo[261].

Como também já sabemos, há um desvio a estas regras no que toca àquele que é, nos termos da própria CRP (artigo 182º), o órgão superior da Administração Pública (o Governo): no interior do Governo os ministérios, apesar de serem órgãos, estão dotados de atribuições, como resulta da própria letra da lei, concretamente da al. b) do artigo 161º, nº 1, do CPA.

Entre os requisitos de validade do ato administrativo no que toca ao sujeito temos desde logo a exigência de que o órgão que o pratica esteja inserido numa pessoa coletiva pública (ou num Ministério) dotada de atribuições para esse efeito.

Para além disso é necessário que o órgão que pratica o ato seja o órgão competente no seio da respetiva pessoa coletiva[262].

Ainda de acordo com o que foi estudado na Parte I, não é apenas necessário que o órgão que pratica o ato seja competente, uma vez que se exige que ele esteja *legitimado* em concreto para o exercício dessa competência. São requisitos de legitimação para a prática do ato a *investidura do titular do órgão*, o *quórum* nos órgãos colegiais, a *autorização para a prática do ato*, a ausência de *impedimentos do agente ou titular do órgão* e ainda o *decurso de um período de tempo antes do qual a Administração não pode praticar o ato* ou depois do qual não pode agir.

Em conclusão, os requisitos de validade do ato administrativo em relação ao sujeito são as *atribuições*, a *competência* e a *legitimação*.

[261] Embora após a Reforma do contencioso administrativo de 2002/2003 a *parte* no processo tenha passado a ser – mesmo em relação aos meios impugnatórios – a *pessoa coletiva pública* ou, no caso do Estado, o *Ministério*, se o ato for da autoria de um órgão integrado numa estrutura ministerial: cfr. o nº 2 do artigo 10º do CPTA.

[262] Sobre diversas soluções normativas acolhidas no CPA em sede de competência, cfr. Diogo Calado, "Questões de competência no novo CPA", in: AAVV., *Comentários ao Novo Código do Procedimento Administrativo*, coord. Carla Amado Gomes et. all., cit., vol. I, p. 383-406.

11.2. O objeto: noção e requisitos de validade

Quando se estuda o objeto enquanto momento ou perspetiva estrutural do ato administrativo está em causa o *objeto mediato* ou *propriamente dito*: o ente que sofre as transformações jurídicas que qualquer ato administrativo visa produzir. Esse ente, tal como já foi referido, tanto pode ser uma pessoa (ex.: o ato de nomeação, a matrícula de um aluno numa escola pública), como uma coisa (ex.: declaração da utilidade pública da expropriação de um terreno) ou um ato administrativo anterior (caso dos atos administrativos secundários ou de segundo grau, como as revogações e as anulações administrativas).

Não está aqui em causa o *objeto imediato*, que é constituído pelo conteúdo do ato.

Os requisitos de validade relativos ao objeto são os seguintes:

- *existência*: refere-se à *possibilidade física* ou *de facto* do objeto, bem como à sua *possibilidade jurídica*, ou seja, à suscetibilidade de realização jurídica de uma determinada disposição em função do objeto;
- *determinação*: o objeto tem de estar determinado, por forma a que seja possível a sua identificação e delimitação;
- *idoneidade*: está aqui em causa a relação entre o objeto e o conteúdo do ato administrativo, isto é, a adequação entre um e outro; a idoneidade é requisito de validade do ato quanto ao objeto, uma vez que pode acontecer que o objeto seja possível mas que a lei não o considere adequado a receber aquelas transformações jurídicas, o que aconteceria por exemplo num ato que pretendesse alienar bens públicos ou dominiais;
- *legitimação*: muito próximo do requisito anterior está o da legitimação, que se traduz na qualificação do objeto para receber *em concreto* os efeitos do ato administrativo. Por exemplo, no âmbito de um procedimento de concurso público só é considerado concorrente a pessoa que tenha cumprido determinadas formalidades, estando inscrita nas respetivas listas do concurso.

Em conclusão, os requisitos de validade relativos ao objeto passam pela sua *possibilidade* física e jurídica, pela sua *determinabilidade* e ainda pela *idoneidade* e *legitimação*.

11.3. A estatuição: noção e requisitos de validade

Como já foi referido, a estatuição é a declaração que se afirma no ato administrativo, à imagem do que acontece em qualquer ato jurídico. Corresponde ao *ato em sentido estrito*, àquilo que é declarado e que é diferente e independente do sujeito que produz a declaração e do objeto a que se refere.

Em face da grande complexidade da estatuição que, no fundo, constitui o ato propriamente dito, as exigências de validade relativas à estatuição são "arrumadas" em quatro itens ou sub-elementos: o *fim*, o *conteúdo*, o *procedimento* e a *forma* – devendo ainda ser objeto de análise separada a *relação entre o conteúdo e o fim*, uma vez que há vícios do ato que se projetam nesta relação. Analisemos então cada um destes elementos autonomamente.

11.3.1. *O fim: noção e requisitos de validade*

O fim do ato administrativo é (são) a(s) necessidade(s) que ele visa pacificar, e que será obrigatoriamente um fim público tipificado na lei. O ato administrativo só terá sentido se for praticado em nome de um interesse público real que necessita de ser satisfeito.

Para este efeito a lei indica, de forma abstrata, determinados *pressupostos* que, uma vez verificados em concreto, indicam ao agente administrativo a existência de um interesse público que justifica e impõe a sua atuação.

Os pressupostos são, assim, as circunstâncias histórico-ambientais definidas pelo legislador na hipótese da norma (*pressupostos abstratos* ou *hipotéticos*) que, uma vez verificados em concreto, mostram ao agente a ocorrência de um interesse público que ele deve servir (*pressupostos reais* ou *concretos*).

Se e enquanto os pressupostos não se verificarem em concreto a Administração está legalmente impedida de atuar.

Como veremos (cfr. *infra*, 11.3.2.2.) o fim imposto a cada ato administrativo implica necessariamente sobre o seu conteúdo: é o interesse público legalmente definido que vai determinar as transformações jurídicas provocadas pelo ato.

O agente administrativo está obrigado a apor ao ato administrativo uma *declaração* na qual demonstre a verificação em concreto dos pressupostos abstratamente definidos na lei: essa declaração tem o nome de *justificação*, sendo um dos elementos que constitui a *fundamentação*, de que falaremos *infra* (cfr. 11.3.4.).

11.3.2. *O conteúdo: noção e requisitos de validade*

Se a estatuição pode ser considerada a parte mais "nobre" da estrutura do ato administrativo, na medida em que consiste na declaração propriamente dita, ao conteúdo pode, por sua vez, atribuir-se o papel de maior protagonismo dentro da estatuição, uma vez que ele corresponde à *transformação jurídica* que o ato visa produzir, sendo o *comando* ou a *disposição jurídica propriamente dita*.

É na fixação do conteúdo que principalmente releva a vinculação ou discricionariedade de que o agente goza na prática do ato administrativo, sendo a este propósito importante distinguir o *conteúdo vinculado* do *conteúdo discricionário*. No primeiro caso, o conteúdo a dar ao ato é fixado com precisão pelo próprio legislador, uma vez verificados os pressupostos; no segundo, a lei fixa os pressupostos mas é o agente que vai construir o conteúdo do ato.

Nestes casos em que, por gozar de discricionariedade, o agente tem a possibilidade de construir o conteúdo do ato, ele vai fazê-lo através daquilo que se designa por *cláusulas particulares*: é através delas que o agente conforma o conteúdo do ato.

É a respeito do conteúdo discricionário que se referem as exigências de validade que se traduzem na sua possibilidade (o conteúdo tem de ser *possível*), compreensibilidade (ele tem de ser também *compreensível*), licitude e veracidade.

11.3.2.1. ***O conteúdo (cont.). As cláusulas acessórias***

Situação diferente é a que se refere à distinção entre o *conteúdo principal do ato* e as *cláusulas acessórias*. Por conteúdo principal do ato entende-se aquele que abrange as suas determinações essenciais, que tanto podem decorrer da determinação legal (conteúdo típico) como ser introduzidas pela Administração em relação ao momento constitutivo do ato (através das referidas *cláusulas particulares*). As *cláusulas acessórias* são determinações do conteúdo que se baseiam numa faculdade discricionária do agente e que vão introduzir uma *qualificação acessória* face ao conteúdo principal do ato[263].

Tais cláusulas ou dizem apenas respeito à eficácia do ato administrativo em causa (o que se passa com a *condição*, com o *termo* e com a *reserva de revogação*) ou a uma alteração da posição relativa entre a Administração e o(s) destinatário(s) do ato, sem incidência direta sobre o seu equilíbrio interno (o *modo* e a *reserva de modo*).

No artigo 149º do CPA prevê-se em geral a possibilidade de a Administração apor ao conteúdo principal do ato cláusulas acessórias, mencionando-se expressamente a *condição*, o *termo*, o *modo* e a *reserva*.

Vejamos então em que consiste cada uma destas cláusulas[264].

a) *A condição*

A condição é a cláusula acessória pela qual se faz depender a eficácia do ato de um acontecimento futuro e incerto. Apesar de haver uma probabilidade séria da sua verificação, não há a absoluta certeza de que esse evento venha a ocorrer.

[263] O nº 2 do artigo 149º admite a aposição de cláusulas acessórias a atos administrativos de conteúdo vinculado mas apenas quando a lei o preveja ou quando se vise assegurar a verificação futura de pressupostos legais ainda não preenchidos no momento da prática do ato.

[264] Sobre as cláusulas acessórios no novo CPA cfr. Filipa Urbano Calvão, "As cláusulas acessórias e o novo regime do Código do Procedimento Administrativo", *in: Nos 20 Anos dos CJA*, Carla Amado Gomes / Filipa Urbano Calvão / José Eduardo Figueiredo Dias (coord.), CEJUR, Braga, 2017, p. 171.202.

A condição tanto pode ser *suspensiva* como *resolutiva*. No primeiro caso, o ato administrativo só produzirá efeitos se e quando o evento se verificar; no segundo, a verificação do acontecimento determinará a cessação dos efeitos do ato.

Tanto a condição suspensiva como a resolutiva podem revestir o caráter de uma *condição impura* ou *potestativa*: neste caso, a especificidade consiste em o evento condicionante ficar na dependência da vontade do destinatário do ato.

b) *O termo*

O termo é a cláusula acessória por intermédio da qual a eficácia do ato fica dependente de um facto futuro mas certo, facto esse que tanto pode consistir numa data, num período de tempo ou num acontecimento de verificação segura mas cuja data exata não se conhece ainda.

À imagem da condição, que pode ser suspensiva ou resolutiva, distingue-se agora entre o *termo inicial* e o *termo final* (apesar de o legislador do CPA, provavelmente por lapso, aludir à "condição ou termo suspensivos" na alínea *b)* do artigo 157º). Na primeira modalidade, a verificação do termo marca o começo da produção dos efeitos do ato; na segunda, a sua realização determina a cessação da eficácia do ato. O termo aposto a um ato administrativo pode ser simultaneamente inicial e final.

c) *O modo*

O modo é uma cláusula acessória que apenas pode ser aposta a um ato administrativo produtor de vantagens para o seu destinatário, implicando a *imposição de um dever* de fazer, não fazer ou suportar dirigido ao seu destinatário.

Ao contrário das duas modalidades de cláusulas acessórias já vistas, o modo não influi sobre a eficácia do ato: o seu incumprimento não determina a ineficácia do ato, permitindo à Administração desencadear a execução (coativa ou judicial) tendente a obter o seu cumprimento. Nos casos em que a execução coativa não seja possível (por o ato não ter força executória, por exemplo porque o modo consiste numa obrigação de prestação de facto infungível) o incumprimento da cláusula modal não confere ao órgão administrativo o poder de revogar o ato administrativo favorável. Na verdade, entre nós, a *revogação por incumprimento do modo* apenas é admitida se a Administração tiver feito previamente uma *reserva de revogação por incumprimento do modo*. Assim, a única solução que lhe resta é a de obrigar (seguindo para o efeito a via judicial) o particular a ressarcir os prejuízos resultantes para o interesse público do não cumprimento do modo.

A aposição de um modo pode levantar o problema da sua distinção relativamente à condição potestativa. Em caso de dúvida considera-se que estamos em face de um modo, uma vez que este é mais vantajoso para os particulares, já que não influi sobre a eficácia do ato administrativo. Apenas se deverá concluir que estamos perante uma condição se a cláusula for indispensável para o sentido do ato, ou seja, se não se entender razoável a produção de efeitos sem se ter verificado a cláusula.

Acrescente-se, a terminar, que o modo não pode ser visto como um ato autónomo: as dúvidas que se possam suscitar a este respeito são dissipadas pela circunstância de a subsistência do modo depender da subsistência do ato principal, na medida em que a invalidade deste implica a invalidade daquele.

d) *A reserva*

A reserva constitui um poder excecional que a Administração poderá guardar para si de influir futuramente no conteúdo do ato administrativo, seja pela aposição superveniente de um ou de vários modos (*reserva de modo*), seja por se "reservar" a possibilidade de o revogar (*reserva de revogação*).

11.3.2.2. *Relação do conteúdo com o fim*

Para a análise deste problema convém destacar duas importantes ideias, uma das quais já foi mencionada:

- aquela de acordo com a qual os vícios da vontade (erro, dolo, coação) não relevam enquanto vícios do sujeito;
- o facto de o conteúdo do ato ser estritamente determinado pelo fim que com ele se pretende realizar.

Nos atos vinculados a relação do conteúdo com o fim é uma tarefa realizada pelo próprio legislador. O legislador estabelece não só o fim a alcançar através do ato administrativo, mas define também o conteúdo que este deve ter para que aquele interesse seja alcançado. Nesta situação, uma vez verificados em concreto os pressupostos legalmente previstos, não resta ao agente administrativo outra alternativa que não seja a de atuar conforme aquilo que está abstratamente determinado na lei.

Já nos atos discricionários o legislador limita-se a indicar o fim a ser alcançado através da prática do ato administrativo. Neste caso cabe à Administração encontrar o conteúdo do ato administrativo e fazer o raciocínio de relação do conteúdo com o fim, ou seja, um juízo de adequação entre os dois.

Para tornar transparente esta operação a Administração deve motivar o ato administrativo, ou seja, indicar os respetivos motivos. Os motivos são os interesses públicos devidamente ponderados que o agente tenha considerado determinantes para o conteúdo que atribui ao ato, sendo a motivação a declaração que se faz sobre os motivos. Como veremos (cfr. *infra*, 11.3.4.), a motivação faz parte da fundamentação do ato administrativo.

Naturalmente que, no caso de o ato ser vinculado, não haverá motivos, uma vez que o agente se limitou (como devia) a atuar de acordo com o que a lei impunha.

11.3.3. *O procedimento: noção e requisitos de validade*

Apesar de, na conceção perfilhada, o procedimento não assumir natureza substancial, a verdade é que a formação sucessiva do ato em que se traduz o procedimento tem implicações no valor da estatuição.

Para que esta seja válida é necessário um procedimento sem vícios: quando estudámos o procedimento vimos por exemplo que os atos preparatórios, apesar de em regra não produzirem por si só efeitos externos, projetam-se no ato principal podendo determinar a sua invalidade.

Desta forma, é necessário que a Administração cumpra todos os trâmites legalmente exigidos para a prática de determinado ato administrativo.

Sempre que a lei definir em termos precisos a tramitação procedimental é mais fácil identificar a existência de vícios procedimentais; em qualquer caso, a existência atual do Código do Procedimento Administrativo, apesar de não ter o sentido de criar uma única tramitação para a enorme imensidão de procedimentos que podem ter lugar, facilita a identificação dos vícios procedimentais.

Não obstante, deve assinalar-se que mesmo nos casos em que a Administração tem liberdade para fixar o procedimento (ou seja, nos *procedimentos voluntários*) também podem ocorrer vícios procedimentais, na medida em que, nestas situações, a tramitação criada pela Administração deve ser racional (artigo 56º do CPA).

Deve, em último lugar, distinguir-se os requisitos relativos ao procedimento de uma noção que por vezes é usada com um sentido próximo. Referimo-nos ao conceito de *formalidades*, que é mais abrangente, na medida em que inclui não só as exigências procedimentais mas também por exemplo as relativas aos órgãos colegiais, como a necessidade de *quórum*.

11.3.4. *A forma: noção e requisitos de validade*

Por forma do ato administrativo entende-se a maneira pela qual este se exterioriza.

Nos termos do CPA vigora hoje no nosso direito positivo a regra da *forma escrita* como *forma supletiva*: como tal, "os atos administrativos devem ser praticados por escrito, desde que outra forma não seja prevista por lei ou imposta pela natureza e circunstâncias do ato" (nº 1 do artigo 150º do CPA).

Naturalmente que essa regra sofre as devidas adaptações no caso de o órgão autor do ato ser um órgão colegial: aí a forma escrita só se torna obrigatória quando tal for expressamente determinado na lei, devendo estes atos ser consignados em ata, o que constitui um requisito para a sua eficácia (cfr. o nº 2 do mesmo artigo 150º). Ainda em termos formais devem ter-se em conta as menções que constam obrigatoriamente do ato, previstas no artigo 151º do CPA.

Por fim, diga-se que se usa por vezes a já citada expressão *formalidades*, mas agora no seu *sentido estrito*, para designar certas exigências, que a lei pode estabelecer para determinados atos administrativos, no sentido de a declaração dever ser rodeada por certas circunstâncias de facto. Será isso que acontece, por exemplo, quando se exige que a deliberação seja tomada em sessão pública.

Uma *exigência formal* de grande significado teórico e, sobretudo, prático é constituída pelo *dever de fundamentação*, previsto nos artigos 152º e segs. do CPA.

A *fundamentação* traduz-se numa declaração contida no ato administrativo, por intermédio da qual o seu autor expõe os fundamentos de facto e de direito da sua decisão, como dispõe o nº 1 do artigo 153º do CPA.

Apesar de a lei não estabelecer um *dever geral de fundamentação*, no sentido de todos e cada um dos atos administrativos necessitar sempre, e em qualquer circunstância, de ser fundamentado, a verdade é que a mera análise do artigo 152º do CPA conduz à conclusão de que tal dever existe para a grande maioria dos atos administrativos. Aliás, a exigência de fundamentação está prevista na própria Constituição relativamente aos atos que afetem direitos ou interesses legalmente protegidos dos cidadãos-administrados (cfr. o nº 3 do seu artigo 268º).

No que se refere ao CPA, deve ainda chamar-se a atenção para duas regras de grande significado prático previstas no seu artigo 153º: referimo-nos às disposições contidas na 2ª parte do seu nº 1 (em face da qual a fundamentação pode consistir "em mera declaração de concordância com os fundamentos de anteriores pareceres, informações ou propostas, que constituirão neste caso parte integrante do respetivo ato") e no seu nº 2 (que equipara à falta de fundamentação "a adoção de fundamentos que, por obscuridade, contradição ou insuficiência, não esclareçam concretamente a motivação do ato").

Não está estabelecida no CPA uma distinção que parte da doutrina costuma fazer no seio da fundamentação: a diferença entre a *justificação* e a *motivação*.

Refere-se a primeira a uma indicação sobre o *fim* do ato administrativo, ou seja, a uma indicação dos *pressupostos* (os quais, como vimos, são circunstâncias de facto que demonstram a existência de uma situação de interesse público definida legalmente, situação essa que autoriza ou obriga a Administração a agir).

Já a *motivação* tem lugar apenas nos atos discricionários e consiste, como vimos, numa declaração sobre os *motivos*, isto é, sobre os interesses que o agente considerou significativos para atribuir um determinado conteúdo ao ato na parte em que este envolva discricionariedade. Isto acontece uma vez que nos atos vinculados não há qualquer margem de manobra da Administração, que se deve limitar a atuar nos termos legalmente impostos.

12. Os Vícios do Ato Administrativo e as Suas Consequências

O objetivo deste ponto é o de analisar as possíveis discordâncias do ato administrativo com a ordem jurídica, por forma a determinar seguidamente as possíveis consequências de tais violações ao Direito.

Esta abordagem, de acordo com a teoria proposta por Rogério Soares, é feita tomando por base a estrutura do ato administrativo que acabámos de analisar: em função dos requisitos de validade de cada um dos momentos ou perspetivas estruturais do ato vão-se analisar, de forma sistemática, as possíveis discordâncias de tais momentos com a ordem jurídica, determinando-se depois a sanção que o ordenamento jurídico faz corresponder a tais discordâncias.

Os diversos tipos de vícios serão assim determinados para cada um dos momentos estruturais do ato administrativo, em função dos requisitos de validade *supra* assinalados.

12.1. Vícios relativos ao sujeito

Quando analisámos os requisitos de validade do ato administrativo em relação ao sujeito concluímos que eles se referiam às *atribuições*, à *competência* e à *legitimação*.

Como tal, os vícios relativos ao sujeito são a *falta de atribuições*, a *incompetência* e a *falta de legitimação*, esta última com origens muito diferentes.

O vício da falta de atribuições dá-se quando um órgão de uma pessoa coletiva pública atua no domínio de ação de um órgão pertencente a outra pessoa coletiva pública (ou, no caso do Governo, quando um órgão de um ministério atua no âmbito das atribuições de outro ministério). Este vício é sancionado pela ordem jurídica com a *nulidade*: de acordo com a al. b) do nº 2 do artigo 161º do CPA são nulos "os atos estranhos às atribuições dos ministérios ou das pessoas coletivas (...) em que o seu autor se integre".

Compreende-se que seja esta a solução legal, em face da gravidade do vício: o interesse público ao qual o órgão pretendia prover não faz parte sequer das atribuições da pessoa coletiva em que ele se insere. Daí que surja como natural esta solução da lei (e de há muito defendida pela doutrina e pela jurisprudência) de sancionar com o tipo de invalidade mais grave este vício.

Parte da nossa doutrina e jurisprudência designa o vício da falta de atribuições por *incompetência absoluta*.

Acrescente-se ainda que o vício da *usurpação de poder* constitui uma falta de atribuições "qualificada": tal vício ocorre quando o ato é praticado por um órgão administrativo, não tendo, no entanto, a pessoa coletiva em que ele se insere, *nem qualquer outra pessoa coletiva administrativa*, atribuições para o efeito. Tal significa que o ato não pertence à função administrativa mas a uma das outras funções do Estado (em princípio à função política ou à função jurisdicional), o que implica que seja o próprio princípio da separação de poderes a ser violado. Daí que seja lógica a sanção da nulidade para os atos praticados com *usurpação de poder*.

Também a lei prevê expressamente a nulidade como consequência para esse vício: é isso que se estabelece na al. a) do nº 2 do artigo 161º do CPA.

A *incompetência* (ou *incompetência relativa*, para quem denomine a falta de atribuições por incompetência absoluta), por sua vez, consiste na violação das regras de repartição de poderes *dentro da mesma pessoa coletiva* (ou do mesmo ministério). Traduz-se este vício na falta de poderes do órgão que praticou o ato para o fazer, agindo no caso um órgão diferente daquele que estava por lei habilitado a agir, mas no âmbito da mesma pessoa coletiva ou ministério.

No que toca à *falta de legitimação* (em que está em causa a possibilidade ou a qualificação para o exercício do poder num caso concreto) é necessário destacar as faltas graves de legitimação, que originam a *nulidade* do ato.

É o caso, relativamente aos órgãos colegiais, das situações de inobservância do *quórum* e das decisões tomadas *sem a maioria legalmente exigida* [al. h) do nº 2 do artigo 161º do CPA].[265]

Os restantes casos de falta de legitimação (falta de autorização para a prática do ato, impedimento do agente ou titular do órgão, etc.) determinam a mera anulabilidade dos respetivos atos.

Deve ainda assinalar-se que os *vícios da vontade* (p. ex. o erro, o dolo ou a coação), que tanta importância têm ao nível do direito civil, não relevam no direito administrativo enquanto vícios do sujeito, tendo um tratamento diferente (cfr. *infra*, 12.3.1.).

12.2. Vícios relativos ao objeto

Tendo por base o critério da gravidade da ofensa à ordem jurídica, há também alguns vícios do ato administrativo relativos ao objeto que determinam a nulidade.

É isso o que acontece em relação à *inexistência* ou *impossibilidade física* (vício que se poderá consubstanciar, por exemplo, na nomeação de um morto ou na declaração como monumento nacional de um edifício que já foi destruído) ou

[265] A doutrina vinha referindo como gerando nulidade as faltas graves de legitimação como a falta de investidura, a falta de convocatória do órgão colegial ou a falta de reunião. Porém, em face do caráter taxativo do nº 2 do artigo 161º estes vícios apenas gerarão a nulidade nos casos em que a lei (uma lei específica) o determine expressamente.

jurídica (v. g. a revogação de um ato extinto) do objeto: a gravidade de tais vícios é tal que determina a nulidade do ato.

Também a indeterminabilidade do objeto gera a nulidade (por exemplo, a declaração de utilidade pública para efeitos de expropriação "*...de um dos terrenos do Senhor X*").

A al. c) do artigo 161º, nº 2, do CPA considera expressamente que são nulos os atos cujo objeto seja impossível, prevendo também que são nulos os atos cujo objeto seja ininteligível, situação que poderá abranger os casos em que o objeto do ato administrativo não esteja determinado.

Os restantes vícios do ato administrativo relativos ao objeto (falta de idoneidade e falta de legitimação) terão como consequência a anulabilidade.

12.3. Vícios relativos à estatuição

Como vimos, nos vícios relativos à estatuição temos de distinguir se eles se projetam sobre o *fim*, o *conteúdo*, o *procedimento* ou sobre a *forma*.

12.3.1. *Vícios materiais ou substanciais*

a) *Relativos ao fim*

Os vícios relativos ao fim só relevam enquanto tal quando se referirem ao *domínio vinculado*. Se houver um vício do fim (relativo aos pressupostos) no domínio discricionário, tais vícios vão-se projetar na escolha do conteúdo, vindo a relevar como vícios na relação fim-conteúdo (o tradicional *desvio do poder*). Ou seja: se é deixada à Administração a determinação do conteúdo do ato, qualquer erro (de facto ou de direito) relativo aos pressupostos vai implicar que a Administração dê ao ato um conteúdo que provavelmente não daria se não tivesse errado. Daí a ocorrência de um vício na relação fim-conteúdo.

No que toca então aos vícios do fim no domínio vinculado, eles poderão traduzir-se na *falta de pressuposto abstrato* (isto é, falta de base legal, uma vez que este vício se traduz no facto de a Administração atuar sem qualquer lei lhe atribuir tal poder) ou na *falta de pressuposto concreto*. Neste segundo caso tanto poderá acontecer que a situação concreta pura e simplesmente não exista (estaremos então perante um *erro de facto*) ou, existindo, não seja subsumível na hipótese legal (caso em que haverá um *erro de qualificação dos factos* ou um *erro de direito quanto aos factos*).

Em qualquer dos casos a consequência destes vícios é, em princípio, a mera anulabilidade do ato administrativo respetivo. No entanto, situações mais graves (por exemplo quando a falta de base legal seja equivalente a uma falta de atribuições ou quando o fim prosseguido seja simultaneamente privado e ilícito) poderão provocar a nulidade do ato. Porém, em face do caráter taxativo do nº 2 do artigo 161º este vício apenas gerará a nulidade nos casos em que a lei (uma lei específica) o determine expressamente.

b) *Relativos ao conteúdo*

Os vícios de conteúdo típicos dos atos administrativos vinculados ocorrem quando a Administração dá ao ato administrativo um conteúdo diferente daquele que decorre da lei. A sua consequência será, em regra, a anulabilidade.

No que se refere aos vícios na relação fim-conteúdo (vícios que, como vimos, podem surgir na prática de atos discricionários) eles acontecerão quando, apesar de o ato administrativo ser perfeitamente válido quanto ao seu conteúdo, não existir correspondência entre este e o fim, estando o ato viciado quanto ao processo de "formação da vontade da administração".

Está aqui em causa o vício tradicionalmente designado pela nossa doutrina e jurisprudência por *desvio do poder*.

Realce-se que o vício na relação fim-conteúdo não é um vício subjetivo, mas um vício substancial do ato, gerador da sua anulabilidade.

Os vícios na relação fim-conteúdo são mais facilmente identificáveis através da análise dos *motivos* que o agente deverá expor, podendo refletir-se na adoção de motivos inexistentes, falsos, errados, irrelevantes, contraditórios, deficientes, desviados, incongruentes ou ilegítimos. Estão normalmente associados à violação dos princípios gerais da atividade administrativa: os princípios jurídicos da imparcialidade, justiça, igualdade, racionalidade e veracidade (note-se que muitos destes princípios estão hoje expressamente consagrados na Constituição – cfr. o nº 2 do artigo 266º – e na lei, designadamente no CPA – artigos 4º e segs.).

Acrescente-se, por último, que pode determinar um conteúdo ilegítimo do ato administrativo discricionário o facto de a Administração, na escolha do conteúdo daquele, não ter considerado circunstâncias relevantes ou não ter usado o poder discricionário que detinha.

É também no domínio discricionário que assumem relevo os denominados vícios da vontade (erro, dolo e coação). Os atos praticados sob coação são nulos nos termos da alínea f) do nº 2 do artigo 161º.

12.3.2. *Vícios formais*

a) *Relativos ao procedimento*

Os vícios relativos ao procedimento serão identificáveis com relativa facilidade quando estivermos perante procedimentos vinculados, isto é, cuja tramitação seja disciplinada em termos obrigatórios por lei.

No entanto, mesmo quando o procedimento seja facultativo podemos encontrar vícios de procedimento, designadamente quando a tramitação seguida pela Administração atentar contra a lógica do procedimento.

Estes vícios poderão determinar simples *irregularidades* quando estiver em causa a violação de preceitos procedimentais meramente indicativos.

De qualquer modo, a ocorrência de vícios procedimentais determinará, em princípio, a anulabilidade do ato administrativo respetivo.

Apenas quando ocorrer a violação de *direitos fundamentais procedimentais* a consequência do vício será a *nulidade*. É isso que acontece em caso de falta de audiência dos interessados em procedimentos disciplinares e em procedimentos sancionatórios: nestes dois tipos de procedimentos a audiência dos interessados não tem apenas estatuto legal (como acontece em geral), uma vez que está prevista na própria Constituição, nos artigos 269º, nº 3 e 32º, nº 10, respetivamente. Esta invalidade deve ser reconduzida à situação prevista na alínea d) do nº 2 do artigo 161º do CPA.

Deve ainda chamar-se a atenção para a possibilidade de um vício num ato do procedimento poder influir na decisão respetiva, originando um vício de conteúdo.

b) *Relativos à forma*

Também os vícios formais (entre os quais se conta, como vimos, a falta de fundamentação, vício com grande relevo prático) implicarão, em princípio, a anulabilidade do ato administrativo que os contenha.

À imagem do que acontece nos vícios procedimentais, pode igualmente ocorrer que os vícios formais originem meras irregularidades, designadamente no caso de se tratar de formas não essenciais.

Pode ainda o vício de forma ser irrelevante quando da violação das regras formais não tenha resultado *no caso* uma lesão efetiva dos valores e interesses protegidos pelo preceito violado. Acontecerá então eventualmente um *aproveitamento do ato*, isto é, a sua não anulação pela Administração ou pelo juiz, apesar da invalidade, designadamente quando o conteúdo do ato não possa ser outro e não haja interesse relevante na anulação. Não pode deixar de relevar a este propósito o disposto no nº 5 do artigo 163º do CPA.

De qualquer forma, convém ressalvar a hipótese de o vício formal se traduzir na não observância de uma forma essencial prevista na lei ou consistir na ausência de qualquer procedimento: são os casos em que o CPA refere que há uma "carência absoluta de forma legal" ou de preterição total do procedimento legalmente exigido e que, salvo em estado de necessidade, determinam a nulidade do ato respetivo [cfr. al. g) e l) do artigo 161º, nº 2 do CPA]. Como exemplos da carência absoluta de forma legal podem referir-se o caso de um despacho ao qual falta o "cabeçalho" (o que não permite identificar sequer o autor do ato) ou as deliberações aprovadas por um órgão colegial fora de reunião formal e oficialmente realizada (salvo nos casos de estado de necessidade). E como exemplo de preterição total do procedimento, a decisão tomada sem que tenha sido levada a cabo uma qualquer tramitação prévia exigida.

No que toca ao vício de falta de fundamentação, o que se exige aqui, como requisito de validade (formal), é que exista uma fundamentação e não que ela corresponda à realidade.

Uma fundamentação que não seja verídica tem, obviamente, consequências ao nível da invalidade do ato administrativo, mas relativas ao seu conteúdo e não à sua forma.

Capítulo III
O Contrato Administrativo

1. Do Problema da Admissibilidade à Consagração como Instrumento Geral da Atividade Administrativa

A figura do contrato, modelo de vinculação próprio do direito privado, tem na sua génese uma ideia de liberdade, de criação autónoma (consentida ou negociada) de obrigações jurídicas. Como instrumento de natureza consensual e pactuada, ele pressupõe a igualdade jurídica entre as partes. É justamente este traço caraterístico do contrato que, inicialmente, colocou as maiores reservas à sua aceitação como uma forma típica da ação administrativa, sobretudo tendo em consideração o quadro em que se autonomizou e desenvolveu originariamente o direito administrativo, que visava regular relações de desigualdade jurídica entre os intervenientes, aparecendo aí a Administração numa posição de supremacia, de autoridade em face do administrado. Desta forma, a unilateralidade e a imposição eram as únicas caraterísticas diferenciadoras da atividade administrativa que não se coadunavam, por isso, com um instrumento de índole consensual.

Daí a resistência inicial à figura: se o direito administrativo é o direito que regula a atuação da Administração quando dotada de supremacia, centrado na imposição unilateral, então o poder administrativo não poderia ser exercido através de contrato, paradigma civilístico, baseado na igualdade das partes.

As reservas colocadas não se consubstanciavam, porém, apenas na natureza da relação a estabelecer entre particular e Administração, mas também na sujeição ao *interesse público*: é necessário não esquecer que as entidades administrativas existem para prosseguir interesses públicos heteronomamente fixados, daí decorrendo uma segunda dificuldade na utilização do contrato no âmbito do direito administrativo: a impossibilidade de aplicação, na íntegra, do princípio *pacta sunt servanda*, típico dos contratos. É que, na medida em que as entidades administrativas estão obrigadas a prosseguir, em todos os casos, os interesses públicos legalmente definidos, elas não podem estar dependentes do arbítrio da vontade das partes, devendo, pelo contrário, atuar em função das exigências do interesse público, as quais são facilmente mutáveis.

Assim, quando nos finais do século XIX e inícios do século XX, em virtude do grande desenvolvimento tecnológico e económico a que se assistiu, as atividades administrativas foram crescendo e a Administração passou a recorrer com maior frequência à figura dos contratos, boa parte da doutrina e da jurisprudência – em especial na Alemanha e na Itália – negou autonomia à figura do *"contrato administrativo"*.

As razões invocadas para essa negação eram, no essencial, as seguintes:

- a exigência de vincar a autonomia do direito administrativo em face do direito privado (deveria afastar-se uma figura tipicamente privatística do âmbito do direito administrativo);
- o interesse em destacar o ato administrativo (unilateral e autoritário) como expediente central do direito administrativo;
- a ideia de que no direito administrativo não podia haver *consenso*, mas apenas *autoridade*: a Administração estaria sempre colocada numa *posição de supra-ordenação*, havendo uma *relação de poder-sujeição* entre ela e os particulares;
- a conceção, particularmente vincada pela doutrina alemã, de que, em virtude da sua soberania, o *Estado* não se poderia vincular como um particular (o contrato pressupunha igualdade entre as partes, que só podia existir no direito privado).

Por todas estas razões, ou a Administração seguia a via autoritária através da prática de atos administrativos ou, então, celebrava *contratos de direito privado*. A tese da *inaceitabilidade do contrato administrativo* não propugnava uma negação total desta figura, apenas negava a autonomização do contrato administrativo enquanto figura contratual específica, diferente dos moldes dos contratos celebrados sob a égide do direito privado. O que significa que o Estado não estava impedido de utilizar a figura do contrato para satisfação de determinadas necessidades; porém, estes contratos eram contratos de direito privado, apenas admissíveis nas relações em que a Administração não se encontrasse investida de poderes de autoridade. Com base nesta ideia desenvolveu-se, na Alemanha, a teoria a que já nos referimos anteriormente, *"dos dois degraus"* de regulação da situação jurídica, quando a Administração utilizava o direito privado: um primeiro regulado pelo direito público (o ato administrativo que continha a decisão autoritária de contratar) e um segundo traduzido na celebração de um contrato de direito privado.

No entanto, em especial em França (e também em Espanha e Portugal), começou a afirmar-se uma orientação diferente, atendendo também à situação económica da época: a realização de grandes obras públicas e o estabelecimento de diversas infraestruturas (redes rodoviárias, ferroviárias, telecomunicações, iluminação pública, abastecimento de água), bem como a exploração de serviços para o público (transportes e serviços suportados pelas redes referidas), exigia cada vez mais a colaboração do setor privado, designadamente devido à ausência de meios técnicos, humanos e financeiros da Administração, deixando de fazer sentido as anteriores reservas e potenciando, pelo contrário, um recurso mais frequente ao expediente contratual – nomeadamente a contratos de *concessão de serviços públicos* – demonstrando que nem todos os contratos que a Administração celebrava eram da mesma natureza[266].

Foi nesta ambiência que surgiu a *teoria dos contratos administrativos*, figura dotada de um regime jurídico próprio, diferente do aplicável aos contratos civis celebrados pela Administração e com sujeição dos respetivos litígios aos tribunais administrativos. O reconhecimento da capacidade da Administração Pública se vincular por contrato não significava que o celebrasse nos mesmos termos que os privados o faziam; pelo contrário, procedeu-se à autonomização da figura do contrato administrativo pelo facto de se reconhecer uma disparidade relacional entre as partes, que permitia que a Administração detivesse prerrogativas que a legitimavam a afastar-se do acordado, desde que o interesse público assim o exigisse. O contrato administrativo estaria, assim, sujeito a um regime exorbitante face aos contratos de direito privado celebrados pela Administração.

Passou a entender-se, desde o início do século XX, que a figura jurídica do contrato, desde que sofresse algumas adaptações, poderia constituir um instrumento de ação administrativa, em especial nos domínios onde a Administração procurava uma colaboração dos particulares para a realização dos interesses públicos. Entendia-se, portanto, que o contrato podia ser a conexão para a realização de dois interesses que, apesar de contrapostos, permitiam a ambas as partes a obtenção de vantagens: de caráter essencialmente económico para o particular; e de garantia da prossecução de objetivos públicos para a Administração.

[266] Freitas do Amaral dá-nos três excelentes exemplos de litígios colocados perante o *Conseil d'État* francês, nos primórdios do século XX, que ajudaram à afirmação da figura do *contrato administrativo* com autonomia em relação aos contratos de direito privado, bem como dos princípios próprios caraterizadores do *regime público* do contrato administrativo: cfr. *Curso de Direito Administrativo*, Almedina, Vol. II, 2016, 3ª edição, pp. 444 e ss.

Atualmente já não há qualquer dúvida sobre a legitimidade e as vantagens que resultam da possibilidade de o Estado e demais entes administrativos celebrarem contratos que, apesar de representarem em parte uma limitação da sua soberania, não deixam de garantir, como veremos, certos poderes de supremacia aos entes administrativos. O que particulariza estes contratos é, precisamente, a autoridade administrativa e a inerente obrigação de prossecução do interesse público, o que permite à Administração impor, licitamente, alterações contratuais ou desvincular-se da relação contratual. É, precisamente, o facto de os contratos administrativos se encontrarem votados à prossecução do interesse público que justifica a concessão e o reconhecimento de poderes de autoridade ao ente público, contrariamente ao que sucede no âmbito dos contratos de direito privado.

Deste modo, o contrato é convertido numa forma de exercício do poder administrativo, ao lado do ato e do regulamento.

Em suma, vem-se assistindo, ao longo das últimas décadas, a um processo de afirmação e de generalização da aplicação do contrato, passando este a assumir um papel central na *moderna administração,* que procura estratégias mais flexíveis e a colaboração dos particulares para a concretização dos objetivos a prosseguir com vista à satisfação dos interesses públicos em jogo.

Esta crescente importância da utilização da figura contratual foi, também, reconhecida pelas instâncias europeias e a celebração de um vasto conjunto de contratos (os contratos públicos) passou a adquirir uma dimensão europeia e internacional, fruto da dissolução de fronteiras para a constituição de um mercado único europeu, de tal forma que assistimos hoje a uma verdadeira *europeização dos contratos públicos*[267].

A abertura dos contratos públicos "além fronteiras" foi um dos pilares de sedimentação do programa do mercado único, como um instrumento de concretização e efetivação dos princípios da igualdade, da concorrência e da não discriminação em razão da nacionalidade, contribuindo para o dinamismo do setor privado, para uma boa gestão dos dinheiros públicos e para a própria reestruturação da economia europeia, cada vez mais competitiva.

Dada a relevância do setor da contratação pública como elemento dinamizador do mercado único, o legislador europeu considerou ser necessária a criação de um regime jurídico uniforme aplicável a todos os países, combatendo assim as práticas restritivas e protecionistas. Numa fase inicial visou-se, essencialmente, a salvaguarda da liberalização do setor, tendo-se procedido, num

[267] Sobre a europeização da matéria dos contratos públicos cfr., entre nós, CLÁUDIA VIANA, *Os princípios comunitários na contratação pública*, Coimbra, Coimbra Editora, 2007; e MARIA JOÃO ESTORNINHO, *Direito Europeu dos Contratos Públicos*, Almedina, 2006.

momento posterior, ao aprofundamento e coordenação, nomeadamente dos procedimentos de adjudicação e à fixação de garantias de recurso neste domínio. Com a reforma de 2004, assistiu-se, por toda a Europa, a uma tendencial codificação das regras da contratação pública.

Neste contexto o direito nacional teve de adaptar-se às novas realidades comunitárias e, em julho de 2008, entrou em vigor o Código dos Contratos Públicos[268] que criou um novo regime da contratação pública, compatível com a ordem jurídica comunitária e que procedeu a uma sistematização dos procedimentos de formação dos contratos públicos, bem como a uma uniformização dos regimes substantivos *dos contratos administrativos.*

Com o objetivo de unificar o regime da contratação pública e colmatar as insuficiências do CPA, aquele diploma efetuou a transposição das Diretivas Europeias 2004/17/CE e 2004/18/CE, relativas, respetivamente, à coordenação dos processos de adjudicação de contratos nos sectores da água, da energia, dos transportes e dos serviços postais e à coordenação dos processos de adjudicação dos contratos de empreitada de obras públicas, dos contratos públicos de fornecimento e dos contratos públicos de serviços e codificou as regras, até então dispersas por vários diplomas, e preceitos avulsos relativos à contratação pública.

Com a codificação das regras da contratação pública foram cumpridos três grandes objetivos: a compatibilização de regimes com o direito comunitário; a sistematização dos procedimentos bem como a uniformização dos regimes substantivos; e, por último, a modernização e desburocratização do sistema através da opção pela contratualização eletrónica[269]. Mais recentemente, foram

[268] Aprovado pelo Decreto-Lei nº 18/2008, de 29 de janeiro (retificado pela Declaração de Retificação nº 18-A/2008, de 31 de março) e alterado pela Lei nº 59/2008, de 11 de setembro, pelo Decreto-Lei nº 223/2009, de 11 de setembro, Decreto-Lei nº 278/2009, de 2 de outubro, Lei nº 3/2010, de 27 de abril, Decreto-Lei nº 131/2010, de 14 de fevereiro, Lei nº 64-B/2011, de 30 de dezembro, Decreto-Lei nº 149/2012, de 12 de julho, Decreto-Lei nº 214-G/2015, de 21 de outubro e pela Lei nº XXX, de XXX, doravante designado pela sigla "CCP".

[269] A criação de plataformas eletrónicas efetiva a transparência dos procedimentos pré-contratuais, simplifica a tramitação e permite maior celeridade e economia na realização dos mesmos. Nesta linha, a publicação da Portaria nº 701-F/2008, de 29 de julho, veio regular a constituição, funcionamento e gestão do portal único da Internet dedicado aos contratos públicos (*Portal dos Contratos Públicos*), o qual constitui um espaço multifuncional destinado a disponibilizar a informação sobre a formação e a execução dos contratos públicos sujeitos às regras de formação ou execução previstas no CCP (art. 2º, nº 1), sendo de assinalar a articulação com as plataformas eletrónicas utilizadas pelas entidades adjudicantes, prevista no art. 6º. A intenção de reforçar os mecanismos previstos para garantir e reforçar a transparência nos contratos públicos em articulação com o Portal dos Contratos Públicos é bem visível pela aprovação da Resolução da Assembleia da República nº 17/2010, de 1 de março, onde se recomenda ao Governo a introdução, neste Portal, de mecanismos mais eficientes e alargados de busca e de relacionamento de dados, permitindo o

aprovadas duas novas Diretivas Europeias, que vieram substituir as Diretivas de 2004: a Diretiva 2014/25/EU (que revoga a Diretiva 2004/17/CE) e a Diretiva 2014/24/EU (que revoga a Diretiva 2004/18/CE). Foi ainda aprovada a Diretiva 2014/23/UE, respeitante à adjudicação de contratos de concessão. A aprovação deste novo "pacote" de diretivas obrigou a uma alteração do CCP, concretizada através do Decreto-Lei nº 111-B/2017, de 31 de agosto, no qual, além da transposição dos diplomas europeus, se aproveitou para introduzir um conjunto de modificações que, nas palavras do próprio legislador, visam "a simplificação, desburocratização e flexibilização" (v.g. a inclusão de pequenas empreitadas de obras públicas no regime do ajuste direto simplificado), bem como a "transparência e boa gestão pública" (v.g. a recuperação do procedimento de consulta prévia ou a criação da figura do gestor do contrato).

O CCP, contudo, não se restringe aos contratos abrangidos pelas diretivas, aplicando-se tendencialmente a todo e qualquer contrato celebrado pelas entidades adjudicantes nele previstas, cujo objeto abranja prestações que estão ou sejam suscetíveis de estar submetidas à concorrência de mercado. E, por isso, o conceito de contrato público não se esgota na figura do contrato administrativo, indo para além dele (o qual passa a ser uma espécie daqueles), na medida em que abrange todos os contratos celebrados no âmbito da função administrativa, independentemente da sua designação e da sua natureza administrativa ou privada, desde que sejam outorgados pelas entidades referidas no Código. O que significa que o contrato administrativo continua a ser uma *instituição autónoma, pelo menos no plano substantivo.*

2. Noção de Contrato Administrativo

Com a revisão do CPA, operada através do Decreto-Lei nº 4/2015, de 7 de janeiro, entendeu o legislador prever no Capítulo III, da Parte IV, um conjunto de preceitos dedicados aos contratos da Administração Pública (cfr. artigo 200º a 202º).

Conforme resulta da exposição de motivos do referido diploma, o CCP estabelece, pormenorizadamente, o regime dos procedimentos administrativos de formação das principais espécies de contratos públicos e o regime substantivo comum dos contratos administrativos, pelo que, em sede do CPA, apenas aparece sintetizado, por remissão, o sistema das fontes disciplinadoras dos

cruzamento de informação relevante (ao nível nacional, regional ou autárquico) e a disponibilização obrigatória de uma série de elementos informativos relativos a todos os procedimentos administrativos para a formação de contratos públicos regidos pelo CCP, o que veio a ser concretizado através das alterações introduzidas pela Portaria nº 85/2013, de 27 de fevereiro, que determinou, por exemplo, a publicação dos próprios contratos, anexos e eventuais aditamentos.

aspetos estruturais dos regimes aplicáveis, tanto no plano procedimental, como no plano substantivo, aos contratos celebrados pela Administração Pública.

Ademais, considerando que o regime de contratação pública do CCP não é aplicável à formação de todos os contratos administrativos, estatuiu-se, num dos preceitos, que, na ausência de lei própria, se aplica à formação destes contratos o regime geral do procedimento administrativo (nº 3 do artigo 201º).

Por outro lado, encontra-se prevista a sujeição dos órgãos da Administração Pública às disposições do Código do Procedimento Administrativo que concretizem preceitos constitucionais e os princípios gerais da atividade administrativa, quando estejam em causa contratos de direito privado, em obediência ao nº 3 do artigo 2º, conforme resulta do disposto no nº 2 do artigo 202º do CPA.

Pese embora a referência feita, no CPA, aos contratos administrativos, a verdade é que este diploma não apresenta uma definição geral de contrato administrativo, sendo certo que o CCP se limita a fornecer-nos os denominados "fatores de administratividade", conforme analisaremos *infra*. Vejamos, pois, quais as notas caraterizadoras do contrato administrativo.

2.1. Acordo de vontades juridicamente vinculativo

O contrato administrativo é, antes de mais, um contrato, ou seja, é um negócio jurídico bilateral, constituído por duas ou mais declarações de vontade, que visa a produção de determinados efeitos jurídicos. Considera-se formalizado o contrato quando existe um acordo de vontades para a formação do vínculo e a estipulação das obrigações recíprocas, isto é, quando tal acordo de vontades é constitutivo de efeitos obrigatórios em relação ao cumprimento do pactuado.

Como negócio jurídico bilateral, o contrato administrativo distingue-se, desde logo, das outras duas formas principais da ação administrativa – do ato e do regulamento – na medida em que estas duas figuras resultam de uma estatuição unilateral dos entes públicos. No que concerne aos atos administrativos, diremos que, sendo *decisões* ou *estatuições autoritárias*, a sua unilateralidade significa que o respetivo momento constitutivo depende apenas da declaração da Administração (mesmo nos casos em que dependa de um requerimento, declaração, aceitação ou colaboração do particular). O contrato administrativo, pelo contrário, resulta de um acordo no qual se fundam duas declarações de vontade, dependendo os efeitos jurídicos de tais declarações – as quais são condição de existência jurídica do contrato.

Os contratos administrativos distinguem-se, também, dos acordos ou negócios informais, que correspondem apenas a compromissos de cooperação entre a Administração e os particulares, não coenvolvendo qualquer sujeição ao cumprimento das prestações firmadas, já que a caraterística estruturante destes *gentlemen's agreements* é a ausência de vinculatividade ou obrigatoriedade jurídica.

Esta distinção é tão mais importante se tivermos em conta que este tipo de atuações surge cada vez com maior frequência como forma de fazer face à rigidez dos mecanismos e procedimentos legais, permitindo a sua flexibilização e a colaboração necessária. No entanto, se vários são os fatores que apontam no sentido da existência de um *contratualismo generalizado das decisões administrativas*[270], à medida que estes acordos vão ganhando relevo, tanto mais se discute o seu enquadramento jurídico e as fronteiras entre os contratos e os acordos informais. Para a distinção é importante atentar em vários critérios como o contexto da respetiva celebração; se existiu ou não vontade das partes em assumir uma obrigação vinculativa; e aos elementos de teor literal e formal do acordo.

2.2. De natureza administrativa

Antes da entrada em vigor do CCP, a noção de contrato administrativo encontrava-se plasmada no artigo 178º, nº 1, do anterior CPA[271], que o definia como "*o acordo de vontades pelo qual é constituída, modificada ou extinta uma relação jurídica administrativa*"[272]. Na definição de contrato administrativo adotava-se, assim, um *critério estatutário*, associado ao objeto do contrato, segundo o qual são administrativos os contratos regidos pelo direito administrativo, que é um direito estatutário, isto é, um direito especial privativo da Administração. Os contratos administrativos seriam, deste modo, aqueles que constituíam, modificavam ou extinguiam relações jurídico-administrativas, que são as relações sujeitas ao direito administrativo.

Com a entrada em vigor do Código dos Contratos Públicos, o legislador, embora não tivesse apresentado uma definição de contrato administrativo, identificou, no nº 6 do artigo 1º (hoje no nº 1 do artigo 280º), *fatores de administratividade*, isto é, caraterísticas que conferem a um determinado contrato a natureza de contrato administrativo. Deste modo, o novo diploma rompeu com

[270] Neste sentido vide Suzana Tavares da Silva, "A nova dogmática do Direito administrativo: o caso da administração por compromissos", *Estudos da Contratação Pública – I*, Coimbra Editora, Coimbra, 2008 p. 894-942 (p. 896).

[271] Aprovado pelo Decreto-Lei nº 442/91, de 15 de Novembro, retificado pela Declaração de Retificação nº 265/91, de 31 de Dezembro e pela Declaração de Retificação nº 22-A/92, de 29 de Fevereiro, alterado pelo Decreto-Lei nº 6/96, de 31 de Janeiro e pelo Decreto-Lei nº 18/2008, de 29 de Janeiro.

[272] Em todo o caso, há autores que defendiam outras definições possíveis: cfr., por todos, Pedro Gonçalves, que o define como o "acordo juridicamente vinculativo celebrado entre dois ou mais sujeitos de direito com vista à constituição, modificação ou extinção de uma relação jurídica regulada pelo direito administrativo e que, por isso mesmo, fica submetido a um regime substantivo de direito público" (cfr. *O Contrato Administrativo – Uma Instituição do Direito Administrativo do Nosso Tempo*, Almedina, 2003, p. 27).

a filosofia inspiradora do CPA[273], na medida em que a relação jurídica administrativa – definida como uma relação regulada por normas jurídicas dirigidas a uma entidade pública enquanto tal (isto é, enquanto titular de funções públicas), disciplinando a sua atuação em termos específicos através da atribuição de *poderes* ou *deveres especiais*, relação essa que reflete os *poderes de autoridade* ou as *restrições de interesse público* da Administração ou que atribui *direitos* ou impõe *deveres públicos* aos particulares perante esta – surge como uma consequência ou um efeito da administratividade de um contrato e não como uma fonte de qualificação da natureza do mesmo[274].

Atualmente, o nº 2 do artigo 200º do CPA, define contrato administrativo como aquele que, como tal, é classificado no Código dos Contratos Públicos ou em legislação especial, ou seja, a definição de contrato administrativo é fornecida pelo novo CPA por remissão para a definição vertida no CCP, que se limita a enunciar notas de administratividade.

2.2.1. *Contrato administrativo e contrato público*

O percurso a seguir atualmente é bastante diferente daquele que foi trilhado, inicialmente, pelo anterior CPA. Na medida em que o novo CPA, no nº 2 do artigo 200º, remete para a definição de contrato administrativo prevista no CCP ou em legislação especial, será essa a abordagem aqui seguida.

O CCP parte de um dualismo interno entre o conceito de contrato administrativo e o de contrato público, ou melhor, tem uma estrutura de aplicação objetiva *bipartida*: por um lado, as normas relativas ao procedimento de formação dos contratos são aplicáveis aos *contratos públicos*, entendendo-se como tal todos aqueles que, independentemente da sua designação ou natureza, sejam celebrados pelas entidades adjudicantes referidas no Código; por outro lado, as normas relativas ao regime substantivo da execução do contrato serão apenas aplicáveis aos *contratos qualificados como contratos administrativos*.

O que significa que a figura dos contratos públicos não se esgota nos contratos administrativos: pelo contrário, é um conceito neutro que envolve um universo muito diversificado de contratos celebrados por entidades públicas,

[273] Cfr., Pedro Gonçalves, "A relação jurídica fundada em contrato administrativo", *Cadernos de Justiça Administrativa*, nº 63, p. 36-46 (p. 38).

[274] Já na anterior edição deste livro dizíamos que, para além das dificuldades levantadas pela própria definição de relação jurídica administrativa, é evidente o vício que se pode apontar ao critério da relação jurídica administrativa: o de que a sujeição ao direito administrativo (ou a um regime de direito administrativo) é sempre um efeito e não a causa da qualificação de um contrato como administrativo. E, por isso, considerávamos que o critério estatutário deveria ser combinado com outros critérios orientadores, como o objeto do contrato, o conteúdo das prestações e as cláusulas contratuais.

enquanto solicitadoras de produtos ou de serviços, numa economia de mercado concorrencial.

Tendo sido desenvolvido pelo direito da União Europeia, *o conceito de contrato público* sempre foi considerado, neste âmbito, uma categoria genérica relativa aos contratos celebrados pela Administração, que operava para garantir que todos os contratos que agregam aquele conceito fossem liberalizados e celebrados de acordo com as orientações de uma economia de mercado livre e competitiva. Por isso, as preocupações europeias não se limitam à natureza privada ou administrativa do contrato, centrando-se, fundamentalmente, na previsão de uma regulamentação detalhada sobre as fases de preparação e adjudicação, como forma de garantir a prevenção de atuações restritivas das liberdades comunitárias.

A noção de contrato público é, assim, bastante ampla, abrangendo não apenas a espécie "contrato administrativo", mas admitindo também a existência de contratos que assumem natureza jurídica privada.

De acordo com o artigo 2º, nº 5, da Diretiva nº 2014/24/UE, *contratos públicos* são contratos a título oneroso, celebrados por escrito entre um ou mais operadores económicos e uma ou mais autoridades adjudicantes, que tenham por objeto a execução de obras, o fornecimento de produtos ou a prestação de serviços na aceção da Diretiva.

Paralelamente à consagração de um regime jurídico de procedimentos aplicáveis a todos os contratos públicos celebrados pelas entidades adjudicantes, o legislador nacional configurou uma disciplina especial que regula a execução de determinados contratos, que pela sua natureza exigem que a Administração goze de certos poderes por estar em causa uma lógica de função: a prossecução do interesse público.

O legislador optou, pois, por autonomizar a figura do contrato administrativo, enquanto um contrato caraterizado pela desigualdade das partes, sujeito a um regime exorbitante face aos contratos de direito privado da administração.

2.2.2. *Fatores de administratividade*

Na impossibilidade de estabelecer um critério unitário, capaz de absorver um tão vasto leque de figuras ou espécies contratuais, o legislador consagrou um método tipológico que pudesse garantir o mínimo de segurança no que concerne à aplicação do regime substantivo da contratação pública.

Assim, de acordo com o nº 1 do artigo 280º do CCP, os critérios de qualificação de um contrato administrativo são:

i) *Qualificação legal*: serão contratos administrativos os contratos que, por força da lei, como tal sejam qualificados (tais como os contratos disciplinados no Título II da Parte III do CCP, os quais correspondem aos contratos com maior relevância na prática administrativa: empreitadas de obras públicas; concessões de obras públicas e de serviços públicos; locação e aquisição de bens móveis e de serviços).

ii) Submissão a um regime de direito público: são administrativos os contratos que, por força da lei ou da vontade das partes, estejam submetidos a um regime substantivo de direito público.

iii) Vontade das partes: as partes contratuais podem qualificar um contrato como contrato administrativo; no entanto, a mesma qualificação não serve de fundamento para transformar um contrato de direito privado num contrato administrativo. Por isso, consideramos que a qualificação de um contrato administrativo através do critério da vontade das partes só deve operar nos casos em que a Administração tenha uma margem de livre decisão na escolha entre um contrato administrativo ou um contrato de direito privado.

iv) Caráter público do objeto: são contratos administrativos os contratos com objeto passível de ato administrativo e demais contratos sobre o exercício de poderes públicos, bem como os contratos que conferem ao cocontratante direitos sobre coisas públicas ou exercício de funções públicas.

v) Regime pré-contratual específico (regulado por normas de direito público) e natureza da prestação do cocontratante: são qualificados como contratos administrativos contratos que a lei submeta ou que admita que sejam submetidos a um procedimento de formação regulado por normas de direito público e, cumulativamente, em que a prestação do cocontratante possa condicionar ou substituir, de forma relevante, a realização das atribuições do contraente público[275].

Em suma, o novo CPA, ao limitar-se a remeter a definição de contrato administrativo para o CCP, mantém intacta a definição que resultava deste diploma. Quanto à definição apresentada no CCP, acreditamos que este se mantém fiel à autonomia concetual e dogmática do contrato administrativo. Todavia, têm sido apontadas algumas críticas a esta opção por um dualismo interno. É o caso de Vieira de Andrade, para quem "*a distinção cortante entre dois mundos é desarmónica e imprópria, como se o regime geral dos contratos de natureza administrativa pudesse ser*

[275] De notar que várias têm sido as críticas apontadas a este último critério, desde logo quanto à ambiguidade na enunciação utilizada, que mais não corresponde do que ao critério do fim da imediata utilidade pública; além disso, vários autores questionam-se sobre a razão de atribuir relevo à natureza do regime aplicável ao procedimento pré-contratual quando o que se discute e o que está em causa é a aplicação para efeitos do regime substantivo.

unicitário e radicalmente aplicado a uma categoria de contratos de direito público, sem considerar o continuum *no conjunto extremamente diversificado dos contratos celebrados pela administração."*[276]

3. O Princípio da Autonomia Contratual Pública

O nº 3 do artigo 200º do CPA estatui que "*Na prossecução das suas atribuições ou dos seus fins, os órgãos da Administração Pública podem celebrar quaisquer contratos administrativos, salvo se outra coisa resultar da lei ou da natureza das relações a estabelecer*", norma que é repetida no artigo 278º do CCP.

Resulta do acima exposto que quer no novo CPA, quer no CCP, e tal como já era tradição no nosso ordenamento jus-administrativo, o legislador consagrou o *princípio da autonomia contratual pública,* que se traduz na possibilidade geral de qualquer entidade pública recorrer a contratos administrativos para realizar as respetivas atribuições, mesmo que os seus regime e efeitos não estejam especificamente consagrados na lei.

Todavia, esta cláusula geral de admissibilidade da utilização do contrato administrativo está sujeita a importantes limites, como a existência de uma proibição legal expressa ou a incompatibilidade entre o instituto contratual e a natureza das relações a estabelecer. O que significa que, no uso alternativo entre o ato e o contrato, a Administração está obrigada a escolher a forma de atuação que se revele mais eficaz e adequada à prossecução do fim de interesse público que lhe é legalmente confiado.

4. Tipos de Contratos Administrativos

4.1. As classificações doutrinais

A doutrina costuma distinguir entre os diferentes tipos de contratos administrativos, recorrendo, para o efeito, a classificações diversas, fundadas em critérios também eles diferenciados. Vamos analisar de seguida, de forma muito sumária, algumas dessas classificações e as modalidades respetivas.

4.1.1. *Contratos típicos e contratos atípicos*

Com esta classificação pretende distinguir-se os contratos administrativos que estão expressamente regulados na lei, resultando dela, em larga medida, o seu

[276] Cfr. Vieira de Andrade, "A propósito do regime do contrato administrativo no código dos contratos públicos", *Estudos da Contratação Pública – II,* Coimbra Editora, Coimbra, 2010, p. 7-39 (p. 13).

conteúdo (contratos típicos), daqueles que não o estão, cabendo a sua regulamentação no espaço de liberdade negocial da Administração (contratos atípicos).

Note-se que esta distinção não passa pela mera referência legal ao contrato (o facto de um contrato ser legalmente *nominado* não o torna típico), estando pelo contrário em causa a intensidade da regulação legal: ao passo que o conteúdo dos contratos típicos está em grande parte definido na lei (*v.g.* o contrato de empreitada de obras públicas), o dos atípicos é definido pelas partes.

4.1.2. *Contratos paritários e contratos de subordinação*

Esta segunda classificação baseia-se na posição relativa das partes no seio da relação contratual. Deste modo, os contratos definem-se como *paritários* (ou *de cooperação paritária*) quando das suas cláusulas ou da lei aplicável não resulta nenhuma posição de superioridade (de supraordenação) para a parte administrativa, pelo que pode dizer-se que as partes estão colocadas numa posição jurídica de igualdade. É o que acontece, designadamente, nos contratos de cooperação ou de coordenação (*contratos entre entidades públicas*) e também nos contratos de apoio da Administração ao setor privado.

Nos *contratos de subordinação* (ou *de colaboração subordinada*), pelo contrário, uma das partes do contrato (a entidade administrativa contratante ou o particular, que assume a sua posição) está colocada numa posição de supraordenação em relação à outra (o particular): a Administração manda, ordena, dirige, fiscaliza e pune, devendo o particular obedecer. É o que acontece nos contratos de concessão de serviço público ou nos de empreitada de obras públicas.

4.1.3. *Contratos de colaboração, de atribuição e de coordenação*

Estamos aqui perante o critério que classifica os contratos administrativos de acordo com o seu fim ou causa-função.

Os contratos dizem-se de *colaboração* quando associam ou comprometem um particular no desempenho regular de atribuições administrativas: estão em causa as situações em que a Administração recorre a particulares para a prossecução de tarefas ou atribuições públicas, obrigando-se estes a proporcionar uma colaboração temporária no desempenho de tais tarefas. Daí que a prestação fundamental seja do cocontratante e não da Administração[277]. São exemplos paradigmáticos deste tipo de contrato as concessões de obras públicas ou de serviços públicos.

[277] Existia uma referência no CPA a estes contratos, mais exatamente no nº 1 do seu artigo 182º, quando se mencionavam os "contratos que visem associar um particular ao desempenho regular de atribuições administrativas".

Os contratos de *atribuição*, pelo seu lado, transmitem a um particular uma posição favorável ou vantajosa ou que, em certos termos, facilita o cumprimento de certas obrigações que sobre ele impendem (*v.g.* o contrato que concede benefícios fiscais a uma empresa ou o contrato que atribui a um particular a faculdade de usar, para fins privados, uma parcela de um bem dominial). A prestação fundamental é aqui a da Administração, por se entender que o interesse público é melhor prosseguido através dos direitos conferidos ao contraente particular (e não pelas obrigações que ele assume).

Ao lado destas duas categorias tem-se desenvolvido uma terceira, sobretudo como resultado da crescente complexidade da organização administrativa e da proliferação de entidades públicas. Referimo-nos aos *contratos de coordenação*, que são celebrados entre diferentes entidades públicas para a prossecução de atribuições comuns.

4.1.4. *Contratos com objeto passível de ato administrativo e contratos com objeto passível de contrato de direito privado*

Trata-se de uma distinção que tem por base o respetivo objeto, pretendendo realçar-se a ideia de que, umas vezes, o objeto do contrato poderia constar de um ato administrativo e, outras, poderia figurar num contrato de direito privado.

Ao afirmar-se que o contrato pode ter um objeto passível de ato administrativo ou passível de contrato de direito privado, pretende destacar-se a ideia de que a Administração Pública conseguiria alcançar, por aquelas vias, os mesmos resultados que pretende atingir com o contrato administrativo (podendo este apresentar-se, umas vezes, como substitutivo de um ato administrativo e outras como substitutivo de um contrato de direito privado).

De notar que esta distinção assume grande relevo no domínio da *invalidade do contrato* (cfr. artigo 285º do CCP), como veremos[278].

4.2. Os contratos administrativos regulados pelo CCP

O CCP enquadra o regime especificamente aplicável a vários contratos administrativos ditos clássicos, e que já constavam da enumeração facultada pelo nº 2 do artigo 178º do anterior CPA. No entanto, foram incluídas novas figuras como a aquisição e locação de bens móveis e a aquisição de serviços.

- ***Empreitada de obras públicas***

É definida pelo Código, no artigo 343º, como o "*contrato oneroso que tenha por objecto quer a execução quer, conjuntamente, a concepção e a execução de uma obra*

[278] Cfr, *infra*, 8.

pública que se enquadre nas subcategorias previstas no regime de ingresso e permanência na actividade de construção." Considerando-se como *obra pública* o resultado de quaisquer trabalhos de construção, reconstrução, ampliação, alteração ou adaptação, conservação, restauro, reparação, reabilitação, beneficiação e demolição de bens imóveis executados por conta de um contraente público, conforme resulta do nº 2 do referido preceito legal.

O legislador optou por integrar o regime específico do contrato de empreitada de obras públicas na legislação geral sobre a contratação pública, revogando o diploma autónomo dedicado exclusivamente à regulamentação deste tipo contratual[279]. Assim sendo, os contratos de empreitada regem-se, em especial, pelos artigos 343º a 406º do CCP[280]. Entre as principais novidades introduzidas destaca-se a preocupação do Código em corrigir determinados problemas inerentes a esta figura, *como a derrapagem dos custos das obras*[281] – e a *excessiva disparidade relacional entre as partes,* dada a natureza de contrato de colaboração subordinada, através da introdução de algumas inovações no regime da *exceção de não cumprimento do contrato.*[282]

• ***Concessão de obras públicas***

O conceito de contrato de concessão de obras públicas resulta do artigo 407º do CCP, de acordo com o qual "*Entende-se por concessão de obras públicas o*

[279] Reportamo-nos ao Regime Jurídico das Empreitadas de Obras Públicas ("RJEOP"), aprovado pelo Decreto-Lei nº 59/99, de 2 de Março e revogado pelo Decreto-Lei nº 18/2008, de 29 de Janeiro.

[280] Para maiores desenvolvimentos, LICÍNIO LOPES MARTINS, *Empreitada de Obras Públicas,* Almedina, Coimbra, 2014; "Alguns aspectos do regime do contrato de empreitada de obras públicas no Código dos Contratos Públicos I", *in Estudos de Contratação Pública - II,* Centro de Estudos de Direito Público e Regulação da Faculdade de Direito da Universidade de Coimbra, Coimbra Editora, 2010; "Alguns aspectos do regime do contrato de empreitada de obras públicas no Código dos Contratos Públicos II", *in Estudos de Contratação Pública – II e III,* Centro de Estudos de Direito Público e Regulação da Faculdade de Direito da Universidade de Coimbra, Coimbra Editora, 2010.

[281] É relevante notar que com a revisão do CCP por intermédio da Lei nº 149/2012, de 12 de julho foi alterado o *regime dos erros e omissões,* salientando-se, em particular, a *clarificação do universo dos erros e omissões* abrangidos pelo CCP por intermédio da nova redação dada ao artigo 61º do Código (sendo, também, de registar as alterações aos artigos 376º a 378º). Do mesmo modo, a disciplina dos *trabalhos a mais* foi modificada, com a alteração do nº 2 do artigo 370º levada a cabo pela mesma Lei, densificando-se melhor os casos em que pura e simplesmente *não pode ser ordenada* a execução de trabalhos a mais. Com a alteração promovida pelo Decreto-Lei nº 111-B/2017, de 31 de agosto, foi introduzida a noção de trabalhos complementares, para substituir a de trabalhos a mais e a de trabalhos de suprimento de erros e omissões.

[282] Para mais e melhores desenvolvimentos *vide* LINO TORGAL, "A empreitada de obras públicas no Código dos Contratos Públicos – breve nota sobre algumas das principais novidades", *Cadernos de Justiça Administrativa,* nº 64, julho/agosto de 2007, p. 55-79.

contrato pelo qual o cocontratante se obriga à execução ou à concepção e execução de obras públicas, adquirindo em contrapartida o direito de proceder, durante um determinado período, à respectiva exploração, e, se assim estipulado, o direito ao pagamento de um preço".

As concessões de obras públicas distinguem-se, portanto, do contrato de empreitada de obras públicas, na medida em que, no âmbito do primeiro contrato, é atribuído ao concessionário o direito de exploração da obra realizada, como contrapartida da construção da mesma, sendo que esse direito implica a transferência da responsabilidade de exploração, que engloba os aspetos técnicos, financeiros e de gestão.

Assim, é ao concessionário que incumbe a tarefa de realizar os investimentos necessários e é ele que assume o peso da amortização da obra e os riscos ligados à construção, à gestão e à utilização do equipamento. O elemento caraterizador das concessões é a transferência do risco do contraente público para o cocontratante, pelo direito de exploração[283].

Note-se que, quer o direito nacional quer o direito da União Europeia, admitem que a remuneração do concessionário seja efetuada não pelo utente, mas pela Administração, desde que essa remuneração seja calculada pela intensidade de utilização do bem ou pela disponibilidade do mesmo segundo as especificações contratuais. Era este o caso das autoestradas SCUTs ("Sem Custos para os Utilizadores"), nas quais as portagens eram *virtuais*.

À data da publicação do CCP, a regulamentação dos contratos de concessão de empreitadas de obras públicas e de serviços públicos constituiu uma inovação, porquanto foi instituído, pela primeira vez em Portugal, um regime próprio disciplinador dos referidos contratos, nos artigos 407º a 430º do CCP, o que significou que o legislador nacional foi além do que lhe era exigido pelo direito europeu dos contratos públicos.

• ***Concessão de Serviços Públicos***

É o contrato pelo qual o cocontratante se obriga a gerir, em nome próprio e sob sua responsabilidade, uma atividade de serviço público, durante um período de tempo, sendo remunerado pelos resultados financeiros dessa gestão ou diretamente pelo contraente público (cfr. artigo 407º, nº 2, do CCP) [284].

• ***Concessão de exploração de bens do domínio público***

É o contrato administrativo em que um particular se encarrega de gerir ou explorar um bem do domínio público (o seu objeto é um bem dominial),

[283] Para maiores desenvolvimentos, Cfr. PEDRO MELO, "A Distribuição do Risco nos Contratos de Concessão de Obras Públicas", Almedina, Coimbra, 2011.

[284] Cfr. FERNANDA MAÇÃS, "A concessão de serviço público e o Código dos Contratos Públicos", *in Estudos de Contratação Pública – I*, Coimbra, Coimbra Editora, 2008, p. 371 e ss.

determinando a transferência da esfera da Administração para a de um particular dos seus direitos relativos à gestão de tal bem, que passa a ser feita pelo concessionário (o bem é-lhe afetado) por sua conta e risco, e em que o particular não é pago pela Administração, mas sim pela cobrança de taxas ao público ou pela exploração económica do bem.

As disposições gerais em matéria de concessões presentes no CCP serão subsidiariamente aplicáveis ao contrato de concessão de exploração de bens do domínio público, tal como refere o artigo 408º CCP. O regime da concessão de exploração do domínio público encontra-se também regulado no artigo 30º do Regime do Património Imobiliário Público[285], existindo, contudo, diversos regimes aplicáveis a contratos específicos pertencentes a esta categoria: tal é o caso da concessão para pesquisa e exploração de massas minerais-pedreiras, prevista no Decreto-Lei nº 270/2001, de 6 de outubro, alterado pelo Decreto-Lei nº 340/2007, de 12 de outubro. Também a concessão de exploração de empreendimentos turísticos, no caso de estes se situarem em bens do domínio público (como acontece, designadamente, em relação a muitos parques de campismo), configura um caso particular de concessão de exploração de bens do domínio público[286].

• ***Locação de bens móveis***

Dispõe o artigo 431º do CCP que se entende por locação de bens móveis o contrato pelo qual um locador se obriga a proporcionar a um contraente público o gozo temporário de bens móveis, mediante retribuição. Para além da locação em sentido estrito, o Código destaca a opção pela locação financeira, que se carateriza pelo facto de, no fim do prazo estabelecido, o locatário ter a opção de compra do bem locado, pelo preço estipulado no contrato ou determinável mediante simples aplicação dos critérios nele fixados (o valor residual). Para além da opção de compra, a locação financeira carateriza-se, também, pelo facto de transferir substancialmente todos os riscos e vantagens inerentes à propriedade.

[285] Aprovado pelo Decreto-Lei nº 280/2007, de 7 de agosto, sucessivamente alterado pela Lei nº 55-A/2010, de 31 de dezembro, Lei nº 64-B/2011, de 30 de dezembro, Lei nº 66-B/2012, de 31 de dezembro, Decreto-Lei nº 36/2013, de 11 de março, Lei nº 83-C/2013, de 31 de dezembro e Lei nº 82-B/2014, de 31 de dezembro.

[286] Cfr. o Decreto-Lei nº 39/2008, de 7 de março (alterado pelo Decreto-Lei nº 228/2009, de 14 de setembro, consagrador do regime jurídico da instalação, exploração e funcionamento dos empreendimentos turísticos e pelo Decreto-Lei nº 15/2014, de 23 de janeiro); e a Portaria nº 1320/2008, de 17 de novembro, sobre os requisitos específicos de instalação, classificação e funcionamento dos parques de campismo e caravanismo.

• ***Aquisição de bens móveis***

O contrato será de aquisição de bens móveis quando o contraente público compra bens móveis a um fornecedor, na aceção do artigo 437º do CCP. O contrato em apreço pode ter por objeto a aquisição de bens a fabricar ou a adaptar em momento posterior à celebração do contrato, de acordo com caraterísticas estabelecidas pelo contraente público.

• ***Aquisição de serviços***

É o contrato pelo qual a Administração adquire a prestação de um ou vários tipos de serviços mediante o pagamento de um preço, como é o caso da aquisição de serviços de consultadoria por entidades públicas. Distingue-se da prestação de serviços, própria do direito privado, pelo facto de o legislador exigir, expressamente, que o contrato seja prestado a título oneroso.

A disciplina do contrato de aquisição de serviços encontra-se prevista nos artigos 450º a 454º do CCP; todavia, parte de uma remissão, claro está que com as necessárias adaptações, para o disposto em sede de contratos de aquisição de bens móveis.

Note-se que, relativamente a estes três últimos tipos contratuais, todos poderiam cair no domínio dos contratos de direito privado da Administração, embora qualificados como contratos públicos. Mas o Preâmbulo do Código é claro neste domínio: "*no campo da aquisição e locação de bens e de serviços, o primeiro tópico a destacar prende-se com a inclusão dos contratos de aquisição de bens móveis, de locação de bens e de aquisição de serviços no rol de contratos administrativos por determinação legal. Todos os contratos deste tipo celebrados por um contraente público passam a ser considerados contratos administrativos e a seguir o regime especial estabelecido neste capítulo e no Título I da Parte III*"[287].

4.3. Contratos administrativos de direito administrativo especial

Uma das notas caraterísticas da administração dos nossos tempos é a procura por soluções negociadas e pela colaboração dos particulares para a realização das suas atribuições, de modo que o contrato é hoje um instrumento jurídico de utilização cada vez mais frequente em todos os âmbitos materiais da Administração Pública.

Destacam-se, pela sua crescente importância, os contratos urbanísticos que podem ser definidos como *os acordos celebrados entre a Administração e os particula-*

[287] Mais desenvolvidamente sobre o regime dos contratos de locação e aquisição de bens e serviços no CCP cfr. José Eduardo Figueiredo Dias, "Os contratos de locação e aquisição de bens e serviços e de alienação de bens", *in Estudos de Contratação Pública – I*, Coimbra, Coimbra Editora, 2008, p. 431 a 480.

res, que têm por objeto a colaboração para preparação ou execução de uma operação urbanística, seja na própria definição das regras urbanísticas seja na sua execução[288].

Estes contratos compreendem uma heterogeneidade de formas e multiplicidade de figuras, desde contratos previstos na lei a contratos apenas celebrados no exercício da autonomia pública contratual inerente à função pública urbanística. Todavia, serão apenas classificados como contratos administrativos os contratos celebrados por uma entidade adjudicante que se encontrem sujeitos a um regime de direito público, neste caso ao direito administrativo, pelo facto de corresponderem a uma satisfação de forma direta ou imediata de uma finalidade pública da específica competência da Administração.

Assim, no âmbito do direito do ordenamento do território e do urbanismo assumem especial relevo, entre outros:

a) Os contratos para planeamento: correspondem aos acordos celebrados entre a Administração e os particulares em momento prévio ao da escolha dos conteúdos urbanísticos, como forma de influenciar as concretas soluções plasmadas nos planos.

b) Os contratos celebrados nos sistemas de execução dos planos: são contratos de colaboração entre a Administração e os privados celebrados no âmbito da execução programada dos planos – nos sistemas de compensação, nos sistemas de cooperação e no sistema de imposição administrativa.

c) Os contratos celebrados no âmbito do reparcelamento enquanto instrumento de execução de planos: são contratos de urbanização ou de desenvolvimento urbano através dos quais os particulares e a Administração se associam para a concretização de operações de reparcelamento urbano, tendo em vista acertar a transformação da situação fundiária e a distribuição dos lotes ou parcelas resultantes do reparcelamento.

d) Os contratos para a assunção de encargos relativos a infraestruturas gerais: contratos celebrados entre os particulares e a Administração, nos quais os particulares garantem a realização de obras de infraestrutura geral ou assumem encargos com a operação urbanística, que seriam da competência da administração municipal, e por isso o seu valor será proporcionalmente abatido nas taxas de urbanização que os particulares estariam obrigados a realizar[289].

[288] Sobre o tema Micaela Giestas, *Urbanismo Concertado. A Contratualização no Planeamento Municipal*, Dissertação de Mestrado, Faculdade de Direito da Universidade de Coimbra, policopiado, 2010.

[289] Para uma breve análise de todos estes contratos cfr. Fernanda Paula Oliveira, "Contratualização Urbanística", *in Estudos sobre Contratação Publica – I*, Coimbra, Coimbra Editora, 2008, pp. 781-829. Sobre os contratos para planeamento, especificamente regulados nos artigos 79º a 81º do Decreto-Lei nº 80/2015, de 14 de maio, que aprovou o novo Regime Jurídico dos Instrumentos de Gestão Territorial *vide* Fernanda Paula Oliveira, *Regime Jurídico dos Instrumentos*

Também, o direito do ambiente não escapa a esta nova lógica do agir administrativo mediante o consenso e a colaboração. Neste ramo especial do direito administrativo, destacam-se:

a) o *contrato de promoção ambiental* celebrado entre as associações representativas dos setores, por um lado, e o Ministério do Ambiente e o ministério responsável pelo setor da atividade económica, por outro, para a promoção da melhoria da qualidade das águas e da proteção do meio aquático através da redução gradual da poluição causada pela descarga de águas residuais no meio aquático e no solo, tal como prevê o artigo 68º do Decreto-Lei nº 236/98, de 1 de agosto;

b) e o *contrato de adaptação ambiental* regulado no artigo 78º do mesmo diploma e segundo o qual, com vista à adaptação à legislação ambiental em vigor das instalações industriais e agroalimentares em funcionamento e à redução da poluição causada pela descarga de águas residuais no meio aquático e no solo, poderão ser celebrados, entre as associações representativas dos setores, por um lado, e os ministérios do ambiente e responsável pelo setor da atividade económica, por outro, contratos de adaptação ambiental. O objeto destes contratos é a concessão de um prazo e a fixação de um calendário, a cumprir pelas empresas aderentes e, eventualmente, a definição das normas de descarga que deverão ser tomadas em conta pela entidade licenciadora, aquando da atribuição ou da renovação das licenças de descarga, na fixação das normas de descarga a respeitar pelas instalações das empresas aderentes[290].

No direito fiscal temos a concessão dos benefícios fiscais através de contrato aos projetos considerados relevantes para o desenvolvimento do tecido empresarial português, em setores de interesse estratégico para a economia nacional – designadamente, na área das tecnologias da informação, do ambiente, da energia, das telecomunicações, da indústria transformadora, da agricultura e do turismo – e para a redução das assimetrias regionais. Antes de 2009, estes contratos encontravam-se previstos e regulados no Estatuto dos Benefícios Fiscais (EBF); todavia, com a aprovação do Decreto-Lei nº 249/2009, de 23 de setembro, diploma designado como Código Fiscal do Investimento (CFI), foi dada autonomia à regulamentação dos benefícios fiscais contratuais.

De notar que, para além dos casos referidos anteriormente, o legislador também consagrou (no artigo 22º do CFI, embora tal já decorresse do artigo

de Gestão Territorial, Decreto-Lei nº 80/2015, de 14 de maio, Comentado, Coimbra, Almedina, 2016, pp. 227 e ss.

[290] Fernanda Maçãs, "Os acordos setoriais como um instrumento da política ambiental", *Revista do Centro de Estudos de Direito do Ordenamento, Urbanismo e Ambiente,* Coimbra, nº 5, 2000, p. 37-54.

41º, números 4, 5, 6, 7 do EBF) a possibilidade de contratualização da concessão de benefícios fiscais à internacionalização das empresas portuguesas, em aplicações relevantes que preencham cumulativamente as seguintes condições: demonstrem interesse estratégico para a internacionalização da economia portuguesa; revelem ter viabilidade técnica, económica e financeira; não se localizem em países, territórios e regiões com regimes de tributação privilegiada claramente mais favoráveis; e, por último, que não impliquem a diminuição dos postos de trabalho em Portugal.

5. O Código dos Contratos Públicos

5.1. Âmbito de aplicação objetivo

Tal como já tivemos oportunidade de referir, o âmbito de aplicação do CCP tem uma dupla matriz:

a) O regime procedimental da contratação pública é tendencialmente aplicável à formação de todo e qualquer contrato público que seja celebrado pelas entidades adjudicantes referidas no Código, cujo objeto abranja prestações que estão ou devam estar submetidas à concorrência de mercado, incluindo: os contratos de empreitada de obras públicas, de locação e aquisição de bens móveis, de aquisição de serviços, de concessão de obras e de serviços públicos e os contratos de sociedade.

O âmbito objetivo de aplicação quanto aos procedimentos de formação dos contratos estende-se também, por via do disposto no nº 3 do artigo 1º, aos procedimentos destinados à atribuição unilateral, pelas entidades adjudicantes previstas no artigo 2º, de quaisquer vantagens ou benefícios, através de ato administrativo ou equiparado, em substituição da celebração de um contrato público.

Assim sendo, diremos que o critério norteador da aplicação do regime procedimental para a formação dos contratos públicos é o princípio da livre concorrência de mercado, que postula uma maximização e aproveitamento de resultados para a Administração, enquanto cliente do mercado de produtos e serviços, e uma competitividade efetiva entre os vários operadores de mercado. *A contrario sensu* resulta que a todos os contratos que não estejam ou não possam, nomeadamente pela sua natureza ou caraterísticas, estar submetidos à concorrência, não serão aplicadas aquelas regras.

No entanto, é importante referir, ainda, que, mesmo nos contratos que funcionam numa lógica de concorrência, estão afastados do âmbito de aplicação os contratos de subsídios, os contratos de aquisição de serviços financeiros relativos à emissão, compra, venda ou transferência de valores mobiliários ou outros instrumentos financeiros e os contratos de aquisição de serviços que tenham por objeto os serviços sociais e outros serviços específicos referidos no Anexo IX do CCP, desde que o valor do contrato seja inferior a € 750.000,00.

Por último, e não menos importante, está também excluída a *contratação in house (artigo 5º-A do CCP)*, conceito que teve a sua génese na jurisprudência do Tribunal de Justiça da União Europeia (TJUE) e acabou por ser acolhido nas diretivas europeias. Assim, nas relações contratuais entre duas entidades não serão aplicáveis as regras do regime procedimental nas hipóteses de a entidade adjudicante exercer, direta ou indiretamente, sobre a atividade da entidade adjudicatária, isoladamente ou em conjunto, um controlo análogo ao que exerce sobre os seus próprios serviços e essa entidade desenvolver o essencial da sua atividade (hoje fixado em 80%) no desempenho de funções que lhe foram confiadas pela entidade adjudicante que a controla ou por outras entidades controladas por tal entidade adjudicante. Na sequência da jurisprudência do TJUE exige-se, ainda, que não haja uma participação direta de capital privado na pessoa coletiva controlada, com exceção de formas de capital privado sem poderes de controlo e sem bloqueio eventualmente exigidas por disposições especiais, em conformidade com os Tratados da União Europeia, e que não exerçam influência decisiva na pessoa coletiva controlada.

O afastamento deve-se ao facto de se tratar de verdadeiras operações internas, e de interdependência, nas quais as entidades adjudicantes controlam e financiam a atividade do adjudicatário, estando este, por isso, sujeito à incidência de especiais poderes por parte da entidade adjudicante.

Para se poder qualificar uma relação contratual como *contratação in house* é hoje necessária a verificação cumulativa dos dois referidos requisitos (o controlo análogo e o destino essencial da atividade que exerce a entidade adjudicatária), bem como a não participação direta de capital privado na entidade controlada, com as exceções acima identificadas.

Por *controlo análogo* deve entender-se uma possibilidade de influência determinante da entidade adjudicante sobre os objetivos estratégicos e as grandes decisões individuais de gestão da entidade adjudicatária, de tal forma que a mesma não tem autonomia decisória. Em causa está um poder de direção, de coordenação e de supervisão da primeira sobre a segunda.

O requisito do *destino essencial da atividade* exercida pela entidade adjudicatária será observado quando o propósito essencial da atividade desta for dirigido à entidade adjudicante, por ser ente instrumental dela, provendo, por isso, à satisfação das necessidades coletivas que aquela visa prosseguir.

b) O regime substantivo dos contratos públicos só se aplica aos contratos administrativos, ou seja, ao acordo de vontades, independentemente da sua forma ou designação, celebrado entre contraentes públicos e cocontraentes privados ou somente entre contraentes públicos, que se integre numa das seguintes categorias:

- contratos que a lei qualifique como contratos administrativos ou então sujeitos a um regime substantivo de direito público;
- contratos com objeto passível de ato administrativo ou que incidam sobre o exercício de poderes públicos;
- contratos que confiram ao cocontraente direitos especiais sobre coisas públicas ou o exercício de funções dos órgãos do contraente público;
- contratos sujeitos por lei a um procedimento de formação regulado por normas de direito público e em que a prestação do cocontraente possa condicionar ou substituir, de forma relevante, a realização das atribuições do contraente público.

Excluem-se totalmente do âmbito de aplicação do Código os contratos previstos no artigo 4º, ou seja, os contratos celebrados ao abrigo de instrumentos de direito internacional, os contratos relativos a relações laborais, os contratos de natureza jurídica privada como a doação de bens móveis, a compra e venda, a permuta ou o arrendamento de bens imóveis e, ainda, os contratos relativos a programas destinados a serviços de comunicação social audiovisuais ou radiofónicos.

5.2. Âmbito de aplicação subjetivo

O artigo 2º do CCP, por influência do direito europeu, delimita o universo de entidades adjudicantes em duas categorias distintas. Numa delas encontram-se as entidades adjudicantes integradas no setor público administrativo tradicional, classificadas como Administração em sentido orgânico: o Estado, as Regiões Autónomas, as autarquias locais, os institutos públicos e as associações e fundações públicas. Para se referir à outra categoria foi introduzido o conceito de *organismo de direito público* como entidade adjudicante, sujeitando, desta forma, *as entidades instrumentais da Administração Pública às regras dos procedimentos pré-contratuais públicos.*

Para que uma entidade detenha a natureza de organismo público é necessário que se verifiquem três requisitos cumulativos: (a) que tenha sido criada, *ab initio*, especificamente para satisfazer necessidades de interesse geral; (b) que a sua atividade não seja industrial ou comercial; e (c) que seja maioritariamente financiada ou controlada (direta ou indiretamente) por entidades adjudicantes.

O segundo requisito referido é aquele que maiores dúvidas tem suscitado. No entanto, a doutrina é unânime em dizer que o relevante é saber se a atividade económica em causa se submete ou não à lógica da concorrência: a natureza empresarial da entidade não é determinante para a questão da sua qualificação como organismo público.

Estão abrangidos nesta designação de organismo de direito público os entes dos setores empresariais do Estado, das Regiões Autónomas e das autarquias locais cuja atividade económica não esteja submetida à lógica de mercado e que, simultaneamente, sejam maioritariamente detidas pelas entidades adjudicantes tradicionais, estando, por isso, sujeitas ao poder de direção, fiscalização e supervisão desta. Por conseguinte, a qualificação de uma empresa pública como organismo de direito público deve ser feita caso a caso e atendendo a estes três requisitos.

O traço distintivo entre empresa pública e organismo de direito público está no facto de o conceito referente à primeira prescindir de qualquer consideração teleológica, relativa aos fins prosseguidos, bastando a simples verificação de uma influência dominante de determinada entidade pública adjudicante; pelo contrário, o *organismo de direito público*, de construção jurídico-comunitária, é "*criado especificamente para satisfazer necessidades de interesse geral, sem caráter industrial ou comercial*" [artigo 2º, nº 2, alínea *a)*, *ii)*].

Desta forma, o conceito de organismo de direito público prende-se, essencialmente, com o modo de atuação da entidade no mercado: se a empresa satisfaz necessidades de interesse geral com caráter industrial e comercial, e atua no mercado numa situação de livre e plena concorrência com outros operadores económicos privados com os mesmos fins, então, não poderá ser classificada como um organismo de direito público, pelo que não será considerada uma entidade adjudicante para efeitos de aplicação do CCP.

6. O Procedimento de Formação dos Contratos Públicos

Resulta do nº 1 do artigo 201º do CPA que "*A formação dos contratos cujo objeto abranja prestações que estejam, ou sejam suscetíveis de estar, submetidas à concorrência de mercado, encontra-se sujeita ao regime estabelecido no Código dos Contratos Públicos ou em lei especial.*", sendo especialmente aplicáveis à formação dos contratos os princípios da transparência, da igualdade e da concorrência (cfr. nº 2 do artigo 201º do CPA). Nesta medida, as entidades públicas devem organizar um procedimento público e transparente destinado à escolha do cocontratante e da proposta mais vantajosa e, por isso, impõem-se exigências de procedimentalização do regime de formação dos contratos públicos[291].

[291] A transparência dos contratos públicos, concretamente dos respetivos procedimentos pré-contratuais regulados no CCP foi reforçada, de forma particular, pelo Decreto-Lei nº 131/2010, de 14 de dezembro, com modificações em algumas regras de formação dos contratos. A novidade mais significativa traduziu-se na introdução do mecanismo do *anúncio voluntário de transparência*, o

Deste modo, o procedimento de formação do contrato desenvolve-se ao longo de três fases distintas:

- a *fase preparatória*, que constitui, em geral, uma fase longa e complexa, na medida em que integra todos os atos jurídicos prévios ordenados à conclusão do contrato público, subdividindo-se na *fase de iniciativa* do procedimento, com a divulgação da decisão de contratar, e na *fase de instrução*, na qual se integra, na maioria dos contratos, o *subprocedimento* de adjudicação;
- *a fase principal ou conclusiva*, que consiste no momento de perfeição do contrato público, isto é, a celebração e outorga do contrato; e, por último,
- a *fase integrativa da eficácia*, no caso de a lei fazer depender a eficácia do contrato de atos integrativos da eficácia.

Não obstante, dada a diversidade e multiplicidade de formas de contratos públicos, observamos não existir um procedimento único e uniforme, que as entidades públicas adotem na formação de todos os contratos que celebram.

Por um lado, há procedimentos que integram o subprocedimento de adjudicação, caraterizado como o momento de aceitação da única proposta apresentada ou seleção, em função do critério de adjudicação, da melhor proposta, na sequência de um anúncio ou convite a apresentar proposta, que será aplicável aos contratos cujo objeto abranja prestações que estão submetidas à livre concorrência, como os contratos de empreitada de obras públicas, concessão de obras públicas e de serviços, locação ou aquisição de bens móveis, aquisição de serviços e contrato de sociedade, bem como a todos os contratos abrangidos pela parte II do CCP.

Contrariamente, nos casos em que a Administração não tem de efetuar a escolha de uma proposta na sequência de um anúncio ou convite dirigido a operadores económicos, por não integrar nenhum procedimento de adjudicação livre e aberto a todos os operadores, a formação dos contratos deve apenas conformar-se com as normas de direito público e com os princípios gerais da atividade administrativa, sobretudo com o princípio da transparência. Dentro destes contratos destacam-se *os contratos sobre o exercício de poderes públicos*, aos quais serão aplicáveis, com as devidas adaptações, as regras do CPA – sendo que, no caso de se tratar de um contrato substitutivo de um ato administrativo,

qual garante que mesmo nos casos em que não tenha sido publicado um anúncio no JOUE antes do lançamento de um procedimento de formação de contrato seja publicitada a decisão de adjudicação, permitindo aos terceiros interessados conhecer tal decisão antes da outorga do contrato e, no caso de o pretenderem, reagir contra a sua celebração. O "anúncio voluntário de transparência" está disciplinado no artigo 78º-A do CCP.

estes seguem o mesmo procedimento pré-contratual que deveria anteceder o ato que substitui.

De notar, ainda, que existem contratos que, pela sua natureza (e como forma de dotar a sua celebração de celeridade), estão isentos de formalidades, consubstanciando-se estas tão só na adjudicação por fatura ou por documento equivalente, ou seja, são intencionalmente desprocedimentalizados por lei. É o caso do regime simplificado de ajuste direto, aplicável à formação de contratos de aquisição ou locação de bens móveis ou de aquisição de serviços cujo preço contratual não seja superior a €5.000 e, após a alteração de 2017, de empreitadas de obras públicas cujo preço contratual não seja superior a € 10.000, previsto nos artigos 128º e 129º do CCP.

6.1. A fase da iniciativa[292]

O procedimento pré-contratual inicia-se com a *decisão de contratar*, isto é, com a tomada de uma decisão pela entidade legalmente competente para o efeito, quanto à indispensabilidade de celebrar um contrato para a satisfação de determinada necessidade coletiva. A decisão de contratar compete ao órgão competente para autorizar a despesa inerente ao contrato, ao qual cabe também praticar a decisão de escolha do procedimento de formação do contrato, devidamente fundamentada.

A fase de iniciativa corresponde à fase de exteriorização da vontade de celebrar contrato, pondo em marcha o procedimento e convidando todos os potenciais interessados na celebração do contrato a apresentar proposta. Por isso, após a decisão de contratar, segue-se a *publicitação do anúncio do procedimento* ou, no caso do ajuste direto, o *envio de convite para a apresentação de propostas*, que vincula a Administração a dar sequência ao procedimento de adjudicação ou no dever de adjudicar, sem prejuízo das situações previstas no artigo 79º do CCP.

De realçar que, tanto a decisão de contratar, como a decisão da escolha do procedimento a adotar tendo em conta a natureza e valor do contrato são apenas atos internos, até à publicitação do anúncio, momento em que adquirem eficácia externa e, por conseguinte, passam a conformar um ato administrativo impugnável.

É também nesta fase inicial que são elaboradas as peças do procedimento, ou seja, o *programa do procedimento*, que consiste no regulamento que define os termos a que deve obedecer a fase de formação do contrato até à celebração, ou o convite à apresentação de propostas, e o *caderno de encargos*, que contém o

[292] Na tramitação procedimental que aqui vamos expor tomaremos como referência os procedimentos de adjudicação.

clausulado a inserir no futuro contrato. Destaca-se, ainda neste ponto, o facto de as peças do procedimento terem necessariamente de ser aprovadas pelo órgão competente para tomar a decisão de contratar e autorizar a despesa[293].

6.1.1. *Os procedimentos de formação do contrato e os critérios de escolha*

No que diz respeito aos procedimentos de adjudicação para a escolha do cocontratante, um dos objetivos do legislador foi a eliminação dos procedimentos (que constavam do anterior CPA) "*que se revelam menos consentâneos com a concorrência ou cujas diferenças em face dos demais não justificariam, apesar disso, a sua autonomização*" (Preâmbulo do Decreto-Lei que aprovou o CCP). Desta forma, o elenco dos procedimentos de formação dos contratos públicos é constituído, atualmente, pelo ajuste direto, consulta prévia, concurso público, concurso limitado por prévia qualificação, procedimento de negociação, diálogo concorrencial e parceria para a inovação.

De acordo com o artigo 38º do CCP, a decisão de escolha do procedimento de formação dos contratos deve obedecer, por um lado, aos pressupostos legais constantes do próprio Código e, por outro, ser devidamente fundamentada e tomada pelo órgão competente para a decisão de contratar. O que significa que, na escolha do procedimento de adjudicação adequado para a celebração do contrato, é preciso ter em conta determinados fatores e disposições imperativas do CCP.

Os critérios que devem ser adotados na escolha do procedimento pré-contratual podem dividir-se em dois grupos distintos:

- O critério quantitativo, em função do valor do contrato, que abrange o preço a pagar pela entidade adjudicante ou por terceiros pela execução de todas as prestações que constituem o objeto contratual, bem como o valor de quaisquer contraprestações a efetuar em benefício do adjudicatário, e ainda o valor económico das vantagens que decorram diretamente para este da execução do contrato e que possam ser configuradas como contrapartidas das prestações que lhe incumbem. Este critério assenta no pressuposto de que quanto maior for o valor do contrato mais operadores económicos estarão interessados em apresentar a sua proposta, que potenciará a competitividade entre eles, tornando ainda maiores as probabilidades de adjudicar a proposta que melhor satisfaça o interesse público, cumprindo-se assim os dois grandes objetivos de uma economia

[293] As normas respeitantes à competência para a autorização da despesa continuam a constar dos artigos 16º a 22º do Decreto-Lei nº 197/99, de 8 de junho, únicas disposições deste diploma que não foram revogadas pelo diploma que aprovou o CCP.

de mercado aberta: o dinamismo do setor privado e uma boa gestão da despesa pública.

- Os critérios materiais são aqueles que permitem a celebração de contratos através de determinados procedimentos, independentemente do valor do contrato, porque em causa estão outros interesses que devem prevalecer à estrita liberdade concorrencial. Tal é o caso da escolha do procedimento de negociação nos contratos de concessão de obras públicas e de serviços, pois estando em causa um contrato de longa duração, o momento da negociação das propostas parece justificar-se.

6.1.1.1. *O ajuste direto*

O ajuste direto destaca-se dos outros procedimentos por em causa estar uma forte limitação da concorrência. Com a alteração introduzida em 2017, o ajuste direto passou a ser mesmo um procedimento sem qualquer concorrência, em que a entidade adjudicante convida diretamente uma única entidade à sua escolha a apresentar proposta. Porém, tem a grande vantagem de ser um procedimento célere e substancialmente mais económico que todos os outros, já que não envolve grandes despesas e recursos como acontece com a tramitação do procedimento concursal.

Mas, exatamente por representar um obstáculo ou travão da concorrência de mercado, este procedimento está atualmente condicionado a requisitos muito apertados, na medida em que se encontram previstos quer requisitos em função do valor, quer requisitos materiais que limitam fortemente a opção pelo ajuste direto.

Os limites máximos do valor dos contratos a ser celebrados, mediante ajuste direto, são de € 30.000 para a empreitada de obras públicas e de € 20.000 para a aquisição de serviços ou aquisição de bens móveis[294]. Quanto aos critérios materiais, a escolha do ajuste direto poderá ser efetuada, designadamente, nas seguintes situações: a) se em concurso anterior nenhum candidato se tiver apresentado ou nenhum concorrente houver apresentado proposta, b) no caso de todas as propostas terem sido excluídas; c) ou, ainda, nos casos de urgência imperiosa resultante de acontecimentos imprevisíveis; d) bem como, nos casos de infungibilidade da pessoa do cocontratante, ou seja, nos casos em que, por

[294] De salientar que, na versão originária do Código, estes limites (cujo valor era, aliás, outro) conheciam algumas exceções, as quais, todavia, foram afastadas pela redação dada à al. *a)* do artigo 19º e à al. *a)* do nº 1 do artigo 20º pela Lei nº 149/2012, de 12 de julho. Como tal, os limites referidos no texto são hoje aplicados, em termos uniformes, independentemente da entidade adjudicante, aos contratos de empreitada de obras públicas e aos contratos de aquisição de bens e serviços.

motivos técnicos ou artísticos, a prestação do contrato só possa ser confiada a uma pessoa.

6.1.1.2. *A consulta prévia*

Em 2017, e em resposta a uma recomendação do Conselho de Prevenção da Corrupção, o legislador nacional recuperou o procedimento de consulta prévia, em que "a entidade adjudicante convida diretamente pelo menos três entidades à sua escolha a apresentar proposta, podendo com elas negociar os aspetos da execução do contrato a celebrar". À semelhança do que acontece no ajuste direto, na consulta prévia é a própria entidade adjudicante que escolhe os operadores económicos que podem apresentar proposta. Trata-se, pois, de um procedimento sem público apelo à concorrência (através da publicação de um anúncio). A diferença essencial está, pois, na tranparência e competitividade que o legislador espera alcançar com a obrigação de um convite a um número mínimo de entidades (neste caso, três).

Atendendo ao valor do contrato a celebrar, a consulta prévia pode ser utilizada para a celebração de empreitadas de obras públicas de valor inferior a € 150.000 e para a celebração de contratos de locação ou de aquisição de bens móveis e aquisição de serviços de valor inferior a € 75.000. O artigo 27º-A do CCP prevê, ainda, que, nas situações previstas nos artigos 24º a 27º (casos para os quais se admite a utilização do ajuste direto com fundamento em critérios materiais), "deve adotar-se o procedimento de consulta prévia sempre que o recurso a mais de uma entidade seja possível e compatível com o fundamento invocado para a adoção deste procedimento". Pelo que, quando a entidade adjudicante pretende mobilizar tais critérios, terá uma tarefa adicional: aferir da possibilidade e compatibilidade legal do convite a mais do que uma entidade.

6.1.1.3. *O concurso público*

O concurso público está aberto à livre concorrência de todos os potenciais interessados, que estão em condições de plena igualdade na apresentação das respetivas propostas, de modo a que a Administração possa escolher a que melhor satisfaça o interesse público.

O CCP consagrou entre nós (salvo raras exceções) uma cláusula geral de livre escolha entre o concurso público e o concurso limitado por prévia qualificação, que deste modo *surgem par a par*. O que se compreende por serem estes os procedimentos mais exigentes na prossecução do interesse público e na observância do princípio da concorrência.

Todavia, existe uma grande distinção entre estes dois procedimentos, na medida em que atualmente o Código opta por eliminar qualquer requisito de capacidade técnica e financeira como condição para participar num concurso público, ou melhor, para celebrar contratos na sequência de concurso público. A apresentação de uma proposta passa a ser uma possibilidade de qualquer interessado.

6.1.1.4. *O concurso limitado por prévia qualificação*

O concurso limitado caracteriza-se pela existência de duas fases distintas: uma fase de prévia qualificação ou de seriação dos candidatos, tendo em conta especiais requisitos de capacidade técnica ou financeira; e outra fase de apresentação de propostas pelos candidatos que foram qualificados.

A entidade adjudicante optará, assim, pelo concurso limitado quando entender que é relevante proceder a uma avaliação autónoma da capacidade técnica e financeira dos candidatos. Comparativamente com o concurso público, este procedimento torna-se, porém, mais oneroso do ponto de vista financeiro e mais moroso, já que nele é necessário proceder a uma avaliação das candidaturas antes mesmo de ser admitida a apresentação de propostas[295].

6.1.1.5. *O procedimento de negociação e o diálogo concorrencial*

Estes dois procedimentos são procedimentos especiais. Com efeito, e com exceção da formação dos contratos de concessão e de sociedade, apenas se pode a eles recorrer com base em critérios materiais, à margem, portanto, da regra geral de liberdade de escolha do procedimento de formação. A verdade é que a diretiva 2014/24/UE parece ter afastado o caráter excecional que caracterizava estes procedimentos, tendo sido bem mais generosa relativamente às situações que permitem a sua mobilização (*v.g.* quando as necessidades da entidade adjudicante não podem ser satisfeitas sem a adaptação de soluções facilmente disponíveis no mercado ou quando os bens ou serviços incluem a conceção de soluções inovadoras). Acresce que, o legislador europeu fez coincidir as situações que permitem a utilização do procedimento de negociação com as que autorizam a mobilização do diálogo concorrencial, o que leva a questionar se a melhor solução não teria sido a sua fusão num único procedimento[296].

Assim, e em primeiro lugar, o procedimento de negociação corresponde àquele em que a entidade adjudicante publica a existência do procedimento nos meios oficiais nacionais, e eventualmente no Jornal Oficial da União

[295] Cfr. Ana Gouveia Martins, "Concurso limitado por prévia qualificação", *in Estudos de Contratação Pública I*, Coimbra, Coimbra Editora, 2008, pp. 229 e ss.; Diogo Duarte de Campos/ /Carla Machado, "Condições de participação em procedimento concursal (Ac. no P. nº 1327/09 do TCAN)", *in Revista de Contratos Públicos*, nº 2, CEDIPRE, Coimbra.

[296] A este propósito cfr. Luís Verde de Sousa, "Um olhar sobre as novidades em matéria de negociação de propostas na directiva de contratos públicos", in *Revista de Contratos Públicos*, nº 13, pp.195.

Europeia (JOUE), podendo qualquer interessado apresentar a sua candidatura. Os candidatos qualificados são posteriormente convidados a apresentar uma proposta, a qual será objeto de negociação[297].

No diálogo concorrencial, por seu turno, existe uma negociação que incide sobre as soluções apresentadas pelos candidatos qualificados em resposta a uma memória descritiva, em que são identificadas as necessidades e exigências que a entidade adjudicante pretende satisfazer com a celebração do contrato. Essa negociação permitirá, depois, à entidade adjudicante construir o seu caderno de encargos.

6.1.1.6 *A parceria para a inovação*

Este procedimento foi, pela primeira vez, consagrado na diretiva 2014/24//UE e vertido para o CCP após a alteração de 2017. Nas palavras do legislador europeu, pretendeu-se criar um procedimento destinado a permitir às entidades adjudicantes "o desenvolvimento e posterior aquisição de produtos, serviços ou obras novos e inovadores, desde que estes produtos, serviços ou obras possam ser disponibilizados de acordo com níveis de desempenho e custos previamente acordados, sem haver necessidade de um procedimento de contratação separado para a aquisição" (cfr. considerando 49 da diretiva). A ideia subjacente é, pois, a de reunir num único procedimento a aquisição de produtos, serviços ou obras inovadores, que inicialmente apresentem uma fase de investigação e desenvolvimento (I&D). O procedimento começa por uma fase de adjudicação da parceria, em que a entidade adjudicante escolhe o projeto (ou projetos) de I&D destinados a satisfazer as suas necessidades, bem como os respetivos parceiros, seguindo-se uma fase de desenvolvimento dos produtos, serviços ou obras e culminando com a fase de aquisição dos produtos, serviços ou obras produzidos. Conforme vem sendo salientado pela doutrina, apenas a primeira fase corresponde a um verdadeiro procedimento de adjudicação (decalcado do procedimento de negociação), sendo as demais fases momentos da execução de um contrato (ou contratos) celebrado após a adjudicação[298].

6.2. *A fase de apresentação de candidaturas e de qualificação dos interessados*

Esta é uma fase aplicável apenas aos procedimentos que exigem uma qualificação prévia, como no concurso limitado, no procedimento de negociação, no

[297] Sobre a matéria da negociação *v.* Luís Verde de Sousa, *A Negociação nos Procedimentos de Adjudicação*, Almedina, Coimbra, 2010.

[298] Cfr. Luís Verde de Sousa, "Um olhar sobre as novidades em matéria de negociação de propostas na directiva de contratos públicos", cit., p. 194.

diálogo concorrencial e na parceria para a inovação, por razões que já explicitámos anteriormente.

A regulamentação desta fase foi pensada, sobretudo, para o concurso limitado por prévia qualificação, pelo que o regime dos procedimentos de negociação, diálogo concorrencial e parceria para a inovação remetem expressamente para o regime aplicável àquele.

Assim, após a publicação em anúncio do procedimento, os interessados devem apresentar a sua candidatura, constituída pelos documentos destinados à qualificação dos candidatos, bem como pela declaração do candidato de inexistência de impedimentos legalmente previstos, através de plataforma eletrónica. A apresentação deve ser feita no prazo fixado pela entidade adjudicante no programa do procedimento.

Terminada esta fase, o júri do concurso procede à apreciação de todas as candidaturas, o que pressupõe a verificação da capacidade técnica e financeira dos candidatos. O Código consagrou dois modelos de qualificação dos interessados: por um lado, o *modelo simples,* previsto no artigo 179º do CCP, no qual se exige aos candidatos que satisfaçam determinados requisitos de capacidade técnica e/ou financeira, e todos aqueles que preencherem esses requisitos são convidados a apresentar propostas; por outro lado, o *modelo complexo ou sistema de seleção,* de acordo com o qual a capacidade dos candidatos é avaliada em função de determinados critérios pré-estabelecidos e estes são hierarquizados em função da maior capacidade, só sendo convidados a apresentar proposta os primeiros qualificados, sendo que o número de candidatos nunca pode ser inferior a cinco [artigo 164º, nº 1, alínea m) ii) do CCP].

Após a análise das candidaturas e da aplicação às mesmas do critério de qualificação, o júri elabora, fundamentadamente, um relatório preliminar, no qual deve propor a qualificação dos candidatos e a exclusão das candidaturas, nos casos previstos no nº 2 do artigo 184º do CCP.

Os candidatos, após notificados deste relatório, podem exercer o seu direito de audiência prévia, devendo o júri tomar em consideração as observações por eles formuladas e elaborar o relatório final, mantendo ou modificando o conteúdo do relatório anterior.

Após a eventual nova audição e tramitação subsequente o relatório final é enviado, juntamente com os restantes documentos que compõem o procedimento pré-contratual, ao órgão competente para a decisão de contratar, para que este adote a decisão de qualificação.

Encerrada esta primeira fase, o órgão competente para a decisão de contratar deve enviar o convite à apresentação de proposta aos candidatos qualificados, conjuntamente com a notificação da decisão de qualificação, acompanhada do relatório final, tal como consta do artigo 189º do CCP.

6.3. *A fase de apresentação, análise e avaliação das propostas*

Tal como prevê o artigo 56º do CCP, a proposta é a declaração pela qual o concorrente manifesta à entidade adjudicante a sua vontade de contratar e o modo como irá proceder à execução das prestações típicas do contrato previstas no caderno de encargos.

Os documentos que constituem a proposta são apresentados diretamente em plataforma eletrónica utilizada pela entidade adjudicante, através de meio de transmissão escrita e eletrónica de dados. Note-se que o prazo para a apresentação de propostas é fixado livremente pela entidade adjudicante, desde que respeitados os limites presentes no Código para cada procedimento. Porém, o prazo fixado para a apresentação de propostas deve ser razoável e por isso deve ser tido em conta o tempo necessário à sua elaboração, em função da sua natureza ou da complexidade das prestações.

Até ao termo do prazo fixado para a apresentação de propostas, os interessados que já as tenham apresentado podem retirá-las, bastando comunicar tal facto à entidade adjudicante, nos termos do artigo 137º do CCP. Todavia, terminado esse prazo, os concorrentes são obrigados a manter as respetivas propostas pelo prazo de 66 dias contados da data do termo do prazo fixado (cfr. artigo 65º do CCP).

Uma vez terminado o prazo estabelecido para a apresentação das propostas, o júri publica a lista dos concorrentes e das propostas, procedendo à análise das mesmas e posteriormente à sua avaliação.

As propostas são analisadas, devendo ser excluídas todas aquelas que integrem as situações previstas nos artigos 70º nº 2 e 146º, nº 2 do CCP.

Após a última alteração ao CCP, a avaliação das propostas, para efeitos de adjudicação, é feita de acordo com o critério da proposta economicamente mais vantajosa, determinada por uma das seguintes modalidades:

- *melhor relação qualidade-preço*, na qual o critério de adjudicação é composto por um conjunto de fatores e eventuais subfactores relativos aos aspetos da execução do contrato a celebrar;
- *preço ou custo*, como únicos aspetos da execução do contrato a celebrar, que só pode ser adotado quando as peças do procedimento definam todos os restantes aspetos da execução do contrato a celebrar. O custo poderá ser calculado com base no ciclo de vida, podendo ser relevados custos relacionados com a aquisição, utilização, manutenção e assistência técnica, de fim de vida e mesmo custos imputados a externalidades ambientais.

6.4. *A preparação da adjudicação*

O júri do procedimento deve elaborar, por fim, um relatório preliminar, no qual analisa as propostas, e propõe, quando se justifique, a exclusão das propostas que não devam ser admitidas, bem como procede à sua avaliação e ordenação.

Os concorrentes, após a notificação deste relatório, podem exercer o seu *direito de audiência prévia*, devendo o júri tomar em consideração as observações feitas e elaborar o relatório final, mantendo ou modificando o conteúdo do relatório anterior.

6.5. A adjudicação e tramitação subsequente

A adjudicação é o ato administrativo que põe fim ao procedimento pré-contratual, sendo da competência do órgão a quem cabe tomar a decisão de contratar. Deve ser notificada aos concorrentes até ao termo do prazo da obrigação de manutenção das propostas, no entanto, no caso de ser excedido este prazo, a entidade adjudicante deve fundamentar o seu atraso e existe sempre o direito de recusa da adjudicação pelo concorrente cuja proposta foi escolhida, existindo ainda um dever de indemnização pelos encargos em que comprovadamente o concorrente tenha incorrido com a elaboração da sua proposta, tal como prevê o artigo 76º do CCP.

Ainda neste ponto, convém relembrar que a adjudicação deve ser publicada através do anúncio, quando o procedimento de formação do contrato tenha sido publicitado através de anúncio no JOUE no prazo de 30 dias após a adjudicação.

O Código prevê causas justificativas de não adjudicação e que, por isso mesmo, determinam a revogação da decisão de contratar (cfr. artigo 80º do CCP), como são os casos em que não seja apresentada nenhuma proposta ou candidatura, ou todas tenham sido excluídas, em que, por circunstâncias imprevistas a entidade adjudicante tenha de proceder à alteração dos aspetos fundamentais das peças de procedimento, ou circunstâncias supervenientes relativas aos pressupostos da decisão de contratar o justifiquem (cfr. artigo 79º do CCP).

Antes da celebração do contrato, existem ainda procedimentos a ser observados, a saber:

i) Apresentação dos documentos de habilitação (artigos 77º, nº 2 alínea a) e 81º)

O adjudicatário deve entregar os documentos que comprovem a sua habilitação para a execução do contrato, nomeadamente o modelo de declaração de inexistência de impedimentos do concorrente ou candidato; os documentos comprovativos de que não se encontra em situação de dívida contributiva à segurança social e às finanças; e ainda os elementos comprovativos da não condenação por nenhum crime que ataque a sua honorabilidade profissional.

Existem, ainda, algumas situações particulares em que devem ser entregues outros documentos em função da natureza do contrato a celebrar: é o caso do alvará para as obras públicas, e da inscrição em lista oficial de fornecedores de bens móveis ou de prestadores de serviços que revele a titularidade das habilitações adequadas e necessárias à execução das prestações objeto do contrato a celebrar.

Após a apresentação dos documentos de habilitação, o órgão competente para a decisão de contratar deve notificar, em simultâneo, todos os concorrentes desse facto, indicando o dia em que ocorreu essa apresentação e disponibilizando-os para consulta na plataforma eletrónica.

ii) Prestação da caução (artigos 77º, nº 2, alínea b) e 88º e segs.)

No caso de contratos que exijam o pagamento de um preço pela entidade adjudicante deve ser exigida ao adjudicatário a prestação de uma caução destinada a garantir a sua celebração, bem como o exato e pontual cumprimento de todas as obrigações legais e contratuais que assume com essa celebração, exceto se o contrato for inferior a €200.000. Em regra o valor da caução é de 5% do preço contratual, porém pode chegar aos 10%, quando o preço da proposta adjudicada seja considerado anormalmente baixo, como garantia do cumprimento.

A não prestação de caução por facto imputável ao adjudicatário implica a caducidade da adjudicação, devendo ser adjudicada a proposta qualificada em lugar subsequente.

iii) Confirmação de compromissos

No caso de estarem envolvidas terceiras entidades, a entidade adjudicante deve notificar os concorrentes para confirmarem os compromissos assumidos por tais entidades, relativos a atributos ou a termos ou condições da proposta adjudicada. A não apresentação da confirmação dos compromissos determina a caducidade da adjudicação, nos termos do artigo 93º do CCP.

6.6. Celebração do contrato

Nos casos em que a celebração do contrato implique a sua redução a escrito, a respetiva minuta é aprovada pelo órgão competente para a decisão de contratar depois de comprovada a prestação da caução pelo adjudicatário. Após a aprovação, a minuta deve ser notificada ao adjudicatário.

A outorga do contrato deve ter lugar no prazo de 30 dias contados da data de aceitação da minuta ou da decisão sobre a reclamação, mas nunca antes de decorridos 10 dias (designado por período de "stand still", exigido pelas diretivas europeias) contados da notificação da decisão ao adjudicatário, de apresentados todos os documentos de habilitação e de comprovada a prestação da caução, quando esta for exigida.

7. O Regime Substantivo dos Contratos Administrativos

Também quanto ao regime substantivo do contrato administrativo, entendeu o legislador prever no novo CPA (artigo 202º) que "*As relações contratuais administrativas são regidas pelo Código dos Contratos Públicos ou por lei especial, sem prejuízo da aplicação subsidiária daquele quando os tipos dos contratos não afastem as razões justificativas da disciplina em causa.*" (nº 1). Quanto estejam em causa contratos sujeitos a um regime de direito privado, determina o CPA (nº 2 do mesmo preceito) que são aplicáveis aos órgãos da Administração Pública as disposições do CPA que concretizam preceitos constitucionais e os princípios gerais da atividade administrativa.

Atenta a remissão operada pelo CPA, cumpre esclarecer que o CCP estabelece a disciplina geral a aplicar aos contratos públicos que revistam a natureza de contrato administrativo e, ainda, um conjunto de regras especiais aplicáveis a tipos contratuais em particular: à empreitada de obras públicas, à concessão de obras públicas e de serviços públicos, à aquisição e locação de bens móveis e à aquisição de serviços.

A autonomização de um regime substantivo aplicável apenas aos contratos administrativos justifica-se, antes de mais, pela *reserva de interesse público,* que prevalece sobre o próprio contrato. O *regime substantivo próprio* carateriza-se genericamente por conferir à entidade pública contratante uma posição de *supremacia jurídica* sobre o cocontratante, na medida em que determina a sua investidura em *poderes públicos de autoridade* que tornam desiguais as posições jurídicas das partes no contrato: a relação contratual não é de pura paridade.

O fundamento para esse regime próprio é, em última instância, o *interesse público* (sobretudo em função das mutações que pode sofrer ao longo da execução do contrato) e a circunstância de tal interesse não poder ceder face ao interesse particular: no fundo, o interesse público prevalece sobre o princípio *pacta sunt servanda,* uma vez que se houvesse uma obediência absoluta a este princípio seria subvertida toda a lógica do direito público.

Todavia, a disparidade relacional entre as partes não é de todo incompatível com o princípio *pacta sunt servanda,* desde que sejam legalmente estabelecidas formas de garantia dos interesses do cocontratante em face daqueles poderes que modelam e prevalecem sobre o estipulado entre as partes, nomeadamente na constituição da Administração na obrigação de indemnizar o contraente privado.

O CCP, ao revogar os artigos 178º a 189º do CPA em vigor à data, introduziu importantes inovações nesta matéria, destacando-se a crescente preocupação com o reforço da autonomia contratual das partes, uma maior responsabilização de todos os intervenientes nas relações contratuais, bem como o desiderato de alcançar uma clara repartição de riscos na execução dos contratos.

7.1. Os poderes de conformação da relação contratual

Estão atualmente previstos no artigo 302º do CCP, recuperando o regime, nos seus aspetos fundamentais, os princípios do contrato administrativo de matriz jurisprudencial francesa, já evidenciados no CPA, mas que agora, com o novo diploma, ganham uma dimensão renovada.

7.1.1. *O poder de direção*

Este poder, consagrado no artigo 304º do CCP, traduz-se na possibilidade – de conteúdo relativamente indeterminado – de o contraente público dirigir *ordens, diretivas* e *instruções vinculativas* ao cocontratante particular sobre o modo de execução técnica, financeira ou jurídica das prestações.

O exercício do poder de direção sobre o modo de execução das prestações pretende assegurar a funcionalidade da execução do interesse público e, por isso, está sujeito a importantes limites. Deve limitar-se ao estritamente necessário para a prossecução do interesse público e deve processar-se de modo a não perturbar a execução do contrato, com observância das regras legais ou contratuais aplicáveis e sem diminuir a iniciativa e responsabilidade do cocontratante, de acordo com o consagrado no nº 2 do artigo 303º do CCP. Vale o disposto também para o poder de fiscalização, que trataremos de seguida.

7.1.2. *O poder de fiscalização*

Através da atribuição deste poder, o contraente público dispõe de prerrogativas de fiscalização técnica, financeira e jurídica do modo de execução do contrato, o que significa que este poder atribui à entidade pública competência para *acompanhar a execução* do contrato, *vigiando* ou *controlando* essa execução, por forma a verificar eventuais insuficiências ou deficiências. Por seu turno, o contraente privado está subordinado a um dever de sujeição a inspeções de locais, equipamentos, registos informáticos e contabilidade e ao fornecimento de informações que não representem segredos profissionais ou comerciais.

Distingue-se do poder anteriormente referido, já que se carateriza por ser um poder passivo e preventivo, que apenas permite à entidade pública acompanhar a execução do contrato e evitar situações de incumprimento, sendo por isso um poder instrumental em relação ao primeiro – as ordens, diretivas ou instruções apenas serão emitidas em função do que for averiguado pela fiscalização à execução do contrato e do que constar dos autos ou relatórios devidamente documentados – o que significa que primeiro a Administração fiscaliza e só depois atua.

De acordo com alguma doutrina, o poder regulado no nº 2 do artigo 325º do CCP pode ser reconduzido aos poderes anteriormente referidos. Este poder permite que, mantendo-se a situação de incumprimento, após notificação do cocontraente e decorrido o prazo tido como razoável, o contraente público pode optar pela efetivação das prestações de natureza fungível em falta, diretamente ou por intermédio de terceiro, mediante notificação para o cumprimento, ou por resolver o contrato com fundamento em incumprimento definitivo[299].

7.1.3. *O poder de modificação unilateral*

Este poder – também designado por parte da doutrina como *princípio da adaptação* ou *adequação ao interesse público* – resulta da relativa infixidez que carateriza o contrato administrativo, precisamente por forma a que o seu conteúdo possa ser adaptado às flutuações do interesse público, entidade dinâmica em permanente evolução – o que explica a sua especial razão de ser nos contratos de longa duração.

A atribuição deste poder assenta no pressuposto de que a dinâmica e mutabilidade do interesse público justifica que a Administração tenha em seu poder uma prerrogativa de alteração das cláusulas respeitantes ao conteúdo e ao modo de execução das prestações previstas no contrato.

Daí que se fale, na perspetiva dos particulares cocontratantes, numa *cláusula de sujeição*, já que estes estão sujeitos às variações do conteúdo do contrato impostas pela Administração – a qual constitui, naturalmente, o "intérprete" do interesse público. Se, no entendimento desta, o interesse público reclamar a alteração do contrato, ela tem poderes para o impor.

De acordo com o artigo 312º do CCP, o contrato poderá ser modificado com fundamento nas condições nele previstas e ainda quando:

- as circunstâncias em que as partes fundaram a decisão de contratar tiverem sofrido uma alteração anormal e imprevisível, desde que a exigência das obrigações por elas assumidas afete gravemente os princípios da boa-fé e não esteja coberta pelos riscos próprios do contrato;
- ou por razões de interesse público decorrentes da necessidade de novas ou de uma nova valoração das circunstâncias existentes.

Este poder é aquele que mais intensamente põe em causa a *lógica do pactum* e em relação ao qual mais se fazem sentir as exigências de limitações ao

[299] Em todo o caso, parece-nos que este poder é, do ponto de vista material, mais intenso, assumindo-se mesmo como uma execução coativa, razão pela qual se poderá porventura enquadrar melhor no poder de aplicação de sanções administrativas.

seu exercício. Desde logo, o CCP consagrou o princípio da intangibilidade do objeto do contrato, de acordo com o qual a modificação não pode conduzir à alteração do núcleo essencial das prestações abrangidas pelo contrato, transformando-o num contrato de natureza diferente[300-301].

Por outro lado, o legislador, preocupado com o princípio da livre concorrência e da igualdade entre os operadores económicos, estabeleceu limites à modificação unilateral (ou mesmo à modificação introduzida por acordo entre as partes). Esses limites à modificação do contrato foram especialmente tratados pela jurisprudência do TJUE, na sua preocupação de garantia do mercado comum, e aprofundados no último "pacote" de diretivas. Assim, de acordo com o atual artigo 313º do CCP, a modificação não pode conduzir à alteração substancial do objeto do contrato, não pode configurar uma forma de impedir, restringir ou falsear a concorrência e não pode alterar o equilíbrio económico do contrato a favor do cocontratante em termos que o coloque numa situação mais favorável do que a inicial. A modificação não será igualmente permitida nos casos em que, se fizesse parte do caderno de encargos, teria ocasionado, de forma objetivamente demonstrável, a alteração da ordenação das propostas avaliadas ou a admissão de outras propostas no procedimento de formação do contrato. A modificação está, também, sujeita a limites quantitativos, respeitantes ao aumento do preço contratual (25% no caso de alteração das circunstâncias e de 10% no caso de razões de interesse público). O legislador exige, ainda, que as alterações objetivas do contrato que representem um valor acumulado superior a 10% (cfr. artigo 315º, nº 1 do CCP) sejam objeto de uma adequada publicitação, a qual é condição de eficácia dos atos ou acordos modificativos para efeitos de quaisquer pagamentos.

Por fim, mas não menos importante, o poder de modificação unilateral tem o seu "reverso", sem o qual nenhum particular se atreveria a celebrar contratos administrativos, sob pena de ficar numa posição de total desproteção: referimo-nos à *reposição do equilíbrio financeiro do contrato.*

Este princípio/cláusula – também designado por *princípio do equilíbrio equitativo das prestações* e que alguns autores consideram uma nota autónoma do regime público dos contratos administrativos – não é mais do que a contrapartida do anterior, uma vez que a subordinação do cocontratante ao poder que a Administração tem de alterar o inicialmente acordado dá-lhe direito a uma indemnização que reponha o equilíbrio do contrato nas condições inicialmente

[300] Sobre o poder de modificação contratual, vide Tiago Duarte, "Os elétricos de Marselha não chegaram a Sintra: o Tribunal de Contas e os limites à modificação dos contratos", *in Revista dos Contratos Públicos*, nº 3, 2011, pp. 27-50.

[301] Cfr. o regime europeu introduzido pelas diretivas 2014/23/EU (artigo 46º) e 2014/24/EU (artigo 72º).

fixadas. A Administração tem de indemnizar o cocontratante, quer no que se refere aos danos emergentes (custos que suportou e que não foram cobertos pelas receitas), quer no que respeita aos lucros cessantes (o que deixou de ganhar)[302].

O artigo especialmente criado para regular o princípio e a operação de reposição do equilíbrio financeiro no CCP (artigo 282º) estipula que a reposição do equilíbrio financeiro pode ser operada por uma das seguintes vias: *i)* a prorrogação do prazo de execução das prestações ou da vigência do contrato; *ii)* a revisão de preços; *iii)* e a assunção do dever de prestar à contraparte o valor correspondente ao decréscimo das receitas esperadas ou ao agravamento dos encargos previstos com a execução do contrato.

O valor da reposição do equilíbrio financeiro corresponde ao necessário para repor a proporção financeira em que assentou inicialmente o contrato e é calculado em função do valor das prestações a que as partes se obrigaram e dos efeitos resultantes do facto gerador do direito à reposição no valor dessas mesmas prestações.

E, como imperativo da sua natureza, consagra o nº 6 do artigo citado que em caso algum a reposição do equilíbrio financeiro pode colocar qualquer das partes em situação mais favorável do que a que, para elas, resultava do quadro inicialmente estabelecido, nem cobrir eventuais perdas que já decorriam do equilíbrio ou que eram inerentes ao risco próprio do contrato.

7.1.4. *O poder de aplicação de sanções*

Em caso de inexecução ou incumprimento do contrato pode o contraente público aplicar sanções, legalmente previstas ou estipuladas contratualmente, como forma de impelir o contraente privado a cumprir as obrigações contratuais que assumiu.

As modalidades típicas de sanções utilizadas neste âmbito são a aplicação de multas contratuais, a rescisão anulatória e o sequestro do contrato.

As *multas contratuais*, isentas de obediência ao princípio da taxatividade, tanto podem consistir numa pena como numa medida compulsória, como é o caso da sanção pecuniária compulsória prevista no artigo 403º do CCP, imposta para cada dia de atraso na execução do contrato. As sanções pecuniárias estão previstas nos nºs 2 e 3 do artigo 329º do CCP, sendo que, em regra, o seu valor não pode ultrapassar 20% do preço contratual. Atingindo esse montante,

[302] O cocontratante só tem direito à reposição do equilíbrio financeiro quando, tendo em conta a repartição do risco entre as partes, o facto invocado como fundamento desse direito altere os pressupostos nos quais o cocontratante determinou o valor das prestações a que se obrigou, desde que o contraente público conhecesse ou não devesse ignorar esses pressupostos.

deve o contraente público proceder à resolução do contrato ou, no caso de a resolução apresentar um grave prejuízo para o interesse público, expor os motivos que o levaram a optar pelo aumento do montante das sanções até aos 30% em detrimento da resolução.

O *sequestro* é o poder através do qual a Administração se substitui ao contraente privado, isto é, o poder de a Administração retomar a gestão do serviço em substituição do concessionário e à custa dele, sempre que se verifique uma situação de incumprimento grave, efetivo ou iminente, das obrigações estipuladas.

Pode ter lugar nas seguintes situações: no caso de cessação ou interrupção, total ou parcial, do desenvolvimento das atividades e da exploração dos serviços objeto da concessão; quando se verifiquem deficiências graves no regular desenvolvimento das atividades e serviços objeto da concessão, bem como situações de insegurança de pessoas e bens; ou no caso de se verificarem deficiências no estado geral das instalações e equipamentos da rede postal pública que comprometam a continuidade e/ou a qualidade da prestação dos serviços objeto da concessão.

Verificado o sequestro, o concessionário suportará todos os encargos resultantes da manutenção dos serviços e as despesas extraordinárias necessárias ao restabelecimento da normalidade da exploração.

O sequestro configura uma medida temporária, que cessa quando for regularizada a situação de inexecução ou de incumprimento ou no caso de impossibilidade da manutenção do contrato, através da resolução do mesmo.

Quanto à resolução sancionatória procederemos à sua análise autónoma de seguida.

7.1.5. *O poder de resolução unilateral*

Trata-se de um poder excecional que a Administração pode exercer com base num interesse público "imperioso", ligado ao objeto do contrato ou à sua razão de ser.

Em face da sua extrema severidade, a resolução deve ter o caráter de *ultima ratio*, só podendo ser originada por uma violação grave dos deveres contratuais: quando o particular não cumprir, de forma culposa, as suas obrigações, determinando com isso grave prejuízo para o interesse público ou quando, não se tratando de resolução sancionatória, não haja outro instrumento suscetível de ser mobilizado no caso concreto.

Atualmente a resolução do contrato administrativo por parte do contraente público pode proceder de três circunstâncias distintas (cfr. artigos 333º e 335º do CCP): por superveniência de um motivo de interesse público que justifique a cessação do vínculo contratual; por alteração anormal e imprevisível das circunstâncias em que as partes fundaram a decisão de contratar; e por inexecução do contrato ou violação grave de deveres contratuais, a designada resolução sancionatória, especificamente regulada no artigo 333º do CCP.

A resolução unilateral pelo contraente público tem a natureza de ato administrativo dotado de força executiva e executória, mas o "preço" da rescisão é o pagamento de uma justa indemnização ao contratante particular, que deverá abranger os danos emergentes e os lucros cessantes, exceto quando a mesma se funde em razões de violação grave das obrigações contratuais, ou seja, quando a mesma for uma resolução sancionatória, caso em que se dá a reversão do direito, tendo a Administração direito a uma indemnização, nomeadamente pelos prejuízos decorrentes da adoção do novo procedimento de formação do contrato.

7.1.6. *O poder de ordenar a cessão da posição contratual*

Para fazer face a situações em que a resolução sancionatória teria o efeito de deixar ao abandono uma obra já iniciada ou a paralisação de uma prestação de serviços até que um novo procedimento pré-contratual seja concluído (razões que, não raras vezes, levavam as entidades adjudicantes a não optar por este caminho), foi introduzido no CCP, pela revisão de 2017, o poder do contraente público ordenar a cessão da posição contratual do cocontratante para um terceiro. O artigo 318º-A do CCP levanta inúmeras dúvidas quanto à operacionalidade prática desta figura. A ideia subjacente a este poder é, porém, bem simples: aproveitar o resultado do procedimento pré-contratual, no âmbito do qual se procedeu à adjudicação da proposta apresentada pelo cocontratante, para encontrar aí, em obediência ao resultado desse procedimento e, como tal, à ordenação das propostas (garantindo-se, desta forma, o respeito pelos princípios fundamentais da contratação pública, designadamente os da transparência e concorrência), o respetivo cessionário, o qual assumirá o lugar do cocontratante "*por mero ato do contraente público, sendo eficaz a partir da data por este indicada*" (cfr. nº 4 do artigo 318º-A).

7.2. A natureza dos poderes de conformação da relação contratual

De acordo com o artigo 307º do CCP, as declarações do contraente público, em regra, são meras declarações de vontade, desprovidas da imperatividade e da força vinculativa ou autoridade caraterísticas dos atos administrativos.

Todavia, tratando-se de ordens, diretivas ou instruções no exercício dos poderes de direção ou fiscalização, ou da decisão de modificação ou resolução unilateral do contrato, bem como de aplicação de sanções relativas à inexecução do contrato, as mesmas *constituem atos administrativos,* com força executiva administrativa, cabendo neste caso ao cocontratante o ónus de os impugnar judicialmente, quando considere tais atos ilícitos. Caso contrário, o ato manter-se-á plenamente eficaz, vinculativo e autoritário.

Existem, todavia, situações em que, para além de força executiva, os atos administrativos conformadores da relação contratual adquirem também força executória, isto é, são atos que, pela natureza dos interesses em causa, podem ser executados coativamente pela própria Administração, sem necessidade de recurso aos tribunais. É o caso dos atos que determinem, em geral, a resolução do contrato ou, em especial, o sequestro ou o resgate de concessões.

Pode, assim, ocorrer uma das três seguintes situações:

i) As emanações do contratante público qualificadas como declarações negociais não têm nem força executiva nem força executória; será esse normalmente o caso das declarações quanto à interpretação e validade do contrato ou sobre a sua execução.

ii) Se se tratar de atos administrativos contratuais relativos a ordens e instruções, ou de uma decisão de modificação unilateral, os atos administrativos têm força executiva, isto é, são diretamente executáveis pela via da ação executiva, não carecendo de prévia declaração pelos tribunais quanto à conformação do seu conteúdo.

iii) Por último, no caso de se tratar de atos que determinem a resolução unilateral do contrato, o sequestro ou o resgate de concessões, ou os que a lei assim o determine, os mesmos são diretamente executados pelo contraente público, prescindindo da exequibilidade promovida pela via judicial.

Esta opção tem, no entanto, suscitado amplas críticas por parte da doutrina, nomeadamente porque alimenta a disparidade relacional entre as partes, conferindo à Administração poderes de autotutela pouco compatíveis com uma verdadeira relação jurídica contratual. De facto, a maioria das decisões, e sobretudo aquelas que são suscetíveis de gerar mais controvérsia entre as partes, tem força executiva, pelo que a resolução dos conflitos nelas originados terá que ser efetuada por via do contencioso de impugnação.

Contudo, acreditamos que a opção do legislador teve em conta o reconhecimento de que, por imperativos de interesse público, é necessário assegurar uma posição de supremacia jurídica do contraente público, devendo admitir-se que ele disponha de instrumentos de defesa urgentes para compelir o particular ao cumprimento do contrato ou à resolução do mesmo. Por isso, concordamos com Rodrigo Esteves de Oliveira quando afirma que *"para assegurar a prevalência contratual do interesse público ou da função administrativa não é necessário, longe disso, que a Administração transporte para a relação contratual a sua condição geral de* potentior personna. *(...). Mas a atuação por ato administrativo deve existir (e estar legalmente prevista) para assegurar a permanente e eficaz disponibilidade administrativa do interesse público contratualizado e, embora aqui a questão não se coloque num plano tão fundamental, mas ainda assim útil e justificado, nas garantias de supervisão e controlo (poder de direção) e de contínua compulsão (em regra, por via das multas contratuais ou similares), rapidamente efetiváveis. É essa a razão de ser da autoridade no contrato administrativo.*"[303]

8. Invalidade do contrato administrativo

O regime do CCP em matéria de invalidades do contrato administrativo assenta numa dupla matriz: de um lado estão as invalidades resultantes ou consequentes dos atos administrativos relativos ao procedimento de formação dos contratos públicos, cujas consequências jurídicas estão previstas no artigo 283º do CCP; do outro, as invalidades próprias e exclusivas do contrato em si mesmo, previstas no artigo 284º.

8.1. Invalidades procedimentais ou derivadas

A consagração de um regime específico para este tipo de invalidades tem como pressuposto que se o contrato nasce inquinado então a sua validade está originariamente comprometida, já que existe uma relação substancial de causalidade entre a validade do ato de que dependeu a formação do contrato e a validade do contrato. Basta pensarmos no caso das invalidades das decisões pré-contratuais, como acontece com a exclusão indevida de um concorrente cuja proposta, a não ser praticado esse ato, poderia até ser ordenada em primeiro lugar, sendo-lhe adjudicado o contrato. Neste caso "*O contrato será então inválido, não por causa de um vício próprio, mas em consequência da invalidade (rectius, da invalidação) de um acto prévio.*" Nesta medida, entende-se que se encontra vertido neste artigo o princípio da identidade de desvalor jurídico entre o contrato e os atos administrativos de que haja dependido a sua celebração[304].

O artigo 283º do CCP prevê duas consequências diferentes em função da natureza da invalidade do ato de formação: serão nulos os contratos quando o ato precedente for nulo e, inversamente, serão anuláveis se o ato administrativo sofrer do mesmo vício.

Todavia, por força da aplicação do princípio da proteção da confiança e da boa fé, casos há em que os efeitos anulatórios dos atos não se repercutem no próprio contrato. É isso que acontece quando, ponderados os interesses públicos e privados em presença e a gravidade da ofensa gerada pelo vício do ato

[303] Rodrigo Esteves de Oliveira, "O Ato Administrativo Contratual", *Cadernos de Justiça Administrativa*, nº 63, maio/junho 2007, p. 3-17 (p. 5).

[304] Neste sentido, Freitas Do Amaral, *Curso de Direito Administrativo*, Vol. II, cit., p. 500.

procedimental em causa, a anulação do contrato se revele desproporcionada ou contrária à boa-fé; ou quando se demonstre inequivocamente que o vício não implicaria uma modificação subjetiva no contrato celebrado, nem uma alteração do seu conteúdo essencial.

8.2. Invalidades próprias do contrato

O regime destas invalidades encontra-se previsto no artigo 284º do CCP e refere-se aos pressupostos exigidos quanto à legitimidade das partes, ao objeto do contrato, à sua adequação à forma contratual e a invalidades decorrentes do conteúdo das cláusulas e da forma do contrato, entre outras.

Nos termos do artigo referido, os contratos serão nulos por determinação legal, isto é, quando se verifique algum dos fundamentos previstos no CCP, no artigo 161º do CPA ou em lei especial. Pelo contrário, o contrato será meramente anulável quando for celebrado com ofensa de princípios ou normas injuntivas.

Além do mais, no nº 3 do preceituado, o legislador manteve a determinação da aplicabilidade aos contratos administrativos das disposições de direito privado relativas à falta e vícios da vontade, que já constava do revogado artigo 185º do anterior CPA.

O Código estabelece, ainda, no artigo 285º, as consequências da invalidade dos contratos, procedendo à distinção, entre os contratos com objeto passível de ato administrativo e outros contratos sobre o exercício de poderes públicos[305] (aos quais será aplicável a disciplina que seria aplicável a um ato com o mesmo objeto e idêntica regulamentação da situação concreta); e os restantes contratos, cujo regime aplicável será o regime de invalidade previsto no CCP e na legislação administrativa (alteração introduzida em 2017, sendo que antes se remetia para o regime de invalidade do direito civil).

[305] Filipa Urbano Calvão, "Contratos sobre o exercício de poderes públicos", *in Estudos de Contratação Pública – I*, Coimbra, Coimbra Editora, 2008.

Parte IV
As Garantias dos Administrados Perante a Administração Pública

1. A Proteção dos Particulares Perante a Administração Pública: os Tipos de Garantias

Decorre diretamente do artigo 266º, nº 1 da CRP, que "a Administração Pública visa a prossecução do interesse público, no respeito pelos direitos e interesses legalmente protegidos dos cidadãos" (itálico nosso).

No entanto, para a proteção dos direitos e interesses legalmente protegidos dos cidadãos não basta o reconhecimento constitucional destes, tornando-se necessário, também, criar um conjunto de garantias adequadas que permita aos interessados, em face de uma infração por parte da Administração, reagir e defender-se dela.

As garantias dos particulares (neste caso, dos administrados) traduzem-se, assim, nos "*meios criados pela ordem jurídica com a finalidade de evitar ou sancionar as violações do direito objetivo, as ofensas dos direitos subjetivos ou dos interesses legítimos dos particulares, ou o demérito da ação administrativa, por parte da Administração pública*".[306]

Numa classificação tradicional, as garantias dos particulares podem assumir a natureza de *garantias políticas*, de *garantias administrativas* (ou graciosas, na antiga designação) e de *garantias jurisdicionais* (ou contenciosas), sendo o critério determinante desta distinção o do tipo de órgão a quem é confiada a sua efetivação: órgãos políticos do Estado (designadamente órgãos previstos na Constituição), nas do primeiro tipo; órgãos da própria Administração Pública, nas de segundo tipo; e órgãos jurisdicionais, nas do último tipo.[307]

[306] Freitas do Amaral, *Curso de Direito Administrativo*, Vol. II, cit., p. 607. Freitas do Amaral salienta (ob. cit., p. 607 e seg.) que a definição proposta contém, "como que entrecruzadas, três classificações de garantias: por um lado, garantias preventivas (ou a priori) e garantias reparadoras (ou a posteriori); por outro, garantias de direito objetivo e garantias dos particulares; e, enfim, garantias de legalidade e garantias de mérito".

[307] Sobre esta classificação cfr. Paulo Otero, *Manual de Direito Administrativo*, Vol. I, cit, p. 118 a 121. Nas garantias políticas integra o autor o direito de sufrágio, o direito de participação na vida

É também comum a distinção entre *garantias jurisdicionais* e garantias não jurisdicionais, as quais se dividem, por sua vez, em *garantias administrativas* e *outras garantias não jurisdicionais* (categoria que integra também as tradicionais garantias políticas, mas, para além delas, algumas outras). Será deste critério que partiremos, sendo certo, porém, que não faremos aqui qualquer referência às garantias jurisdicionais por estas serem, no âmbito dos planos de estudos das nossas faculdades de Direito, objeto de disciplinas próprias e específicas.

Numa classificação que aqui também interessa referir, é comum distinguir-se no âmbito das garantias administrativas, entre *garantias petitórias* e *garantias impugnatórias* (estas últimas também designadas de impugnações administrativas): ao passo que as primeiras têm por base um *pedido*, não havendo nelas um ato administrativo a impugnar, as segundas têm por base uma *impugnação*, havendo um ato administrativo, já praticado, a impugnar ou "atacar"[308].

2. Garantias Administrativas

2.1. O autocontrolo administrativo

As garantias graciosas ou administrativas assentam na institucionalização, dentro da própria Administração, de mecanismos de controlo da sua atividade (autocontrolo), com vista a assegurar o respeito da legalidade, a observância do dever de boa administração e o respeito pelos direitos subjetivos e interesses legítimos dos particulares. Como assinalam João Caupers e Vera Eiró, as "garantias administrativas *efetivam-se através dos órgãos da Administração Pública*, aproveitando as próprias estruturas administrativas e os controlos de mérito e de legalidade nelas utilizados", podendo ser de legalidade, de mérito e mistas.[309]

Desempenham, assim, um importante papel na fiscalização da *legalidade* e ainda da *conveniência* e *oportunidade* administrativas (mérito), bem como na garantia dos direitos e interesses dos particulares – que dispõem, deste modo, da possibilidade, no caso de já ter sido tomada uma decisão, de fazer o autor refletir sobre a mesma ou de convocar, para uma eventual revisão do ato, um órgão superior, supostamente mais habilitado[310].

politica e na vida pública, o direito de iniciativa popular, o direito de petição e o direito de resistência. Refere-se, ainda, este autor, às garantias internacionais e europeias (p. 121 a 124).

[308] Cfr. Freitas do Amaral, *Curso de Direito Administrativo*, vol. II, cit., p. 613.

[309] João Caupers / Vera Eiró, *Introdução ao Direito Administrativo*, Âncora Editora, 12ª edição, 2016, p. 374.

[310] Vieira de Andrade, *Lições de Direito Administrativo*, cit., p. 247. Para mais desenvolvimentos cfr. Paulo Otero, "As Garantias dos Particulares no Código do Procedimento Administrativo", in *Scientia Iuridica*, Tomo XLI, 1992, p. 49 e ss. e "Impugnações Administrativas" in *Cadernos de Justiça*

No que toca ao regime das garantias administrativas plasmado no CPA de 2015, as novidades trazidas podem ser valoradas em termos positivos, havendo novidades com algum significado, que resultarão do que vamos expor de seguida. De acordo com Jorge Sampaio e José Duarte Coimbra[311], "Uma avaliação global do novo CPA em matéria de procedimentos administrativos de segundo grau permite concluir que as soluções agora inscritas no Código oferecem uma resposta adequada à generalidade dos problemas identificados no quadro do anterior regime". Segundo os mesmos Autores[312], "sem proceder a qualquer *revolução* no quadro dos procedimentos administrativos de segundo grau, o novo regime introduz dezenas de alterações, as quais se reconduzem a dois tipos de intervenção legislativa", sendo duas delas de cariz "estrutural" ("a solução do destino a dar aos recursos e reclamações de utilização *necessária* e a consagração da possibilidade de reagir perante omissões administrativas") a que somam "diversas modificações, correções e aditamentos pontuais ao regime geral e aos regimes especiais das reclamações e dos recursos administrativos".

2.2. Vantagens e inconvenientes

Uma primeira referência merece o facto de o legislador admitir no novo CPA que as garantias que tradicionalmente se designavam de impugnatórias (reclamação, recurso hierárquico e demais recursos administrativos), por visarem reagir contra uma decisão tomada (impugnação de ato), também possam ser utilizadas para reagir contra a omissão ilegal de atos administrativos, em incumprimento do dever de decisão, o que significa que elas assumem, nesta dimensão, a natureza de garantias petitórias (por se destinarem a solicitar a emissão do ato pretendido) – cfr. nº 1 do artigo 184º.

Na sua dimensão de impugnação do ato, o seu pressuposto é a existência de uma prévia decisão administrativa que se procura, junto da própria Administração, anular, revogar, modificar ou substituir[313].

A principal vantagem deste tipo de garantias, nomeadamente em relação às garantias contenciosas, reside no facto de a Administração, ao contrário dos tribunais, não se limitar a apreciar questões de legalidade, podendo ainda rea-

Administrativa, nº 28, p. 50 e ss.; Esteves de Oliveira e outros, *Código do Procedimento Administrativo*, 2 ª ed., Almedina, Coimbra, 1997, p. 743 a 804.

[311] Cfr. Jorge Sampaio / José Duarte Coimbra, "Os procedimentos Administrativos de Segundo Grau no novo CPA", in: AAVV., *Comentários ao Novo Código do Procedimento Administrativo*, coord. Carla Amado Gomes et. All., cit., vol. II, p. 537-583 (p. 345).

[312] Ob. cit., p. 545 e seg..

[313] Também se pode obter por sua via a sanação do ato (ratificação, reforma ou conversão) ou a declaração da respetiva nulidade.

preciar as suas decisões também segundo critérios de oportunidade ou conveniência (mérito), tal como determina hoje o nº 3 do artigo 185º do CPA (embora referindo apenas a "inconveniência").

Em segundo lugar, a Administração, para além de poder anular ou declarar a nulidade dos seus atos pode ainda revogar, modificar ou substituí-los por outros, o que não é permitido aos tribunais fazer. A que acresce o facto de a utilização das vias impugnatórias administrativas suspender atualmente o prazo da impugnação judicial dos atos administrativos objeto de impugnação, o qual só volta a correr com a notificação da decisão proferida sobre a impugnação administrativa ou com o decurso do respetivo prazo legal (artigo 59º, nº 4, do CPTA e nº 3 do artigo 190º do CPA), com o benefício adicional de o interessado poder optar pela impugnação judicial mesmo na pendência da impugnação administrativa e, além disso, requerer ao tribunal a adoção de providências cautelares que se mostrem adequadas à tutela dos seus direitos e interesses (artigo 59º, nº 5, do CPTA).

De referir ainda, como vantagem da existência de garantias administrativas, o facto de o procedimento para as efetivar se caraterizar pela simplicidade, informalidade e quase gratuitidade, bem como pela desnecessidade de constituição de advogado e de suportar custas judicias, sendo, por isso, muito mais céleres e acessíveis.

Alguns inconvenientes são, contudo, apontados a este tipo de garantias. É que, não raras vezes, os órgãos da Administração tendem a privilegiar os critérios de eficiência na prossecução do interesse público, em detrimento do rigoroso respeito pela proteção dos direitos subjetivos e interesses legítimos dos particulares e a reclamação e o recurso administrativo não têm, em geral, efeitos suspensivos dos efeitos das medidas impugnadas (nº 2 do artigo 189º do CPA), pelo que a Administração pode proceder à execução dos seus atos na pendência dessas impugnações administrativas – embora, como se referiu, o interessado possa sempre, nestas situações, requerer ao tribunal a adoção das providências cautelares que se mostrem adequadas à tutela dos seus direitos e interesses protegidos, designadamente, a suspensão da eficácia dos atos administrativos.

2.3. Tipos e regime das garantias administrativas

2.3.1. *Regime comum*

Nas garantias administrativas inclui o CPA a reclamação, o recurso hierárquico e os recursos administrativos especiais.[314] A diferença entre elas encontra-se no órgão perante o qual a garantia é efetivada, respetivamente, o autor do ato (na reclamação), o seu superior hierárquico (no recurso hierárquico) e, no caso dos recursos administrativos especiais, um órgão da mesma pessoa coletiva sem relação de hierarquia, mas com poderes de supervisão; o órgão delegante em relação aos atos do delegado; e um órgão colegial em relação a atos e omissões de qualquer dos seus membros, comissões ou secções (qualquer destas situações integrava-se no CPA de 1991 nos recursos hierárquicos impróprios); por fim, um órgão de outra pessoa coletiva, com poderes de superintendência ou de tutela (o tradicional recurso tutelar).

Refira-se, desde logo, que o Código do Procedimento Administrativo estabelece um regime comum às várias garantias administrativas. Começaremos por o analisar para, mais adiante, nos debruçarmos especificamente sobre o que é próprio de cada um dos tipos específicos: a reclamação, o recurso hierárquico e os demais recursos administrativos especiais.

Assim, e em primeiro lugar, quanto ao *objeto* da reclamação ou dos recursos, passa a prever-se, de forma inovadora, a possibilidade de estas garantias serem utilizadas para reagir contra a omissão ilegal de atos administrativos, em incumprimento do dever de decisão [artigo 184º, nº 1, alínea b)], prevendo-se, para além do mais, a possibilidade de suprir a omissão quer por parte do órgão recorrido quer por parte do órgão para que se recorre.

No que concerne ao seu *fundamento*, sempre que a lei não determine o contrário, as reclamações e os recursos podem ter por fundamento a *ilegalidade* (invalidade) ou *inconveniência* do ato praticado ou da omissão (nº 3 do artigo 185º)[315], exceto no caso do recurso para órgão que exerça poderes de superin-

[314] Com o novo CPA deixam de existir os recursos hierárquicos impróprios que, juntamente com os recursos tutelares, passam a constituir um recurso por motivos especiais e a integrar uma nova categoria de recurso: os recursos administrativos especiais (artigo 197º do CPA).
Refira-se que o disposto nos artigos 184º a 199º do CPA se aplica às garantias administrativas que têm como objeto atos administrativos (a sua prática ou omissão). Para os regulamentos administrativos vale o disposto no artigo 147º, que, contudo, manda aplicar o regime dos artigos 189º a 190º no que concerne às garantias facultativas de atos administrativos.

[315] Relativamente à omissão, na medida em que apenas se pode fazer usos destas garantias quando a mesma seja uma omissão ilegal, terá de se entender com as devidas cautelas a ideia de que a reclamação ou o recurso se podem fundamentar na inconveniência: tal significa que o interessa-

tendência e tutela, em que a inconveniência ou inoportunidade do ato ou da omissão apenas pode servir de fundamento nos casos em que a lei estabeleça uma tutela de mérito (v.g. a tutela sobre a Administração indireta, já não sobre a Administração autónoma) – cfr. nº 3 do artigo 199º.

Do ponto de vista da sua *natureza*, estas garantias têm agora, por regra, caráter facultativo[316], a não ser que a lei expressamente as denomine de necessárias (artigo 185º, nº 2 do CPA). A este propósito estabeleceu o legislador, no artigo 3º do Decreto-Lei que aprovou o Código, um regime transitório material, determinando que apenas manterão o caráter de impugnação necessária aquelas impugnações em relação às quais a lei anterior à entrada em vigor do CPA utilize as expressões "necessária", "do ato em causa existe sempre impugnação" e a "utilização de impugnação administrativa suspende ou tem efeito suspensivo"[317].

No que concerne à *legitimidade* para o seu desencadeamento, rege o artigo 186º: os titulares de direitos subjetivos ou interesses legalmente protegidos que se considerem lesados pela prática ou omissão do ato administrativo, bem como as pessoas e as entidades constantes dos nºs 2 a 4 do artigo 68º do CPA.[318]

Refira-se que não pode haver reclamação ou recurso sempre que o interessado tenha, sem reserva, aceitado, expressa ou tacitamente, o ato administrativo depois de praticado (artigo 186º, nº 2).

Do ponto de vista dos *prazos para a sua interposição*, estes diferem consoante digam respeito à impugnação de um ato (neste caso o prazo depende do tipo de garantia utilizada)[319] ou à reação a omissões ilegais (situação em que a re-

do pode solicitar a emissão do ato quer se trate de um ato vinculado quer de um ato discricionário, não valendo em relação a este último as limitações que existem quando se pretende superar a omissão por via judicial.

[316] As reclamações e os recursos são *necessários* quando a possibilidade de acesso aos meios contenciosos de impugnação ou condenação à prática de ato devido dependa da sua prévia utilização e são *facultativos* quando a possibilidade de acesso aos meios contenciosos de impugnação ou condenação à prática de ato devido não dependa da sua prévia utilização.

[317] Em anotação a estas regras – quer a regra do caráter facultativo das reclamações e recursos prevista no nº 2 do artigo 185º do Código, quer o preceito contido no artigo 3º do diploma que o aprovou – Vieira de Andrade salienta a formulação estrita utilizada no CPA ao exigir que a lei utilize expressamente a palavra "necessário", bem como o sentido fortemente restritivo em que foram reguladas as impugnações administrativas necessárias existentes à data da entrada em vigor do Código: cfr. Fausto de Quadros et all., *Comentários à revisão do Código do Procedimento Administrativo*, cit., p. 399.

[318] Não se entende porque não se alinhou esta legitimidade com a prevista no artigo 55º do CPTA em relação à impugnação judicial do ato.

[319] Tratando-se de um ato que deva ser notificado aos interessados, esse prazo conta-se a partir da data da notificação. No caso de quaisquer outros interessados o prazo para a impugnação de atos

clamação ou os recursos podem ser interpostos no prazo um ano (artigo 187º) a contar da data do incumprimento do dever de decisão (artigos 129º e 188º, nº 2).

Os *efeitos* destas garantias *sobre a eficácia do ato* resultam do artigo 189º e diferem consoante estas sejam necessárias ou facultativas. As garantias administrativas necessárias têm efeitos suspensivos da eficácia do ato; por sua vez, as facultativas não têm estes efeitos suspensivos, a não ser que a lei disponha em contrário ou quando o autor do ato ou o órgão competente para conhecer do recurso, oficiosamente ou a pedido do interessado (a qualquer momento e que tem de ser decidida em 5 dias – nº 3 do artigo 189º) considere que a execução imediata causa prejuízos irreparáveis ou de difícil reparação ao destinatário e, cumulativamente, a suspensão não cause prejuízo de maior gravidade para o interesse público (artigo 189º, nº 2). A prova para este efeito ocorre nos termos do nº 4 do artigo 189º, sendo este pedido de suspensão cumulativo com a possibilidade de pedidos de suspensão perante os tribunais administrativos (artigo 189º, nº 5).

Quanto aos *efeitos sobre os prazos*, rege o o artigo 190º segundo o qual a reclamação de atos ou omissões sujeitos a recurso administrativo tem efeitos suspensivos do prazo de interposição destes no caso de reclamação necessária, tendo as garantias administrativas, mesmo que facultativas, efeitos suspensivos dos prazos de interposição de ações nos tribunais administrativos: estes só retomam o seu curso com a notificação da decisão proferida para a impugnação administrativa ou com o decurso do respetivo prazo (artigo 190º, nº 3). O que não é impeditivo de o interessado, querendo, as propor ou de requerer a adoção de providências cautelares (artigo 190º, nº 4).

Analisado o regime comum às várias impugnações administrativas vejamos agora as regras específicas que regulam cada uma delas.

2.3.2. *A reclamação*

A reclamação consiste, nos termos dos artigos 191º do CPA, na impugnação do ato perante o *seu próprio autor* e pode consistir numa reação a omissão de qualquer ato administrativo (artigo 184º e 191º, nº 1 do CPA).

Salvo disposição legal em contrário, pode-se reclamar *de todos os atos administrativos* (artigo 191º, nº 1 do CPA), exceto dos atos que decidam, eles próprios, reclamação ou recurso, a não ser que se pretenda reclamar com fundamento em omissão de pronúncia (artigo 191º, nº 2).

que não tenham de ser obrigatoriamente publicados conta-se a partir do primeiro dos seguintes factos: notificação, publicação, conhecimento do ato ou da sua execução (artigo 188º, nºs 1 e 2).

No entanto, a reclamação é, em regra, *facultativa*, apenas sendo *necessária* quando, por determinação legal expressa ou inequívoca, seja pressuposto da impugnação judicial do ato.

Segundo a doutrina, uma vez que na generalidade dos procedimentos administrativos o interessado pode pronunciar-se em sede de audiência prévia dos interessados, a reclamação perdeu grande parte do seu relevo prático.

A reclamação pode ter por fundamento a *ilegalidade* ou a *inconveniência* do ato administrativo (artigo 185º, nº 3 do CPA), podendo solicitar-se, na mesma – a qual deve ser apresentada no prazo de 15 dias a contar da notificação, da publicação, ou do conhecimento do ato ou da sua execução, conforme os casos (artigo 188º do CPA) – a declaração de nulidade, a anulação do ato ou a respetiva convalidação, se tiver sido considerado ilegal, ou a sua suspensão, revogação, modificação ou substituição. Nos casos de omissão ilegal de atos administrativos a reclamação deve ser apresentada no prazo de um ano (artigo 187º do CPA) contado desde a data do incumprimento do dever de decisão (artigo 188º, nº 3 do CPA).

Antes da decisão e logo que apresentada a reclamação, o órgão competente para a decisão deve notificar aqueles que possam ser prejudicados pela sua procedência para alegarem, no prazo de 15 dias, o que tiverem por conveniente sobre o pedido e os seus fundamentos. Trata-se assim de notificar os contrainteressados (artigo 192º, nº 1 do CPA).

O prazo para o órgão competente apreciar e decidir a reclamação é de 30 dias (artigo 192º, nº 2 do CPA), valendo o silêncio, nos casos de reclamação necessária, como a possibilidade de o interessado utilizar o meio de tutela, administrativo ou contencioso, adequado para a satisfação da sua pretensão (artigo 192º, nº 3).

A reclamação *não suspende a eficácia do ato*, exceto quando se trate de uma reclamação *necessária* (ou então quando o autor do ato, oficiosamente ou a pedido dos interessados, considere que a execução imediata causa ao destinatário prejuízos irreparáveis ou de difícil reparação: artigo 189º do CPA). Tratando-se de reclamação de atos ou omissões sujeitos a recurso administrativo necessários ela suspende, contudo, como referimos, o *prazo de impugnação* judicial, embora não impeça o reclamante de propor a ação respetiva nem de requerer a adoção de medidas cautelares (artigo 190º do CPA). Tratando-se de reclamação de atos ou omissões sujeitos a recurso administrativo necessário, a sua interposição suspende o prazo para a interposição daquele.

2.3.3. *O recurso hierárquico*

O recurso hierárquico corresponde à faculdade conferida aos particulares de impugnarem um ato praticado ou de reagirem contra a omissão ilegal de atos administrativos por um órgão subalterno junto do *respetivo superior hierárquico* (artigo 193º do CPA), o qual deve aqui ser entendido como o *mais elevado superior hierárquico do autor do ato impugnado*, salvo em caso de delegação de poderes (art. 194º, nº 1, do CPA). A razão de ser desta solução está em obter uma decisão "verticalmente definitiva" da Administração sobre o caso.

Salvo disposição legal em contrário, podem ser objeto de recurso hierárquico todos os atos administrativos praticados por órgãos subalternos ou omissões a eles imputadas, isto é, sujeitos a poderes de hierarquia de outros órgãos.

O pedido formulado no recurso hierárquico pode consistir, tal como na reclamação, na solicitação da declaração de nulidade, anulação ou convalidação do ato, se o mesmo for considerado ilegal, ou então na sua suspensão, revogação, modificação ou substituição, por razões de oportunidade ou conveniência, mas neste caso apenas quando o superior dispuser de poderes dispositivos (e não de mera fiscalização), por não se tratar de uma competência exclusiva do subalterno.

O recurso hierárquico pode ser *obrigatório* ou *necessário* (quando seja uma condição *sine qua non* da impugnação judicial desse mesmo ato ou à condenação à prática do ato devido) ou *facultativo* (quando o ato é suscetível de impugnação judicial imediata, independentemente da interposição daquele): artigo 185º, nº 1 do CPA. Apesar de o regime do CPTA, ao consagrar no seu artigo 51º a eficácia externa e a lesividade como critérios fundamentais da impugnabilidade dos atos, ter afastado como regra geral o recurso hierárquico necessário este, como vimos, continua a ser legítimo quando previsto em legislação especial[320].

É de 30 dias o prazo para interposição do recurso hierárquico necessário (artigo 193º, nº 2 do CPA), devendo o recurso hierárquico facultativo ser interposto no prazo da impugnação judicial, que é de três meses (artigos 193º, nº 2 do CPA e 58º, nº 2, do CPTA). Os recursos contra a omissão ilegal de atos administrativos podem ser apresentados no prazo de 1 ano (artigo 187º do CPA), contado desde a data do incumprimento do dever de decisão (artigo 188º, nº 3 do CPA).

[320] Como referimos antes (a propósito da noção de definitividade do ato administrativo), o Tribunal Constitucional e o STA, ao contrário do que defende uma parte da doutrina, entendem que não há inconstitucionalidade das impugnações administrativas necessárias, porque se trata da fixação por lei de um pressuposto processual que constitui um mero condicionamento ou, quando muito, de uma restrição legítima do direito de acesso aos tribunais, cujo conteúdo essencial não é tocado. Sobre esta questão vide, por todos, Vieira de Andrade, "Em defesa do recurso hierárquico – Anotação ao Acórdão nº 499/96 do Tribunal Constitucional", cit..

A inobservância do prazo de recurso hierárquico necessário tem como consequência a perda do direito à impugnação judicial, ou seja, à possibilidade de obter uma pronúncia judicial sobre o ato administrativo em causa.[321]

O CPA de 2015 procedeu, comparativamente com o CPA de 1991, à alteração de formalidades da tramitação do recurso hierárquico, aperfeiçoando-o e simplificando-o.

Assim, ainda que o recurso deva ser dirigido ao mais elevado superior hierárquico do autor do ato ou omissão (salvo se a competência para a decisão se encontrar delegada ou subdelegada) a sua interposição é apresentada ao autor do ato ou da omissão, devendo este dar de imediato conhecimento da sua apresentação ao órgão competente para decidir e tendo ainda de notificar, à semelhança do que ocorre na reclamação, os contrainteressados (artigo 195º CPA). O autor do ato deve pronunciar-se sobre o recurso (no prazo de 15 dias ou de 30 no caso de haver contrainteressados) e remetê-lo ao órgão competente para dele conhecer, dando conhecimento da remessa do processo ao recorrente.

Existindo elementos no processo que demonstrem suficientemente a procedência do recurso pode o autor do ato recorrido revogar, anular, modificar ou substituir o ato mas nunca em sentido menos favorável ao recorrente, dando desse facto conhecimento ao órgão competente para conhecer do recurso (artigo 195º, nº 3 e 4).

No caso de um ato ilegalmente omitido pode o autor do mesmo praticá-lo na pendência do recurso, devendo dar conhecimento aos órgãos competentes para conhecer do mesmo da respetiva prática. Neste caso podem o recorrente ou os contrainteressados pedir que o recurso prossiga desde que aleguem novos fundamentos e juntem elementos probatórios novos considerados pertinentes, o que deve ser feito dentro do prazo previsto para a interposição do recurso hierárquico contra o ato praticado (nºs 5 e 6 do artigo 195º).

Refira-se que, nos termos do artigo 197º, nº 2, do CPA, o órgão competente para conhecer do recurso não fica obrigado a tomar como proposta de decisão, nem fundamentar para remissão para ela, a pronúncia emitida pelo autor do ato ou da omissão.

A interposição do recurso hierárquico, seja necessário seja facultativo, *suspende os prazos para a impugnação judicial do ato impugnado* (artigo 190º, nº 3), mas apenas o recurso hierárquico necessário *suspende os efeitos do ato recorrido* (salvo quando a lei dispuser o contrário ou quando o autor do ato ou o órgão compe-

[321] Uma dúvida que se coloca é a de saber se este prazo também vale quando se pretende invocar a nulidade do ato que, como vimos, pode ser feita a todo o tempo. Neste caso ou terá de se concluir que não há lugar a recurso hierárquico necessário ou que, solução para a qual nos inclinamos, o recurso hierárquico não tem prazo.

tente para decidir o recurso considerem que a sua não execução imediata causa prejuízos irreparáveis ou de difícil reparação ao destinatário: artigo 189º, nºs 1 e 2)[322]. Sem prejuízo de a suspensão da execução poder ser pedida pelos interessados a qualquer momento, o que deve ser decidido em cinco dias (artigo 189º, nº 3) ou de haver pedido de suspensão da eficácia do ato perante os tribunais administrativos (artigo 189º, nº 5).

Como se referiu, no procedimento do recurso hierárquico prevê-se quer a intervenção do órgão recorrido - junto do qual aquele recurso tem de ser interposto e que lhe pode dar provimento (artigos 194º, nº 2, e 195º) - quer de eventuais contrainteressados (artigo 195º).

O prazo para a *decisão* é de 30 dias úteis a contar da remessa do processo ao superior (artigo 198º).

A decisão expressa pode ser de confirmação ou de anulação, conforme os poderes do superior (e sem sujeição ao pedido), não sendo necessária a audiência prévia (a não ser porventura em algumas situações de substituição).

Se a competência do autor do ato não for exclusiva (o que não é pacífico já que alguma doutrina defende que no caso de se tratar de ato estritamente vinculado, o superior hierárquico deve poder substituir o mesmo, ainda que a competência do subalterno seja exclusiva), pode também revogá-lo, modificá-lo ou substituí-lo, ainda que em sentido desfavorável ao recorrente não havendo, desta forma, uma vinculação do órgão competente ao pedido do recorrente (artigo 197º, nº 1). Tem ainda como poderes, anular, no todo ou em parte o procedimento administrativo e determinar a realização de diligências complementares ou a realização de nova instrução (caso em que o prazo de decisão do recurso é elevado para 90 dias - artigo 198º, nº 2).

No caso de se tratar de omissão do dever de decisão de ato ilegalmente omitido, o órgão competente para decidir o recurso pode ordenar a prática do mesmo ou substituir-se ao autor do órgão, no caso de a competência não ser exclusiva deste.

O superior hierárquico deve apreciar todas as questões suscitadas nos recursos hierárquicos, quer necessários quer facultativos, não obstante a letra da lei apenas referir os primeiros (artigo 198º, nº 3 do CPA)

A eventual falta de decisão dentro do prazo ou o indeferimento do recurso hierárquico necessário conferem ao interessado a possibilidade de impugnar

[322] Ao invés, o recurso facultativo não suspende a execução do ato recorrido, mas tanto a autoridade recorrida como a autoridade competente para decidir o recurso podem decidir a suspensão dos efeitos, seja por iniciativa própria, seja a pedido do interessado. Na verdade, quem tem poderes para revogar o ato administrativo também tem para suspender a sua execução (cfr. art. 189º, nº 2, do CPA).

contenciosamente o ato do órgão subalterno ou de fazer valer o seu direito ao cumprimento, pelo mesmo órgão, do dever de decisão.

2.3.4. *Dos recursos administrativos especiais*

São recursos administrativos especiais todos aqueles que não são recursos hierárquicos. Passam, assim, a integrar esta categoria os anteriores *recursos hierárquicos impróprios* (os recursos interpostos para um órgão da mesma pessoa coletiva que exerça poderes de supervisão sobre o órgão recorrido; os recursos interpostos para o órgão colegial, de atos ou omissões de qualquer dos seus membros, comissões ou secções; os recursos para o delegante ou subdelegante de atos praticados pelo delegado ou subdelegado[323]) bem como *os recursos tutelares* (recursos de atos ou omissões de um órgão para o órgão de uma pessoa coletiva que exerça sobre ele poderes de tutela ou de superintendência). Refira-se que para haver recurso tutelar não é suficiente que a lei preveja uma relação de tutela: tem de prever expressamente a possibilidade deste recurso. Mesmo nestes casos, o recurso tutelar apenas pode ter por fundamento a inconveniência ou inoportunidade do ato ou da omissão nos casos em que a lei estabeleça uma tutela de mérito, e apenas pode ocorrer, no seu âmbito, a modificação ou substituição do ato recorrido ou omitido desde que a lei confira ao órgão tutelar poderes de tutela substitutiva e a mesma seja exercida no âmbito daquela (cfr. artigo 199º, nº 3 e 4, do CPA).

Aos recursos especiais são aplicáveis as disposições reguladoras do recurso hierárquico, mas, quanto ao recurso tutelar apenas na parte em que não contrariem a natureza própria deste e o respeito devido à autonomia da entidade tutelada (artigo 199º, nº 5 do CPA).

[323] Como referimos supra a propósito da delegação de poderes, o atual CPA veio, ao contrário do que sucedia no anterior Código, determinar que o recurso do órgão delegado para o delegante apenas pode ser mobilizado quando exista *expressa previsão legal,* o que tem suscitado fortes dúvidas já que faz com que este recurso se transforme, de uma garantia genérica inerente à relação de delegação, numa figura excecional, limitando grandemente (e gravemente) as garantias dos interessados já que, ainda que o delegante continue a poder exercer as suas competências supervisivas espontaneamente a todo o tempo, não o pode fazer a pedido dos interessados (sendo esta a situação mais normal pela qual toma conhecimento do ato praticado).
Sobre esta questão vide o que referimos antes defendendo que se pode obviar à aparente excecionalidade do recurso para o delegante por uma das formas: (i) ou entendendo-se que esta previsão corresponde a um *erro manifesto,* sanável através de uma interpretação corretiva; (ii) ou entendendo-se que, por restringir de forma desproporcional as garantias dos interessados, a solução legal é *inconstitucional.* Cfr. Alexandre Sousa Pinheiro, Tiago Serrão, Marco Caldeira e José Duarte Coimbra, *Questões Fundamentais para Aplicação do CPA*, cit., pp. 304-307.

3. Outras Garantias não Jurisdicionais

3.1. As queixas a autoridades públicas independentes

Uma das tendências que, nos últimos tempos, mais tem marcado a realidade organizativa da Administração Pública é a que passa pela criação de autoridades públicas independentes com funções de controlo da Administração Pública, designadamente com poderes de apreciação de queixas dos particulares, funcionando, por este motivo, como verdadeiros instrumentos de garantia dos direitos e interesses legítimos dos administrados.

Diferentemente do que sucede com as impugnações administrativas tradicionais, as referidas queixas são apresentadas a autoridades exteriores à Administração comum e visam apenas o controlo da legalidade e não do mérito (já que essas entidades não podem apreciar a conveniência ou oportunidade dos atos administrativos visados).

Exemplos de entidades que podem exercer esta função são a *Comissão de Acesso aos Documentos Administrativos (CADA)*[324] e a *Comissão Nacional de Proteção de Dados (CNPD)*[325].

3.2. As queixas ao Provedor de Justiça

O Provedor de Justiça é um órgão público, independente do Governo, da Administração e dos tribunais, que é eleito pelo Parlamento por maioria qualificada (artigo 23º, nº 3, da CRP) e não está sujeito a ordens ou instruções alheias.

A sua função principal é a de receber e apreciar queixas dos cidadãos contra a atuação ilegal ou "injusta" da Administração Pública.

Não detém, porém, poderes decisórios, não podendo dar ordens à Administração. Os seus poderes são apenas poderes persuasórios: se o Provedor entender que o particular tem razão na sua queixa pode dirigir *recomendações* às

[324] A Comissão de Acesso aos Documentos Administrativos é uma entidade pública independente, que funciona junto da Assembleia da República. Uma das suas funções consiste em apreciar as queixas dos cidadãos sobre o exercício do direito de acesso aos documentos administrativos. Embora a Comissão não tenha poderes decisórios sobre as questões submetidas à sua apreciação, ela pode, porém, obrigar a Administração a reapreciar a questão. A este propósito, vide Lei nº 10/2012, de 29 de fevereiro (alterada pela Lei nº 26/2016, de 22 de agosto), que aprovou o Regulamento Orgânico da CADA.

[325] Esta Comissão é igualmente uma entidade administrativa independente que funciona junto da Assembleia da República e que tem como atribuição controlar e fiscalizar o cumprimento das disposições legais e regulamentares em matéria de proteção de dados pessoais, com respeito pelos direitos do Homem e pelas liberdades e garantias consagradas na Constituição e na lei. A organização e o funcionamento da CNPD estão reguladas na Lei nº 43/2004, de 18 de agosto, e de entre as suas várias competências destaca-se a de apreciar as reclamações, queixas ou petições dos particulares.

autoridades competentes. Estas recomendações podem assumir os mais variados conteúdos: revogação ou substituição de um ato administrativo, prática de determinado ato administrativo, etc.

No exercício das suas funções, o Provedor tem poderes para efetuar visitas, inspeções, pedir informações, proceder a inquéritos e a quaisquer investigações que considere necessárias.

3.3. O direito de petição em geral

O direito de petição consiste na faculdade reconhecida a indivíduos ou grupos de indivíduos de se dirigirem a quaisquer autoridades públicas apresentando petições, representações, reclamações ou queixas destinadas à defesa dos seus direitos, das leis ou do interesse geral (artigo 52º da CRP).

Trata-se de um direito político que tanto pode ser exercido perante órgãos de soberania (Assembleia da República, Governo, Presidente da República), como perante quaisquer autoridades públicas, incluindo naturalmente os órgãos e serviços administrativos.

O direito geral de petição analisa-se em diversos sub-direitos: *direito de petição em sentido estrito* (reclamação de providências por parte dos poderes públicos); *direito de representação* (chamada de atenção ou protesto relativo a qualquer problema existente ou às consequências de uma determinada ação administrativa); *direito de queixa* (protesto contra o comportamento de determinado agente ou órgão administrativo); e *direito de reclamação* (contestação de decisões administrativas tomadas ou anunciadas).

Parte V
Os Meios da Atividade Administrativa

Para a prossecução da sua atividade, a Administração necessita de *bens* e de *pessoal* (trabalhadores). Uns e outros são *meios da atividade administrativa*. Dado o relevo que cada uma destas temáticas assume no direito administrativo, far-lhes-emos aqui uma referência, ainda que breve.

Capítulo I
Os Bens Como Meios da Atividade Administrativa

Para levar a cabo a sua atividade de prossecução de interesses públicos, a Administração necessita de *bens*. Para esse efeito, pode utilizar *bens próprios*, isto é, bens que se encontram subordinados ao seu domínio, ou utilizar *bens dos administrados*, sobre os quais exerça determinados poderes no interesse geral.[326] Em face desta dualidade, deve fazer-se uma distinção clara entre os dois tipos de bens, o que justifica a sua análise autónoma, a que procederemos de seguida.

1. Os Bens da Administração

1.1. Variedade de bens e heterogeneidade de regimes

Os bens que pertencem à Administração – e que esta utiliza, de forma mais ou menos direta, na prossecução de interesses públicos – caraterizam-se pela sua *variedade*, encontrando-se, para além do mais, sujeitos a *regimes jurídicos diferenciados*.

Por isso é comum distinguir-se, de entre os bens que pertencem à Administração, aqueles que integram o *seu domínio público*, dos que pertencem ao *seu domínio privado*, diferenciando-se, ainda, quanto a estes, os bens do *domínio privado disponível* dos bens do *domínio privado indisponível*.

A dificuldade está, antes de mais, na determinação de um critério preciso que os permita separar: se é certo que em causa estão sempre *bens que pertencem a um ente público* (critério *subjetivo*), terá de se aferir se se trata de bens que

[326] Marcello Caetano, *Manual de Direito Administrativo*, Vol. II, 10ª ed., p. 879.

se encontram submetidos a um regime jurídico essencialmente modelado por normas de direito público (critério *estatutário*) devido à sua indispensabilidade para a realização da função ou serviço público a que estão destinados (o que se verifica no caso dos bens do domínio público, mas também do domínio privado indisponível) ou se, pelo contrário, estão em causa bens que obedecem a uma regulação essencialmente moldada de acordo com ditames jurídico-privatísticos (os bens do domínio privado disponível).

Vejamos com mais atenção cada um destes grandes grupos de bens sujeitos ao domínio da Administração.

1.2. O domínio privado da Administração

1.2.1. *Conceito e regime*

O domínio privado da Administração é constituído pelo *conjunto dos bens pertencentes a entidades públicas que estão, em princípio, sujeitos ao regime de propriedade estatuído na lei civil e, consequentemente, submetidos ao comércio jurídico-privado, sem prejuízo de eventuais derrogações de direito público aplicáveis em cada caso.*

Esta definição tem na sua base uma ideia tradicional, de acordo com a qual:

- Os bens do domínio privado da Administração são identificados pela negativa ou de acordo com um critério *residual*: neles se integram todos aqueles que, sendo pertença de entidades públicas, não sejam qualificáveis como bens públicos.
- Os bens do domínio privado da Administração não se encontram adstritos, de forma imediata, à satisfação de concretos interesses públicos, destinando-se, em regra, à sua máxima rentabilidade, no sentido de serem economicamente úteis ou financeiramente rentáveis para a Administração.

Por estes motivos o que caraterizaria os *bens do domínio privado da Administração* seria a sua *comerciabilidade de direito comum,* traduzida na suscetibilidade de os mesmos serem objeto de relações jurídicas privadas ou de situações reguladas pelo direito civil (designadamente de negócios jurídicos privados como a alienação, a locação, a troca, o comodato, etc.).

1.2.1.1. *A crítica à sujeição dos bens privados a um regime meramente privatístico*

Aquela tese tem vindo, porém, a ser crescentemente posta em causa, já que o facto de estes bens pertencerem à Administração não pode deixar de marcar o seu regime: ainda que não se encontrem adstritos a nenhuma finalidade pública específica (o que decorre, muitas vezes, do facto de terem sido adquiridos pela Administração de forma ocasional, nomeadamente por intermédio de doações particulares ou de execuções fiscais) e apesar de a sua única finalidade ser a de produzirem rendimentos, a sua *disponibilidade* não significa uma sujeição total ao direito privado.

Desde logo, porque se bem que os mesmos possam ser alienados ou onerados pela Administração e objeto de tráfico jurídico normal, tal apenas pode suceder *pelas formas prescritas na lei administrativa* (a título de exemplo, a sua aquisição e alienação são efetuadas, em regra, por via concursal e a respetiva venda abaixo do seu preço real ou efetivo é interdita se não ocorrerem circunstâncias de excecional interesse público que o justifiquem)[327].

Por este motivo se afirma atualmente que, embora os bens do domínio privado da Administração sejam *res in commercium* (podendo ser objeto de direitos privados) e estejam, por isso, no seu essencial, *sujeitos ao comércio jurídico privado*, os mesmos encontram-se igualmente (para não dizer predominantemente) sujeitos a *normas de direito público*, de onde decorre que o regime que atualmente os rege é *um regime especial*, dotado de muitas exorbitâncias e derrogações em relação ao direito comum, que acaba por colocar o direito privado num plano secundário. Tal é assim a ponto de se poder afirmar que aquilo que deveria ser a regra (o direito comum) transforma-se, atualmente, numa exceção.

Como afirma Bernardo Azevedo "*Deixamos (...) de ter um regime de direito privado «corrompido» na sua pureza ou ingenuidade pela respetiva miscigenação com regras e princípios de direito público direta e imediatamente convocados a estabelecer a disciplina dos bens patrimoniais, para ter, muito simplesmente, um regime de direito público entrecortado, a espaços e pontualmente, pela aplicação subsidiária do direito civil*"[328].

E este facto é confirmado pelo disposto no Decreto-Lei nº 280/2007, de 7 de agosto, que estabelece um conjunto de regras e princípios que se aplicam também à gestão dos bens imóveis do domínio privado do Estado e dos institu-

[327] Em contrapartida, e ao invés do que sucede noutros ordenamentos jurídicos próximos do nosso (como é o caso do francês), nada há que concorra para a afirmação de um princípio geral de impenhorabilidade dos bens pertencentes a entidades públicas incluídos no seu património privado disponível. Apesar deste facto, Bernardo Azevedo considera que para além dos bens integrados no domínio privado indisponível da Administração, pode bem suceder que dentro do universo de bens do seu domínio privado disponível alguns se encontrem diretamente destinados à satisfação de necessidades de interesse geral, o que, em princípio, deve legitimar a sua subtração às regras de execução decorrentes do regime comum. Facto que parece confirmado pelo artigo 823º do Código de Processo Civil, que isenta de penhora os bens do Estado "*...que se encontrem especialmente afetados à realização de fins de utilidade pública*". Cfr. Bernardo Azevedo, "Domínio Privado da Administração", *in Tratado de Direito Administrativo Especial* – Volume III (coord. Paulo Otero e Pedro Gonçalves), Coimbra, Almedina, 2010, p. 52 e ss, nota 50.

[328] Idem, p. 56.

tos públicos [alínea b) do nº 1 do artigo 1º][329], e de acordo com o qual o direito privado passa a funcionar em regime supletivo, só se aplicando na ausência de regras e princípios especialmente dirigidos à definição do regime aplicável aos bens do domínio privado da Administração.

Em suma, a Administração fica, neste âmbito sujeita a um regime marcadamente administrativo, "*...no que constitui a prova mais evidente da progressiva publicização (...) da disciplina aplicável ao seu domínio privado*"[330].

1.2.1.2. *A critica à ideia de que os bens privados não estão adstritos à prossecução imediata de interesses públicos*

A doutrina tem vindo também a negar que o domínio privado disponível seja constituído simplesmente por bens propriedade da Administração que não se encontram afetos à produção de nenhuma utilidade pública específica (razão pela qual o regime comum do direito civil seria suficiente para os proteger), já que a propriedade da Administração está sempre e em qualquer caso vinculada à prossecução de finalidades de imediato interesse público, o qual, aliás, legitima a sua qualidade de proprietária.

Deste modo, o desígnio último que deve presidir à gestão destes bens tem de se fundamentar, sempre, na forma de dar realização a finalidades de interesse público (ainda que esta passe pela otimização da sua rentabilidade financeira ou, se tal se não revelar possível, pela sua alienação). Por esse motivo, o único parâmetro de referência para a sua aquisição, administração e alienação é a sua afetação, por definição e globalmente, à *satisfação de interesses públicos* (v.g. relacionados com políticas de habitação, de ordenamento do território, ambientais, etc.), abandonando-se, assim, o estigma que impendia sobre estes bens, de que apenas serviam de fonte de receitas para as entidades públicas.

Assim, determina o nº 1 do artigo 31º do Decreto-Lei nº 280/2007, que "*As entidades referidas na alínea b) do artigo 1º podem,* ***para instalação ou funcionamento de serviços públicos*** *ou* ***para a realização de outros fins de interesse público****, adquirir o direito de propriedade ou outros direitos reais de gozo sobre imóveis, a título oneroso ou gratuito, nos termos previstos nos artigos 32º a 41º.*" (destacado nosso).

[329] Para BERNARDO AZEVEDO o Decreto-Lei nº 280/2007 é, atualmente, o diploma, dotado das indispensáveis notas de unicidade sistémica e coerência interna, em que se condensa o essencial da regulação aplicável à gestão do domínio privado imobiliário da titularidade de entes públicos. No que concerne aos bens do domínio privado mobiliário do Estado, dispõe o Decreto-Lei nº 307/94, de 21 de dezembro: IDEM, p. 56.

[330] Cr. BERNARDO AZEVEDO, ob. cit., p. 58. Segundo o Autor esta é uma tendência que se constata em vários ordenamentos jurídicos europeus, com exceção do germânico, onde a gestão do património financeiro da Administração se desenvolve em submissão exclusiva ao direito privado. Cfr. p. 58 e ss., nota 56.

Por sua vez, estipula o nº 1 do artigo 52º do mesmo diploma legal, que "*A administração de bens imóveis compreende a sua conservação, valorização e rendibilidade, tendo em vista* ***a prossecução do interesse público*** *e a racionalização dos recursos disponíveis, de acordo com o princípio da boa administração*" (destacado nosso).

Por fim, e nos termos do nº 1 do artigo 77º, "*Podem ser vendidos imóveis do domínio privado do Estado e dos institutos públicos* ***cuja propriedade não seja necessária à prossecução de fins de interesse público*** *e cuja manutenção na sua propriedade não seja conveniente*" (destacados nossos).

1.2.2. *Formação e extinção do domínio privado*

1.2.2.1. *Aquisição de bens do domínio privado*

Dos vários modos de aquisição, por parte da Administração, de bens destinados a integrar o seu domínio privado, podem distinguir-se os *modos de direito privado* – modalidades aquisitivas de bens constantes do Código Civil para as coisas privadas em geral, designadamente o contrato de compra e venda, de troca, de doação, a sucessão *mortis causa* e a usucapião – e os *modos de direito público* – a expropriação, a nacionalização, a execução fiscal, a sucessão de pessoas coletivas extintas; e, ainda, a reversão para o concedente, no termo da concessão, de obras executadas por concessionários; a cessação da dominialidade pública (desclassificação ou desafetação); a cedência de bens, no âmbito de determinadas operações urbanísticas, para o domínio municipal; etc.

De referir, como mencionámos, que os termos da concretização das modalidades de aquisição dos bens pelo direito privado se encontram regulados no Decreto-Lei nº 280/2007 (cfr., em especial, os artigos 31º e ss.). Assim, a título de exemplo, a Administração não adquire a quem entende, mas com aquele que, no seu juízo discricionário, lhe ofereça a proposta economicamente mais vantajosa, na sequência de um procedimento pré-contratual simplificado de consulta ao mercado, que atua sob o signo da concorrência e da transparência.[331] O que determina que, ainda que as modalidades aquisitivas sejam de direito privado, estas são levadas a cabo nos termos definidos nas leis administrativas e mediante procedimentos de direito público.

Mais, não existe nenhuma relação entre a natureza jurídico-privada de certos bens da Administração e o modo, público ou privado, de aquisição dos mesmos. Com efeito, a aquisição pode ser feita pela via do direito público e o bem integrar o domínio privado da Administração, como pode suceder o reverso desta situação.

[331] Para mais desenvolvimentos sobre estas modalidades cfr. BERNARDO AZEVEDO, ob. cit., pp. 69 a 75.

1.2.2.2. *Extinção do domínio privado*

Também no que toca à extinção do domínio privado da Administração encontramos *modos de direito privado* e *modos de direito público*.

No primeiro grupo estão, por exemplo, os contratos de compra e venda e de permuta. Aqui, tal como na aquisição deste tipo de bens, a Administração encontra-se vinculada, porventura de forma mais intensa, ao respeito pela tramitação associada a procedimentos públicos de natureza concorrencial, designadamente os de *hasta pública* (artigos 86º e ss. do Decreto-Lei nº 280/2007), que funciona como o procedimento residual; o de *negociação, com publicação prévia de anúncio* (artigos 96º e ss), que funciona como o procedimento preferencial ou regra; e o de *ajuste direto* (artigos 15º e ss.), que se apresenta como o procedimento de caráter excecional[332].

No que respeita aos modos de direito público, podemos apontar o caso da *reversão dos bens expropriado*s (artigo 5º do Código das Expropriações) e as *mutações dominiais*, entre outros.

1.2.3. *Administração e gestão do domínio privado*

A administração do domínio privado da Administração compete, ao menos normalmente, aos órgãos da respetiva pessoa coletiva pública, ou de outra a que se encontrem cedidos, sendo de ressalvar que não tem de forçosamente coincidir a respetiva titularidade dominial com a responsabilidade pela correspondente gestão.

No caso do Estado, a gestão do *domínio privado disponível* está globalmente confiada à Direção-Geral do Tesouro e Finanças (Ministério das Finanças), cabendo-lhe inventariar, conservar e dar destino aos bens integrados no domínio privado do Estado.

Como se referiu *supra*, a gestão dos bens do domínio privado da Administração, se bem que vise também a sua rentabilização económico-financeira, é determinada sempre com vista à satisfação de necessidades públicas: assim o determina o nº 1 do artigo 52º do Decreto-Lei nº 280/2007, nos termos do qual "*A administração de bens imóveis compreende a sua conservação, valorização e rendibilidade, tendo em vista a prossecução do interesse público e a racionalização dos recursos disponíveis, de acordo com o princípio da boa administração*".

No que concerne às modalidades de administração do domínio privado da Administração por via contratual, o Decreto-Lei nº 280/2007 identifica a *cedên-*

[332] Sobre a celebração de contratos de alienação de bens no âmbito do Decreto-Lei nº 280/2007, de 7 de agosto, cfr. José Eduardo Figueiredo Dias, "Os Contratos de Locação e Aquisição de Bens e Serviços e de Alienação de Bens", *in Estudos de Contratação Pública*, vol. I, CEDIPRE, Coimbra Editora, 2008, p. 431-479 (p. 462-469).

cia de utilização (artigos 53º e ss.), o *arrendamento* (artigo 59º e ss.) e a *constituição do direito de superfície* (artigos 67º e ss.).

1.3. Os bens públicos

1.3.1. *Conceito*

A categoria dos bens públicos é constituída pelo conjunto de coisas, pertencentes a um determinado ente público (normalmente a título dominial), submetidas por lei a um regime especial em que avulta a sua tendencial incomerciabilidade e individualizáveis com base em específicos carateres objetuais ou naturais legalmente fixados (bens reservados) ou por força da sua concreta destinação a uma função ou serviço públicos (bens de destinação pública)[333].

A qualificação como pública conferida a uma coisa subtrai-a, por regra, ao comércio jurídico privado e submete-a ao domínio de uma pessoa coletiva de direito público para ser disponibilizada para uso público ou aplicada à satisfação de certos interesses públicos.

Por estes bens estarem tendencialmente fora do comércio jurídico privado, os mesmos são *insuscetíveis de redução a propriedade particular, inalienáveis, insuscetíveis de usucapião, impenhoráveis* e *não oneráveis pelos modos de direito privado*, enquanto coisas públicas, embora sejam disponíveis na ordem do direito público, já que podem ser objeto de direito de propriedade por parte de pessoas coletivas administrativas (*propriedade pública*) e ser transferidos entre elas (*transferências de domínio* ou *mutações dominiais*), admitindo-se, ainda, a criação de direitos reais administrativos ou de natureza obrigacional em benefício de particulares (*concessões*).

1.3.2. *Natureza do direito sobre as coisas públicas*

Uma das questões mais discutidas a propósito do domínio público da Administração é a da natureza jurídica da relação dominial. Entre as principais teorias que apresentam uma tentativa de resposta a esta questão, temos, desde logo, as que se seguem[334]:

a) ***As coisas públicas não pertencem a ninguém***, pelo que não constituem objeto de um direito de propriedade, tendo a Administração sobre elas apenas

[333] Bernardo Azevedo, *ob. cit.*., p. 12.

[334] Para mais desenvolvimentos sobre cada uma destas teorias e a crítica que se lhe aponta, cfr. Bernardo Azevedo, *ob. cit.*, pp. 13 e ss e *Servidões de Direito Público (um contributo para o seu estudo)*, Coimbra, Coimbra Editora, 2005, pp. 195 a 229.

o direito de guarda e superintendência e o dever de as conservar no interesse geral. Era esta a conceção clássica do domínio público quando esta noção surgiu em França, no século XIX, e quando aquele compreendia somente os *bens insuscetíveis de apropriação privativa* (mar territorial, rios e lagos) ou destinados a uso público (parques, etc.).

b) ***As coisas públicas são objeto do direito de propriedade clássico e tradicional***: o direito de propriedade sobre os bens públicos não seria mais do que o direito de propriedade clássico, ainda que suspenso nas suas aplicações e atingido por uma espécie de "sono jurídico" enquanto subsistisse a sua afetação ao interesse geral. Este direito despertaria logo que cessasse a afetação à utilidade pública.

c) ***As coisas públicas são objeto de um específico direito de propriedade pública*** de uma pessoa coletiva de população e território, um direito que compartilha com o direito de propriedade privada a ideia de *vinculação a um proprietário com poderes,* mas que se distingue dele quanto ao seu regime substancial. É esta a teoria que mais defensores tem em Portugal. De acordo com Marcelo Caetano, este direito de propriedade pública tem os seguintes carateres:

- o sujeito do direito é sempre uma *pessoa coletiva de direito público de população e território* (Estado, regiões autónomas, autarquias locais);
- o direito de propriedade pública é exercido *para a produção da máxima utilidade pública* das coisas que formam o seu objeto, conforme a lei o determinar;
- o uso das coisas públicas traduz-se num *uso por todos* e *em benefício de todos*;
- as coisas públicas são, como tais, *incomerciáveis* pelos processos de direito privado, mas *comerciáveis no quadro do direito público.*

Segundo este Autor, a noção de propriedade pública, acentuando que o bem pertence ao seu dono, embora sujeita a um regime de direito público, tem a vantagem de permitir compreender como, ocorrendo uma desafetação ou desclassificação, essa coisa continua a pertencer em propriedade ao mesmo sujeito, ainda que num outro regime jurídico – o do domínio privado.

1.3.3. *Os sujeitos dos bens públicos*

Como referimos, pelo menos em regra, só as *pessoas coletivas de direito público de população e território* podem ser titulares do direito de propriedade sobre as coisas públicas.

Neste sentido aponta o artigo 84º, nº 2 da CRP, com a redação que lhe foi dada na revisão constitucional de 1989: "*A lei define quais os bens que integram o domínio público do **Estado**, o domínio público das **regiões autónomas** e o domínio público das **autarquias locais***" (destacados nossos).

Todavia, nada impede que elas estejam especialmente afetadas a outros entes públicos (por exemplo, um instituto público, uma universidade) ou, mesmo, confiados a entidades privadas (concessionários de serviços e de obras públicas ou de exploração do domínio público).

1.3.4. *O critério dos bens públicos*[335]

Uma questão muito discutida tem a ver com a razão de ser dos bens públicos e do seu âmbito. Em concreto, pergunta-se: quais devem ser os bens públicos, isto é, que caraterísticas comuns devem ter os bens que a lei considera públicos?

No ordenamento jurídico português (e em geral em todos aqueles que mais semelhanças apresentam com ele) a resposta a esta questão apresenta-se difícil. É que sendo públicas as coisas que se encontrem como tal definidas por lei (*método enumerativo ou sistema de lista taxativa*) e sendo a sua lista bastante diversificada, torna-se particularmente difícil identificar um *critério comum* que justifique um tratamento diferente destes bens em relação às restantes coisas que integram o domínio privado da Administração.

A este propósito terá de se concluir forçosamente pela falência das múltiplas tentativas de pré-identificação de critérios fixos e gerais para justificar a dominialidade pública de determinados bens. E não poderá esquecer-se que, embora o legislador não goze de uma total liberdade ou discricionariedade na delimitação do âmbito dos bens dominiais públicos, não existem, contudo, limites constitucionais estritos nessa matéria, pelo que a esfera do domínio público, para além do que resulta diretamente da Constituição (domínio público *ex vi constitutione*), pode ser *maior* ou *menor* conforme as orientações de política económico-social prevalecentes em cada período.

1.3.4.1. *A esfera dos bens públicos no direito português*

Quais são, pois, no direito português, os bens que pertencem ao domínio público?

A resposta a esta pergunta encontra-se, desde logo, na própria lei fundamental, cujo artigo 84º apresenta uma lista de bens públicos. Para além disso, este artigo determina [nº 1, alínea f)] que pertencem ao domínio público, para além dos bens por ele definidos, as coisas como tal classificadas por lei.

É usual apresentar-se o elenco dos bens que pertencem ao domínio público reunindo-os por grupos. São vários os sistemas de classificação, por grupos, das coisas do domínio público, tais como os que se baseiam na *função* que as coisas

[335] Sobre esta questão *vide*, por todos, Ana Raquel Moniz, *O Domínio Público - O Critério e o Regime Jurídico da Dominialidade*, Coimbra, Almedina, 2016.

primordialmente desempenham (domínio público da circulação, militar, cultural, etc.), no *titular do direito de propriedade pública* (domínio público do Estado, das regiões autónomas, dos municípios, das freguesias), no *processo da sua criação* (domínio público natural e artificial), na *consistência material das coisas* (domínio público terrestre, hídrico, aéreo), etc.

Cada um deles tem a sua racionalidade própria. O mais fecundo será o que se baseia na *função específica ou principal que as coisas públicas desempenham*, dado que a classificação das coisas como públicas tem precisamente como primeiro fundamento a sua função de utilidade pública.

Todavia, as classificações doutrinais conformes a este critério não são consensuais, embora sejam comuns as referências ao domínio público da circulação, domínio público militar, domínio público cultural, domínio público económico, etc.[336].

Outros autores, embora recorram principalmente ao critério funcional (o fim público desempenhado pelos bens de domínio público), utilizam, porém, outros critérios complementares (por exemplo, a natureza física dos bens) para desagregar melhor esse universo.

De acordo com esse critério misto poderemos arrumar os bens do domínio público, entre nós, da seguinte forma:

A – Domínio público hídrico: águas territoriais, com os seus leitos e fundos marinhos contíguos; a plataforma continental; as águas marítimas interiores; os leitos e as margens; os lagos, lagoas e cursos de água navegáveis ou flutuáveis e respetivos leitos e as margens de todas as águas referidas; as águas que forem reconhecidas como aproveitáveis para a produção de energia elétrica ou para irrigação.

B – Domínio público aéreo: as camadas aéreas superiores ao território acima do limite reconhecido ao proprietário e superficiário.

C – Infraestruturas materiais (vias de transporte e comunicações): as estradas, as linhas férreas nacionais, os portos artificiais e docas, os aeroportos e aeródromos de utilidade pública, as obras e canalizações das redes de água, as redes de distribuição pública de energia elétrica, as redes de transporte e distribuição de gás natural.

D – Recursos naturais do subsolo: os jazigos minerais e petrolíferos, as nascentes de águas minero-medicinais, os recursos geotérmicos e outras riquezas naturais existentes no subsolo, com exclusão das rochas e terras comuns e dos materiais normalmente empregue nas construções.

[336] José Pedro Fernandes, "Domínio público", *Dicionário Jurídico da Administração Pública*, vol. IV.

> ***E – Domínio público militar***: as obras e instalações militares, bem como as zonas terrestres reservadas à defesa militar; os navios da armada, as aeronaves militares e os carros de combate, bem como outro equipamento militar de natureza e durabilidade equivalentes.
>
> ***F – Domínio público cultural***: os palácios, monumentos, museus, arquivos e teatros nacionais, bem como os palácios escolhidos pelo chefe de Estado para a secretaria da presidência e para a sua residência e da sua família.

No que diz respeito aos cemitérios, na falta de uma lei que os qualifique expressamente de públicos, não é segura a sua qualificação, subsistindo a controvérsia na doutrina. Deverá, no entanto, ter-se presente que existem bens que, embora de domínio privado, estão afetos a uma utilidade pública imediata, pelo que a sua livre disposição poderia lesar essa mesma função (o caso, precisamente, dos cemitérios). Tais bens integram a categoria dos bens do *domínio privado indisponível* da Administração: bens que, não obstante não terem sido definidos pela lei como bens do domínio público, assumem um caráter *indispensável* ao funcionamento da Administração e da prossecução dos interesses que ela visa alcançar e que, por isso, devem estar subordinados a um regime diferente, próximo do que regula os bens do domínio público da Administração.

Como notou Marcello Caetano, com a *indisponibilidade* não se pretende conferir aos bens afetos a uma função ou serviço públicos a condição jurídica de *inalienáveis* em virtude da sua própria utilidade pública, como sucede com os bens pertencentes ao domínio público. Pretende-se, tão só, evitar que sejam desviados da afetação ao fim de utilidade pública que eles são chamados a servir.

O que importa, no entanto, ressaltar, pelo que respeita aos bens do domínio privado indisponível, é que os mesmos servem essencialmente para a satisfação de um interesse público imediato, o que implica que a sua gestão deva ser feita essencialmente à luz de normas de direito público, com vista a privilegiar a sua destinação efetiva a uma finalidade de bem comum.

No que diz respeito ao domínio público das autarquias locais, os bens dominiais mais representativos são os afetos à circulação: as estradas e caminhos municipais ou vicinais, as ruas, as praças, o sistema de saneamento (abastecimento de águas e esgotos) existentes na respetiva área e em espaços de que cada autarquia seja proprietária. Também pertencem ao domínio público das autarquias locais aqueles bens que atrás designámos de domínio público inominável, como sejam, designadamente, os lagos e lagoas não navegáveis nem flutuáveis e pântanos, todos eles circundados por diversos prédios particulares.

1.3.4.2. *Bens reservados e bens de destinação pública*

No âmbito dos bens públicos (isto é, daqueles que se encontram sujeitos a um particular regime de direito público) a doutrina formula a distinção entre *bens reservados* e *bens de destinação pública*.

a) *Bens reservados*

Os bens reservados são aqueles que se definem, antes do mais, pela sua inaptidão intrínseca para constituírem objeto de direitos subjetivos reais na titularidade de particulares, dado que se encontram excluídos, originaria e independentemente da sua concreta destinação, da apropriação privada. É o caso dos bens do domínio marítimo, hídrico, geológico (ou mineiro) e cultural, que pertencem, de forma necessária, a entes públicos territoriais, definindo-se, dessa forma, pelo seu perfil estrutural (ou dominial). O seu traço mais saliente está no facto de o ordenamento jurídico privar qualquer outro sujeito, que não as pessoas coletivas públicas territoriais, da legitimação (necessária) para ser titular de relações jurídicas reais (dominiais) sobre os mesmos.

Esta reserva de propriedade não lhes decorre de uma qualquer predestinação natural, mas de uma expressa determinação legal: basta que uma dada coisa congregue, em si, as caraterísticas naturais ou "objetuais" definidas por lei em relação aos bens reservados para que lhe seja aplicável, automaticamente (abstraindo, para o efeito, da sua efetiva destinação a um fim de interesse público), a respetiva disciplina normativa. Da mesma forma, da perda ou deterioração ("degradação") das suas qualidades naturais ou objetivas, ou seja, do facto de deixar de obedecer «aos elementos tipológicos» fixados na lei para os bens da categoria, decorre, imediatamente (sem que para tanto seja necessária a prática de um ato expresso, dotado de efeito constitutivo, por parte da Administração), a sua desqualificação (jurídica) enquanto coisa pública.

Na presença de bens reservados, a margem de liberdade constitutiva da Administração aparece diminuída ou está mesmo ausente, já que o estatuto de coisa pública se adquire, a título originário, por força da lei: os atos administrativos pelos quais se procede à classificação ou desclassificação (ou à respetiva delimitação) têm uma eficácia meramente declarativa ou recognitiva, circunscrevendo-se a uma pura verificação da subsistência em concreto numa determinada coisa imóvel das caraterísticas indicadas pela lei.

b) *Bens de destinação pública*

Os *bens de destinação pública* caraterizam-se por constituírem o suporte material indispensável para o exercício de uma função ou serviço públicos. Os bens de destinação pública evidenciam-se, assim, *pela sua efetiva utilização para a satisfação de um escopo de relevante interesse público*, sendo marcados, precisamente, pelo *princípio da efetividade da destinação*, mas também pelo *princípio da indisponibilidade* (que inviabiliza a sua subtração, salvo expressa disposição legal em contrário, à função ou serviço públicos a que se acham concretamente destinados, ainda que sejam objeto de negócios jurídicos).

1.3.5. *Formação e extinção das coisas públicas*

1.3.5.1. *Formação das coisas públicas*

A *atribuição do caráter público* a uma coisa pode ser efetuada por diversas maneiras, isolada ou conjuntamente (MARCELLO CAETANO):

- definição, geral e abstrata, de toda uma *classe* de coisas bem identificáveis como pertencentes a uma categoria determinada de bens públicos (*qualificação* legal);
- declaração de que certa e *determinada* coisa pertence a essa classe, por possuir os carateres próprios da mesma (*classificação*);
- destinação efetiva de uma coisa determinada à produção de utilidade pública, o que lhe confere a natureza de determinado bem público *(afetação)*.

Não têm necessariamente de se verificar, de forma cumulativa, estes três requisitos, bastando para a atribuição do caráter público a uma coisa, muitas vezes, a presença de um deles. Por vezes basta a qualificação legal para os bens se integrarem na categoria dos bens públicos (o caso dos bens reservados). Outras coisas apenas pertencem à categoria dos bens públicos após um ato especial de *afetação*, isto é, de aplicação do bem à função de bem comum justificativa da sua consideração como bem público.

A afetação pode revestir várias formas: a abertura ao uso público de uma coisa que se produziu (uma estrada ou uma ponte), o início do funcionamento do serviço público a que a coisa pública se destina (inauguração da linha telegráfica) ou a utilização da coisa para o seu fim especial (pronta uma fortaleza ou um navio de guerra entra neles a respetiva guarnição).

1.3.5.2. *Extinção das coisas públicas*

Uma coisa deixa de poder ser tida como coisa pública quando ocorre um dos processos inversos aos acabados de referir – *desqualificação, desclassificação* ou *desafetação* – ou se ocorrer o seu *desaparecimento* por qualquer acidente, natural ou não.

1.3.6. *A utilização das coisas públicas pelos particulares*

1.3.6.1. *O uso geral*

O *uso geral* (ou comum) de uma coisa pública consiste no modo da sua utilização que é declarado lícito para *todos* ou para *uma categoria* genericamente delimitada de particulares.

Este tipo de uso resulta diretamente da lei, podendo ser gratuito (essa será a regra) ou oneroso (através do pagamento de uma taxa, por exemplo as portagens devidas pela utilização de algumas estradas ou pontes ou pelas entradas nos museus), sem que tal mude em nada a sua natureza.

O uso comum pode ser *ordinário* ou *extraordinário*.

O primeiro é aquele que pode ser aproveitado e é acessível por todos independentemente de autorização ou licença (o trânsito numa estrada, a visita a um monumento nacional, etc.); o segundo é o que está sujeito a *autorização*. Por este último tipo de uso se assumir diferente, em *intensidade* ou *perigosidade*, do uso ordinário e por ser mais intensivo ou perigoso, requer uma mais rigorosa regulamentação policial (cortejo numa via pública, pesca num rio, etc.).

A autorização necessária para o uso comum extraordinário limita-se a permitir o exercício da faculdade de uso que a todos pertence e a verificar que o uso extraordinário não prejudica naquele caso concreto as utilizações ordinárias permitindo, consequentemente, que se exerça o poder que ao utente já pertencia[337].

1.3.6.2. *O uso privativo*

Para além do uso geral, os bens públicos admitem também um *uso privativo*. Este é o modo de utilização do domínio que é consentido apenas a *alguma* ou *algumas pessoas determinadas*, com base num *título jurídico individual*.

[337] Pode acontecer que uma mesma coisa pública seja passível de vários usos comuns, ordinários e extraordinários (por exemplo, um rio navegável permite não só a navegação mas ainda a pesca, a rega de terrenos marginais, uma estrada pode servir para viajar ou para realizar "rallies", etc.). Estes usos comuns simultâneos podem conflituar entre si, devendo, por isso, ser hierarquizados, por forma a que a utilização da coisa se faça sempre sem prejuízo das suas aptidões naturais. Por isso, alguns desses usos são *predominantes* e outros são meramente *acessórios*. As utilizações predominantes prevalecem sobre as utilizações acessórias.
Mas a hierarquia também pode ter de se fazer entre usos comuns ordinários (navegação e pesca), entre usos ordinários e extraordinários (circulação normal e circulação em cortejo numa estrada) ou ainda entre usos extraordinários (um cortejo a comemorar uma data histórica e uma prova desportiva). Fundamental é, em cada caso, potenciar ou otimizar as virtualidades dos bens públicos concretamente em causa, procurando conciliar, tanto quanto possível, os vários usos (*princípio da compatibilidade dos usos*).

O uso privativo pode consubstanciar-se num direito de ocupação individual exclusiva de um determinado bem público, podendo assumir um conteúdo variável:

- meras faculdade de *ocupação* (instalação de uma esplanada no passeio);
- poderes de *transformação* (construção de um apoio de praia na orla marítima);
- direito de extração e *apropriação* de uma parte da coisa pública para fins particulares (o aproveitamento da água de um rio para rega e das areias de uma duna para construção).

O uso privativo dos bens públicos pode resultar de ato administrativo ou de contrato administrativo; não é gratuito (os particulares são obrigados ao pagamento de *taxas)* e é sempre temporário e em geral precário.

Os títulos de uso privativo são:

- a *licença* (licença de uso privativo do bem do domínio público): é emitida a *título precário,* tendo por objeto usos privativos que não exijam a realização de investimentos em instalações fixas e indesmontáveis (v.g. instalação na via pública de quiosques, esplanadas, bombas de gasolina, depósitos de materiais para obras e tapumes);
- a *concessão de uso privativo*: visam usos mais duradouros e, logo, tendencialmente mais estáveis (por exemplo, concessão de uma parcela dominial da margem do mar para a construção de um apoio de praia) e podem ser de *aproveitamento imediato* ou de *aproveitamento mediato (para instalação de serviços)*;
- A *concessão de exploração de bens do domínio público*: neste casos a entidade gestora dos bens do domínio público transfere a *administração direta,* ou parte dela, para outras entidades públicas ou privadas, mantendo, contudo, a titularidade da propriedade e os poderes de fiscalização sobre a forma como esses bens são efetivamente administrados.

Ela visa melhorar, simplificar ou tornar mais eficaz a realização da utilidade pública a que a coisa está destinada, mediante a *transferência dos direitos de gestão* de uma parcela do domínio público, com todos os poderes inerentes.

1.3.7. *Inalienabilidade, imprescritibilidade e autotutela dos bens públicos*

Os aspetos que mais carateristicamente marcam o regime dos bens do domínio público, permitindo traçar a linha divisória com a disciplina aplicável aos bens em regime de propriedade privada, são a sua inalienabilidade, imprescritibilidade e autotutela.

1.3.7.1. *Inalienabilidade*

A inalienabilidade dos bens públicos traduz-se na sua extracomercialidade nos termos do direito comum: apenas assegurando que os bens públicos não podem ser objeto de negócios jurídicos de direito privado entre a Administração e os particulares se garante a sua afetação à realização do bem comum.

Nesta incomerciabilidade dos bens públicos pelos modos de direito privado repousa a impossibilidade quer da sua transmissão (total e definitiva) a terceiros, quer da sua oneração por direitos reais menores privados.

Por isso se devem considerar como nulas as vendas de bens públicos, caso estes não sejam previamente desafetados da destinação pública a que se acham adstritos. São também nulos os negócios jurídicos dirigidos à constituição de direitos reais limitados sobre as dependências dominiais. Também por este motivo os bens públicos não podem ser objeto de penhora (impenhorabilidade).

Hoje em dia já se vem colocando em causa uma interpretação tão exigente desta inalienabilidade, pois ela pode potenciar o sério risco de se hipotecar, em determinadas situações da vida, soluções que se revelam claramente favoráveis à prossecução do interesse público globalmente perspetivado. Atualmente exige-se, assim, conciliar o interesse em tirar o máximo partido em termos económico-financeiros dos bens públicos com o interesse, não menos relevante, de não os subtrair à sua destinação à fruição coletiva.

1.3.7.2. *Imprescritibilidade*

Não obstante esta caraterística, que torna a posse sobre bens públicos totalmente ineficaz, a doutrina vem considerando irrazoável esta forma de perspetivar a imprescritibilidade, apelando ao prudente critério dos tribunais a apreciação do alcance ou significado a atribuir à conduta omissiva da Administração, sendo certo que, em regra, a subtração do bem à efetiva ou atual satisfação de um interesse geral deve ser interpretada como uma sua *desafetação tácita*, não repugnando, nessas situações, aceitar a aquisição pelo particular do domínio sobre o mesmo, em virtude de posse prolongada conducente à respetiva usucapião.

1.3.7.3. *Autotutela*

A faculdade das autoridades administrativas procederem, em via administrativa, à tutela da integridade jurídica e do gozo material dos bens públicos tem sido identificada como mais uma das notas típicas da propriedade pública.

No entanto, e como vimos a propósito da executoriedade, a coercibilidade por via administrativa não pode, nem tão pouco deve, ao menos hoje, ser tida como uma marca dos atos administrativos, importando antes configurá-la, contra o seu entendimento tradicional, como um meio perfeitamente excecional.

Por isso a Administração apenas se pode socorrer de medidas compulsórias destinadas a assegurar a tradução da realidade jurídica em realidade de facto nas hipóteses (nos modos e pelas formas) em que tal faculdade lhe seja expressamente concedida por lei.

2. Aquisição ou Utilização de Bens Particulares por Parte da Administração

No que respeita, agora, aos modos pelos quais a Administração se serve ou lança mão de bens alheios, impõe-se distinguir conforme se trate de poderes de *aquisição coativa* desses bens (*expropriação*), ou de poderes de *utilização dos bens alheios* por motivos de utilidade pública (*requisição*), sem esquecer, obviamente, os poderes que igualmente lhe assistem de introduzir especiais limitações ao uso dos respetivos bens por parte dos administrados em função de um interesse público prevalente (*servidões administrativas* e *restrições de utilidade pública*).

Vejamos cada um deles com mais pormenor.

2.1. A expropriação por utilidade pública

A *expropriação em sentido clássico* significa a privação ou subtração de um direito e a sua apropriação por um sujeito diferente para a realização de um fim público. Implica, por isso, um momento privativo e um momento apropriativo de um direito e uma relação tripolar entre o expropriado, o beneficiário da expropriação e a entidade expropriante[338].

Trata-se, pois, de um procedimento de *aquisição de bens* com vista à prossecução de um interesse público ou um fim de utilidade pública.

Mas o conceito de expropriação ainda pode ser entendido num sentido diferente: como toda e qualquer atividade das entidades públicas que destroem ou limitam uma posição jurídica garantida como propriedade pela Constituição da República Portuguesa. Designam-se estas de *expropriações de sacrifício* e distinguem-se das expropriações em sentido clássico por lhes faltarem os momentos privativo e apropriativo do direito e a relação tripolar antes referidos. Estamos,

[338] Do ponto de vista subjetivo, ou seja, das entidades que intervêm num procedimento expropriativo, para além das entidades referidas no texto – *expropriado*, isto é, o sujeito que é privado do bem ou do direito; o *beneficiário da expropriação* (aquele que integra, na sua esfera jurídica, o bem ou o direito objeto de expropriação); e a *entidade expropriante* (aquela que declara a utilidade pública do bem ou do direito para efeitos expropriativos, isto é, a que é dotada do poder expropriativo) – é possível identificar, ainda, as *entidades procedimental e contenciosamente expropriantes* (as entidades que desencadeiam o procedimento e o processo expropriativos e que, em regra, coincidem com a entidade beneficiária da expropriação, o que, todavia, não sucede necessariamente) e ainda os *demais interessados* (titulares de qualquer direito real ou ónus sobre o bem, que não expropriados) e os arrendatários (em condições especiais – artigo 30º do Código das Expropriações).

nestes casos, perante atuações de entidades públicas cuja finalidade não é a aquisição de bens para a realização de um interesse público (não determinando, por isso, a perda da titularidade de um direito), mas que provocam uma limitação de tal forma intensa no direito de propriedade que devem ser qualificadas como expropriativas, dando origem, por isso, a uma obrigação de indemnização (privam apenas algumas faculdades decorrentes do direito de propriedade). Exemplos típicos destas situações no direito do urbanismo são as previstas no Regime Jurídico dos Instrumentos de Gestão Territorial (Decreto-lei nº 80/2015, de 14 de maio) designadas de *expropriações do plano (cfr. artigo 171º)*.

O artigo 1º do Código das Expropriações[339] define, como objeto da expropriação, os *bens imóveis* e os *direitos relativos a bens imóveis*[340].

A expropriação dos *bens imóveis* significa a subtração dos bens objeto do direito de propriedade (terrenos, edifícios). Por sua vez, a expropriação de *direitos relativos a bens imóveis* significa a expropriação de direitos reais distintos do direito de propriedade (direitos reais limitados de gozo – usufruto, servidões, uso e habitação – e de garantia – hipoteca) e direitos obrigacionais ou de crédito (arrendamento) que incidem sobre aqueles bens.

Quando a expropriação incide sobre o bem imóvel, extinguem-se automaticamente os direitos que o oneravam[341], devendo ser paga uma indemnização ao proprietário e uma indemnização a cada um dos titulares dos outros direitos[342].

Elemento essencial (constitutivo) de qualquer expropriação é o pagamento de uma justa indemnização (cfr. artigo 62º, nº 2 do CRP)[343].

[339] As referências feitas, de ora em diante, a artigos sem expressa indicação do respetivo diploma legal devem considerar-se feitas ao Código das Expropriações.

[340] O objeto da expropriação não se circunscreve apenas aos bens e direitos referidos neste artigo. Devido ao alargamento do conceito de expropriação, este ato ablatório pode ter hoje como objeto quaisquer *direitos privados de caráter patrimonial*. Ficam assim apenas excluídos os direitos subjetivos não patrimoniais e os interesses ou meras expetativas.

[341] Tal assim é por, como referimos, a expropriação corresponder a uma forma de aquisição originária de direitos, procedendo à extinção de todos aqueles que incidem sobre o bem objeto da expropriação.

[342] Os direitos relativos a bens imóveis podem ser objeto de expropriação independentemente da subtração do bem a que se referem e que oneram. Tal acontece em duas situações distintas. A primeira verifica-se quando o sujeito que promove a expropriação é já o proprietário do imóvel mas este está onerado com direitos reais limitados ou com um direito obrigacional, como o arrendamento. A segunda acontece quando, por meio da expropriação, se pretendem constituir direitos reais limitados, como uma servidão ou um direito de superfície. Neste último caso, estamos já, porém, quanto a nós, perante uma expropriação de sacrifício.

[343] Para mais desenvolvimentos sobre as expropriações por utilidade pública cfr. FERNANDO ALVES CORREIA, *Manual de Direito do Urbanismo*, Vol. II, Coimbra, Almedina, 2010, pp. 131 e ss. e FERNANDA PAULA OLIVEIRA, *Direito do Urbanismo. Do Planeamento à Gestão*, Braga, AEDREL, 2015, pp. 159 e ss.

2.2. A requisição por utilidade pública

A requisição por utilidade pública é o ato administrativo pelo qual um órgão competente impõe a um particular, verificando-se as circunstâncias previstas na lei (isto é, tratando-se de um caso de necessidade urgente e transitória) e mediante justa indemnização, a obrigação temporária de *colocar os seus bens ao serviço da Administração* (por exemplo, fábricas ou estabelecimentos), de *ceder o uso de coisas móveis ou semoventes* ou de *consentir na utilização pela Administração de quaisquer bens* que sejam necessários à realização do interesse público e que não convenha procurar no mercado.

O traço caraterístico da requisição, que a distingue da expropriação, está em que ela não visa a desapropriação dos bens particulares, mas somente permitir à Administração tê-los temporariamente ao seu serviço ou utilizá-los diretamente. Por outro lado, a necessidade pública em causa é de natureza temporária, designadamente em casos de calamidade pública (inundações, incêndios, terramotos, etc.).

A requisição de bens imóveis e de direitos a eles inerentes encontra-se regulada no mesmo diploma que entre nós estabelece o regime jurídico das expropriações: o Código das Expropriações. No quadro que a seguir se apresenta expõem-se as principais diferenças estabelecidas neste Código entre estes dois meios de aquisição autoritária de bens.

	Expropriação	**Requisição**
Causa	Interesse público *normal* (não necessariamente nacional), com a finalidade de providenciar *necessidades duradouras* da Administração	Interesse *público* e *nacional* de caráter *urgente* e *transitório*
Efeitos	Eficácia real, translativa da propriedade [a posição jurídica do expropriado traduz-se numa *sujeição* (pati) dos efeitos da *potestas* expropriatória]	Eficácia meramente obrigacional pois impõe ao proprietário do bem o *dever* de entregá-lo à entidade a favor de quem operar a requisição e o *dever* de lhe assegurar o seu gozo temporário dentro dos limites da requisição

2.3. As limitações administrativas especiais sobre bens alheios por motivos de utilidade pública

A realização dos fins da Administração pode implicar o estabelecimento de restrições especiais à fruição dos seus bens pelos proprietários por motivos de utilidade pública.

Neste sentido, distinguem-se, no ordenamento jurídico português, as figuras da *servidão administrativa* e da *restrição por utilidade pública*.

Enquanto a primeira se traduz num encargo imposto sobre certos prédios em proveito da utilidade pública de uma coisa, a segunda é considerada como limitação ao direito de propriedade que visa a realização de interesses públicos abstratos, sem que haja, portanto, qualquer relação com outros bens.

Algumas destas servidões e restrições encontram-se diretamente ligadas ao desenvolvimento do processo urbanístico, outras visam a proteção específica de bens ou das suas utilidades, e outras, ainda, visam a proteção de certos solos em face dos processos de urbanização e construtivos.

As servidões administrativas são sempre impostas por razões de utilidade pública, podem ser positivas ou negativas, e podem dar lugar a indemnização.

Exemplos de servidões administrativas são as impostas pela instalação de cabos e fios elétricos, teleféricos e telefónicos; as servidões de faróis; as servidões de monumentos e edifícios nacionais; as servidões *non aedificandi* (proibições de edificação) das faixas de terrenos situados junto à plataforma das estradas nacionais, das autoestradas e dos terrenos adjacentes às vias ferroviárias, etc.

No que concerne a exemplos de restrições de utilidade pública, atente-se, designadamente, nas proibições no domínio do regime de uso, ocupação e transformação dos solos incluídos na Reserva Agrícola Nacional e na Reserva Ecológica Nacional[344].

[344] Para mais desenvolvimentos sobre estas figuras, cfr. Bernardo Azevedo, "Servidão administrativa – Noção, Delimitação e Regime Jurídico Aplicável", *in Direito do Urbanismo e do Ordenamento do Território. Estudos*, Volume I (coord. Fernanda Paula Oliveira), Coimbra, Almedina, 2012, p. 337 e ss.

Capítulo II
O Pessoal da Administração Pública e a Relação Jurídica de Emprego Público

1. O "Pessoal" da Administração Pública

Como vimos, a Administração Pública é constituída, no seu núcleo mais relevante, por pessoas coletivas de direito público, as quais são criadas e existem para assegurar o desenvolvimento ou desempenho de um conjunto de funções e atividades necessárias à satisfação do interesse público que lhes cabe prosseguir.

E, sendo aquelas entidades organizações permanentes, torna-se necessário assegurar a estabilidade da sua estrutura e a continuidade do seu funcionamento, o que passa pela existência de um grupo, maior ou menor, de pessoas físicas que, com o seu trabalho, garantam a realização dos seus fins.

Estas pessoas integram o conceito de *Função Pública* que tinha, tradicionalmente, inscrito no seu ADN "*...um regime de direito público e um conjunto particular de trabalhadores – os funcionários e agentes*"[345].

Este regime foi, contudo, nos últimos anos, objeto de reformulação, que "laboralizou" ou *privatizou* a *relação jurídica de emprego público* por razões de eficiência da atuação administrativa (em ligação com os novos modelos de gestão pública) e de poupança de recursos com o seu pessoal. Em virtude desta reformulação, não se fala já, atualmente, em funcionários ou agentes administrativos, mas em *trabalhadores da Administração Pública.*

[345] Cfr. Paulo Veiga e Moura e Cátia Arrimar, *Os Novos Regimes de Vinculação, de Carreiras e de Remunerações da Administração Pública. Comentário à Lei nº 12-A/2009, de 27 de fevereiro*, 2ª Edição, Coimbra, Coimbra Editora/Wolters Kluwer, 2010, p. 50.

Para alguns, a generalização de um "... *regime de vinculação que tem por substrato maioritário o regime laboral de direito privado, conduz ao esvaziamento de uma realidade constitucionalmente protegida – a Função Pública e o seu regime jurídico – e à eliminação por via legislativa de uma classe particular de trabalhadores com expressa previsão constitucional – os funcionários e agentes*". Nesta perspetiva, afirmam a duvidosa constitucionalidade das soluções legais que têm vindo a ser adotadas em matéria de contratação dos trabalhadores da Administração Pública, já que, ainda que no regime destes contratos confluam normas de direito administrativo com normas de direito laboral, apenas "*em situações excecionais, devidamente justificadas e alicerçadas na defesa de outros valores e interesses constitucionalmente protegidos, poderá o legislador ordinário afastar o regime regra de direito público e substituí-lo por um regime assente no direito laboral*"[346].

Dada a extensão e profundidade das alterações introduzidas a partir de 2009, afirma-se, mesmo, que a clássica relação de emprego público morreu, pelo menos em aspetos essenciais do seu regime, exigindo, do ponto de vista dogmático, a invenção de uma nova terminologia jurídica: em vez do *Direito da Função Pública* fala-se hoje em *Direito Administrativo do Emprego Público*[347].

Estas opções tomadas, quase todas, pela Lei nº 12-A/2008, de 27 de fevereiro, foram mantidas, no essencial, pela Lei nº 35/2014, de 20 de junho, que aprovou a Lei Geral do Trabalho em Funções Públicas. Este diploma foi recentemente alterado pela Lei nº 25/2017, de 30 de maio, que aprova o regime da valorização profissional dos trabalhadores com vínculo de emprego público[348].

2. A Relação de Emprego Público até 2009

Antes de 2009 o regime jurídico que disciplinava o emprego público era enquadrado pelos Decretos-Lei nºs 184/89, de 2 de junho (princípios gerais em matéria de emprego público) e 427/89, de 7 de dezembro (regime da constituição, modificação e extinção da relação jurídica de emprego na Administração Pública[349]) – que estabeleciam os tipos de vínculos jurídicos (por tempo indeterminado ou temporário) com a Administração Pública e a sua regulamentação –, completados pela Lei nº 23/2004, de 22 de junho, que veio defi-

[346] IDEM, *ibidem*.

[347] Cfr. LICÍNIO LOPES MARTINS, "O Contrato de Prestação de Serviços na Lei nº 12-A/2008, de 27 de fevereiro: um regime contrário à Constituição e ao Direito Comunitário", *Revista de Direito Público e Regulação*, nº 1, maio, 2009, p. 17 (disponível no endereço http://www.fd.uc.pt/cedipre/revista/index.html).

[348] A Lei nº 25/2017, de 30 de maio, entrou em vigor no primeiro dia do mês seguinte ao da sua publicação (nos termos do seu artigo 14º).

[349] Alterado sucessivamente pelos Decretos-Lei n.os 407/91, de 17 de outubro, 175/95, de 21 de junho, 102/96, de 31 de julho e 218/98, de 17 de julho.

nir o regime jurídico do contrato individual de trabalho, uma vez que, já então, o contrato individual de trabalho figurava expressamente como uma forma de constituição de relações de emprego público com intuitos de flexibilização da gestão de pessoal.

Destes diplomas, conjugadamente com o Decreto-Lei nº 204/98, de 11 de junho, resultava que a constituição de uma relação jurídica de emprego público pressupunha o recrutamento e seleção de pessoal para os quadros da Administração Pública assente num *procedimento concursal* (externo, se aberto a todos os indivíduos, ou interno, se apenas reservado àqueles que já detinham a qualidade de funcionário ou agente) e era concretizada por um ato administrativo de *nomeação* ou por um *contrato de pessoal*, o qual, por sua vez, podia assumir a modalidade de *contrato administrativo de provimento*, de contrato de trabalho celebrado nos termos do regime especial da Lei nº 23/2004 ou de contrato de trabalho celebrado nos termos do regime geral da legislação laboral.

Quer a *nomeação* quer o *contrato administrativo de provimento* apresentavam-se como formas jurídico-públicas de constituição da relação de emprego público, ao contrário das restantes modalidades contratuais que se configuravam como formas jus-privatísticas de constituição deste tipo de relações.

A *nomeação* titulava relações de emprego público que visavam satisfazer, de forma estável e contínua, necessidades de serviço permanentes. O trabalhador provido por nomeação (ato unilateral dependente de aceitação) adquiria a qualidade de funcionário público: trabalhador que desempenhava, a título profissional, o exercício de funções públicas, passando a integrar os lugares do quadro.

A relação criada por via de nomeação tinha natureza estatutária, já que inculcava um conjunto legalmente pré-definido e indissociável de direitos e obrigações ao funcionário. Mais, o trabalhador provido por nomeação ingressava numa carreira (vertical ou horizontal) e numa categoria que determinava a função a exercer, aplicando-se-lhe, com as devidas adaptações, as regras de direito do trabalho (proteção da maternidade e da paternidade, comissões de trabalhadores, estatuto de trabalhador estudante, etc.).

Por sua vez, o *contrato administrativo de provimento* titulava o exercício de uma atividade subordinada na Administração Pública, em situações específicas definidas na lei, com sujeição ao regime jurídico da função pública (exercício de internato médico, exercício de funções docentes, em serviços em regime de instalação, etc.). Não se destinava a preencher lugares do quadro, sendo o contrato celebrado pelo prazo de um ano, findo o qual caducava (com pré-aviso) ou se renovava de forma tácita e sucessiva até ao seu limite máximo de duração. A relação jurídica que era constituída por seu intermédio era, em parte, estatutária, sem, no entanto, a garantia de emprego e carreira, podendo ser objeto de negociação e não adquirindo o trabalhador a qualidade de funcionário, mas de agente da Administração.

O *contrato de trabalho a termo* servia de título à prestação de trabalho subordinado e temporário ditado por necessidades transitórias a termo certo ou incerto. Tinha carácter excecional, só podendo ser celebrado em situações taxativas, sob pena de nulidade. O regime aplicável era o do Código do Trabalho, com especificidades: a celebração dependia de um procedimento público seletivo; a renovação não era automática (tinha de ser expressa e autorizada ao nível ministerial); nunca se convertia em contrato de trabalho por tempo indeterminado, por chocar com a regra do concurso no acesso à função pública.

O *contrato de trabalho sem termo (ou por tempo indeterminado)* que foi sendo inscrito em legislação especial como modo normal de contratação, veio a ser reconhecido em geral pela Lei nº 23/2004, de 23 de junho, passando a vigorar como alternativa à nomeação como forma de constituição de uma relação jurídica de emprego público, sempre que a função não implicasse o exercício direto de poderes de autoridade ou soberania. O regime aplicável era o do Código do Trabalho, com especificidades (o procedimento pré-contratual integrava momentos de regime administrativo, designadamente por imposição de princípios gerais da atividade administrativa como os da igualdade no acesso à função pública, da transparência, etc.)[350].

Com a introdução desta nova forma de constituição da relação jurídica de emprego público – a qual passou a ser definida como aquela *"mediante a qual um indivíduo se obriga para com uma pessoa coletiva pública, mediante retribuição, a prestar a sua atividade inteletual ou laboral, sob a direção e autoridade dos órgãos daquela e cujo regime jurídico, podendo ser jus-administrativista ou jus-privatista, compreende um mínimo denominador comum de regime jus-publicista"*[351] – a utilização do regime jurídico da função pública passou a apresentar-se como excecional, tendo de ser fundamentada.

[350] Entendia-se haver compatibilidade destas relações de trabalho regidas pelo direito privado com a conformação constitucional do exercício das relações de trabalho na Administração Pública por estarem garantidos os princípios da dedicação exclusiva ao interesse público e do recrutamento seletivo e aberto, com cumprimento dos princípios da publicidade dos empregos a prover; da divulgação atempada do sistema de avaliação, regras e critérios objetivos a utilizar; da fundamentação das decisões tomadas e da garantia da audiência prévia e de comunicação da decisão.

[351] Ana Fernanda Neves, "O Contrato de Trabalho na Administração Pública", *in Estudos em Homenagem ao Prof. Doutor Marcello Caetano*, Vol. I, Coimbra Editora, 2006, p. 81 e ss.

O conceito tradicional de emprego público pode ser definido do seguinte modo: *"relação em que, mediante retribuição, um indivíduo se obriga a prestar a sua atividade, de forma continuada e profissional, a uma entidade da Administração Pública, colocando-se, voluntariamente, sob a autoridade e direção dos órgãos competentes daquela."* Cfr. *Recursos Humanos das Autarquias Locais e o Novo Regime Jurídico do Emprego Público*, CEDOUA, FDUC, IGAL, Coimbra, Almedina, 2008.

Para além das formas específicas de constituição da relação de emprego público, o regime da Função Pública assentava ainda num *regime de carreiras e categorias*, composto por diferentes escalões, aos quais se faziam corresponder distintos índices salariais.

Os funcionários detinham o *direito de progredir na carreira* (quer verticalmente, através de concursos internos para as categorias superiores, quer horizontalmente, por progressão temporal nos escalões de cada categoria) com repercussões no respetivo regime salarial[352].

Existia ainda um conjunto de outras especificidades do regime da Função Pública, como o *estatuto remuneratório dos funcionários* (Decreto-Lei nº 353-A/89, de 16 de Outubro[353]); o regime *de férias, faltas e licenças* (Decreto-Lei nº 100/99, de 31 de Março[354]); e o *estatuto disciplinar* (Decreto-Lei nº 24/84, de 16 de janeiro).

3. A Relação de Emprego Público entre 2009 e 2014

Entre 2009 e 2014 o regime jurídico a que se encontravam submetidos todos aqueles que mantinham com a Administração uma relação jurídica de emprego público constava, no seu essencial, da Lei nº 12-A/2008, de 27 de fevereiro (que estabelece o regime de vinculação, de carreiras e de remunerações dos trabalhadores que exercem funções públicas)[355], da Lei nº 59/2008, de 11 de setembro (que aprovou o regime de contrato de trabalho em funções públicas), da Lei nº 58/2008, de 9 de setembro (que define o estatuto disciplinar dos trabalhadores que exercem funções públicas) e da Portaria nº 83-A/2009, de 22 de janeiro (que regula a tramitação do procedimento concursal na Administração Pública).

De acordo a Lei nº 12-A/2008, as relações de emprego público eram constituídas por via de *nomeação*, de *comissão de serviço* ou de *contrato de trabalho em funções públicas*, este nas modalidades de *contrato por tempo indeterminado* e *de contrato a termo resolutivo* (certo ou incerto)[356].

[352] Cfr. Decreto-Lei nº 404/98, de 18 de dezembro.

[353] Alterado pelos Decretos-Lei nºs 393/90, de 11 de dezembro, 404-A/98, de 18 de dezembro e 70-B/2000, de 5 de maio.

[354] Alterado pela Lei nº 117/99, de 11 de agosto e pelos Decretos-Lei nºs 503/99, de 20 de novembro e 70-A/2000, de 5 de maio.

[355] Objeto da Declaração de retificação nº 22-A/2008, de 24 de abril.

[356] De acordo com o artigo 117º, nº 2, alínea b) da Lei nº 12-A/2008, o contrato individual de trabalho consistiu no modo normal de constituição de relações de emprego público até 1 de janeiro de 2009, altura da entrada em vigor do regime jurídico do contrato de trabalho em funções públicas, tendo, desde essa altura, os contratados por aquela via transitado para os contratos de trabalho em funções públicas.

A lei citada generalizou o contrato de trabalho em funções públicas, tendo-o tornado na modalidade comum de constituição das relações jurídicas de emprego público, em detrimento da nomeação que até então ocupava essa posição.

3.1. As modalidades de constituição da relação de emprego público de 2009 a 2014

3.1.1. *A nomeação*

De acordo com este regime, a *nomeação*, que dantes constituía a regra, assume agora um papel residual na constituição de relações de emprego público, sendo reservada para trabalhadores que exercem funções de autoridade nas áreas funcionais tipificadamente identificadas no artigo 10º, embora não conferisse ao trabalhador o estatuto de funcionário público[357].

A nomeação poderia ser *definitiva* (constituindo, neste caso, uma relação ou um vínculo de emprego público por tempo indeterminado), ou *transitória* (constituindo um vínculo por tempo determinado ou determinável, mediante a aposição, no respetivo ato, de um termo resolutivo, certo ou incerto). A área de recrutamento para a nomeação transitória era constituída pelos trabalhadores que não tenham ou não pretendam conservar a qualidade de sujeitos de relações jurídicas de emprego público constituídas por tempo indeterminado, bem como por aqueles que se encontrem em situação de mobilidade especial[358].

[357] Nos termos do disposto no artigo 10º da Lei nº 12-A/2008, a nomeação estava reservada para os trabalhadores a quem compete, em função da sua integração nas carreiras adequadas para o efeito, o cumprimento ou a execução de atribuições, competências e atividades relativas a missões genéricas e específicas das Forças Armadas em quadros permanentes; representação externa do Estado; informações de segurança; investigação criminal; segurança pública (quer em meio livre quer em meio institucional); e inspeção.

[358] Para Paulo Veiga e Moura e Cátia Arrimar, a criação de uma figura de nomeação transitória apresentava-se como contraditória já que, se por força do artigo 10º, nº 1, apenas poderiam ser nomeados os trabalhadores que fossem integrados em carreiras (das áreas funcionais ali mencionadas), então seria desprovido de sentido permitir-se a nomeação transitória de quem não era integrado em nenhuma carreira (pois, por força do artigo 40º, apenas os nomeados definitivamente são integrados em carreiras), o que significava que, na prática, o legislador previa uma espécie (a nomeação transitória) para quem não possuísse o género (não pode ser nomeado por não estar na carreira).

Mais, afirmavam não existir qualquer vantagem nem utilidade em permitir que funções que contendiam com a autoridade e a soberania do Estado fossem exercidas por pessoas sem vínculo definitivo com a Administração.

Consideravam, por isso, que a nomeação transitória constituía-se, fundamentalmente, como um meio para a Administração encontrar temporariamente *substitutos* para o seu pessoal nomeado

No entanto, mesmo a *nomeação definitiva* encontrava-se sujeita a um período experimental (em substituição do anterior estágio das carreiras técnica e técnica superior) destinado a avaliar as competências do trabalhador em função do posto de trabalho que iria ocupar.

Por sua vez, a *nomeação transitória*, muito embora correspondesse a um ato administrativo (logo unilateral) de constituição de uma relação de emprego público, era contratualizada quanto ao seu regime substantivo, aplicando-se-lhe o regime do contrato a termo previsto na Lei nº 59/2008, que definia o regime do contrato de trabalho em funções públicas[359].

3.1.2. *Comissão de serviço*

À nomeação, enquanto modalidade de constituição da relação de emprego público, acrescia a *comissão de serviço*: ato unilateral da Administração que designa um indivíduo para ocupar um cargo dirigente ou para a frequência de uma formação, estando a respetiva eficácia dependente da aceitação (posse) do designado.

Verifica-se a este propósito, comparativamente com o regime anterior, uma sintomática mudança terminológica de "*nomeação em comissão de serviço*" para, simplesmente, "*comissão de serviço*": muito embora o título jurídico constitutivo continue a ser um ato unilateral (um ato administrativo), há uma flexibilização do regime da comissão de serviço que deixou de integrar o *género* que é a nomeação.

A comissão de serviço era aplicável num número muito limitado de situações laborais: quando se tratasse do *exercício de cargos não inseridos em carreiras*

definitivamente ou para fazer face a aumentos temporários de serviços nas áreas de atividades mencionadas no artigo 10º. Cfr. Paulo Veiga e Moura e Cátia Arrimar, *Os Novos Regimes de Vinculação, de Carreiras e de Remunerações da Administração Pública, cit.*, p. 58-59.

[359] À nomeação transitória eram aplicáveis os pressupostos legais e fáticos da celebração do contrato a termo resolutivo, certo ou incerto, os quais se apresentam como condição de legalidade do ato de nomeação (artigos 93º e 106º da Lei nº 59/2008, conforme se trate, respetivamente, de nomeação a termo certo ou de nomeação a termo incerto).

Mais, o regime dos contratos de trabalho em funções públicas aplicava-se, ainda, à nomeação transitória quanto à *realização do período experimental* (artigo 77º da Lei nº 59/2008); à *duração da nomeação* [artigos 93º, nº 4, 103º e 105º da Lei nº 59/2008 (duração da nomeação a termo certo); artigo 107º (duração da nomeação a termo incerto)]; à *renovação da nomeação* (artigos 93º, nº 4, 104º e 105º, nº 2, da Lei nº 59/2008: renovação da nomeação a termo certo); à *impossibilidade de conversão da nomeação transitória em nomeação definitiva* e sanção em caso de violação (artigo 92º da Lei nº 59/2008); à *cessação da nomeação* (artigo 32º, nº 4, conjugado com o artigo 279º, nº 1, da Lei nº 59/2008, que manda aplicar as regras gerais de cessação do contrato de trabalho em funções públicas ao contrato a termo certo); e à *cessação da nomeação por aplicação de pena disciplinar expulsiva* [artigo 32º, nº 2, alínea d)].

(por exemplo, cargos dirigentes[360]) – alínea a) do nº 4 do artigo 9º; ou quando estivesse em causa a frequência de cursos de formação específica ou a aquisição de certo grau académico ou de certo título profissional antes do período experimental com que se inicia a nomeação ou o contrato, para o exercício de funções integrado em carreira (por exemplo, a realização do internato médico[361]), mas apenas para os que eram titulares de uma relação de emprego público previamente constituída, sendo que para os restantes estava previsto o contrato a termo resolutivo incerto – alínea b) do nº 4 do artigo 9º[362].

O vínculo criado com a comissão de serviço era inerentemente *transitório* (a termo certo ou incerto), sendo que a regra era, na ausência de soluções especiais, a limitação da comissão de serviços a três anos, sucessivamente renovável (artigo 23º).

Nos termos do nº 4 do artigo 24º da Lei nº 12-A/2008, aplicava-se à comissão de serviço o regime da nomeação quanto à forma do ato (artigo 14º), à forma da aceitação (artigo 15º, nºs 2 e 3), ao prazo para a aceitação (artigo 17º), aos efeitos da aceitação (artigo 18º, nº 1) e aos efeitos da falta de aceitação (artigo 19º)[363].

3.1.3. *Contrato de trabalho em funções públicas*

O *contrato de trabalho em funções públicas* é um ato bilateral, celebrado entre uma entidade empregadora pública e um particular, nos termos do qual se constitui uma relação de trabalho subordinado.

Embora se trate de um contrato administrativo, a sua regulação está excluída do âmbito de aplicação do Código dos Contratos Públicos (cfr. artigo 12º da Lei nº 59/2008, de 11 de setembro, que alterou o artigo 4º daquele Código), tendo uma regulamentação própria.

[360] Cfr. Lei nº 2/2004, de 15 de janeiro, com a redação que lhe foi dada pela Lei nº 51/2005, de 30 de agosto, adaptada à Administração local pelo Decreto-Lei nº 104/2006, de 7 de junho.

[361] Cfr. Decreto-Lei nº 203/2004, de 18 de agosto, com a redação que lhe foi dada pelo Decreto-Lei nº 45/2009, de 13 de fevereiro.

[362] São exemplos de cursos de formação referidos na alínea b) do nº 4 do artigo 9º, o Curso de Estudos Avançados em Gestão Pública (CEAGP) do INA, como condição de acesso a cargos de direção na Administração do Estado (Portaria nº 213/2009, de 24 de fevereiro); o Curso de Estudos e Formação para Altos Dirigentes da Administração Local (CEFADAL) do CEFA (Portaria nº 117/2006, de 9 de fevereiro); o Curso de Licenciatura em Ciências Policiais da Escola Superior de Polícia. Sobre o sentido da alínea b) do nº 4 do artigo 9º da Lei nº 12-A/2008 cfr. Paulo Veiga e Moura e Cátia Arrimar, *Os Novos Regimes de Vinculação, de Carreiras e de Remunerações da Administração Pública, cit.*, p. 53-56.

[363] Para uma crítica à autonomização da comissão de serviço em face da figura da nomeação *vide* Paulo Veiga e Moura e Cátia Arrimar, *Os Novos Regimes de Vinculação, de Carreiras e de Remunerações da Administração Pública, cit.*, p. 52.

O *contrato de trabalho em funções públicas* passa a ser o modo normal de constituição da relação de emprego público (artigo 20º da Lei nº 12-A/2008), abrangendo, assim, a maior parte dos recursos humanos da Administração Pública.

Este contrato pode ser celebrado *por tempo indeterminado* ou *a termo resolutivo*, que tanto pode ser certo como incerto. Os contratos a termo apenas podem, contudo, ser utilizados para situações transitórias e previstas na lei (cfr. artigo 93º da Lei nº 59/2009)[364].

Pode, por isso, afirmar-se existir uma preferência legal pela celebração de contratos de trabalho em funções públicas por tempo indeterminado, não só porque, como acabámos de referir, o legislador tipificou ou definiu as hipóteses de recurso legítimo aos contratos a termo, como, também, porque aliou efeitos negativos à sua celebração: cfr. o regime previsto no artigo 96º (segundo o qual a cessação, por motivo não imputável ao trabalhador, de contrato a termo impede nova admissão a termo para o mesmo posto de trabalho, antes de decorrido um período de tempo equivalente a um terço da duração do contrato, incluindo as suas renovações) e a taxa social única, que pode ser aumentada em função do número de trabalhadores contratados a termo no órgão ou serviço (artigo 102º).

O regime jurídico deste tipo de contratos constava da Lei nº 59/2008, a qual consagra o conjunto de normas que regulam a relação laboral entre os trabalhadores da Administração Pública e esta, nela se regulando questões relativas aos *sujeitos*; à *formação do contrato*; ao seu *objeto*; à respetiva *invalidade*; aos *direitos, deveres e garantias das partes*; à *prestação do trabalho* (que inclui a regulamentação relativa ao local de trabalho e à duração e organização do tempo de trabalho); às *remunerações e outras atribuições patrimoniais*; à *segurança, higiene e saúde no trabalho*; às *vicissitudes contratuais* (como a redução da atividade e a suspensão do contrato, designadamente por intermédio de licenças); ao *incumprimento do contrato*; à sua *cessação* (designadamente por intermédio de caducidade; de revogação; de cessação por iniciativa da entidade empregadora pública; de cessação por iniciativa do trabalhador); e ao *direito coletivo* (incluindo as estruturas de representação coletiva dos trabalhadores; os instrumentos de regulamentação coletiva de trabalho; o acordo coletivo de trabalho; o acordo de adesão e o regulamento de extensão; os conflitos coletivos; a resolução de conflitos coletivos e a greve).

[364] O regime desta modalidade de contrato encontrava-se fixado nos artigos 91º a 107º da Lei nº 59/2008.

4. A Relação de Emprego Público depois de 2014

A Lei nº 35/2014, de 20 de junho, vem aprovar a Lei Geral do Trabalho em Funções Públicas (doravante LTFP). Esta foi recentemente alterada pela Lei nº 25/2017, de 30 de maio[365]. A LTFP, embora não assuma a natureza de um Código[366], vem reunir num único diploma muitas matérias, até então tratadas em legislação dispersa. Ela revoga, entre outros diplomas legais: a Lei nº 12-A//2008, a Lei nº 58/2008, e a Lei nº 59/2008. Segue a tendência há muito sentida de aproximação do regime do emprego público ao regime laboral comum.

O vínculo do emprego público passa a ser disciplinado por *três blocos legislativos*: sendo o primeiro grande bloco a *LTFP*; o segundo o *Código do Trabalho*, e respetiva *legislação complementar*, como regime subsidiário, que com as necessárias adaptações, em determinadas matérias, se aplica ao vínculo de emprego público (nos termos do artigo 4º da LTFP); e o terceiro a *legislação complementar*, que devido à especificidade das matérias em causa terá justificado a sua disciplina em diplomas próprios (artigo 5º da LTFP)[367].

4.1. As modalidades de constituição da relação de emprego público depois de 2014

A LTFP define o vínculo de emprego público como "aquele pelo qual uma pessoa singular presta a sua atividade a um empregador público, de forma subordinada e mediante remuneração" (nº 2 do artigo 6º).

Aquela lei mantém as mesmas modalidades de constituição de emprego: contrato de trabalho em funções públicas, nomeação e comissão de serviço (nº 3, do artigo 6º do LTFP).

O contrato de trabalho em funções públicas mantém-se como a modalidade preferencial do âmbito do emprego público (artigo 7º). Considerando a LTFP o contrato de trabalho em funções públicas a termo resolutivo como uma modalidade especial do vínculo de emprego público (artigo 56º e seg.).

O vínculo da nomeação mantém-se reservado a funções relacionadas com funções de autoridade ou soberania (artigo 8º). A nomeação transitória parece perder a autonomia, referindo-se hoje, a lei, dentro do vínculo da nomeação, a funções que devam ser exercidas a título transitório, permitindo-lhe o exer-

[365] Além desta alteração, a LTFP foi objeto da Retificação nº 37-A/2014, de 19 de agosto, e das alterações introduzidas pelas Leis nº 82-B/2014, de 31 de dezembro; nº 84/2015, de 7 de agosto; nº 18/2016, de 20 de junho e nº 42/2016, de 28 de dezembro.

[366] *Vide* Exposição dos Motivos da Proposta de Lei nº 184/XII (da Lei Geral do Trabalho em Funções Públicas).

[367] Neste sentido, Carlos José Batalhão, "Função Pública: novo regime laboral", *Artigo de Opinião*, Porto Editora, Julho de 2014 (disponível no endereço http://www.portoeditora.pt/sites/funcao-publica-novo-regime-laboral).

cício de funções de soberania, mas sujeitando-o como já acontecia anteriormente ao regime do contrato a termo (nº 3 do artigo 8º)[368]. Sendo que a comissão de serviço continua reservada a: cargos não inseridos em carreiras, designadamente cargos dirigentes, e a funções exercidas com vista à aquisição de formação específica, habilitação académica ou título profissional por trabalhador com vínculo de emprego público por tempo indeterminado (nº 1 do artigo 9º).

4.2. O procedimento concursal

A constituição de uma relação jurídica de emprego público pelas vias acabadas de referir pressupõe o recrutamento e seleção de pessoal assente *num procedimento concursal*. De acordo com o nº 2 do artigo 30º da LTFP, o recrutamento poderá ser feito por tempo indeterminado ou a termo, consoante a natureza permanente ou transitória da atividade, tal como consta do mapa de pessoal.

A matéria relativa ao procedimento concursal, enquanto procedimento adequado para o recrutamento de pessoal, consta, desde logo, da Lei nº 35/2014, que estabelece o regime dos níveis habilitacionais (artigo 34º) e demais requisitos de recrutamento (artigo 35º), os métodos de seleção (artigo 36º), a tramitação do procedimento (artigo 37º) a determinação do montante remuneratório (artigo 38º).

Nos termos desta Lei, os procedimentos concursais podem ser de *ingresso nas carreiras* – sempre que visem o preenchimento de lugares de categorias de base de determinada carreira, nos termos do nº 1 do artigo 35º, da LTFP –, ou de *acesso às carreiras* – quando tenham em vista o preenchimento das categorias intermédias ou superiores da mesma carreira (carreiras pluricategoriais), isto é, a promoção na própria carreira (nº 2 do artigo 35 da LTFP).

Por sua vez, os procedimentos concursais (para ingresso ou acesso às carreiras) podem ser *internos* (quando estejam reservados a pessoas que tenham uma relação de emprego com a Administração) ou *externos* (quando também puderem candidatar-se pessoas que não têm relação de emprego com ela).

O procedimento concursal de *acesso às carreiras* (categorias intermédias ou superiores de uma carreira) é, em regra, na falta de uma previsão esclarecedora da lei, *interno* e *geral* (artigo 30º da Lei nº 35/2014) sendo também deste tipo o procedimento concursal para *ingresso* (categoria de base de uma carreira). Neste caso: por regra, quer se destine à constituição de vínculo de emprego público por tempo indeterminado, quer a termo, o recrutamento é restrito a trabalhadores com vínculo por tempo indeterminado previamente estabelecido (nº 3 do artigo 30º da LTFP).

[368] Cfr. Miguel Lucas Pires, *Lei geral do Trabalho em Funções Públicas: Anotada e Comentada*, Almedina, Coimbra, 2014, pág. 55.

No entanto, de acordo com as alterações introduzidas pela Lei nº 25/2017 ao artigo 30º da LTFP, por um lado, o nº 4 deste preceito passa a prever que o órgão ou serviço pode ainda recrutar trabalhadores com vínculo de emprego público a termo ou sem vínculo de emprego público, mediante procedimento concursal a que possam concorrer os trabalhadores com e sem vínculo de emprego público, aberto ao abrigo e nos limites constantes do mapa anual global aprovado por despacho – estando assim legalmente prevista a possibilidade de existirem procedimentos concursais externos. Por outro lado, o nº 7 do mesmo preceito passa a prever que em casos excecionais, devidamente fundamentados, os membros do Governo responsáveis pelas áreas das finanças e da Administração Pública podem autorizar a realização de procedimentos concursais para além dos limites fixados no mapa anual global.

Para além do regime constante dos artigos 33º e ss. da Lei nº 35/2014, o procedimento concursal (especificamente a sua tramitação, embora não apenas esta) encontra-se regulado na Portaria nº 83-A/2009, do Ministério das Finanças e da Administração Pública, de 22 de janeiro, alterada pela Portaria nº 145-A/2011, de 6 de abril – esta portaria foi mantida em vigor nos termos do nº 2 do artigo 42º da Lei nº 35/2014, que aprova a LTFP[369].

Nos termos desta Portaria, o procedimento pode ser *comum* – para ocupação de postos de trabalho previstos e não ocupados, nos mapas de pessoal dos órgãos ou serviços (artigos 19º a 39º) – ou para a constituição de *reservas de recrutamento* – isto é, constituição de reservas de pessoal para satisfação de necessidades futuras da entidade empregadora pública ou de um conjunto de entidades empregadoras públicas (artigos 40º a 48º).

A tramitação do procedimento concursal comum encontra-se devidamente identificada nos artigos 19º e ss., passando por várias fases: (1) abertura do procedimento e respetiva publicitação; (2) apresentação e apreciação das candidaturas; (3) análise, avaliação e seleção dos candidatos; (4) elaboração da lista unitária de ordenação final dos candidatos; (5) audiência prévia; (6) elaboração da lista unitária de ordenação final; (7) homologação e subsequente publicitação.

Nos termos do artigo 37º, nº 1 da Lei nº 35/2014, tal como acontecia na Lei nº 12-A/2008, este procedimento "*...é simplificado e urgente*".

4.3. As carreiras

Não obstante a LTFP não conter nenhuma noção de carreira, tal como a antecessora Lei nº 12-A/2008, esta pode ser definida como o conjunto de funções,

[369] Neste sentido, Miguel Lucas Pires, *Lei Geral do Trabalho em Funções Públicas*, cit., pág. 89.

de idêntica natureza, próprias de uma profissão, que os trabalhadores nela integrados estão vinculados a executar, independentemente da existência de alguma graduação e concreta diferenciação ao nível do conteúdo funcional[370].

Nos termos do artigo 79º, nº 1 da LTFP, os trabalhadores com vínculo de emprego público constituído por tempo indeterminado exercem as suas funções integrados em carreiras. Enquanto os outros trabalhadores, com vínculo de emprego público a termo resolutivo, exercem as suas funções por referência a uma categoria integrada numa carreira (nos termos do artigo 79º, nº 2). Já os trabalhadores com vínculo de emprego público na modalidade de comissão de serviço exercem as suas funções nos termos legalmente definidos para o cargo (artigo 79º, nº 3).

Por sua vez, com a Lei nº 12/2008 procedeu-se à extinção da clássica bipartição anteriormente existente entre carreiras verticais e carreiras horizontais. Opção que se mantém com a Lei nº 35/2014. Existindo, atualmente, as *carreiras gerais* – aquelas cujos conteúdos funcionais caraterizam os postos de trabalho de que a generalidade dos órgãos ou serviços carece para o desenvolvimento das respetivas atividades, as quais passam a ser a *carreira de técnico superior*, a *carreira de assistente técnico* e a *carreira de assistente operacional* – e de *carreiras especiais* – aquelas cujos conteúdos funcionais caraterizam postos de trabalho de que apenas um ou alguns órgãos ou serviços carecem para o desenvolvimento das respetivas atividades (artigo 84º da LTFP)[371].

Trata-se de uma classificação que tem por base o critério do conteúdo funcional dos postos de trabalho.

Já com base no critério do número de categorias que integram uma dada carreira, a LTFP, tal com a antecessora Lei nº 12-A/2008, distingue entre as *carreiras unicategoriais* – carreiras a que corresponde uma única categoria (artigo 85º, nº 1)[372] – e as *carreiras pluricategoriais* – as que se desdobram em mais do que uma categoria, embora apenas possam ser criadas quando a cada uma das categorias da carreira corresponde um conteúdo funcional distinto do das

[370] Definição avançada por Paulo Veiga e Moura e Cátia Arrimar, *Os Novos Regimes de Vinculação, de Carreiras e de Remunerações da Administração Pública, cit.*, p. 117.

[371] Nos termos do nº 4 do artigo 84º da Lei nº 35/2014, apenas podem ser criadas carreiras especiais quando, cumulativamente, os respetivos conteúdos funcionais não possam ser absorvidos pelos conteúdos funcionais das carreiras gerais; os respetivos trabalhadores se devam sujeitar a deveres funcionais mais exigentes que os previstos para os das carreiras gerais; e, quando os respetivos trabalhadores tenham que ter aprovação em curso de formação específico de duração não inferior a seis meses ou deter certo grau académico ou título profissional para integrar a carreira.

[372] De acordo com o Anexo à Lei nº 35/2014, para o qual remete o artigo 88º, nº 2, é unicategorial a carreira geral de técnico superior. Assim, hoje, a designada carreira geral de técnico superior é apenas uma categoria.

restantes. De referir que o conteúdo funcional das categorias superiores integra o das que lhe sejam inferiores (artigo 85º, nºs 2 e 3).

Procede, também, a LTFP, tal como a sua antecessora LVCR, à classificação das carreiras em função do (seu) grau de complexidade (artigo 86º).[373] Assim, em função da titularidade do nível habilitacional exigida para a integração em cada carreira, estas classificam-se em *carreiras de grau 1* (quando se exija a titularidade da escolaridade obrigatória, ainda que acrescida de formação profissional adequada[374]); em *carreiras de grau 2* (quando se exija a titularidade do 12º ano de escolaridade ou de curso que lhe seja equiparado[375]); e em *carreiras de grau 3* (quando se exija a titularidade de licenciatura ou de grau académico superior a esta[376]).

A cada carreira ou a cada categoria em que aquela se desdobre corresponde um conteúdo funcional legalmente descrito (cfr. artigo 80º e Anexo à Lei nº 35/2014). No entanto, a descrição do conteúdo funcional não prejudica a atribuição ao trabalhador de funções, não expressamente mencionadas, que lhe sejam afins ou funcionalmente ligadas e para as quais o trabalhador detenha a qualificação profissional adequada e que não impliquem desvalorização profissional (o *ius variandi*): cfr. artigo 81º, nº 1, da Lei nº 35/2014.

A cada categoria correspondem *posições remuneratórias* e a cada uma destas *níveis remuneratórios*, aos quais, por sua vez, corresponde um *certo montante pecuniário* – esta passa a ser a solução depois da Lei nº 12-A/2008 ter procedido à eliminação dos tradicionais escalões.

Nas carreiras unicategoriais, a respetiva categoria tem, no mínimo, 8 posições remuneratórias (nos termos do nº 2 do artigo 87º, da LTFP).

O número de posições remuneratórias de cada categoria nas carreiras pluricategoriais encontra-se ordenado por ordem decrescente a contar das categorias inferiores, nos seguintes termos: (1) à categoria inferior corresponde o mínimo de oito posições remuneratórias; (2) a cada uma das categorias sucessivamente superiores corresponde um número proporcionalmente decrescente de posições remuneratórias por forma que: (i) estando a carreira desdobrada em duas categorias, seja de quatro o número mínimo das posições remunera-

[373] Os diplomas legais que instituam cada carreira devem mencionar o respetivo grau de complexidade funcional, sendo que as carreiras pluricategoriais podem apresentar mais do que um grau de complexidade, cada um deles referenciado a categorias, quando a integração nestas dependa, em regra, da titularidade de níveis habilitacionais diferentes.

[374] É de grau 1 a carreira de assistente operacional, que se subdivide nas categorias de assistente operacional, encarregado operacional e de encarregado geral operacional.

[375] É de grau 2 a carreira de assistente técnico, que se subdivide nas categorias de assistente técnico e de coordenador técnico.

[376] Integra a carreira de grau 3 a carreira de técnico superior.

tórias da categoria superior; (ii) estando a carreira desdobrada em três categorias, seja de cinco e de duas o número mínimo das posições remuneratórias das categorias sucessivamente superiores; (iii) estando a carreira desdobrada em quatro categorias, seja de seis, quatro e duas o número mínimo das posições remuneratórias das categorias sucessivamente superiores (nº 3 do artigo 87º, da LTFP).

No que concerne aos níveis remuneratórios correspondentes às posições remuneratórias (artigo 149º da LTFP), a sua identificação consta do Decreto Regulamentar nº 14/2008, de 31 de julho. Este diploma foi mantido em vigor pela alínea a), do nº 2 do 42º da Lei nº 35/2014, que aprovou a LTFP. Estabelecendo aquele diploma ainda uma tabela de posições remuneratórias complementares para as carreiras de assistente técnico e de assistente operacional.

No que concerne à *alteração do posicionamento remuneratório* dos trabalhadores registe-se que desde a entrada em vigor da LVCR se eliminou a clássica progressão (automática) nas categorias, inexistindo qualquer garantia legal de melhoria da posição remuneratória, opção que se mantém hoje com a LTFP. Efetivamente, nos termos do nº 2 do artigo 31º da LTFP, os trabalhadores não têm, em geral, qualquer garantia de mudarem de posição remuneratória e, por essa via, obterem um impulso salarial diferente daquele que eventualmente resultará da atualização anual dos montantes pecuniários correspondentes a cada nível remuneratório, ainda que exista verba orçamentada para suportar os encargos previstos nas alíneas b) e d) do nº 1 do artigo 31º, da LTFP.

A alteração da posição remuneratória apresenta-se, assim, como uma decisão de gestão, concretizada na afetação de verbas: cfr. artigo 158º, nº 1 da LTFP, de acordo com o qual *"o dirigente máximo do serviço, de acordo com as verbas orçamentais previstas, estabelece as verbas destinadas a suportar os encargos decorrentes de alterações do posicionamento remuneratório na categoria dos trabalhadores do órgão ou serviço"*.

Verifica-se, ainda, para este efeito, a regra geral da irrelevância da avaliação do desempenho[377]: mesmo que os trabalhadores obtenham menções máximas na avaliação do desempenho, podem não ver melhorada a sua posição remuneratória, dado a mesma depender de uma decisão de gestão. Apenas na situação prevista no nº 7 do artigo 156º da LTFP – quando o trabalhador tiver acumulado 10 pontos nas avaliações de desempenho – é obrigatória a alteração do posicionamento remuneratório.

Refira-se, por fim, que as carreiras e categorias se encontram integradas em *mapas de pessoal*, reiterando a opção da LVCR que substitui estes mapas pelos

[377] Lei nº 66-B/2007, de 28 de dezembro e Portaria nº 1633/2007, do Ministério das Finanças e da Administração Pública, de 31 de dezembro.

tradicionais quadros de pessoal, dotados de estabilidade. Assim, atualmente, toda a gestão do pessoal, incluindo alterações que anualmente se façam aos mapas de pessoal (aumentando-os ou reduzindo-os), passa a depender mais dos recursos financeiros que sejam disponibilizados e da política de emprego público superiormente definida do que de outros critérios[378], nos termos do artigo 29º da LTFP.

Verifica-se, assim, a continuação da debilitação das garantias de estabilidade e de segurança da relação de emprego público, predominando uma lógica orçamental que determina uma permanente precariedade deste tipo de relações.

4.4. *Mobilidade*

A Lei nº 12-A/2008 distinguia entre mobilidade interna e mobilidade externa. A LTFP não procede a essa distinção, apenas se refere a uma modalidade de mobilidade (que corresponde à anterior modalidade interna) – enquanto a anterior mobilidade externa, representada pela cedência de interesse público, surge agora configurada como uma vicissitude da relação jurídica de emprego público (artigos 241º a 244º da LTFP). A mobilidade encontra-se prevista nos artigos 92º e seg. da LTFP (que se processa no interior da Administração e que se apresenta como o resultado do *ius variandi* no domínio do emprego público[379]) e pode ser uma mobilidade na categoria ou intercarreiras/ intercategorias (nº 1 do artigo 93º).

A *mobilidade na (própria) categoria*, noutro ou no mesmo serviço, permite manter o conteúdo funcional da respetiva categoria, embora dedicado a uma concreta atividade diferente daquela que até aí vinha exercendo (v.g., o técnico superior jurista que está no departamento de obras passa a exercer funções no mesmo ou noutro órgão, no departamento de contraordenações).

Já na *mobilidade inter-carreiras ou (entre) categorias* o trabalhador passa a exercer funções diferentes das que correspondem à categoria funcional da categoria ou carreira em que está provido, estando tal mobilidade dependente da titularidade de habilitação adequada, não podendo, no entanto, modificar substancialmente a posição do trabalhador (v.g., um assistente operacional passa a exercer funções no mesmo órgão ou serviço ou em outro órgão ou serviço como assistente técnico).

Em regra, a mobilidade depende do acordo do trabalhador e dos órgãos ou serviços de origem e de destino, sendo, no entanto, dispensado o acordo

[378] PAULO VEIGA E MOURA e CÁTIA ARRIMAR, *Os Novos Regimes de Vinculação, de Carreiras e de Remunerações da Administração Pública*, *cit.*, p. 17.

[379] Neste sentido *vide* PAULO VEIGA E MOURA, *A Privatização da Administração Pública*, Coimbra, Almedina 2004, p. 74, nota 202.

do trabalhador quando ocorram as situações previstas no nº 1 do artigo 95º. Assim, é dispensado o acordo do trabalhador para a mobilidade quando o local de trabalho se situe até 60 km, inclusive, do local de residência e desde que se verifique uma das seguintes situações: o novo posto de trabalho se situe no concelho da residência do trabalhador ou em concelho confinante; ou o novo posto de trabalho se situe em concelho integrado na área metropolitana de Lisboa ou na área metropolitana do Porto ou em concelho confinante, quando a residência do trabalhador se situe numa daquelas áreas. O acordo do trabalhador nunca é dispensado quando a mobilidade se opere para categoria inferior da mesma carreira ou para carreira de grau de complexidade funcional inferior ao da carreira em que se encontra integrado ou ao da categoria de que é titular (nº 2 do artigo 94º).

Por sua vez é dispensado o acordo do serviço de origem do trabalhador para efeitos de mobilidade, no âmbito da administração direta e indireta do Estado, quando a mobilidade opere para serviço ou unidade orgânica situados fora das áreas metropolitanas de Lisboa e do Porto; ou tiverem decorrido seis meses sobre recusa de acordo do órgão ou serviço de origem, numa situação de mobilidade relativa ao mesmo trabalhador, ainda que para outro serviço de destino (nº 1 do artigo 96º).

A mobilidade só pode perdurar por 18 meses, exceto nas situações identificadas nas alíneas a) e b) do nº 1 do artigo 97º da LTFP. Mais, o trabalhador que se tenha encontrado em mobilidade interna e tenha regressado à situação jurídico-funcional de origem não pode, durante o prazo de um ano, ser sujeito a nova mobilidade interna para o mesmo órgão, serviço ou unidade orgânica.

A Lei nº 25/2017, de 30 de maio, veio aditar o artigo 97º-A à LTFP, o qual respeita à publicitação da mobilidade. Assim, a mobilidade passa a ser publicitada pelo órgão ou serviço de destino: a) na Bolsa de Emprego Público (BEP), através do preenchimento de formulário próprio para o efeito; e b) na página eletrónica do órgão ou serviço de destino, através da identificação da situação e modalidade da mobilidade pretendida e com ligação à correspondente publicitação na BEP.

Refira-se, ainda, que em situações excecionais, nos termos do artigo 98º da LTFP, o trabalhador pode ser sujeito a mobilidade, com dispensa do seu acordo, para posto de trabalho situado a mais de 60 km de distância da sua residência, desde que reunidas cumulativamente as seguintes condições: a mobilidade ocorra entre unidades orgânicas desconcentradas de um mesmo órgão ou serviço; o trabalhador desempenhe funções correspondentes à categoria de que é titular e ocupe posto de trabalho idêntico na unidade orgânica de destino; a mobilidade tenha uma duração máxima de um ano; e, sejam atribuídas ajudas de custo durante o período da mobilidade.

A lei admite, em determinadas situações (artigo 99º da LTFP), a conversão de uma relação transitória (de mobilidade) numa relação definitiva, por decisão unilateral do dirigente máximo do serviço, mesmo sem o acordo do trabalhador.

De frisar, por fim, que nos termos do artigo 100º da LTFP, a classificação obtida na avaliação do desempenho e o tempo de exercício de funções em regime de mobilidade são tidos em conta na antiguidade do trabalhador, por referência ou à sua situação jurídico-funcional de origem, ou à do vínculo de emprego público por tempo indeterminado, que na sequência da situação de mobilidade venha a constituir.

4.5. Da requalificação ao regime da valorização profissional

A Lei nº 25/2017, de 30 de maio, vem substituir a requalificação (inicialmente designada de mobilidade especial), pelo chamado regime da valorização profissional dos trabalhadores com vínculo de emprego público[380].

Entendia-se por requalificação a modificação da relação jurídica de emprego público que colocava o trabalhador na situação de inatividade, portanto fora do serviço, por um período de tempo, com a consequente alteração do complexo de direitos e deveres das partes nesta relação jurídica[381].

A requalificação tinha lugar quando no decurso de um processo de reorganização de serviço ou de racionalização de efetivos, após a reafectação[382], ainda existiam trabalhadores não reafetos. Estes trabalhadores não reafetos eram, pois, colocados em situação de *requalificação*. Nos termos do artigo 258º da LFTP, o processo de requalificação destinava-se a permitir que o trabalhador reiniciasse funções nos termos da presente lei e decorria em duas fases.

De referir que apenas se encontravam abrangidos pela segunda fase do processo de *requalificação* os trabalhadores nomeados e os contratados abrangidos pela cláusula de salvaguarda criada pelo nº 4 do artigo 88º da LVCR. Os restantes trabalhadores em regime de contrato de trabalho em funções públicas por tempo indeterminado não passavam à segunda fase do processo de *requalificação*, nos termos do artigo 259º do LTFP. Pelo que, se após o decurso da 1ª fase do processo de requalificação, o trabalhador não abrangido pela segunda fase

[380] Nos termos do nº 2 do artigo 4º da Lei nº 25/2017, de 30 de maio, devem entender-se como feitas para o regime da *valorização profissional* as referências à *requalificação*.

[381] Definição apresentada por Ana Fernanda Neves para a mobilidade especial que consideramos transponível para a realidade da requalificação cfr. Ana Fernanda Neves, "O direito da Função Pública", *in* Paulo Otero / Pedro Gonçalves (coords.), *Tratado de Direito Administrativo Especial*, Volume IV, Almedina, Coimbra, 2010, p. 497.

[382] A reafectação consiste na integração de trabalhador noutro órgão ou serviço, a título transitório ou por tempo indeterminado, nos termos do nº 1 do artigo 256º da LTFP.

não tivesse reiniciado funções em órgão ou serviço, via o seu contrato de trabalho em funções públicas cessar.

Situação esta que deixa de se verificar com a Lei nº 25/2017, de 30 de maio, que revogou os artigos (nº 2 do artigo 289º e os artigos 311º a 313º) relativos à causa específica de extinção do vínculo de emprego público dos trabalhadores, com contrato de trabalho em funções públicas, em requalificação, da LTFP, aprovada em anexo à Lei nº 35/2014, de 20 de junho.

A Lei nº 25/2017 vem, ao substituir a requalificação pelo regime da valorização profissional, definir o regime dos trabalhadores com vínculo de emprego público na sequência dos procedimentos de reorganização e racionalização de efetivos geradores de valorização profissional.

A situação de valorização profissional tem como objetivo o reforço das competências profissionais dos trabalhadores, através de formação profissional em função das necessidades identificadas pelos serviços, com vista à integração célere em novo posto de trabalho, o que se desenvolve num período máximo de três meses – artigo 18º do anexo a que se refere o nº 1 do artigo 2º da Lei nº 25/20.

A gestão dos trabalhadores em valorização profissional, incluindo o acompanhamento dos processos de reorganização e racionalização, bem como a realização das ações de formação no âmbito dos planos de valorização profissional aplicáveis e a consequente integração dos trabalhadores em novo posto de trabalho para o reinício de funções, compete à Direção-Geral da Qualificação dos Trabalhadores em Funções Públicas (INA).

Com efeito, com a Lei nº 25/2017, de 30 de maio, deixa de se prever a cessação do contrato de trabalho em funções públicas no termo do processo de requalificação. Prevendo assim o artigo 29º, do anexo mencionado *supra*, que a situação de valorização profissional do trabalhador apenas pode cessar por: a) reinício de funções em qualquer órgão ou serviço por tempo indeterminado; b) aposentação ou reforma; c) extinção do vínculo por qualquer outra causa.

4.6. Avaliação do desempenho

A avaliação do desempenho dos trabalhadores que exercem funções públicas consta, no essencial, da Lei nº 66-B/2007, de 28 de Dezembro, juntamente com os artigos 89º a 91º da LTFP. Aquele diploma não foi revogado com a entrada em vigor da Lei nº 35/2014, de 20 de junho, encontrando-se nesta um reenvio para legislação especial previsto na alínea a) do artigo 5º da LTFP.

O Sistema Integrado de Gestão e Avaliação do Desempenho na Administração Pública (SIADAP) foi aprovado pela Lei nº 66-B/2007, de 28 de dezembro, alterado pela Lei nº 66-B/2012, de 31 de dezembro, que aprovou a Lei do Orçamento de Estado de 2013 (LOE 2013), alteração consagrada no seu artigo

49º[383]. Este sistema visa contribuir para a melhoria do desempenho e qualidade do serviço da Administração Pública, assim como promover a motivação profissional e desenvolvimento de competências dos dirigentes e demais trabalhadores (nº 2 do artigo 1º da Lei nº 66/B-2007).

O SIADAP integra três subsistemas: o Subsistema de Avaliação do Desempenho dos Serviços da Administração Pública (SIADAP 1); o Subsistema de Avaliação do Desempenho dos Dirigentes (SIADAP 2); e por último, o Subsistema de Avaliação do Desempenho dos Trabalhadores da Administração Pública (SIADAP 3).

Centrando-nos agora no SIADAP 3, que se aplica aos trabalhadores em geral, a avaliação de desempenho, com a alteração introduzida pela LOE de 2013, deixa de ser anual e passa a ser bienal (alínea c) do nº 3 do artigo 9º, e nº 1 do artigo 41º, da Lei nº 66/B-2007), incidindo sobre dois parâmetros (artigo 45º): o parâmetro "Resultados" obtidos na prossecução dos objetivos individuais de cada trabalhador e o parâmetro "Competências", no qual se avaliam os conhecimentos, capacidades técnicas e comportamentais adequadas ao exercício da função. A lista de competências encontra-se fixada previamente pela Portaria nº 1633/2007, de 31 de dezembro, que aprovou os modelos de fichas de avaliação do desempenho de dirigentes intermédios e demais trabalhadores da Administração Pública, bem como as listas de competências.

A avaliação final é resultado da média ponderada das pontuações obtidas nos dois parâmetros de avaliação referenciados supra. Sendo que ao parâmetro "Resultados" é atribuída uma ponderação mínima de 60%, e ao parâmetro "Competências" uma ponderação máxima de 40%.

Esta avaliação é expressa em menções qualitativas que podem ser, por ordem crescente, *desempenho inadequado, desempenho adequado, desempenho relevante* e *desempenho excelente* (nº 4 do artigo 50º; e nº 1 do artigo 51º da Lei nº 66/B-2007).

No que concerne às menções mais elevadas: *desempenho relevante* e *desempenho excelente,* a lei fixa percentagens máximas para a sua atribuição (as vulgarmente designadas *quotas* ou *percentagens*), para garantir a diferenciação de desempenhos. Há, assim, uma percentagem máxima de 25% para as avaliações finais qualitativas de *desempenho relevante* e, de entre estas, 5% para o reconhecimento de *desempenho excelente* (nº 1 do artigo 75º da lei citada).

[383] Para mais desenvolvimentos sobre esta matéria, *vide* PAULO VEIGA E MOURA, *Avaliação de desempenho da Administração* Pública, cit.

A avaliação de desempenho releva, designadamente, para a alteração do posicionamento dos trabalhadores, a qual, contudo, não depende apenas dela, mas também de condicionalismos financeiros (artigos 156º a 158 da LTFP)[384].

5. O Conceito de Emprego Público após a Lei nº 35/2014

5.1. Elementos constitutivos

Tendo em consideração o regime atualmente em vigor (LTFP), podemos definir a relação jurídica de emprego público a partir de alguns elementos caraterísticos fundamentais.

Antes de mais, está em causa uma *relação de trabalho subordinado*, em que um dos sujeitos presta o seu trabalho sob autoridade, direção e disciplina de outro (nº 2 do artigo 6º).

Precisamente por lhe faltar esta subordinação, não integram a relação de emprego público aquelas relações que são tituladas por *contratos de prestação de serviço* (de avença ou de tarefa[385]) – muito embora tenham regulamentação na Lei nº 35/2014; os acordos de atividade ocupacional ("Contrato emprego-inserção" e "Contrato emprego-inserção"+)[386]; nem os contratos que têm por objeto a realização de estágios profissionais[387].

[384] SUZANA TAVARES DA SILVA, *Um Novo Direito Administrativo?*, cit., pág. 52-53.

[385] O traço distintivo da prestação de serviços relativamente aos vínculos de emprego público reside, precisamente, na ausência de subordinação jurídica (não sujeição à disciplina e direção da entidade pública), sendo prestado com autonomia e sem cumprimento de horário de trabalho.
O contrato de prestação de serviços é um contrato administrativo por expressa qualificação legal – artigos 6º e 450º e ss. do Código dos Contratos Públicos (CCP), sendo este diploma aplicável com as adaptações exigidas pela Lei nº 35/2014.

[386] Cfr. Decreto-Lei nº 132/99, de 21 de abril, Decreto-Lei nº 220/2006, de 3 de novembro, Portaria nº 128/2009, do Ministério do Trabalho e da Solidariedade Social, de 30 de janeiro, e Portaria nº 128/2009, de 30 de janeiro, alterada pelas Portarias nº 294/2010, de 31 de maio, nº 164/2011, de 18 de abril, nº 378-H/2013, de 31 de dezembro, nº 20-B/2014, de 30 de janeiro e regulamentada pelo Despacho nº 1573-A/2014, de 30 de janeiro, que define o regime de acesso aos apoios concedidos pelo IEFP no âmbito das Medidas CEI e CEI+. Os acordos de atividade ocupacional são celebrados com pessoas desempregadas beneficiárias de subsídio de desemprego ou subsídio social de desemprego e de rendimento social de inserção, com vista ao desenvolvimento de trabalho socialmente necessário. Nestes contratos não há remuneração, apenas o auferimento de um subsídio ocupacional.

[387] Cfr. o Decreto-Lei nº 18/2010, de 19 de março. Neste caso, trata-se de contratos de formação com jovens à procura do primeiro emprego, não havendo poder de direção, nem o auferimento de uma remuneração. A relação existente é de tutoria e de orientação, recebendo o jovem uma bolsa de formação.

Em segundo lugar, o empregador público é o Estado ou outra pessoa coletiva pública que constitui vínculos de emprego público nos termos da LTFP (artigo 25º).

Trata-se, ainda, de uma *relação fundada em ato administrativo ou em contrato administrativo,* integrando-se esta relação no conceito de relação jurídico-administrativa (artigo 212º, nº 3, da CRP e artigo 1º, nº 3, do ETAF), sendo os seus litígios subordinados à jurisdição dos tribunais administrativos (artigo 12º da LTFP, e artigo 4º, nº 3, do ETAF).

Ocorre, porém, neste domínio, uma "administrativização" do direito privado (presente, por exemplo, na submissão aos tribunais administrativos dos litígios emergentes dos contratos de trabalho em funções públicas) e uma "laboralização" do direito administrativo (presente, por exemplo, na consagração do direito de contratação coletiva para os trabalhadores com contrato de trabalho em funções públicas: nº 3 do artigo 347º da LTFP). Por isso alguma doutrina afirma que a relação jurídica de emprego público se apresenta como uma relação jurídica laboral típica, ainda que com especificidades decorrentes do direito administrativo[388].

5.2. Os princípios da relação de emprego público

A relação de emprego público, tal como definida anteriormente, tem na sua base um conjunto de princípios que a conformam. Referimo-los, de seguida, de uma forma necessariamente sintética.

Princípio do serviço público	O exercício de funções públicas, seja de autoridade ou de cariz técnico, impõe aos trabalhadores que exerçam as suas prestações laborais de forma a assegurar a promoção do interesse público. Este princípio reflete-se no estatuto de que gozam estes trabalhadores e no modo de ingresso, em regra precedido de procedimento concursal, através do qual deve ser assegurada a contratação do pessoal mais qualificado para a atividade/função a exercer.
Princípio do acesso	O acesso à função pública, em condições de liberdade e de igualdade, constitui um direito fundamental, consagrado no artigo 47º, nº 2 da CRP, e a sua conformação só pode ser efetuada por via de lei, em aplicação do disposto no artigo 165º, nº 1, alínea b) da Constituição.[389]

[388] Cfr, Suzana Tavares da Silva, *Um Novo Direito Administrativo?*, cit., p. 54.

[389] Segundo Gomes Canotilho e Vital Moreira (*Constituição da República Portuguesa Anotada*, vol. I, 4ª ed. revista, p. 660) integram este princípio o direito de não se ser proibido de aceder à função pública em geral, ou a uma determinada função pública em particular (liberdade de candidatura); o poder de se candidatar aos lugares postos a concurso, desde que preenchidos os requisitos necessários; e o direito de não se ser preterido por outrem com condições inferiores.

Princípio da justiça e imparcialidade	O princípio da imparcialidade encontra-se intimamente ligado aos princípios da transparência e da concorrência, impondo, desde logo, a publicitação dos procedimentos, em regra concursais, e do seu desfecho. Os próprios critérios eleitos e o desenrolar da relação jurídica de emprego público devem igualmente ser presididos por este princípio, aliado ao da boa-fé. A imparcialidade não é apenas um *dever da Administração*, mas também uma *obrigação do trabalhador*. Deste modo, os trabalhadores da Administração Pública devem, no exercício da sua atividade, tratar de forma justa e imparcial todos os cidadãos, atuando segundo rigorosos princípios de neutralidade.
Princípio da legalidade	Os funcionários devem atuar em conformidade com os princípios constitucionais e de acordo com a lei e o direito.
Princípio da igualdade	Este princípio vale não só no que se refere ao acesso à função pública, mas enforma toda a subsistência da relação de emprego público. Integram este princípio, como seus subprincípios, o da proibição do arbítrio e o da proibição de discriminação, muito embora situações existam que impõem, por exigências de igualdade, uma obrigação de diferenciação (v.g. o Decreto-Lei nº 29/2001, de 3 de fevereiro, estabelece o sistema de quotas de emprego para pessoas com deficiência, com um grau de incapacidade funcional igual ou superior a 60%, em todos os serviços e organismos da administração central, regional autónoma e local). Mais, de acordo com este princípio, o pessoal da Administração não pode beneficiar ou prejudicar qualquer cidadão em função da sua ascendência, sexo, raça, língua, convicções políticas, ideológicas ou religiosas, situação económica ou condição social.
Princípio da Proporcionalidade	Os funcionários, no exercício da sua atividade, só podem exigir aos cidadãos o indispensável à realização da atividade administrativa.
Princípio da colaboração e da boa fé	Os funcionários, no exercício da sua atividade, devem colaborar com os cidadãos, segundo o princípio da boa-fé, tendo em vista a realização do interesse da comunidade e devem fomentar a sua participação na realização da atividade administrativa.
Princípio da informação e qualidade	Os funcionários devem prestar informações e/ou esclarecimentos de forma clara, simples, cortês e rápida.
Princípio da lealdade	Os funcionários, no exercício da sua atividade, devem agir de forma leal, solidária e cooperante.
Princípio da integridade	Os funcionários regem-se segundo critérios de honestidade pessoal e de integridade de caráter.
Princípio da competência e responsabilidade	Os funcionários agem de forma responsável e competente, dedicada e crítica, empenhando-se na valorização profissional.

Uma leitura atenta de todos estes princípios é elucidativa dos deveres que são impostos a todos aqueles que mantêm com a Administração uma relação de emprego público, sendo a violação de algum destes deveres suscetível de desencadear a responsabilidade disciplinar do trabalhador.

Vejamos, pois, o regime disciplinar a terminar esta matéria.

6. Regime Disciplinar dos Trabalhadores que Exercem Funções Públicas

Atualmente o regime disciplinar dos trabalhadores em funções públicas consta da Lei nº 35/2014, que revogou a Lei nº 58/2008, de 9 de setembro, que tinha aprovado o estatuto disciplinar dos trabalhadores que exercem funções públicas (cfr. alínea d), do nº 1 do artigo 42º da Lei nº 35/2014, que aprovou a LTFP).

O artigo 73º da LTFP identifica aqueles que são os deveres gerais dos trabalhadores: o *dever de prossecução do interesse público* (objetivo que deve presidir a todas as atuações do trabalhador); o *dever de isenção* (de não retirar vantagens pessoais); o *dever de imparcialidade* (de não tratar favorável ou desfavoravelmente os destinatários da sua ação); o *dever de informação* (de prestar as informações solicitadas nos termos legais); o *dever de zelo* (de conhecimento dos termos em que deve cumprir as suas funções e do exercício destas de acordo com os objetivos fixados e utilizando as competências adequadas); o *dever de obediência* (de acatar as ordens de legítimos superiores hierárquicos, dadas em objeto de serviço e com forma legal); o *dever de lealdade* (subordinação aos objetivos do órgão ou serviço); o *dever de correção* (tratar os demais com respeito); e os *deveres de assiduidade* e de *pontualidade* (comparecer ao serviço nos tempos devidos).

O artigo 76º da LTFP determina que o empregador público tem poder disciplinar sobre o trabalhador ao seu serviço, enquanto vigorar o vínculo de emprego público.

O comportamento por intermédio do qual o trabalhador, por ação ou omissão, viole estes deveres gerais ou os deveres especiais inerentes à função que exerce, corresponde a uma *infração disciplinar* (artigo 183º da LTFP). Tal comportamento não tem de ser doloso, intencional, podendo ser meramente negligente [quando o trabalhador não previu, como devia, a ocorrência da infração (negligência inconsciente) ou, tendo-a previsto, confiou que não teria lugar (negligência consciente)].

Acresce que o início de uma relação jurídica de emprego público implica a responsabilidade disciplinar perante os superiores hierárquicos (artigo 176º da LTFP) e a alteração da situação jurídica-funcional do trabalhador não impede a punição por infrações cometidas no exercício da função (artigo 176º, nº 4).

O procedimento disciplinar, caso se conclua ter sido cometida uma infração disciplinar, pode culminar numa sanção disciplinar. As sanções disciplinares aplicáveis aos trabalhadores em funções públicas pelas infrações que cometam são as seguintes: *repreensão escrita* (mero reparo da irregularidade, aplicável a infrações leves de serviço: artigo 184º); *multa* (pagamento de uma quantia certa, aplicável a casos de negligência ou má compreensão dos deveres funcionais nos termos do artigo 185º); *suspensão* (cessação dos efeitos da relação de emprego público, designadamente do vencimento, da obrigação de exercício de funções e da contabilização do tempo para efeitos de antiguidade, exceto as prestações do regime de proteção social, aplicável em casos de grave negligência ou grave desinteresse pelo cumprimento de deveres funcionais ou de atentados graves contra a dignidade e prestígio da função, conforme o disposto nos artigos 181º, 182º e 186º); e *demissão ou despedimento* (afastamento definitivo do trabalhador do órgão ou do serviço, fazendo cessar a relação jurídica de emprego público e implicando a perda de todos os direitos, exceto quanto à aposentação e reforma por velhice, embora impossibilitem o trabalhador de voltar a exercer funções públicas, desde que não requeiram similares condições de confiança e dignidade; é aplicável quando a infração cometida, nos termos do artigo 187º da LTFP, inviabilize a manutenção da relação funcional).

Também a *cessação da comissão de serviço* se apresenta como uma pena aplicável, a título principal, aos titulares de cargos dirigentes e equiparados, impossibilitando o exercício de qualquer cargo dirigente ou equiparado durante o período de três anos (artigo 182º da LTFP).

Não pode ser aplicada mais de uma sanção disciplinar por cada infração, pelas infrações acumuladas que sejam apreciadas num único processo ou pelas infrações apreciadas em processos apensados (artigo 180º).

BIBLIOGRAFIA

INTRODUÇÃO

1. Noções gerais

ROGÉRIO EHRHARDT SOARES, *Direito Administrativo,* Universidade Católica, policop., p. 1-12;

VIEIRA DE ANDRADE, *Lições de Direito Administrativo,* Imprensa da Universidade de Coimbra, 4ª ed., 2015, p. 9-14.

2. Evolução histórica da Administração Pública

ROGÉRIO SOARES, *Direito Administrativo,* Univ. Católica, p. 12-33;

VIEIRA DE ANDRADE, *Lições de Direito Administrativo, cit.*, p. 15-30.

Em especial sobre o direito administrativo actual:

PAULO OTERO, *Manual de Direito Administrativo,* Volume I, Coimbra, Almedina, 2013

PEDRO GONÇALVES, *Entidades Privadas com Poderes Públicos,* Almedina, Coimbra, 2005, p. 151 ss.;

PEDRO GONÇALVES, "O acto administrativo informático (o direito administrativo português face à aplicação da informática na decisão administrativa)", *Scientia Iuridica,* nº 267, 1997, p. 47-95;

SABINO CASSESE, *La Globalización Jurídica,* Instituto Nacional de Administración Pública, Marcial Pons, Madrid/ /Barcelona, 2006;

SABINO CASSESE, "Le trasformazioni del diritto amministrativo dal XIX al XXI secolo", *Rivista trimestrale di diritto publico,* 2002, nº 1, p. 27-40 (p. 34);

SUZANA TAVARES DA SILVA, *Um Novo Direito Administrativo?,* Imprensa da Universidade de Coimbra, Coimbra, 2010.

JOSÉ EDUARDO FIGUEIREDO DIAS, *A Reinvenção da Autorização Administrativa no Direito do Ambiente,* Coimbra Editora. 2014, p. 612-737.

3. O princípio da separação de poderes

ROGÉRIO SOARES, *Direito Administrativo,* Univ. Católica, p. 24-28.

4. A separação material das funções do Estado

ROGÉRIO SOARES, *Direito Administrativo,* Univ. Católica, p. 34-44;

VIEIRA DE ANDRADE, *Lições de Direito Administrativo, cit.*, p. 30-40;

AFONSO QUEIRÓ, "A função administrativa", *Revista de Direito e Estudos Sociais,* ano XIV, p. 1 e segs.

5. Os sistemas administrativos

Vieira de Andrade, *Lições de Direito Administrativo, cit.*, p. 40-45.

PARTE I - ORGANIZAÇÃO ADMINISTRATIVA

Bibliografia geral

Freitas do Amaral, *Curso de Direito Administrativo,* I, 4ª ed., 2015, com a colaboração de Luís Fábrica, Jorge Pereira Coutinho e Tiago Macieirinha, pp. 193 e ss ;

Rogério Soares, *Direito Administrativo,* policop., Coimbra, 1978, p. 237--263;

Vieira de Andrade, *Lições de Direito Administrativo, cit.*, p. 91- 126;

Marcelo Rebelo de Sousa e André Salgado Matos, *Direito Administrativo Geral, Tomo I, Introdução e Princípios Fundamentais,* Lisboa, D. Quixote, 2004;

Pedro Gonçalves, *O Novo Regime da Tutela Administrativa sobre as Autarquias Locais,* CEFA, Coimbra, 1997;

Fernanda Paula Oliveira, "A Proposta de Lei nº 104/XII: uma perspetiva geral" *in Revista de Direito Regional e Local,* nº 20, outubro/dezembro 2012;

Maria Pardo Álvarez, *La Potestad de Planeamiento Urbanístico bajo el Estado Social, Autonómico y Democrático de Derecho,* Madrid, Parcial Pons, 2005;

J. Esteve Prado, *Organización supramunicipal y sistema de articulación entre administración autonómica y orden local (la experiencia de la RFA. Bases e perspetivas em España),* Madrid, Civitas, 1991;

Vital Moreira, *Administração Autónoma e Associações Públicas, Coimbra, Coimbra Editora, 1997.*

José Melo Alexandrino, *"Direito das Autarquias Locais", in Tratado de Direito Administrativo Especial, vol. IV, coord. Paulo Otero e Pedro Gonçalves, Coimbra, Almedina, 2010, e Direito Municipal, Conteúdos e Métodos de Ensino, Lisboa, AAFDL, 2014.*

António Cândido de Oliveira, Fernanda Paula Oliveira e Carlos Batalhão, *As Freguesias em Portugal. Que futuro?*, AEDRL, Braga, 2017.

A - Estrutura orgânica da Administração Pública

Vital Moreira, *Administração Autónoma e Associações Públicas,* Coimbra, 1997, p. 257-275; 306-317.

B - Os sectores da organização administrativa

Vital Moreira, cit., p. 104-42; 167--180 e 194-205; 380-408;

Vital Moreira, *Organização Administrativa (Programa, Conteúdo e Métodos de Ensino),* Coimbra, Coimbra Editora, 2001.

C - Tipos de relações funcionais interorgânicas

Vital Moreira, cit., p. 206-219;

Esteves de Oliveira/Pedro Gonçalves/Pacheco Amorim, *Código do Procedimento Administrativo Anotado, 2ª* Ed., Coimbra, 1997, anotações aos artigos 35º e ss.

D - O modelo constitucional

Vital Moreira, cit., p. 142-159.

PARTE II - A ADMINISTRAÇÃO E O DIREITO

1. A Administração Pública e o direito privado

Rogério Soares, *Direito Administrativo,* Univ. Católica, p. 57-59;

VIEIRA DE ANDRADE, *Lições de Direito Administrativo, cit.*, p. 83-90;
SÉRVULO CORREIA, *Legalidade e Autonomia Contratual nos Contratos Administrativos*, Coimbra, 1987, p. 388-390;
PAULO OTERO, "Coordenadas jurídicas da privatização da Administração Pública", in: *Os caminhos da privatização da Administração Pública*, 2001, p. 31 e ss.

2. O princípio da legalidade da administração

ROGÉRIO SOARES, *Direito Administrativo*, Univ. Católica, p. 28-31, 57, 59-64 e 86-95;
ROGÉRIO SOARES, "Princípio da legalidade e Administração constitutiva", *in: Boletim da Faculdade de Direito de Coimbra*, LVII (1981), p. 169 e ss;
VIEIRA DE ANDRADE, "O Ordenamento Jurídico-Administrativo Português", in: *Contencioso Administrativo*, Livraria Cruz, Braga, 1986, p. 35-41 e 53-57;

Em especial sobre o novo entendimento do princípio da legalidade

PAULO OTERO, *Direito Administrativo. Relatório de uma Disciplina apresentado no Concurso para Professor Associado na Faculdade de Direito da Universidade de Lisboa*, Lisboa, 1998;
PAULO OTERO, *Legalidade e Administração Pública. O Sentido da Vinculação Administrativa à Juridicidade*, Coimbra, Almedina, 2003, pp. 147 e ss.

3. A discricionariedade administrativa

ROGÉRIO SOARES, *Direito Administrativo*, Univ. Católica, p. 64-86;
VIEIRA DE ANDRADE, *Lições de Direito Administrativo, cit.*, p. 53-66;
VIEIRA DE ANDRADE, "O Ordenamento Jurídico-Administrativo Português", cit., p. 41-48;
FREITAS DO AMARAL, *Direito administrativo, Curso de direito administrativo*, vol. II, 3ª ed., 2016, Almedina, Coimbra, p. 65-101;
SÉRVULO CORREIA, *Legalidade e Autonomia Contratual nos Contratos Administrativos*, Coimbra, Almedina, 1987;
BERNARDO DINIZ AYALA, *O (Défice) de Controlo Judicial da Margem de Livre Decisão Administrativa*, Lisboa, Lex, 1995;
MARIA FRANCISCA PORTOCARRERO, "Notas Sobre Variações em Matéria de Discricionariedade. A Propósito de Algumas Novidades Terminológicas e da Importação de Construções Dogmáticas pelas Nossas Doutrina e Jurisprudência do Supremo Tribunal Administrativo", in: *Juris et de Jure. Nos Vinte Anos da Faculdade de Direito da Universidade Católica Portuguesa – Porto*, Porto, 1998, pp. 666 e ss.;
MARIA FRANCISCA PORTOCARRERO, "Discricionariedade e conceitos imprecisos: ainda fará sentido a distinção?", anotação ao Ac. do STA de 20/11/1997, P. 39 512, in *CJA*, nº 10, Julho/Agosto de 1998, pp. 26 e ss.

PARTE III – A ACTIVIDADE ADMINISTRATIVA

Capítulo I – Os regulamentos administrativos

AFONSO QUEIRÓ, "Teoria dos Regulamentos", in *Revista de Direito e Estudos Sociais*, XXVII, (1ª Série), p. 1 e ss., e ano 1º (2ª Série), p. 5 e ss.;
VIEIRA DE ANDRADE, "O Ordenamento Jurídico Administrativo Português", cit., p. 58-68;
VIEIRA DE ANDRADE, *Lições de Direito Administrativo*, cit., p. 139-155;
GOMES CANOTILHO/VITAL MOREIRA,

Constituição da República Portuguesa Anotada, vol. II, 4ª ed. revista 2010, anotações XXII a XXXVI ao artigo 112º (p. 67-78).

Capítulo II – O ato administrativo

1. **O conceito de ato administrativo**

ROGÉRIO SOARES, *Direito Administrativo*, Coimbra, p. 51-101;
ROGÉRIO SOARES, "O acto administrativo", in *Scientia Iuridica*, 1990, t. XXXIX, p. 25 e ss;
VIEIRA DE ANDRADE, *Lições de Direito Administrativo, cit.*, p. 157-174;
VIEIRA DE ANDRADE, "Algumas reflexões a propósito da sobrevivência do conceito de "acto administrativo" no nosso tempo", in: *Estudos em Homenagem ao Prof. Doutor Rogério Soares*, 2001, p. 1189 e ss.;
FREITAS DO AMARAL, *Curso de Direito Administrativo*, vol. II, 3ª ed., 2016, p. 191 e ss;
ESTEVES DE OLIVEIRA/PEDRO GONÇALVES/PACHECO DE AMORIM, *cit.*, p. 547-567;
FERNANDA PAULA OLIVEIRA, Anotação ao Acórdão do STA de 20.06.2002, Proc. 142/02, 1ª Secção CA, *in Revista do Centro de Estudos do Direito do Ordenamento, do Urbanismo e do Ambiente*, nº 10, Ano V_2.02, p. 105 -117.

2. **Funções do ato administrativo formal**

ROGÉRIO SOARES, *Direito Administrativo*, Coimbra, *cit.*, p. 51 e ss.;
ESTEVES DE OLIVEIRA/PEDRO GONÇALVES/ PACHECO DE AMORIM, cit., p. 540-542.

4. **A definitividade do ato administrativo**

ROGÉRIO SOARES, *Direito administrativo*, Coimbra, cit., p. 58-66 e 73-76;
VIEIRA DE ANDRADE, "Em defesa do recurso hierárquico – Anotação ao Acórdão nº 499/96 do Tribunal Constitucional", *Cadernos de Justiça Administrativa*, nº 0, Novembro/Dezembro 1996, p. 13 e ss.

5. **Classificação dos atos administrativos**

VIEIRA DE ANDRADE, *Lições de Direito Administrativo, cit.*, p. 174-182;
ROGÉRIO SOARES, *Direito administrativo*, Coimbra, p. 101-129;
VIEIRA DE ANDRADE, "Validade(do acto administrativo)", in: *Dicionário Jurídico da Administração Pública*, vol. VII, p. 581 a 592
ESTEVES DE OLIVEIRA/PEDRO GONÇALVES/PACHECO AMORIM, cit., Anotação ao artigo 133º
CARLA AMADO GOMES, "A «revogação» do ato administrativo: uma noção pequena", in: *AAVV., Comentários ao Novo Código do Procedimento Administrativo*, coord. Carla Amado Gomes et. all., cit., vol. II, p. 443-470
MARCO CALDEIRA, "A figura da "Anulação Administrativa" no novo Código de Procedimento Administrativo de 2015", in: *AAVV., Comentários ao Novo Código do Procedimento Administrativo*, coord. Carla Amado Gomes et. all., cit., vol. II, p. 471-509

6. **O procedimento administrativo**

ROGÉRIO SOARES, *Direito administrativo*, Coimbra, p. 141-180 (sobre os pareceres, p. 136-138).
ROGÉRIO SOARES, "A Administração Pública e o procedimento administrativo", in *Scientia Ivridica*, 1992, t. XLI, p. 195 e ss;
VIEIRA DE ANDRADE, *Lições de Direito Administrativo, cit.*, p. 182-193;

FREITAS DO AMARAL, *Curso de Direito Administrativo*, vol. II, 3ª ed., 2016, p. 265-308;
PEDRO GONÇALVES *As regras do procedimento*, CEFA, 1993, p. 59 e ss;
PEDRO GONÇALVES, "Poderá o parecer vinculante ser um acto recorrível?", *Cadernos de Justiça Administrativa*, nº 0;
MARTA PORTOCARRERO, *Modelos de simplificação administrativa*, 2002, p. 43-51;
M. ESTEVES DE OLIVEIRA/PEDRO GONÇALVES/J. PACHECO DE AMORIM, *Código do Procedimento Administrativo, anotado*, p. 321-326; p. 448-466;
FILIPA URBANO CALVÃO, "O Procedimento Administrativo como Instrumento de Coordenação de Competências. Comentário ao Acórdão do Supremo Tribunal Administrativo de 13 de Fevereiro de 2001, P. 46 923", *in Cadernos de Justiça Administrativa*, nº 32, Março Abril de 2002, p. 41 e ss.;
FERNANDA PAULA OLIVEIRA, MARIA JOSÉ CASTANHEIRA NEVES, DULCE LOPES e FERNANDA MAÇAS, *Regime Jurídico da Urbanização e Edificação. Comentado*, 3ª Edição, Coimbra, Almedina, 2011;
FERNANDA PAULA OLIVEIRA, «"Água mole em pedra dura..." de novo o ato de aprovação do projeto de arquitetura», Comentário ao Acórdão do Tribunal Central Administrativo do Sul (2º Juízo), de 28.10.2009, p. 4110/08, *CJA*, nº 84, novembro/dezembro de 2010.

RUI TAVARES LANCEIRO, "O auxílio administrativo", in: *AAVV., Comentários ao Novo Código do Procedimento Administrativo*, coord. Carla Amado Gomes et. all., cit., vol. I, p. 551-588

TIAGO SERRÃO, "A conferência procedimental no novo Código do Procedimento Administrativo: primeira aproximação", in: *AAVV., Comentários ao Novo Código do Procedimento Administrativo*, coord. Carla Amado Gomes et. all., cit., vol. I, p. 655-681
JOANA DE SOUSA LOUREIRO, "Os acordos endoprocedimentais no novo CPA", in: *AAVV., Comentários ao Novo Código do Procedimento Administrativo*, coord. Carla Amado Gomes et. all., cit., vol. I, p. 459-481
CARLA AMADO GOMES, "Da inutilidade dos pareceres no novo Código do Procedimento Administrativo", in: *AAVV., Comentários ao Novo Código do Procedimento Administrativo*, coord. Carla Amado Gomes et. all., cit., vol. I, p. 773-793

JOSÉ EDUARDO FIGUEIREDO DIAS, "O direito à informação no novo Código do Procedimento Administrativo", in: *AAVV., Comentários ao Novo Código do Procedimento Administrativo*, coord. Carla Amado Gomes et. all., cit., vol. I, p. 683-708

7. Eficácia do ato administrativo

ROGÉRIO SOARES, *Direito Administrativo*, Coimbra, p. 180-191;
VIEIRA DE ANDRADE, *Lições de Direito Administrativo, cit.*, p. 193-197;
PEDRO GONÇALVES, "Notificação dos actos administrativos", in: *AbVno Ad Omnes*, 1998, p. 1091 e ss.

8. Força jurídica do ato administrativo

ROGÉRIO SOARES, *Direito Administrativo*, Coimbra, p. 191-219;
VIEIRA DE ANDRADE, *Lições de Direito Administrativo, cit.*, p. 198-203;
RUI MACHETE, "Privilégio de Execução Prévia", in: *Dicionário Jurídico da Administração Pública*, vol. VI, p. 448-470;
ALVES CORREIA, "Executoriedade", in *Alguns Conceitos de direito administrativo*, Coimbra, Almedina, 1998, p. 37-42;

CECÍLIA ANACORETA CORREIA, "A tutela executiva dos particulares no novo Código do Procedimento Administrativo", in: *AAVV., Comentários ao Novo Código do Procedimento Administrativo,* coord. Carla Amado Gomes et. all., cit., vol. II, p. 1071-1096

9. Validade do ato administrativo

VIEIRA DE ANDRADE, "Validade(do acto administrativo)", in *Dicionário Jurídico da Administração Pública,* vol. VII, p. 581 a 592;

ESTEVES DE OLIVEIRA/PEDRO GONÇALVES/PACHECO AMORIM, cit., Anotação ao artigo 133º;

JOSÉ CARLOS VIEIRA DE ANDRADE, "A nulidade administrativa, essa desconhecida", *in Revista de Legislação e Jurisprudência,* Ano 138, Nº 3957, julho agosto 2009 e, ainda, em *Estudos em Homenagem ao Prof. Doutor Freitas do Amaral*;

ANDRÉ SALGADO MATOS, "Algumas observações críticas acerca dos atuais quadros legais e doutrinais da invalidade do ato administrativo", *in Cadernos de Justiça Administrativa,* nº 82, julho/agosto de 2010;

MARCELO REBELO DE SOUSA, "Regime jurídico do ato administrativo", *in Cadernos de Ciência e Legislação,* INA, nº 9/10, 1994;

MÁRIO ESTEVES DE OLIVEIRA, PEDRO GONÇALVES e PACHECO DE AMORIM, *Código de Procedimento Administrativo Anotado,* 2ª ed., Almedina, Coimbra, 1997.

10. Estrutura e vícios do ato administrativo – a proposta de ROGÉRIO SOARES

ROGÉRIO SOARES, *Direito Administrativo,* Coimbra, p. 229-237.

11. A estrutura do ato administrativo

ROGÉRIO SOARES, *Direito Administrativo,* Coimbra, p. 237-309;

VIEIRA DE ANDRADE, *Lições de Direito Administrativo, cit.,* p. 207-218

FILIPA URBANO CALVÃO, "As cláusulas acessórias e o novo regime do Código do Procedimento Administrativo", in: *Nos 20 Anos dos CJA,* CARLA AMADO GOMES / FILIPA URBANO CALVÃO / JOSÉ EDUARDO FIGUEIREDO DIAS (coord.), CEJUR, Braga, 2017, p. ????

12. Os vícios do ato administrativo e as suas consequências

ROGÉRIO SOARES, *Direito Administrativo,* Coimbra, p. 237-309;

VIEIRA DE ANDRADE, *Lições de Direito Administrativo, cit.,* p. 218-230.

Capítulo III – O contrato administrativo

DIOGO DUARTE DE CAMPOS / CARLA MACHADO, "Condições de participação em procedimento concursal (Ac. no P. nº 1327/09 do TCAN)", *in Revista de Contratos Públicos,* nº 2, CEDIPRE, Coimbra.

LICÍNIO LOPES MARTINS, *Empreitada de Obras Públicas,* Almedina, Coimbra, 2014;

LUÍS VERDE DE SOUSA, "Um olhar sobre as novidades em matéria de negociação de propostas na directiva de contratos públicos", in *Revista de Contratos Públicos,* nº 13, pp. 189-2010

– *A Negociação nos Procedimentos de Adjudicação, Almedina, Coimbra, 2010.*

MARCELO REBELO DE SOUSA, ANDRÉ SALGADO MATOS, *Direito Administrativo Geral, Tomo III, Contratos Públicos,* 2ª edição, D. Quixote, Lisboa, 2009;

PEDRO GONÇALVES,

– *O Contrato Administrativo – Uma Instituição do direito administrativo do Nosso Tempo*, Coimbra, Almedina, 2003;
– *Direito dos contratos públicos* (guia de Estudo), Coimbra, Faculdade de Direito da Universidade de Coimbra, policopiado, 2008;
TIAGO DUARTE, "Os elétricos de Marselha não chegaram a Sintra: o Tribunal de Contas e os limites à modificação dos contratos", *in Revista dos Contratos Públicos*, nº 3, 2011, pp. 27-50;
VIEIRA DE ANDRADE, *Lições de Direito Administrativo,* cit., p. 227;
Estudos da Contratação Pública – I, Coimbra, Coimbra Editora, 2008 (coordenação PEDRO GONÇALVES);
Estudos de Contratação Pública – II, Coimbra, Coimbra Editora, 2010 (coordenação PEDRO GONÇALVES);
Estudos de Contratação Pública – III, Coimbra, Coimbra Editora, 2010 (coordenação PEDRO GONÇALVES).

PARTE IV – AS GARANTIAS DOS ADMINISTRADOS PERANTE A ADMINISTRAÇÃO

VIEIRA DE ANDRADE, *Lições de Direito Administrativo, cit.*, p. 246-251;
PAULO OTERO, "As Garantias dos Particulares no Código do Procedimento Administrativo", in *Scientia Iuridica*, Tomo XLI, 1992, p. 49 e ss;
ESTEVES DE OLIVEIRA e outros, *Código do Procedimento Administrativo*, 2ª ed., Almedina, Coimbra, 1997, p. 743 a 804;
PAULO OTERO, "Impugnações Administrativas" *in: Cadernos de Justiça Administrativa*, nº 28;
JOÃO CAUPERS / VERA EIRÓ, *Introdução ao Direito Administrativo*, Âncora Editora, 12ª edição, 2016, p. 373-382;
JORGE SAMPAIO / JOSÉ DUARTE COIMBRA, "Os procedimentos Administrativos de Segundo Grau no novo CPA", in: AAVV., *Comentários ao Novo Código do Procedimento Administrativo*, coord. Carla Amado Gomes et. All., AAFDL, 3ª edição, 2016, vol. II, p. 537-583.

PARTE V – OS MEIOS DA ACTIVIDADE ADMINISTRATIVA

Capítulo I – Os bens como meio da actividade administrativa

MARCELLO CAETANO, *Manual de Direito Administrativo*, Vol. II, 10ª ed., p. 879;
BERNARDO AZEVEDO, "Domínio Privado da Administração", in *Tratado de Direito Administrativo Especial* – Volume III (coord. Paulo Otero, Pedro Gonçalves), Coimbra, Almedina, 2010
JOSÉ EDUARDO FIGUEIREDO DIAS, "Os Contratos de Locação e Aquisição de Bens e Serviços e de Alienação de Bens", in: *Estudos de Contratação Pública*, vol. I, CEDIPRE, Coimbra Editora, 2008, p. 431-479;
JOSÉ PEDRO FERNANDES, "Domínio privado" e "Domínio público", *Dicionário Jurídico da Administração Pública*, vol. IV;
FERNANDO ALVES CORREIA, *Manual de Direito do Urbanismo*, Vol. II, Coimbra, Almedina, 2010;
BERNARDO AZEVEDO, "Servidão administrativa – Noção, Delimitação e Regime Jurídico Aplicável", *in:* Fernanda Paula Oliveira (coord.), *Direito do Urbanismo e do Ordenamento do Território. Estudos,* Volume I, Coimbra, Almedina, 2012.

Capítulo II – O pessoal da Administração Pública e a relação jurídica de emprego público

AAVV. Recursos Humanos das Autarquias Locais e o Novo Regime Jurídico do Em-

prego Público, CEDOUA, FDUC, IGAL, Coimbra, Almedina, 2008;

Ana Fernanda Neves, "O Contrato de Trabalho na Administração Pública", in: *Estudos em Homenagem ao Prof. Doutor Marcello Caetano*, Vol. I, Coimbra Editora, 2006, p. 81 e ss.);

Ana Fernanda Neves, "O direito da Função Pública", in Paulo Otero / Pedro Gonçalves (coords.), *Tratado de Direito Administrativo Especial*, Volume IV, Almedina, Coimbra, 2010;

Carlos José Batalhão, "Função Pública: novo regime laboral", *Artigo de Opinião*, Porto Editora, Julho de 2014 (disponível no endereço http://www.portoeditora.pt/sites/funcao-publica-novo-regime-laboral).

Licínio Lopes Martins, "O Contrato de Prestação de Serviços na Lei 12-A//3008, de 27 de Fevereiro: um regime contrário à Constituição e ao Direito Comunitário", *Revista de Direito Público e Regulação*, nº 1, Maio, 2009, p. 17 e ss. Disponível no endereço http:// www.fd.uc.pt/cedipre/revista/index.html.

Miguel Lucas Pires, *Lei geral do Trabalho em Funções Públicas: Anotada e Comentada*, Almedina, Coimbra, 2014

Paulo Veiga e Moura, *A Privatização da Administração Pública*, Coimbra, Almedina 2004;

Paulo Veiga e Moura, *Avaliação de desempenho da Administração Pública – Comentário à Lei nº 66-B/2007, de 28 de dezembro*, Coimbra Editora, Coimbra, 2012.

Paulo Veiga e Moura e Cátia Arrimar, *Os Novos Regimes de Vinculação, de Carreiras e de Remunerações da Administração Pública. Comentário à Lei nº 12-A/2009, de 27 de Fevereiro*, 2ª Edição, Coimbra, Coimbra Editora//Wolters Kluwer, 2010;

Suzana Tavares da Silva, *Um Novo Direito Administrativo?*, Imprensa da Universidade de Coimbra, Coimbra, 2010.

ÍNDICE

PARTE I
ORGANIZAÇÃO ADMINISTRATIVA

PARTE II
A ADMINISTRAÇÃO E O DIREITO

PARTE III
A ATIVIDADE DA ADMINISTRAÇÃO

PARTE IV
AS GARANTIAS DOS ADMINISTRADOS PERANTE A ADMINISTRAÇÃO PÚBLICA

PARTE V
OS MEIOS DA ATIVIDADE ADMINISTRATIVA